# *Las Coplas de Mingo Revulgo*



Edición, estudio preliminar y notas
de

Vivana Brodey

Madison, 1986

Spanish Series, No. 30


ISBN 0-942260-74-0

Dedicatoria:

A la memoria de D. Antonio Rodríguez-Moñino

*R-M*: La biblioteca particular de Antonio Rodríguez-Moñino

## Reconocimientos

La obra aquí presentada es el resultado de haber sido yo discípula de Antonio Rodríguez-Moñino, insigne maestro, noble ser humano y "el príncipe de los bibliófilos."

Mi agradecimiento profundo va a D. Angel del Río, gran profesor quien me dio la inspiración para emprender esta tarea y el ánimo para continuarla bajo la tutela de D. Antonio. Entre los doctos colegas que hicieron mi labor menos difícil, hay que destacar dos nombres distinguidos, el Profesor Arthur Lee-Francis Askins, cuyo auxilio bondadoso ha sido imprescindible, y el Profesor Yakov Malkiel, quien me ayudó a comprender lo que sin él me hubiera sido incomprensible. Por su contribución en haberme facilitado la publicación de este volumen, suavizando toda complicación y otorgando todo consejo, agradezco al triunvirato del Seminario de Estudios Medievales Españoles: al sabio Lloyd A. Kasten, al siempre atento John J. Nitti y a la talentosa Ruth M. Richards.

Por su asistencia técnica, que es tan necesaria para llevar a cabo una edición como ésta, doy las gracias a la Sra. Florence Myers por su eficiencia mecanográfica y su paciencia; a la Sra. Cassie Padgett y al Sr. James E. Crenshaw por su ayuda siempre perceptiva durante las tediosas horas de rectificación paleográfica de pruebas. Reconozco con profundo agradecimiento la asistencia de Leonardo Soriano en corregir el texto, que llevó a cabo con la sabiduría de un hombre de letras y el cariño de un gran amigo.

Por la ayuda financiera durante varios períodos de necesidad, agradezco a la Asociación Americana de Mujeres Universitarias, a la organización de la P. E. O. y especialmente a Centre College.

Por su apoyo moral sin par e inagotable durante muchos años arduos, agradezco a mi gran amigo, el Profesor Frederic Amory. Finalmente y en forma muy especial, doy las gracias de todo corazón a mi hermana Marianna, por razones que quedan fuera del alcance de la palabra escrita.

*Centre College, KY* — *Vivana Brodey*
*Madison, WI, 1982*

Mas Rebulgo para mjẽtes
q̃ nõ bayas por atajos
fazas vna salsa dajos
por temor delas serpiẽtes
sea morterada quida
machacada muy aguda
que te faga estornudar
que nõ puede peligrar
quiẽ cõ esta salsa suda

En el logar de pascual
asienta el apacẽtadero
por que en el sesteadero
pueda biẽ lamer la sal
cõ la qual si nõ hã tendido
la grama y lo mal pacido
luego lo q̃rran gormar
y podran biẽ sosegar
del Rebello q̃ han tenido

Creido q̃ es menos dañoso
el pacer por lo costero
que lo alto y hondonero
juramj q̃s peligroso
para mjẽtes q̃ te cale
poner firme nõ resuale
la pata dõde pusieres
pues ay tantos de pesares
mjrar la q̃mar vale

*BMus*: Biblioteca del Museo Británico.
Egerton 939, Núm. 18

# Indice

# Estudio Preliminar

## Capítulo I

## La Transmisión Impresa

La transmisión impresa de las *Coplas de Mingo Revulgo* se inicia con los albores de la tipografía en España. Aunque más adelante daremos una lista sumaria de cuantas ediciones han llegado a nuestro conocimiento, conviene señalar aquí que la más antigua de ellas parece ser la estampada por Fadrique de Basilea en Burgos el año 1485.[1] Contenía 32 coplas con una glosa en prosa escrita por Hernando del Pulgar y venía encuadernada con la *Letra de fernando de pulgar de los males de la vejez,* más quince cartas del mismo autor. Afirma Salvá:

> La edición es positivamente de la época que le señalo, y sin ninguna duda ambas obras están hechas por el mismo impresor, pues los tipos son idénticos y exactamente iguales á los empleados en la *Vision deleitable* de Alfonso de la Torre, s. l. ni. a. que poseo. Tienen alguna semejanza con los de *Centenera de Zamora,* solo que este no usó del signo *ff* por *rr* empleado únicamente por los impresores de Tolosa y Fadrique de Basilea en Burgos.[2]

El bibliógrafo Haebler habla de la misma edición así:

> Este libro rarísimo, y de las primeras producciones de las prensas de Fadrique de Basilea, existe en el British Museum de Londres procedente de la biblioteca de Salvá-Heredia. Está encuadernado con las Letras de Pulgar, pero por las signaturas diversas no creo que debió formar cuerpo con ellas...[3]

Dejamos aparte la cuestión de las *Letras de Pulgar* para seguir con las *Coplas* publicadas en 1485 donde añade Haebler que hay un ejemplar en la Biblioteca del Escorial.[4] Es éste, descrito por Francisco Vindel,[5] el que sirvió de base para la edición facsimilar publicada por Antonio Pérez Gómez, Valencia, 1953.[6] La edición del 1485 no está mencionada por Rush C. Hawkins, quien dice que el primer impresor de Burgos fue "Frédérick de Bâle, who possibly learned the art from Berthold Ruppel," y cita el *Arte de Gramática* de Fray Andrés de Cerezo (22 de marzo, 1485) como la primera obra salida de sus prensas.[7]

Cabe mencionar aquí una nota de Marcelino Menéndez y Pelayo referente a una supuesta edición princeps:

> La primera edición conocida de las *Coplas*... parece ser la siguiente, que se conserva en la Biblioteca Nacional de Lisboa: *Coplas d'mi-/go[sic] revulgo glo-/sadas por Fer-/nando de Pul-/gar*. (Grabado y título circuido de una orla de madera, en cuya parte inferior dice: Germán Galhard.) 4°. letra gótica... 20 páginas sin foliatura... Portada. - *Glosa de las Coplas de Mingo Revulgo. fecha por Hernando del Pulgar para el señor Conde Haro [sic* en Menéndez y Pelayo] condestable de Castilla... ocupa entera la página última el escudo de las armas reales de Portugal, grabado en madera.[8]

Sin embargo, según las investigaciones de António Joaquim Anselmo, hechas unos treinta años después del ensayo de Menéndez y Pelayo, sabemos que Germán Galhard no fue impresor de incunables. Anselmo designa a Galhard como:

> ... o impressor mais fecundo em Portugal no século xvi. Francês de nação, o seu nome seria provavelmente Germain Gaillard que se aportuguesou em Galharde e Galhardo... ¿Começou a imprimir em 1509 ou deverá a data estar errada? *nono* simplesmente em vez de *decimo nono*? ... Seja como fôr, é certo que trabalhou em Portugal por um largo espaço, até 1561.[9]

Anselmo da noticia de la edición citada por Menéndez y Pelayo sin designar una fecha exacta dentro del siglo XVI;[10] Palau la cita con fecha de hacia 1520[11] y parece ser esta edición la misma que vio Arthur Lee-Francis Askins en la Biblioteca Nacional de Lisboa.[12]

Al situar la edición de Lisboa dentro del siglo dieciséis,[13] fechándola hacia 1520 de acuerdo con Palau, nos quedamos con cuatro incunables:

(1) Entre los libros que perdió Gallardo figuraba una edición de las *Coplas* en 4° letra gótica, sin año de impresión. De ella dice Antonio Rodríguez-Moñino:

> A menos que se trate de una edición desconocida, habrá que pensar en alguna de las incunables sin indicaciones tipográficas mencioncdas por Haebler.[14]

(2) Hacia 1499, *Coplas de Mingo Revulgo glosadas por Fernando de Pulgar*. Sin indicaciones tipográficas, pero, Burgos, Fadrique de Basilea, hacia 1499. (Palau, núm. 170277)

(3) 1500? Burgos? Fadrique de Basilea? [The Hispanic Society of America]

(4) Hacia 1500: *Coplas de mingo revulgo glosadas por fernãdo de pulgar & otras sus cartas*. S. l. ni a. (hacia el 1500). (Salvá, núm. 806)

De esta última anota Salvá:

> La edición es del siglo xv, y acaso hecha por Stanislao Polono de Sevilla en 1500, pues mi ejemplar se hallaba unido en su encuadernacion primitiva con el tratado

> intitulado *Los claros varones* de la edición de 1500... Las únicas diferencias notables son en favor de la mayor antigüedad de las *Coplas*, las cuales no tienen foliatura ni mayúsculas floreadas como los *Claros varones*.[15]

Fue en el siglo XVI cuando las *Coplas* adquirieron su máxima popularidad, con unas 24 ediciones.[16] Solían imprimirse con los *Proverbios* del Marqués de Santillana, las *Coplas* de Jorge Manrique, el *Diálogo* de Rodrigo Cota y los *Refranes* de Garay. Notables entre las ediciones del dieciséis fueron las que dieron a conocer, por primera vez, al supuesto autor de las *Coplas*: el año 1569 vio la luz en Medina del Campo el *Diálogo entre el Amor y un cavallero viejo* de Rodrigo Cota *el Tío* que, según la portada, "compuso la égloga que dicen de Mingo Revulgo y el primer auto de Celestina."[17] En el mismo año apareció otra edición del *Diálogo* (Salamanca, Francisco del Canto), cuya portada atribuye a Cota la paternidad de *Mingo Revulgo*.[18] Así, en el año siguiente, 1570, salió una edición en Alcalá de Henares (casa de Andrés de Angulo) de las *Coplas* de Jorge Manrique que incluía, entre otras materias, las de *Mingo Revulgo* y el *Diálogo* de Cota. Este último llevaba en su título lo siguiente:

> Dialogo entre el amor y vn caballero viejo, hecho por el famoso autor Rodrigo Cota el tío, natural de Toledo. El qual cõpuso la Egloga que dizen de Mingo Reuulgo. Y el primer auto de Celestina, que algunos falsa mẽte atribuyen á Iuan de Mena.[19]

No se puede saber si atribuyeron a Juan de Mena solamente *La Celestina* o si el "que" ambiguo refiere también a *Mingo Revulgo*, pero Mena aparece como posible autor de las *Coplas* en Nicolás Antonio, con referencia a una edición de las obras de Hernando de Pulgar:

> Tribuuntur ei quoque alia, ex quibus est: *La Glosa de las Coplas de Mingo Rebulgo*: sub quo nomine creditur Joannes de Mena, aut quivis alius, aevi sui mores satyrico sale perfricuisse. Matriti apud Ludovicum Sanchez 1598 en 16.[20]

Trataremos aparte la cuestión de la paternidad de las *Coplas*. Sin embargo, la edición de Madrid, Sánchez, 1598, que vimos en The Hispanic Society of America no hace mención de Mena, sino de Cota como autor,[21] igual que la edición del 1570.

Sin excepción, las ediciones del dieciséis siguieron el texto de la del 1485 con sus 32 coplas y su glosa de Pulgar.

En el siglo diecisiete aparecieron solamente tres ediciones, todas con sus 32 coplas glosadas por Pulgar y todas en unión de las *Coplas* de Jorge Manrique.[22]

El dieciocho nos trae una novedad: existían otras glosas. Una escrita en 1564 por Juan Martínez de Barros viene publicada por primera vez como apéndice a la *Crónica del Rey D. Enrique el Quarto* de Enríquez del

Castillo, Madrid, Sancha, 1787.[23] (Otro apéndice en el mismo tomo lleva las *Coplas* atribuidas a Cota y glosadas por Pulgar.)[24] Esta edición es la única del XV111.

En 1863 la publicación del primer tomo del *Ensayo...*[25] nos ofrece el texto de un manuscrito del siglo XV que perteneció a Gallardo. Contiene dos glosas antes desconocidas, una en forma de respuestas poéticas y otra en prosa, más un total de 35 coplas en vez de las 32 ya conocidas. En 1892 Menéndez y Pelayo reproduce la versión de Gallardo cuando publicó las *Coplas*, con extractos de la glosa, en su *Antología...*[26] y esta versión se continúa publicando en todas las ediciones posteriores.

Hasta ahora el siglo veinte nos ha dado ocho ediciones: en 1929 J. Domínguez Bordona incluye en las *Letras* de Pulgar la glosa de éste a las *Coplas*,[27] conforme con la edición de Madrid, Sancha, 1787 y añade del *Ensayo...* de Gallardo las tres coplas adicionales. Hace un breve comentario ("Prólogo," págs. x-xv) sobre las *Coplas*, citando las opiniones de Amador de los Ríos y Menéndez y Pelayo y dando al final una lista de 26 ediciones, en la cual empieza con la primera del 1485 y termina con la del 1787—lista que Bordona mismo afirma "que no debe considerarse exhaustiva."[28] En 1949 sale la edición de Espasa-Calpe ya citada en nuestra nota número 22.

En 1953 Antonio Pérez Gómez imprime la edición de hacia 1485 ya citada, en reimpresión facsimilar.[29] Luis de la Cuadra en 1963 publica la transcripción de un manuscrito que se halla en la Biblioteca Nacional de Madrid y del que luego hablaremos. La edición lleva una copia fotostática del manuscrito transcrito.[30] Cinco años después, publica Julio Rodríguez-Puértolas la versión redactada por Domínguez Bordona;[31] en el mismo año aparece el *Revulgo* en *Coplas satíricas y dramáticas de la Edad Media* en una versión popurrí,[32] y la edición de un manuscrito portugués del siglo XVII que sacó a la luz el infatigable Askins en su *Cancioneiro de Corte e de Magnates.*[33] Al año siguiente, salen las *Coplas* en una colección de *Poesía española medieval*[34] redactada por Manuel Alvar, transcritas conforme a la edición de Sancha con una interpretación esquemática según la glosa de Pulgar. Perdura todavía la popularidad de la edición del siglo décimosexto. En 1972 se publica en Madrid una impresión facsimilar de la de Sevilla, Juan de León, 1545.[35]

## Notas

[1]Pedro Salvá y Mallen, *Catálogo de la Biblioteca de Salvá* (Valencia: Ferrer de Orga, 1872), I, núm. 805:

> Glosa delas coplas del rreuulgo fecha por fernando de pulgar para el señor conde de haro condestable de castilla. S. l. n. a. (hacia el 1485). 4$^{o}$, let. gót.

Esta edición está descrita también por los siguientes bibliógrafos: Konrad Haebler,

*Bibliografía ibérica del siglo XV* (Leipzig: Karl W. Hiersemann, 1903), I, núm. 434; Ricardo Heredia, *Catalogue de la Bibliothèque de M. Ricardo Heredia Compte de Benahavis* (Paris: Ém. Paul, L. Huard et Guíllemin, 1891), II, núm. 1827; Antonio Palau y Dulcet, *Manual del librero hispanoamericano* (Barcelona: Librería A. Palau, 1956), IX, núm. 170276; José Simón Díaz, *Bibliografía de la literatura hispánica* (Madrid: Ediciones Jura, 1965), III, núm. 3658; Henry Thomas, *Short-title Catalogue of Books printed in Spain and of Spanish Books printed elsewhere in Europe before 1601 now in the British Museum* (London, Printed by order of the Trustees, 1921), pág. 74.

[2]Salvá, núm. 805.

[3]Haebler, I, núm. 434.

[4]Haebler, I, núm. 562.

[5]Vindel, *El arte tipográfico en España durante el siglo XV* (Madrid: Dirección General de Relaciones Culturales, 1951), VII, núm. 2. Vindel no hace mención de la *Letra* de Pulgar. *Véase* también Vindel, *Manual gráfico-descriptivo del bibliófilo hispanoamericano (1475-1850)* (Madrid: Imprenta Góngora, 1934), XII, núm. 3,389.

[6]En una carta que me dirigió Antonio Pérez Gómez de Cieza el 9 de mayo de 1964:

> El ejemplar reproducido por mí de Coplas de Mingo Revulgo, es el de la 1ª edición conocida, s. l. n. a. pero Burgos Fadrique de Basilea hacia 1485 y existente en la Biblioteca del Monasterio de San Lorenzo el Real, El Escorial. Es la glosa de Pulgar.
>
> Se encuentra descrita correctamente por Palau. Manual... 2ª ed., IX, 300, núm. 170276.

[7]Hawkins, *Titles of the First Books from the Earliest Presses established in different Cities, Towns, and Monasteries in Europe, before the end of the Fifteenth Century...* (New York: J. W. Bonton; London: B. Quaritch, 1884), pág. 93.

[8]Menéndez y Pelayo, "La sátira política en tiempo de Enrique IV," *La España moderna* (Madrid: Manuel Tello, 1895), LXXX, 36. El *Diccionario enciclopédico Quillet* (Argentina: Arístides Quillet, 1960, 8 vols.) lleva la nota siguiente bajo las *Coplas de Mingo Revulgo*: "La primera edición, probablemente anterior a 1485, fue hecha en Lisboa," III, 50. Noticia de otra edición princeps nos proporciona Pascual Gayangos y Arce en su *Catalogue of the Manuscripts in the Spanish Language in the British Museum* (London: Printed by order of the Trustees, 1875) al describir Egerton 939: "18. 'Bucolica que fizo un frayle.' *Beg.*: 'Mingo Reuulgo, mingo' f. 113. (The above stanzas are those known as "Coplas de Mingo Revulgo," first printed at Seville, *s. a.* 4to.)."

[9]Anselmo, *Bibliografía das obras impressas em Portugal no século XVI* (Lisboa: Oficĩas Gráficas da Biblioteca Nacional, 1926), pág. 160.

[10]*Ibid.*, pág. 190, núm. 668.

[11]Palau, *Coplas d'mĩgo revulgo glosadas por Fernando de Pulgar* (Lisboa: German Galhard, hacia 1520), núm. 170279.

[12]De los apuntes particulares que tomó Askins en 1966:

> *Coplas de mi-/go reuulgo glo-/sadas por Fer-/nando de Pul-/gar*
> Portada: ed. German Galhard
> Grabado: king seated with book, two men left seated, three men right, one kneeling
> Goth. 20 fols.
> Col. grabado: Portuguese Coat of Arms
> Signatura: Res. 235V.

[13]Clara L. Penney, *Printed Books 1468-1700* (New York: The Hispanic Society of America, 1965), pág. 360: "Mingo Revulgo [Lisboa? German Galharde? 15—. facsim. (made by Antonio Rodríguez-Moñino) 1962]."

[14]Rodríguez-Moñino, *Catálogo de los libros y papeles robados al insigne bibliógrafo Don Bartolomé José Gallardo el día 13 de junio de 1823* (Madrid: [Badajoz, Imp. Provincial], 1957), pág. 80; *Historia de una infamia bibliográfica* (Madrid: Editorial Castalia, 1965), pág. 114, nota 72 y pág. 178, nota 121.

[15]*Véase* también Francisco Escudero y Perosso, *Tipografía hispalense* (Madrid: Rivadeneyra, 1894), núm. 89 y Palau, IX, núm. 170278.

[16]*Véase* el Apéndice de este capítulo.

Hay que mencionar los innumerables pliegos sueltos del XVI, en que pudieran haber sido reproducidas una u otra versión de las *Coplas*. Por ejemplo: "Coplas (Las) de Mingo reuulgo. Glosadas por Hernando del pulgar. S.l.i.n.a. Letra gót. Falto de portada. [No en Durán. No en Gallardo]," que es la primera anotación del "Volumen facticio de pliegos sueltos del siglo XVI," en Antonio Rodríguez-Moñino, "Los pliegos poéticos de la colección Campo de Alanje en la Biblioteca Nacional de Madrid (siglo XVI)," *RPh*, 17 (Nov. 1963), 377.

[17]Palau, IX, núm. 170276.

[18]Raimundo Fernández Villaverde, "La escuela didáctica y la poesía política durante el siglo XV," *Discurso leído ante la Real Academia Española y discurso-contestación del Excmo. Sr. D. Francisco Silvela* (Madrid: Hijos de M. G. Hernández, 1902), pág. 186, nota 129.

[19]Edición que vimos en The Hispanic Society of America, descrita en Juan Catalina García López, *Ensayo de una tipografía complutense* (Madrid: Manuel Tello, 1889), pág. 144.

[20]Antonio, *Biblioteca Hispana Nova sive Hispanorum Scriptorum* (Matriti: Viduam et Heredes D. Joachimi Ibarrae, 1778), I, 387.

[21]Esta edición es de las *Coplas* de Jorge Manrique e incluye las de *Mingo Revulgo*, el *Diálogo* de Cota, las *Cartas en refranes* de Blasco Garay. Está encuadernada con el *Lazarillo de Tormes castigado*.

[22]Madrid: Juan Martínez de los Corrales, 1614. Biblioteca Nacional de Madrid, citado en el "Prólogo," pág. xv, *Fernando del Pulgar, Letras, Glosa a las Coplas de Mingo Revulgo*, ed. J. Domínguez Bordona (Madrid: Espasa-Calpe, 1949); Madrid: Juan de la Cuesta, 1614, citado en Simón Díaz, *Bibliografía...*, núm. 3681; Madrid: Viuda de Alonso Martín, 1632. Biblioteca Nacional de Madrid, citado en Domínguez Bordona (1949), pág. xv y en Simón Díaz, núm. 3682.

[23]En *Colección de Crónicas y Memorias de los Reyes de Castilla* (Madrid: Antonio de Sancha, 1787), VI, 2ª parte, págs. 41-105, designada *Ed. Sancha* en nuestra edición.

[24]*Ibid.*, págs. 1-40.

[25]Bartolomé José Gallardo, *Ensayo de una biblioteca española de libros raros y curiosos*, redactado por D. M. R. Zarco del Valle y D. J. Sancho Rayón (Madrid: Rivadeneyra, 1863), I, cols. 823-854, designados *Gall* y *Gl. Gall* en nuestra edición. *Véase*: Antonio Rodríguez-Moñino, *Historia...*, pág. 227. El tomo III (1888), col. 648, del *Ensayo...*, da noticia del manuscrito que contiene la glosa de Martínez de Barros.

[26]Menéndez y Pelayo, *Antología de poetas líricos castellanos* (Madrid: Viuda de Hernando y Cia., 1892), III, 5-20.

[27]Domínguez Bordona, Edición de la Lectura, 1929.

[28]Domínguez Bordona, "Prólogo," pág. xv.

[29]*Incunables poéticos castellanos* II, "...la fonte que mana y corre...." (Valencia: Tipografía Moderna, 1953). Designado *Inc* en nuestra edición.

[30]Cuadra Escrivá de Romaní (Madrid: Artes Gráficas Clavileño, 1963).

[31]Rodríguez-Puértolas, *Poesía de protesta en la edad media castellana* (Madrid: Gredos, 1968), núm. 30.

[32]Madrid: Alianza, 1968. Prólogo y notas de Eduardo Rincón, núm. 1, págs. 35-47. El Sr. Rincón tuvo la amabilidad de clarificar el *Revulgo* de su libro en una carta donde explica que "es una versión para profanos, publicada en una colección de bolsillo que intenta, ante todo, despertar el interés del gran público por nuestra poesía medieval."

[33]Askins, *UCPMP*, 84 (Berkeley: University of California Press, 1968), 299-307.

[34]Alvar, ed. (Barcelona: Planeta, 1969), núm. CCXLV, págs. 794-803.

[35]Debo a la bondad del Profesor John H. R. Polt de la Universidad de California, Berkeley, la

siguiente nota bibliográfica: "*Coplas de Mingo Revulgo*. Glosadas por Hernando de Pulgar. Nota preliminar de Federico Carlos Saínz de Robles. Edición facsímil de la de Sevilla, Juan de León, 1545 (Madrid, Alianza Editorial, 1972)"— ejemplar que no hemos tenido la oportunidad de examinar.

# Apéndice

## Ediciones del Siglo XVI

1506 Sevilla. 4°.

"En Sevilla año 1506. Julio 23. En 4°; letra gótica; sin foliar," Escudero, núm. 141; "Sevilla, 25 de Julio de 1506," Palau, IX, pág. 300; "Sevilla, el 23 de Julio de 1506," Salvá, núm. 806; "Sevilla. 1506, 23 de julio," Simón Díaz, núm. 3662.

Todos están de acuerdo de que esta edición formaba parte de la Colombina. D. Fernando Colón había notado en su *Registrum* que el ejemplar "Costó en Burgos 17 maravedises."

1510 Sevilla. Jacobo Cromberger.

"Perteneció a la librería de don Luis Usoz," Domínguez Bordona (1949), pág. xiii.

"El único ejemplar conocido de esta edición está en la Bibliot. de James P. R. Lyell," Palau, núm. 170278.

1520 Burgos? The Hispanic Society of America.

1520 Lisboa. German Galhard. Hacia 1520. *Véase* nuestra nota núm. 12, *supra*.

1520 S. l. n. a.

"(hacia el 1520)," Salvá, núm. 807; "Las Coplas de Mingo Revulgo, glosadas por Hern. de Pulgar. (vers 1520), in -4," Jacques-Charles Brunet. *Manuel du libraire et de l'amateur de livres*. Paris: Firmin Didot frères, fils et c[ie]., 1865, VI, núm. 15092.

"Hacia 1530... Naturalmente al no poseer ningún detalle más nos imposibilita identificar esta edición con la descrita de hacia 1520, como seguramente ocurriría al compararlas. Lo mismo podemos decir de la tirada sin fecha que guardan en el Museo Británico 4° gót. que allí suponen en 1540," Palau, núm. 170281.

"[Another edition.] Las coplas de Mingo Revulgo. S.L. s. n. [1540?] 4°." Thomas, *Short-title...*, pág. 74.

Ejemplar: "Madrid. *Nacional*. R-9.414 (falta la primera hoja)," Simón Díaz, núm. 3663.

1525 Toledo. Ramón de Petras. 26 de junio.

Heredia, IV, núm. 5559; Palau, núm. 170280; Cristóbal Pérez Pastor. *La imprenta en Toledo*. Madrid: Manuel Tello, 1887, núm. 108; Salvá, núm. 807; Simón Díaz, núm. 3664.

1542 Medina del Campo. Pedro de Castro.

"Fue impressa la presente obra en Medina d'l Campo por Pedro de Castro. A costa de

Juan de Espinosa mercader de libros. Año mil.d.xlij. 4º—letra gótica—20 hs. sin foliar," Pérez Pastor. *La imprenta en Medina del Campo*. Madrid: Sucesores de Rivadeneyra, 1895, núm. 31.

Facsímil de la portada en Vindel, *Manual*..., VI, núm. 1750;

Palau, núm. 170282; Salvá, núm. 808.

Ejemplar: "Madrid. *Nacional*. R-13.196," Simón Díaz, núm. 3665.

1545 Sevilla. Juan de León.

Gallardo, III, núm. 3540;

Salvá, núm. 808.

"Ejemplar Gayangos que no vió Escudero," Palau, núm. 170283.

Ejemplar: "Madrid. *Nacional*. R-12.874," Simón Díaz, núm. 3666.

1551 Anvers. Martín Nucio. En López de Mendoza, Iñigo, *Proverbios*. Palau, VII, núm. 141488; Simón Díaz, núm. 3667.

1553 Burgos. Juan de Junta.

Palau, núm. 170285.

Ejemplar: "Madrid. *Nacional* R-11.039 (ex libris de Gayangos)," Simón Díaz, núm. 3668.

1558 Anvers. Viuda de Martín Nucio. En López de Mendoza, Iñigo, *Proverbios*. Brunet, III, pág. 1163; Salvá, núm. 808; Simón Díaz, núm. 3669.

"En todas las eds. de Amberes con los *Proverbios* del Marqués de Santillana y la *Elegía* de Jorge Manrique," Domínguez Bordona (1949), pág. xiv, nota 1.

En su *Bibliographie des impressions espagnoles des Pays-Bas mèridionaux* Peeters-Fontainas cita las cuatro ediciones de Amberes que contienen las *Coplas de Mingo Revulgo*: 1551 (núm. 717), 1558 (núm. 718), 1581 (núm. 719) y 1594 (núm. 720). Nieuwkoop/Pays-Bas: De Graaf, 1965

1563 Valladolid. Adrian Ghemart. "47 fols. de texto incluso los piels. 12º," Mariano Alcocer y Martínez. *Catálogo razonado de obras impresas en Valladolid 1481-1800*. Valladolid: Imprenta de la Casa Social Católica, 1926, núm. 236; Salvá, núm. 808; Simón Díaz, núm. 3670.

1564 Alcalá. Francisco Cormellas y Pedro Robles.

"Con la *Elegía* de Jorge Manrique," Salvá, núm. 808.

1565 Toledo. Francisco de Guzmán. Palau, núm. 170284; Simón Díaz, núm. 3671: Fernando [*sic*] de Guzmán.

Ejemplar consultado en la Biblioteka Jagiellońska de Cracovia bajo la signatura Cim[elia] 0 1264.

*Tamaño*: 8º pequeño.

*Encuadernación*: Pergamino. Una hoja de un libro de coro con lo de arriba abajo, a dos colores rojo y negro, de fecha desconocida.

*Ex libris*: El símbolo de la Biblioteka Jagiellońska—la corona real encima de dos cetros cruzados con las iniciales BVZC y la fecha 1264.

*Título* [en pág. 1r.]: Coplas de/ MINGO RE-/VVLGO./ Glosadas por Hernan/do de Pulgar./ Con licencia de los se/ñores del Co*n*sejo Real./ Impresso en Toledo./ en casa de Fra*n*cisco d*e*/ Guzman. año de. 1565./

*Licencia para imprimir* [pág. 1v.]: Yo Iuan Fernandez de Herrera secretario/ del Consejo de su majestad, doy fe que a-/uiendo se visto este libro, por los señores del co*n*sejo y la peticio*n* que dio enel Francisco de Guz/man, En que pidio licencia para poderlo impri-mir: los dichos señores le dieron lic*en*cia para im/primirle. Y que el dicho Francisco de Guman [*sic*] / le pueda imprimir sin incurrir en pena alguna,/ con sola esta fe: y porque ansi co*n*ste di la presen/te que fue fecha, en Madrid a seys de Iulio,/de mil y quinientos y sesenta y cinco / años. y en testimonio de ver-/dad lo firme de mi nombre./ Iuan Fernandez de/ Herrera.

*Contenido*: 32 coplas. Siguen el orden del Incunable. Existen variantes ortográficas y unas léxicas que indican la posibilidad de que el cajista compusiera tipos al dictado.

*Colofón* [Sigue las últimas palabras del glosista, pág. 40r.]: En Toledo / por Francisco de Guz-/man impressor./ Año./ 1565. Termina la página la viñeta de una pequeña cruz de Malta. En la pág. [40v.]: El emblema de la casa editorial de Francisco de Guzmán.

1567 Amberes. En Iñigo López de Mendoza, *Proverbios*.

"El mismo contenido que la ed. [de los *Proverbios*] de 1558," Simón Díaz, núm. 3672 y núm. 3926.

1570 Alcalá de Henares. Andres de Angulo. En Jorge Manrique, *Las Coplas*. *Véase* nuestra nota núm. 19 *supra*.

1580 Salamanca. Iuan Perier.

Gallardo, III, núm. 3541; Palau, núm. 170286.

Ejemplar: "Madrid. *Nacional*. R-13.492," Simón Díaz, núm. 3674.

1581 Alcalá de Henares. Querino Gerardo. En Jorge Manrique, *Las Coplas*.

Ejemplar: "Madrid. *Nacional*. R-2.857," Simón Díaz, núm. 3675 y núm. 4087.

1581 Amberes. Philipo Nucio. En Iñigo López de Mendoza, *Proverbios*.

Ejemplar: "Madrid. *Nacional* R-13.518; R-5.954 (sin la parte inferior de la port.)," Simón Díaz, núm. 3676 y núm. 3927.

1582 Medina del Campo. Francisco del Canto.

"Bibl. Nac. Madrid," Palau, núm. 170287.

Esta edición no está citada en Pérez Pastor, *La imprenta en Medina del Campo*.

1584 Huesca. Ioan Pérez de Valdiuieso. En Jorge Manrique, *Las Coplas*.

Salvá, núm. 808.

Ejemplar: "Madrid. *Nacional*. R-8.886," Simón Díaz, núm. 3677 y núm. 4089.

1588 Alcalá. Hernán Ramírez. En Jorge Manrique, *Las Coplas*.

Salvá, núm. 808.

Ejemplar: "Madrid. *Nacional*. R-13.431 (ex libris Gayangos)," Simón Díaz, núm. 3678 y núm. 4090.

1593 Amberes. Martín Nucio.

"Biblioteca Nacional," Domínguez Bordona (1949), pág. xiv.

1594 Amberes. Martín Nucio. En Iñigo López de Mendoza, *Proverbios*.

Salvá, núm. 808.

"El mismo contenido que la ed. de 1558. Londres. *British Museum*. 1075G.18.—Madrid. *Nacional*. R-7.124 (incompleto). *Palacio*. 1.B.190.—Nueva York. *Hispanic Society*.—París. *Nationale*. Z.18000.—Santander. *Menéndez y Pelayo*. R-V1-1-19" Simón Díaz, núm. 3679 y núm. 3928.

1598 Madrid. Luis Sánchez. *Véase* nuestra nota 21, *supra*.

Salvá, núm. 808.

Ejemplar: "Madrid. *Nacional*. R-7.901 (incompleto).—Nueva York. *Hispanic Society*," Simón Díaz, núm. 3680 y núm. 4093.

*SA*: Biblioteca Menéndez Pelayo,
Santander. Núm. 70

# Capítulo II

## Opiniones Críticas Precedentes

El cuadro que se forma de las ediciones de las *Coplas*, especialmente en el siglo XVI, es de gran extensión, prueba de la enorme popularidad de la obra. La cantidad de ediciones disponibles ayudó a su difusión y a su fama, ya que como notó Adolfo de Castro, las *Coplas* constituyeron una excepción dentro de la literatura satírica de los tiempos antiguos siendo una de las pocas sátiras que corrieron impresas en España.[1]

Así todavía en el siglo XVIII pudo afirmar Luis Josef Velázquez que "las Coplas de Mingo Rebulgo son las primeras sátiras que se han escrito en castellano después de las que compuso el Arcipreste de Hita,"[2] no teniendo a mano en esa época ni las anteriores ni las coetáneas que existían en forma manuscrita.[3] Sin embargo, revelan las palabras de Velázquez el interés que siempre ha tenido *Mingo Revulgo* para la crítica—interés que estriba en la diversidad de aspectos que presentan: (a) la importancia histórica, tanto política como literaria (b) el uso de la alegoría (c) la nota rústica que convierte el poema en una sátira "bucólica" (d) el dialecto llamado "sayagués" (e) la forma misma que parece anticipar el teatro de Juan del Encina (f) la popularidad demostrada por sus imitaciones y (g) la paternidad dudosa después de casi cinco siglos de investigación.

El primer aspecto que consideramos es el de su importancia histórica. Sabemos ya por las crónicas de la época y por la crítica posterior que el reinado de Enrique IV fue "uno de los más tristes y calamitosos períodos de nuestra historia."[4] Después de trazar con acerada pluma los excesos del reino, Marcelino Menéndez y Pelayo afirma que las *Coplas* representan la voz de la historia y aunque no niega su valor poético, añade una nota sobre la "revesada ... lectura" que hacen indispensables los comentarios que suelen acompañar el *Revulgo*.[5]

Entre ellos cita Fernández Villaverde los de Hernando del Pulgar y de Juan Martínez de Barros que se publicaron con la *Crónica de don Enrique IV* por Diego Enríquez del Castillo (Madrid: Sancha, 1787), "á la cual vinieron así las Coplas de Mingo Revulgo á servir de apéndice, oficio que hace no pocas veces la poesía política con la historia."[6] Dijo Fernández Villaverde en otra parte de su discurso: "Merced ... al mágico privilegio del metro [las *Coplas*] dieron a conocer, mejor que todas las crónicas los funestos yerros del último de los Enriques...."[7] Al contestarle Francisco Silvela, habla éste del poder que tiene la poesía política de inmortalizar todos los acontecimientos de un reinado, hasta los más pequeños infortunios domésticos.[8]

Vemos que las *Coplas* presentan un doble interés: obra literaria y fuente histórica; así aparecen en la observación de José Amador de los Ríos en que señala el valor del autor anónimo del *Revulgo* al censurar esa corte enriqueña, hecho que le ganó el aplauso de todo hombre honrado, usando para ello el arma de la alegoría y la forma bucólica procedente de las letras clásicas entonces en boga.[9] Y el escritor francés, Lucas-Dubreton, que ha escrito sobre el mismo reinado un libro feroz, *Le Roi Sauvage*, resume el estado del pueblo bajo Enrique IV haciendo alusión a las *Coplas* en su papel de fuentes histórica y literaria: "Et tout la pain est mangé, comme dit Revulgo, ce pain que Lazarillo de Tormes, l'affamé du grand siècle, appelera 'la face de Dieu.'"[10] En otro lugar comenta Lucas-Dubreton, como ya lo hicieron antes otros críticos, sobre la dificultad de las *Coplas*, que no se pueden leer sin comentario: "comme à une oeuvre mystique."[11] Esto nos trae al segundo aspecto señalado por la crítica—el uso de la alegoría—que Menéndez y Pelayo ve como la causa principal de su obscuridad ya que hasta en su propia época los lectores tenían que recurrir a un comentario para entenderlas.[12]

En cuanto a la alegoría, dice Pedro José Pidal que "da a la composición cierto aire festivo,"[13] y según Pierre Le Gentil, "Les *Coplas* ... constituent outre monts une nouveauté par leur forme allégorique et dialoguée."[14] El uso de aquélla quizás no ofreciera tanta novedad si no fuese por la nota rústica que como dijimos convierte el poema en una alegoría bucólica.

Alegoría y bucolismo se pueden considerar el resultado de las influencias literarias de la época, como ya aludió Amador de los Ríos en cuanto a la forma, pero Menéndez y Pelayo afirma que las *Coplas* preceden a cualquier derivación de lo clásico y así deben ser consideradas por su mensaje más bien que por su papel de eslabón con el Renacimiento.[15] A diferencia del uso del lenguaje villanesco en el teatro de Juan del Encina, la forma alegórica de las *Coplas*, según D. Marcelino, sirve para disfrazar la sátira política, "un mero disfraz, a través del cual se transparenta continuamente el fin satírico, la aplicación política, que el autor quiere inculcar bajo este velo alegórico."[16]

El mismo Fernando de Pulgar, al ofrecer su glosa de las *Coplas* al Conde de Haro, dice: "... esta Bucólica, que quiere decir cantar rústico y pastoril, quiso dar a entender la doctrina que dicen so color de la rusticidad..."[17] y las ve como una especie de rompecabezas que estimulara el interés del lector en descifrarlas.

En cambio, C. R. Post cree en una influencia directa del Renacimiento dado el interés renacentista en la égloga que, según él, hace al autor del *Revulgo* elegir la forma de diálogo entre dos rústicos para desarrollar su tema satírico.[18]

Para Mia I. Gerhardt, el género pastoril tiene su fuente en las Sagradas Escrituras. Después de mencionar los veinte *Pastourelles* de Froissart y la primera *Bucólica* de Virgilio, ella regresa al Evangelio de San Juan donde Jesucristo se representa como el buen pastor y al Evangelio de San Lucas en la parábola de la oveja perdida; termina diciendo: "Ainsi, au moyen âge, on voit apparaître la pastorale polémique tout d'abord en Espagne, sous le règne de l'indigne Henri IV ... les Coplas de Mingo Revulgo...."[19]

También se puede considerar la forma del *Revulgo* desde el punto de vista literario, como un esfuerzo consciente por parte del poeta para encuadrar su creación dentro de un marco artístico. El propio Amador anota que el lenguaje de las *Coplas* le permitió al autor incluir, bajo el mismo anatema, a todos los niveles de la sociedad española cuando satiriza la corte de Enrique IV;[20] en la *Philosophía antigua poética*, López Pinciano da una explicación puramente literaria para el uso de lo rústico:

> ¿De manera, dixo el P*inciano* q*ue* os parece el terceto bueno pa*ra* la bucólica, y las demás rimas no?
>
> Assí es, dixo F*adrique*, y mirad que se me oluida dezir de las redo*n*dillas y bucólicas, que ay una bucólica en ellas hecha muy ilustre, y anda con no*m*bre de Mingo Rebulgo.[21]

No se puede ver en la alegoría bucólica de las *Coplas* ni el fin artístico de tal forma, ni "la frecuentación de Virgilio en las aulas salmantinas,"[22] ni la influencia renacentista del quince, ni "la secularización de la predicación eclesiástica,"[23] sino la fuente puramente española del género. Según Américo Castro, lo rústico en las letras españolas representa un anhelo indígena "de infinitud y trascendencia,"[24] que realiza el labriego al cultivar su tierra, dando una importancia singular a la forma poética de la bucólica por la cualidad sacerdotal de que era solidaria.[25] En las palabras de Fernández Villaverde: "Cúmpleme ya tratar de la nueva rama que brotó vivaz y pujante, como raro injerto, obtenido en sazón del añoso tronco de nuestra literatura erudito-popular, a las coplas anónimas de *Mingo Revulgo*."[26] Es lo inconfundiblemente indígena lo que nos lleva a una discusión del dialecto llamado "sayagués."

Constituye un lugar común en la crítica que la primera utilización del sayagués se halla en las *Coplas*.[27] Según Fernando Lázaro Carreter, el uso de este dialecto hace confluir las dos corrientes—la erudita y la popular—que es lo que representa la nueva rama de que habló Fernández Villaverde. Según Lázaro Carreter, lo popular deriva del lenguaje de las representaciones navideñas en las cercanías de Salamanca y lo erudito de la proximidad del habla rústica que tanto llamó la atención del escolar universitario salmantino.[28]

Sabemos por Charlotte Stern que el término "sayagués" para describir el lenguaje de los pastores, se adelanta a las *Coplas* por unos cien años. Juan Timoneda lo usó por primera vez para indicar el hablar de los rústicos en la obra de Lope de Rueda, y en la edición que hizo Timoneda de los *Coloquios pastoriles*, se refiere a Lope de Rueda como "espejo y guía de dichos sayagueses [*sic*] y estilo cabañero."[29] Así parece que la denominación es posterior también a los dos representantes más importantes del teatro bucólico, Juan del Encina y Lucas Fernández. Según explica Frida Weber de Kurlat, los dos autores que más emplearon el llamado dialecto sayagués lo calificaron como pastoril; hasta Cervantes menciona el "pastoril lenguaje."[30] La Sra. de Kurlat nota a continuación que "los mismos autores no se refieren a su lengua nunca como sayagués."[31] Menéndez y Pelayo habla del "lenguaje villanesco 'provocante a risa' de que se había valido el autor de las *Coplas de Mingo Revulgo*."[32] C. R. Post llama al lenguaje del *Revulgo* "very precious and farfetched ... curious philology,"[33] y para el Pinciano es un "lenguaje peregrino":

> El poema heroyco deue ser en lenguaje peregrino, y que el concepto agudo en tal lenguaje haría enigmas, como lo fueron las de Mingo, que, sin comento, se pueden mal entender.[34]

Es el distinguido Joseph E. Gillet quien plantea el verdadero problema: ¿cómo y cuándo se formó tal tradición de habla rústica que se puede trazar a través de las *Coplas*, los Villancicos de Navidad, la obra de Iñigo López de Mendoza, Juan del Encina, Torres Naharro y Lope de Rueda hasta que disminuye ya satirizada en el drama del Siglo de Oro? ¿o es una mera convención lingüística?[35] Y cita Gillet a Ramón Menéndez Pidal, que asevera que todo lenguaje rústico se llamaba sayagués aunque no tuviera mucha relación con el dialecto de Sayago.[36]

Se puede inferir que el uso del lenguaje pastoril no es cuestión de geografía. Hasta el nombre Mingo no tiene un lugar fijo en el mapa de España: "En las Montañas de Santander a' los Domingos de nombre los suelen llamar *Mingos*, por aféresis. Bien conocido es el nombre de *Mingo* Revulgo."[37]

La descripción del lenguaje de las *Coplas* que nos parece la más justa es la del Padre Sarmiento: "El estilo es el que á la mitad del siglo décimo quinto usaban, y aun usan hoy los pastores."[38]

No obstante, lo curioso es que todos los elementos de lo que después se ha llamado "sayagués" para definir el lenguaje del teatro de entre otros Juan del Encina y Lucas Fernández (los dos oriundos de la provincia de

Salamanca), aparecen ya en las *Coplas*, especialmente el tono arcaico y el vocabulario pastoril.

Así empezó una tradición lingüística que, junto con la forma dialogada de las *Coplas*, nos lleva directamente al teatro. Con pocas excepciones, la crítica ve el *Revulgo* como precursor del teatro de Juan del Encina. Por su parte, Agustín Millares Carlo se destaca por no atenerse a la opinión más difundida: "Ni la *Danza de la Muerte* ... ni las *Coplas de Mingo Revulgo* ... interesan a la historia del teatro español."[39] George Ticknor afirma que las *Coplas* representan "a nearer approach to the spirit of the drama, and particularly to the form which the secular drama first took in Spain."[40] En otro lugar, hablando de *La Celestina*, califica su juicio diciendo que ésta no ha influído tanto en el drama español como quizá el *Revulgo* o el *Diálogo entre el Amor y un Viejo*, sino que más bien el conjunto de estas tres obras es lo que nos conduce al fundador del teatro secular de España, Juan del Encina.[41]

En general, la crítica conviene en que todos los elementos del teatro pastoril aparecen ya en las *Coplas*. En cuanto a la forma dialogada, María Rosa Lida de Malkiel la relaciona con la obra doctrinal del Marqués de Santillana y nota que las observaciones sobre el uso del diálogo en *Bias contra Fortuna* debía influir en la formación de este estilo literario en el siglo XV: da como ejemplo las *Coplas de Mingo Revulgo*.[42] Pero es la combinación de la forma dialogada y el lenguaje rústico lo que, según Menéndez y Pelayo, tendrá la influencia decisiva por haber otorgado a Juan del Encina un molde ya hecho en que pudo verter sus primeras églogas dramáticas.[43] Lázaro Carreter habla también de la influencia que tuvieron las *Coplas* en la obra del fundador del teatro español quien supo dar a ese lenguaje rústico y dialogado un valor nuevo, o sea, dramático.[44] Adolfo Bonilla y San Martín destaca el elemento pastoril más bien que la forma ni el lenguaje de las *Coplas* ya que para él lo importante es la figura misma del pastor, que permite al autor encubrir su intención satírica. Es esta figura que se manifiesta popularmente y es este elemento del bucolismo el que llegó hasta el teatro del siglo XVI.[45]

La Sra. de Kurlat concuerda con la opinión de Mia I. Gerhardt en remontar el pastor de las *Coplas* a una tradición bíblica en vez de secular; observa en el *Auto de la oveja perdida*, de simbolismo bíblico, la influencia directa de las *Coplas de Mingo Revulgo*.[46]

La figura del pastor también interesa a J. Richard Andrews en su estudio sobre Juan del Encina, donde sugiere que el dramaturgo se apropió del personaje del pastor a lo Revulgo por la libertad de expresión que le proporcionaría tal figura.[47] Según Andrews, Encina se valió de las *Coplas* adrede, de un modo irónico, para construir su propio disfraz literario, aprovechándose del nombre de Mingo porque representaba al vulgo y del nombre de Gil porque representaba a la aristocracia en las *Coplas*.[48] Y al hablar de la *Requesta de unos amores*, Andrews insiste en que Encina se sirvió de los nombres de las *Coplas* porque llevaban en sí una resonancia específica e irónica al público de la época al respecto de una política agresiva. Así utilizó el nombre de Mingo en el papel que siempre había reservado Encina para Juan.[49]

Esta observación nos conduce a otro aspecto del *Revulgo*: además de su popularidad contemporánea, es notable su supervivencia tras varias imitaciones. Menciona Pedro José Pidal las *Coplas que se hicieron en Xerez de la Frontera en vida del Rey Don Fernando y de la Reyna Doña Isabel sobre la gobernación del Reyno* que se valían de la alegoría de pastores, rebaños, etc. para satirizar a los ministros del Rey, las cuales empiezan:

> Abre, abre las orejas
> Escucha, escucha pastor
> Di, ¿no oyes el clamor
> Que te hacen tus ovejas?[50]

El Conde de la Viñaza menciona otra sátira de la misma época que utiliza el lenguaje del *Revulgo*, en la cual el pueblo protestaba contra los excesos que cometían el Cardenal D. Pero González de Mendoza, D. Gutierre de Cárdenas y D. Gonzalo Chacón:

> Cardenas e el Cardenal
> e Chacon, e fray Mortero
> traen la corte al retortero.[51]

Y en aquel entonces cuando "el vivir español está bajo el signo de la unidad y la integración,"[52] como dijo Eugenio Asensio, es la poesía la que reflejó más a lo vivo este movimiento de integración: "Los nobles citan a Mingo Revulgo y cantan romances, mientras en los mercados y plazuelas se entonan villancicos impregnados del refinado sentir, la gala y gentileza cortesana."[53] En el mismo período aparece la *Vita Christi*, que contiene un fragmento en lenguaje rústico sobre la circuncisión de Jesucristo, del que se sirve Fray Iñigo de Mendoza para su exhortación alegórica en forma de las cuatro virtudes que termina con una alusión al *Revulgo*:

> o ouejas castellanas!
> al remedio vos remito
> daquel pastoril escripto
> de las coplas aldeanas.[54]

Lucas-Dubreton nota la reaparición del tema del mal pastor de *Mingo Revulgo* en la *Batalla de los lobos y los perros* de Alfonso de Palencia[55]; Menéndez y Pelayo extendería su influencia hasta los *poemas de la Mesta* como nuevo tipo de sátira política, que "reaparece en la literatura satírica de fines del siglo XVII especialmente en los coloquios de *Perico* y *Marica....*"[56]

Todavía hoy tenemos imitadores del *Revulgo*: al final de la lista que da Antonio Palau y Dulcet de las ediciones de las *Coplas* viene esta noticia: "Mingo Revulgo. Seudónimo, además, de González Pastor (Joaquín)."[57] De manera que un escritor de zarzuelas en pleno siglo veinte se aprovecha de este símbolo del vulgo al seleccionar un nombre que se relaciona con el suyo y que no dejará de traer al pueblo español una imagen inmediata de lo popular.

Cabe coronar nuestra lista con la cita más notable de todas las citas del *Revulgo*, la de Cervantes en el "Prólogo" a la segunda parte del *Quijote* donde exclama:

> Viva el gran conde de Lemos, cuya cristiandad y liberalidad, bien conocida, contra todos los golpes de mi corta fortuna me tiene en pie, y vívame la suma caridad del ilustrísimo de Toledo don Bernardo de Sandoval y Rojas, y siquiera no haya imprentas en el mundo y siquiera se impriman contra mí más libros que tienen letras las coplas de Mingo Revulgo.[58]

El último aspecto que nos queda es el del autor. Como trataremos ampliamente de este tema en el capítulo siguiente dedicado a la autoría de las *Coplas*, nos limitamos aquí a una lista de autores a quienes la crítica ha atribuído la paternidad literaria: Juan de Mena, Rodrigo Cota, Alfonso de Palencia, Hernando del Pulgar, Fray Iñigo de Mendoza y nuestro candidato: Fernán Pérez de Guzmán.

## Notas

[1]Castro, "Varias observaciones sobre algunas particularidades de la poesía española," *Poetas líricos de los siglos XVI y XVII, BAE*, 42 (Madrid: M. Rivadeneyra, 1857), pág. xxiv.

[2]Velázquez de Velasco, *Orígenes de la poesía castellana* (Málaga: Francisco Martínez de Aguilar, 1754), pág. 110.

[3]*Véase* las notas 2 y 3 capítulo IV, para la bibliografía de las *Coplas de la Panadera* y las *Coplas del Provincial que demuestra el alcance de estas dos sátiras.*

[4]Menéndez y Pelayo, "La sátira política...," pág. 19.

[5]*Ibid.*, págs. 35-36.

[6]Fernández Villaverde, "La escuela didáctica...," pág. 18 6, nota 126.

[7]*Ibid.*, pág. 101.

[8]Silvela, "Discurso-contestación," pág. 208.

[9]Amador de los Ríos, *Historia crítica de la literatura española* (Madrid: Joaquín Muñoz, 1865), VII, 129-131.

[10]Lucas-Dubreton, *Le Roi Sauvage: l'Espagne au quinzième siècle* (Paris: Librairie Académique Perrin, 1922), pág. 183.

[11]*Ibid.*, pág. 182.

[12]Menéndez y Pelayo, "La sátira política...," pág. 31.

[13]Pidal, "La poesía castellana en los siglos XIV y XV," *Estudios literarios* (Madrid: M. Tello, 1890), I, 336.
[14]Le Gentil, *La Poésie lyrique espagnole et portugaise à la fin du Moyen Âge* (Rennes: Plihon, 1949), I, 412.
[15]Menéndez y Pelayo, *Orígenes de la novela*, *NBAE*, I (Madrid: Bailly-Bailliére, 1925), págs. cccxci-cccxcii.
[16]Menéndez y Pelayo, "La sátira política...," pág. 33.
[17]Pulgar, *Letras - Glosa a las Coplas...*, ed. J. Domínguez Bordona, pág. 147.
[18]Post, *Mediaeval Spanish Allegory*, *HSCL*, IV (Cambridge: Harvard University Press, 1915), pág. 264.
[19]Gerhardt, *Essai d'analyse littéraire de la pastorale dans les littératures italienne, espagnole et française* (Assen: Van Gorcum & Comp., 1950), págs. 62-63.
[20]Amador de los Ríos, *Historia...*, págs. 133-134.
[21]Alonso López Pinciano, ed. Alfredo Carballo Picazo (Madrid: Biblioteca de Antiguos Libros Hispánicos, 1953), II, "Epístola sexta," pág. 208.
[22]Fernando Lázaro Carreter, *Teatro medieval* (Valencia: Castalia, 1967), pág. 80.
[23]Frida Weber de Kurlat, "'Reseña' del teatro medieval," *NRFH*, 13 (1959), 383.
[24]Castro, *La realidad histórica de España,* 6ª ed. (México: Editorial Porrúa, 1975), pág. 94.
[25]*Idem.*
[26]Fernández Villaverde, "La escuela didáctica..., pág. 78.
[27]Para citar solamente unos ejemplos: Angel Valbuena Prat, *Historia de la literatura española* (Barcelona: Gustavo Gili, 1974), I, 315, nota 2: "Las *Coplas de Mingo Revulgo* emplean el sayagués—precedente de Encina;" Frida Weber de Kurlat, "El dialecto sayagués y los críticos," *Filología* I (1949), 49: "Se suele remontar la tradición del sayagués a las *Coplas de Mingo Revulgo*;" Fernando Lázaro Carreter, *Teatro medieval*, "Estudio preliminar," pág. 77: "Las *Coplas de Mingo Revulgo* hacen hablar a sus agresivos y alegóricos pastores en sayagués."
[28]Lázaro Carreter, *ibid.*
[29]Stern, "Studies on the Sayagués in the early Spanish Drama," tesis doctoral inédita, University of Pennsylvania, 1960, pág. 157. En Lope de Rueda, *Obras*, *RAE*, II, 7 se llaman *Sayagos*.
[30]Miguel de Cervantes Saavedra, *Los baños de Argel*, *Obras completas de Miguel de Cervantes Saavedra* (Madrid: Bernardo Rodríguez, 1915), I, 315, donde habla "del gran Lope de Rueda impresso por Timoneda."
[31]Weber de Kurlat, "El dialecto sayagués...," pág. 47.
[32]Menéndez y Pelayo, *Antología...*, 1896, VI, ccix.
[33]Post, pág. 264.
[34]López Pinciano, pág. 208.
[35]Joseph E. Gillet, "Notes on the Language of the Rustics in the Drama of the Sixteenth Century," *Homenaje a Menéndez Pidal* (Madrid: Hernando, 1925), I, 443.
[36]Ramón Menéndez Pidal, *El dialecto leonés* (Oviedo: Instituto de Estudios Asturianos, 1962), pág. 34.
En *The Spanish Language, together with Portuguese, Catalan and Basque*, 2ª ed. (London: Faber and Faber, 1962), pág. 228, William J. Entwistle nos da la siguiente descripción del sayagués: "The Leonese dialects enjoy a popular literature of folk tales and songs which some attempt has been made to erect into a regional art form; but for such purposes the most important variety has been the *sayagués* which was the conventional rustic dialect of the classical Spanish stage. Juan del Encina imitated for the delectation of the Duke of Alba the dialect of the peasants in the neighbourhood of Salamanca and Alba de Tormes, which is

properly termed *charruno*: an incorrect identification with Sayago, near Zamora, gave it the misnomer *sayagués*."

[37]Tomás Antonio Sánchez, ed., "Indice de las voces antiquadas y más oscuras de este poema *[El Cid]*, que necesitan explicación," *Colección de poesías castellanas anteriores al siglo XV* (Madrid: Sancha, 1779), I, 395.

[38]Martín Sarmiento, *Obras pósthumas, memorias para la historia de la poesía y poetas españoles* (Madrid: D. Joachin Ibarra, 1775), pág. 396, núm. 869.

[39]Millares Carlo, *Literatura española hasta fines del siglo XV* (México: Antigua Librería Robredo, 1950), págs. 299-300.

[40]Ticknor, *History of Spanish Literature* (New York, Harper & Brothers, 1854), I, 260.

[41]*Ibid.*, pág. 273.

[42]Lida de Malkiel, "Un nuevo estudio sobre el Marqués de Santillana," *RPh*, 13 (Feb. 1960), 292.

[43]Menéndez y Pelayo, "La sátira política...," pág. 33.

[44]Lázaro Carreter, pág. 79.

[45]Bonilla y San Martín, *Las Bacantes, o Del origen del teatro. Discurso leído ante la Real Academia Española el 12 de julio de 1921...y contestación del Excmo. Sr. D. Gabriel Maura Gomazo, Conde de la Mortera* (Madrid: Sucs. de Rivadeneyra, 1921), pág. 90. *Véase* también Charlotte Stern, "The *Coplas de Mingo Revulgo* and the Early Spanish Drama," *HR*, 44 (1976), 311-332.

[46]Weber de Kurlat, *Lo cómico en el teatro de Fernán González de Eslava* (Buenos Aires: Universidad de Buenos Aires, Instituto de Literatura Española, 1963), pág. 33, nota 19.

[47]Andrews, *Juan del Encina, Prometheus in Search of Prestige*, *UCPMP*, 53 (Berkeley: University of California Press, 1959), 124.

[48]*Ibid.*, pág. 134.

[49]*Ibid.*, pág. 138.

[50]Pidal, *La poesía castellana...*, págs. 336-337. En su "Discurso..."—*véase* nuestra nota núm. 51 *infra*—el Conde de la Viñaza da como título el que se halla en el MS 145, Biblioteca Nacional de Madrid: "Quejas de Castilla contra los Reyes Católicos por las calamidades ocasionadas por la guerra de Granada y Portugal," pág. 35. En la *Antología* ..., de Menéndez y Pelayo, 1892, III, 171-176, el mismo poema lleva el título "Coplas hechas al rey Don Henrique, reprehendiendole sus vicios y el mal gobierno destos reynos de Castilla." En A. D. Kossoff, "Herrera, editor de un poema," *Homenaje a Rodríguez-Moñino* (Madrid: Castalia, 1966), I, 285-290, aparece intitulado "Coplas de Pedro de Vera, de Xerez al rei Catolico." *Cfr*. Askins, *Cancioneiro...*, págs. 567-8.

[51]Cipriano Muñoz y Manzano, Conde de la Viñaza, *Discursos leídos ante la Real Academia Española y discurso-contestación del Excmo. Sr. D. Alejandro Pidal y Mon* (Madrid: Asilo de Huérfanos, 1895), pág. 35 y nota núm. 42. Según el Conde de la Viñaza, los tres grandes satirizados en esta copla son los mismos que salen motejados como "tresquiladeros" en el poema que empieza "Abre, abre las orejas."

[52]Asensio, *Eglogas dramáticas y poesías desconocidas de Pedro Manuel de Urrea* (Madrid: Cándido Bermejo, 1950), pág. xii.

[53]*Ibid.*

[54]*Cancionero castellano del siglo XV*, ordenado por Raymond Foulché-Delbosc (Madrid: Bailly-Bailliére, 1912), I, 27.

[55]Lucas-Dubreton, *Le Roi Sauvage...*, pág. 182.

[56]Menéndez y Pelayo, *Antología...*, 1896, VI, xviii.

[57]Palau, *Manual...*, IX, 301.

[58]Miguel de Cervantes Saavedra, *El ingenioso hidalgo Don Quijote de la Mancha*, ed. Francisco Rodríguez Marín (Madrid: Espasa-Calpe, S. A., 1964), V, 20-22.

*SB*: Biblioteca Menéndez Pelayo,
Santander. Núm. 78

# Capítulo III

## El Autor

Como ya hemos señalado al fin del capíitulo segundo, hay cinco escritores a quienes ha sido atribuida la paternidad de las *Coplas*: Juan de Mena, Rodrigo Cota, Alfonso de Palencia, Hernando del Pulgar y Fray Iñigo de Mendoza. Reservamos al sexto, Fernán Pérez de Guzmán, para unas observaciones nuestras al final de este capíitulo y presentamos aquí las atribuciones y los comentarios que la crítica ha hecho sobre la autoría del *Revulgo*.

*Juan de Mena*

Ya hemos citado a Nicolás Antonio,[1] fuente principal de la atribución de las *Coplas* a Mena. El bibliógrafo probablemente se basó en una suposición hecha con respecto a las *Coplas de la Panadera*, de las cuales el MS 71 de la Biblioteca Menéndez Pelayo lleva una copla escrita por Mena[2] (y otra por Iñigo Ortiz de Estúñiga que la contesta y que induce a Argote de Molina a atribuir la *Panadera* a Estúñiga).[3] Recordamos también la edición de Madrid, Luis Sánchez, 1598, cuya portada atribuye a Rodrigo Cota el *Revulgo* y el primer acto de la *Celestina* "que algunos falsamente atribuyen a Juan de Mena."[4]

Claro está que el autor del *Laberinto* fue capaz de haber escrito igualmente una sátira. Afirma María Rosa Lida de Malkiel, al hablar de las *Coplas fechas en el ayuntamiento quel señor Rey fizo* ..., que el lenguaje de Mena en ellas y en su invectiva contra Iñigo Ortiz "explica que sus contemporáneos le hayan atribuido las coplas de igual jaez de *¡Ay panadera!* que presentan la misma adhesión al Rey y al Condestable, junto con encarnizados ataques personales."[5]

Lo que nos interesa al atribuir o no las *Coplas* a Mena es el estilo mismo del autor. Con la excepción del razonamiento de Ticknor, quien nota que Mena perteneció a la otra facción política,[6] todos los críticos se basan el rechazo de Mena como autor en la fecha de la muerte del poeta, 1456,[7] solamente dos años después de haber empezado a reinar Enrique IV. Por eso, antes de proseguir, conviene aclarar la fecha probable de las *Coplas*.

Según el análisis que llevamos a cabo en el capítulo siguiente, no hay ningún acontecimiento histórico aludido en el poema que pase del año 1456.

Lo que nos convence que las *Coplas* datan de los primeros años del reino de Enrique IV es la falta de toda mención de don Beltrán de la Cueva, sin duda el personaje más notorio del período para los propósitos de una sátira. Seguramente habría ocasionado por lo menos una copla el nacimiento de "la Beltraneja" en 1462, año en que don Beltrán empezó a representar una amenaza para los Grandes. (*Véase* nuestro comentario sobre la Copla IX [*R-M* X])

Amador de los Ríos llega a situar el *Revulgo* en 1464, citando el comentario de Pulgar a la *Copla* XXVI (Del collado agujleño), donde habla de una gran tempestad que iba a dividir al reino. Amador señala los trastornos que siguieron al convenio entre Cabezón y Cigales en diciembre de 1464, que produjeron la proclamación del príncipe don Alonso como Rey de Castilla el 5 de junio de 1465.[8] Después de haber fijado la fecha en 1464, como preludio al escándalo citado, continúa Amador: "Respecto de Juan de Mena, consta ... que las *Coplas* se escribieron por lo menos ocho años después de su muerte."[9] No nos convence la fecha de 1464, porque se basa en la suposición de que Pulgar sabía cuando fueron escritas las *Coplas,* mientras en realidad la glosa de Pulgar muestra su falta de conocimiento de los episodios claves de la corte de Enrique IV. Por ejemplo, como notó Julio Rodríguez-Puértolas, ni se dio cuenta Pulgar de que la *Copla* VIII [*R-M* V] aludió a Doña Guiomar de Castro.[10] Explica Pulgar: "Esto dize por alguna muger sy le traya a su q*ue*rer & gouernacion & dize que era de naualusiteja. Creese que la tal muger era de portugal. Por que lusitania se llama portugal."[11]

Tampoco estamos convencidos de que el autor de las *Coplas* sabía lo que iba a pasar al año de haberlas escrito ya que por el tono doctrinal y moralizador de la sátira, se hallan a cada paso ominosos pronósticos generales. El clima religioso del siglo quince tanto como el didacticismo literario del mismo demandaban que la ociosidad y la negligencia del rey se pagasen con castigos sobrenaturales, amonestaciones que forman parte del estilo sentencioso del *Revulgo.*

Así, rechazamos a Mena como autor de las *Coplas*, no por la fecha de su muerte—bien pudiera haberlas escrito en 1456 antes de morir—sino por la índole del poeta mismo. Tenemos ya en las *Trescientas* un ejemplo de la alegoría de Mena, con su influencia dantesca y su raíz clásica, un estilo sobre todo elegante y latinizante. Sus coplas *Sobre un macho que compro de vn arcipreste* nos presentan otro aspecto de la poesía meniana, por su estilo chistoso y liviano, rasgos que quizás hubieran dado viveza a una sátira bucólica como el *Revulgo.* Ante todo, Juan de Mena fue un gran poeta lírico. Las *Coplas de Mingo Revulgo* pertenecen al género de la historia y de la biografía. Carecen igualmente de elegancia, de humor, y de lirismo. Son una crónica alegórica. Para averigüar quién fuese el autor, tendríamos que buscarle entre los escritores de menor chispa lírica que Mena y de más vocación de cronista prosador.

*Rodrigo Cota*

La atribución a Cota se basa en la edición de su *Diálogo entre el Amor y un caballero viejo* de Medina del Campo, 1569, cuya portada lleva tal autoría por primera vez;[12] el mismo año se imprimió otra edición del *Diálogo*, Salamanca, Francisco del Canto, donde encontramos repetida la atribución.[13] En 1598, aparece la edición de Madrid, Luis Sánchez, mencionada por Nicolás Antonio; recordamos que le llama a Cota "el Tío" para distinguirle de su homónimo "el Mozo."

Lo primero que nos llama la atención en cuanto a Cota el Tío como autor es la confusión que existía entre tres obras distintas: la *Panadera,* el *Revulgo,* y el *Epitalamio.* Dice el Conde de Puymaigre que Rodrigo Cota es el autor a quien se ha atribuido *Mingo Revulgo,* también intitulado la *Panadera.*[14] Esta confusión de nombres puede ser el resultado de un error histórico, como nota Vicente Romano García en su edición de las *Coplas de la Panadera* donde indica que el Fray Liciniano Sáez, al publicar la *Panadera* en 1805, supone que la batalla de Olmedo (1445) tuvo lugar durante el reinado de Enrique IV (1454-1474).[15] En su "Inventaire des sources pour l'étude de la poésie castillane au xv^e^ siècle," Charles V. Aubrun identifica el *Epitalamio* de Cota con la *Panadera*:

> MS No. 3788. *Petit Cancionero* ... Puis viennent ... les *Coplas de la Panadera*, une curieuse satire antisémite où l'auteur reproduit de façon burlesque le parler des Juifs ("Pergonçalez" fol. 14)....[16]

Además de la confusión que existía entre las obras atribuidas a Cota, acaso hubiera también una confusión entre Cota *Tío* y Cota *Mozo*, ya que Velázquez sitúa las *Coplas* en la época de Juan II y nota que fueron asignadas al toledano Rodrigo Cota, a quien se atribuye también "la famosa tragi-comedia de Calixto y Melibea."[17]

Sin embargo, hay quien sostiene a Cota como autor del *Revulgo* basándose en los títulos de las ediciones citadas. El crítico Ferdinand Loise escribe: "Rodrigo da Cota apprend aux bergers la langue de la satire dans l'églogue *Mingo Revulgo*,"[18] y al citar la edición del *Diálogo* de Medina del Campo que presenta a Cota como autor de las *Coplas*, afirma Palau "Tamayo de Vargas apoya esta opinión."[19]

En su edición del *Revulgo*, Luis de la Cuadra dice: "Tamayo de Vargas apoya esta opinión en su *Historia general de España del P. Juan Mariana, defendidas por el Dr. D. Thomas Vargas [sic] contra las advertencias de Pedro Mantuano*, Toledo, 1616."[20] Rodríguez-Puértolas menciona la misma fuente "ya en el siglo XVII,"[21] pero en realidad, la *Historia* aludida no contiene mención ninguna ni de Cota ni de las *Coplas.*[22] La afirmación de Tamayo de Vargas aparece en un manuscrito inédito, *Iunta de / libros / La maior que España ha visto / en su lengua / Hasta el año C.10.10C.XXIV,* donde las atribuye a Cota, *el Tío*, también supuesto autor del "Acto primero de Scelestina."[23]

Amador de los Ríos no se atiene a esta opinión y comenta en cuanto a Cota "que siendo converso y tildado de relapso ... no es verosímil que se ensangrentara contra los judíos, como lo hace el autor de las expresadas *Coplas.*"[24] La copla a la que alude es el núm. XII (Modorrado con el sueño) donde Mingo acusa al rey de haber tolerado que los judíos y los moros anduviesen sin vestidura distintiva que identificara su condición. Pero ya hemos visto que el *Epitalamio* de Rodrigo Cota es de un antijudaísmo feroz y no nos sorprende puesto que, como dice Américo Castro, debía Cota de haber estado entre los que se convirtieron en "los más atroces enemigos de los israelitas y de los mismos conversos."[25] Además, no se puede destacar solamente a Cota en este sentido: entre los autores a quienes se ha asignado la paternidad de las *Coplas*—Palencia, Pulgar, Fray Iñigo—todos eran conversos.[26]

Creemos que la atribución a Cota se basa en su predilección por la forma del diálogo y en que incluyeron el *Revulgo* en la portada como obra suya para darle más prestigio, poniendo de relieve la fama del autor. Es la opinión de Elisa Aragone que el hacerse cristiano le ayudó a Cota a ganar tanta eminencia que le atribuyeron varias obras, entre ellas, el *Revulgo.*[27] Pero no ha encontrado Aragone ninguno de los elementos en las *Coplas* que le daría validez tal atribución.[28]

Rechazamos a Cota como autor de las *Coplas* por no encontrar nosotros tampoco esos elementos en su poesía: el tono moral y reflexivo, el afán didáctico y sobre todo la preocupación histórica que movieron al autor de *Mingo Revulgo*.

### *Alfonso de Palencia*

Bartolomé José Gallardo es la fuente de la atribución a Palencia: "yo me inclino ... a creer que sea de Alonso de Palencia, Cronista de los desconciertos de aquel Rei infeliz, a quien zahiere crudamente...."[29] De la misma opinión es Adolfo Bonilla y San Martín que cita la *Batalla campal de los perros y lobos* como ejemplo del arte alegórico y simbólico de Palencia,[30] conocido enemigo de Enrique IV.

Antonio Paz y Meliá se limita a descartar a Palencia como autor de las *Coplas del Provincial*, pero en una nota sobre *Mingo Revulgo* que aparece en un largo apéndice intitulado "Notas biográficas e históricas," cita dos coplas ("A la he, Gil Arribato" y "Vee los lobos entrar") del *Ensayo* de

Gallardo y añade: "Nótese la conformidad de estas coplas con los respectivos juicios de Palencia,"[31] sin por eso asignarle la paternidad de ellas.

La existencia de la *Batalla...*, y de la *Perfección del triunfo militar*—ambas obras de tesis política y de forma alegórica—abriría camino para creer que Palencia era capaz de escribir las *Coplas* si no fuera por la inexistencia de obra poética suya, y por tener, además, un carácter que evitó siempre el anonimato. Dice Benito Sánchez Alonso: "lo único de que se puede reprochar a Palencia es el afán con que se destaca, muy satisfecho de sí mismo, en vez de mantener el anónimo que corresponde a un historiador...."[32]

Si Palencia hubiera escrito las *Coplas*, es nuestra opinión que las hubiese firmado, al igual que firmó las muchísimas más virulentas *Décadas*. Como notó Menéndez y Pelayo al hablar del *Provincial*, Palencia dijo cuanto se pudiera decir en sus *Décadas* latinas contra el rey y sus cortesanos, "¿qué necesidad tenía de ocultarse en la sombra para herirlos más á mansalva?"[33]

*Hernando del Pulgar*

Conviene notar aquí que la atribución de Nicolás Antonio en cuanto a Juan de Mena empezó: 'Tribuuntur ei...," y que el pronombre *ei* se refería a Hernando del Pulgar. Por haber sido la glosa de Pulgar la primera—y por muchos años la única—impresa, su nombre fue íntimamente ligado a las *Coplas*.[34] De hecho, hasta la publicación de la edición de Sancha en el siglo XV111—con la glosa de Martínez de Barros— y la del *Ensayo* de Gallardo en el siglo XIX—con una glosa anónima— no se sabía que existieran otras glosas.

La atribución a Pulgar de más peso viene de la pluma del Padre Juan de Mariana cuya descripción de los males del reinado de Enrique IV sitúa las *Coplas* en el año 1472. Observa que en aquel año la situación cortesana empeoró tanto que el ingenioso Hernando del Pulgar "trovó unas coplas muy artificiosas, que se llaman de Mingo Revulgo, en que callado su nombre por el peligro que le corriera...."[35] El Padre Martín Sarmiento sigue a Mariana: "Mariana en el libro 23, capítulo 17, al año de 1472, afirma sin duda que ha sido Pulgar,"[36] y añade que las *Coplas* se hacen tan claras con el comentario de Pulgar, que solamente el mismo poeta pudo haberlas comentado con tanta lucidez.[37] Y Menéndez y Pelayo: "Unicamente merece tenerse en cuenta [como autor] ... Hernando de Pulgar siquiera por el respeto debido a la autoridad del P. Mariana...,"[38] pero agrega, en cuanto al juicio del Padre Sarmiento, que no es tan intricado el sentido político de las *Coplas* que cualquier otro contemporáneo no pudiera descifrarlas.

Antes de proceder es necesario hacer ciertas clarificaciones: la glosa de Pulgar debía de haberse escrito después de la muerte de Enrique IV en 1474 ya que al glosar la copla que comienza "Si tu fueses sabidor," copla mesiánica que alude a otro rey bueno, dice Pulgar:

> Dyos rremediador en los estremos ynfortunyos. Movido mas por la misericordia que por la hemienda del pueblo le dio por su rreyna e pastora. A la Reyna dona Ysabel fija del rrey don juã el segundo que caso con el rrey don Fernando de aragõ. Por cuya diligencia e gouernaçion en muy poco tpo se cõuiertio toda la ynjustiçia en justiçia e toda la soberuia en mãsedumbre e todas las guerras e disensyones que auia muchas e diuersas calidades se convertieron en paz e sosyego. (*Copla* XXIII [*R-M* XXII])

Así no es inverosímil que la glosa fuese escrita para contrastar el estado del pueblo bajo Enrique IV y el nuevo reinado de los Reyes Católicos. También, hemos visto que Pulgar o no sabía o ya había olvidado los secretos de la corte de Enrique IV cuando se puso a glosar las *Coplas*.

Otra clarificación que queda por hacer es que, a diferencia de Palencia, de quien no tenemos obra poética ninguna, de Hernando del Pulgar existen unas coplas *A la Reina nuestra señora*, que se publicaron con la edición de Sevilla, Stanislao Polono, el 24 de abril de 1500 de *Los claros varones de Castilla* (edición C, según Domínguez Bordona)[39]—coplas que desaparecieron de la edición que se imprimió el 22 de mayo del mismo año en la misma tipografía (edición D). Salvá, quien no creía posible la doble impresión de la misma obra en menos de un mes, sugirió en su comentario relativo al núm. 3493 que se trataba de una sola edición, siendo la segunda sólo una versión retocada de la primera. Opone a esto Domínguez Bordona que debe tratarse de dos tiradas de una sola edición, o sea: "No figurando en D. las cuatro coplas *A la Reina...*, que Gallardo transcribe [*Ensayo...*, núms. 3536 y 3537] copiándolas de C., cabe suponer que por su tono poco serio, se considerasen las tales coplas, después de impresas, algo impertinentes para dedicarlas a la reina, por lo que se mandaría recoger la edición."[40] Sugiere Bordona a continuación, que al recoger los ejemplares que todavía quedaban en el taller de Polono, se le quitaron los versos y se alteraron el título y el colofón.

Para nosotros, además de la cuestión de la fecha de su glosa, la razón decisiva por la cual queda rechazado el nombre de Pulgar como autor del *Revulgo* es la siguiente: Pulgar glosó solamente 32 coplas; hay tres coplas adicionales de cuya existencia no sabía el comentarista. Teniendo a mano un manuscrito del siglo XV de 32 coplas, Pulgar no se dio cuenta de que pudieran existir otros manuscritos más completos. Si fuera obra suya, Pulgar habría glosado las 35 coplas, o sea, todo el poema.

*Fray Iñigo de Mendoza*

De un estudio reciente de Rodríguez-Púertolas, ya citado, viene la afirmación de que "no debe de ser descartado el nombre de Fray Iñigo de Mendoza a la hora de pensar en el autor de las *Coplas de Mingo Revulgo*."[41]

Se basa en tres puntos: (1) el encabezamiento del *Revulgo* en el manuscrito Egerton 939 de la Biblioteca Británica, que se titula "bucólica que fizo un frayle"[42] (2) el apodo de Fray Mingo que Eugenio Asensio clarifica: "Fray Mingo (*sic* por Iñigo)," al hablar de la doctrina cristiana en romance que fomentó Fray Antonio de Valenzuela[43] (3) el "parentesco literario" entre las coplas rústicas intercaladas en la *Vita Christi* y las *Coplas de Mingo Revulgo*, que ya había señalado Menéndez y Pelayo.[44]

Del primero de estos tres puntos, diríamos que bien podría suponer el escribano que el autor de las *Coplas* fuera algún religioso, por el tono moral y didáctico de ellas.

En cuanto al apodo, nos parece que mereció Fray Iñigo tal sobrenombre por "la libertad y franqueza de los rasgos satíricos en que abundan sus composiciones."[45] Fue éste un resultado directo de la fama que ya iban adquiriendo los manuscritos del *Revulgo*, al circular de mano a mano en el ambiente cortesano frecuentado por el fraile.

Referente a las coplas rústicas en la *Vita Christi*, creemos que Fray Iñigo utilizó la fama de las *Coplas* precisamente para parafrasear cinco de ellas en su propia creación. Al hablar del parentesco literario entre las dos obras, nos recuerda Menéndez y Pelayo que: "Esta derivación es principalmente visible, y aún el mismo Fr. Iñigo la declara y confiesa, en aquella parte del poema en que al tratar de la Circuncisión del Señor, rompe bien inesperadamente en una sátira política... Y acaba remitiéndose para el remedio de los males del reino á *"aquel pastoral escripto de las Coplas Aldeanas*."[46]

Así, no debe sorprendernos que en el *Cancionero de Oñate-Castañeda*, Julio Rodríguez-Puértolas descubre que la Copla 192, con la que empieza la paráfrasis, lleva el título: *Que faga el Rey guardar mi [sic] Coplas de Mingo Revulgo*—título que representa, en nuestra opinión, la atribución entusiasta de un esribano, basada en la popularidad de las *Coplas* y no, como opina Rodríguez-Puértolas, evidencia incontrovertible de la confesión de autoría de Fray Iñigo.[47]

En su comentario sobre la raíz culta de la tradición pastoral rústica en el teatro, nota Frida Weber de Kurlat que hay una diferencia de tradición y procedencia entre las *Coplas de Mingo Revulgo* y las de *Vita Christi*: el pastor del *Revulgo* representa la "secularización de la predicación eclesiástica," mientras que el diálogo de la *Vita Christi* pertenece a los pastores simbólicos del teatro religioso navideño.[48] Además, le falta al pastor de la *Vita* el tono didáctico y el lenguaje rústico del pastor de las *Coplas*.

Nos convencen estos ejemplos de que, lejos de ser el autor de las *Coplas*, Fray Iñigo de Mendoza se valió de ellas para dar énfasis al carácter político que intentó inculcar en la escena de la Circuncisión y que la alusión que hace a "aquel pastoral escripto...," es un reconocimiento abierto de su fuente.[49]

*Fernán Pérez de Guzmán*

Avanzamos la hipótesis de que Fernán Pérez de Guzmán fuese el autor de las *Coplas* no por ninguna prueba fija que hubiera llegado a nuestras manos, sino por la posibilidad de acercarnos a la personalidad literaria del autor a través del detenido estudio del poema. La gran erudición que reside detrás de la fachada popular, el celo evangelizador vertido en un diálogo satírico, los detalles más íntimos de la vida del soberano revelados por medio del velo transparente de la alegoría y sobre todo la adustez del mensaje de las *Coplas*, nos indican la pluma de un hombre culto, fanático, didáctico cuyo interés en el bienestar de su patria le mueve a adoptar el arma de una sátira anónima que le permitiría enseñar deleitando. En esta breve observación, comentamos solamente los rasgos más obvios de nuestra hipótesis en cuanto al estilo, al fervor religioso y al concepto de la historia del Señor de Batres.

*El estilo erudito-popular de las* Coplas

Con la excepción de la temprana poesía de Guzmán de influencia provenzal que se halla en el *Cancionero de Baena*, toda la obra poética de Pérez de Guzmán se caracteriza por una vena sentenciosa y doctrinal, tanto como la constante preocupación por el pecado y la salvación. Y como todas las obras de tesis, las suyas tienen un aire prosaico, privadas de esa centella de inspiración lírica, por la que sustituye la moraleja, la rectitud austera y un sentido vivo de la historia y de la filosofía. Las fuentes laicales que utiliza el poeta para comparar los grandes acontecimientos y las figuras contemporáneos con aquellos del pasado son, entre otros: Alejandro, Aníbal, Aristótiles, Boecio, Diógenes, Escipión, Jenofonte, Lucano, Marco Tulio, Platón, Quinto Curcio, Reimundo, Salustio y especialmente Séneca,[50]— entrelazadas con las fuentes sagradas del Antiguo Testamento, del Nuevo Testamento y alusiones a santos predilectos como San Bernardo.[51] Una selección, casi por azar, de la poesía de Guzmán reúne todas estas facetas. Por ejemplo, las *Coblas ... de vicios e virtudes*:

Dexando las demasias,
por las quales son dampnadas

las costumbres, & maluadas,
yo las restriño a tres vias:
por tierra muy deliciosa
& por vida ociosa
& por malas companyas.
[*Véase* especialmente las *Coplas* II, VI (*R-M* IV) y VIII (*R-M* V)]

La primera prueuo yo
con Anibal affricano,
cuyas fuerças quebranto
el deleyte capuano;
los deleytes & dulçor
vencieron al vencedor
del grant imperio romano.

Si Lucano non me miente,
delante mis ojos veo
trabajando al grant Pompeo
conquistar lo mas de Oriente....[52]

Otro ejemplo que parece ser parafraseado en la *Copla* XX [*R-M* XIX]:

Aquel que quanto mas ha
menos se siente abastado,
& quanto mas Dios le da
mas auariento es tornado,
que pena aura tal malicia?
de sant Paulo lo sabres,
pues de los ydolos es
seruidora el auaricia.
(*Canc. cast.* I. 596)

Y al dar su consejo a "Reyes e Juezes":

Amad siempre la justicia
los que la tierra juzgades,
el sabio, si vos membrades,
en vn libro assi lo inicia;
abhoresced la cobdicia
& aya verdad en vos,
que Muysen sieruo de Dios
vos da tal regla & noticia.
(*Canc. cast.* I. 610)

A la muerte de don Alonso de Cartagena, Obispo de Burgos, íntimo amigo del poeta a quien llama "la fontana clara y fria / donde yo la gran sed mia / de preguntar saciaba,"[53] traza Pérez de Guzmán unas *Coplas* que acaban con esta estrofa:

El fenix de nuestra Esperia,
ciente y muy virtuoso,
ya dexo la gran miseria

de este valle lagrimoso;
pues, concilio glorioso
de las ciencias, dezid:
*o Ihesu, Fili Dauid*
tu le da santo reposo.
(*Canc. cast.* I. 677) [*Véase* las *Coplas* V (*R-M* VIII) y XXXV]

Estilo culto, arte mayor, alusiones clásicas e históricas—hasta aquí pueden ser las coplas de cualquier poeta instruído de la época. Mas Fernán Pérez está en Batres, lejos de la Corte, lejos de la vida de caballero. En una *Respuesta* dirigida al Marqués de Santillana, su sobrino, se retrata de esta manera:

Como yo naturalmente
sea de ingenio rrudo,
y de pratyca desnudo,
por enojoso açidente,
pues entre rrustica gente
me fizo beuir Fortuna,
donde no se trata alguna
obra clara ni exçelente.
(*Canc. cast.* I. 677-678)

No cabe duda de que el vivir "entre rústica gente" tenía gran influjo en su manera de ser, igual que en su producción poética, por lo menos en cuanto al lenguaje. Hay dos coplas que apoyan esta suposición, la primera entresacada de la misma *Coronación*, la segunda de los *Loores de los claros varones de España:*

ved aquí la inuencion mia,
no sotil ni eleuada,
como en Batres fabricada
assi grossera & fria;
si salio tal poesia
de Athenas o de Bolonia,
si de Paris o de Vxonia,
quede a vuestra cortesia.
(*Canc. cast.* I. 670)

e por mi consolacion
los loores he ditado,
compuesto e metrificado
de nuestra patria e nacion.
Sotil es la inuencion
mas gruesamente la escriuo:
entre labradores viuo,
non tengo otra escusacion.
(*Canc. cast.* I. 706-707)

La declaración del poeta que la vida campesina deslustra el filo agudo de su ingenio no creemos que sea ninguna presunción poética basada en falsa modestia, sino el resultado de un cambio radical dentro del poeta, consecuencia de su aislamiento forzado. Bien podríamos imaginar al Señor de Batres, lejos de la Corte con la que mantiene un hilo de enlace por medio del Obispo de Burgos, cada vez más impaciente, con esa inquietud nacida de reconocer los males de la situación política sin poder remediarlos, aburrido con la plática de los pastores y labradores de quienes está rodeado. ¡Cuál mejor manera de desahogarse que elaborando unas coplas satíricas, utilizando la vida rústica para darlas una forma emblemática más toda la cultura de su docto ingenio para hacerlas aceptables al lector cortesano!

Recordamos aquella frase del Padre Sarmiento: "El estilo es el que á la mitad del siglo décimo quinto usaban y aun usan hoy los pastores." He allí la clave de las *Coplas*: lenguaje rústico, pastoril, villanesco, para expresar un contenido culto, histórico, doctrinal—estilo erudito-popular.

## *El fervor religioso del poema*

De las muchas opiniones críticas que citamos en el capítulo anterior, ninguna tocó el meollo del poema, que no es otro que el dogma católico. Además de las cuatro virtudes cardinales[54] y las tres teológicas—tema común en la literatura medieval—el autor de las *Coplas* añade un remedio eclesiástico para curar los males del pueblo: lo exhorta a hacer confesión, contrición y penitencia y lo promete la ira de los cielos si no cumple este mandato.

Se reconoce en la preocupación constante por los vicios y las virtudes, los pecados, la penitencia y la oración, siempre con la amenaza o amonestación apocalíptica, la afinidad que existe entre la obra literaria de Fernán Pérez y las *Coplas de Mingo Revulgo*. Abundan los ejemplos: "quien del cielo se aparta / siempre enel infierno mora" (*Canc. cast.* I. 604) y de la misma obra, sus *Coblas*...:

Quien oluida a Dios viuiendo,
dize lo sant Agustin,
que assi mesmo enla fin
oluida el seso perdiendo;
a mi solo reprehendo
& a todos amonesto,
& con temor deste testo
nos vamos arrepintiendo.
(*Canc. cast.* I. 620)

Dolor & arrepentimiento
del pecado & mal obrar,
& de nunca alli tornar
muy firme proponimiento;
estos dos son fundamiento

dela vera penitencia,
segura va la consciencia
sobre tal çanja & cimiento.

Vengan luego despues destos
lymosna & satisfaccion,
disciplinas & oracion
por el confessor impuestos;
meritorios son aquestos
con ayunos & cilicio;
mas non se derrayga el vicio
sin los dichos presupuestos.
(*Canc. cast.* I. 625)

De sus páginas en prosa, escogemos este fragmento del *Mar de historias* donde comenta las palabras *Jhesus Christus vincit, Ihesus Christus rreynad, Ihesus Christus inperad:*

Estas santas palabras fartan e gouiernan el anima, acreçientan la fe, confirman la esperança, ençienden la caridat, confortan la justiçia, dan sabiduria e prudençia, engendran tenprança, arman el coraçon de fortaleza; e asy como esta santa oraçion sienbra e planta las virtudes, asy arranca e estruye los viçios e pecados, doma la soberuia, abaxa la enbidia, paçifica la yra, desecha la tristeza, rrefrena la auariçia, castiga la gula, rrestriñe la luxuria.... Esta santa oraçion ... faze foyr los diablos, enflaquesçe las tentaçiones, sana las enfermedades, amansa los colores, abaxa la soberuia, eguala e tienpra las superfluydades e demasias, e amansa las bestias crueles, refrena los ladrones, amansa el rreguroso juez, paçifica los tiranos, lucha e pelea contra los malos espiritus... Por çierto, sy tanto fuer el vso e la continuaçion [de estas santas palabras] que algunas bezes en sueños se tracte e rrebuelua, non dubdo que veran en sueños, por la distançia e afincamiento della, lançar del ayre los malignos espiritus....[55]

El parentesco de lo arriba citado con el *Revulgo* es patente. Nos queda sólo aclarar el concepto de la historia que tuvo el Señor de Batres para poder llenar este pequeño cuadro de atribución.

## *El concepto de la historia que rige las* Coplas

Acompaña las *Generaciones y semblanzas* un Prólogo en que el autor cataloga las tres reglas "para las Historias se hacer bien y derechamente."[56] La primera es que el historiador sea discreto y sabio, la segunda es que esté seguro de sus fuentes y la tercera es que ninguna historia sea divulgada "viviendo el Rey ó Principe en cuyo tiempo y señorío se ordena, porque el Historiador sea libre para escribir la verdad sin temor."[57]

Muy bien se puede aplicar esta manera de ver la historia al autor de las *Coplas*: la discreción se ve en el disfraz de la alegoría; el valor de los testimonios está corroborado por la autenticidad de las características del rey dibujadas en el poema—características verificables por todas las crónicas contemporáneas. La tercera regla le dio al autor la necesidad del anonimato, todavía viviendo Enrique IV, cuando se ordenaba esta sátira que creemos haber salido de la pluma justiciera de Fernán Pérez de Guzmán.

Por último, cabe mencionar los *Proverbios* del Señor de Batres, en lenguaje rústico tan evocativo de las *Coplas* y que vienen tan a propósito para elucidar el *Revulgo*, como mostramos en nuestro análisis de la obra. Hasta el comentarista de la glosa de Gallardo, enterado quizás de algún enlace de que ya no tenemos noticia, cita uno de sus proverbios al comentar la *Copla* XX111: "es á saber en pecados, seria grave tornar et graue la mudança, segund el prouerbio de Ferrand Perez de Guzman."[58]

Desterrado de la corte, enconado por su impotencia política, cercado de los campesinos y pastores de la región toledana, bien podría este católico fervoroso haber tratado de resolver los problemas de la España del 1456 con una solución religiosa, creando en el dialecto de la vecindad de Batres unas coplas alegóricas, graves, didácticas, que reflejaran el estilo literario y la manera de ver la vida del biógrafo Fernán Pérez de Guzmán.

## Notas

[1]Antonio, *Biblioteca hispana...*, I, 387.

[2]Miguel Artigas, *Catálogo de los manuscritos de la Biblioteca Menéndez y Pelayo* (Santander: J. Martínez, 1930), págs. 105-106. En el manuscrito se lee: "Juan de Mena q̃ parece auer sido el autor destas coplas hiço esta al mariscal Iñigo Ortis q̃ penso q̃ el las hauia hecho, i por ello se quexaba." *Cfr.* Antonio Rodríguez-Moñino, *Catálogo de los manuscritos genealógicos de Blas de Salazar* (Valencia: Sucesor de Vives Mora, 1952), núm. 62, págs. 39-40, donde se hallan reproducidas las dos coplas:

*El Mariscal.*
Anme dicho Joan de Mena
que en coplas mal me tratastes
pues yo juro al que matastes
que no os me bais sin la pena
saluo si lo desordena
por punto de bahara
aquel que libro Jona
del bientre de la ballena.

*Joan de Mena.*
Don Cara de Aguzadera
yo esto deziros oso
que andais más peligroso
que Redoma sin basera
mas dolada Calauera
flacos hechos ruines manos
lanza bil sesos liuianos
andaos bien la parladera.
Ett.[a]

*Véase* María Rosa Lida de Malkiel, "Para la biografía de Juan de Mena," *RFH*, 3 (1941), 150-155. Entre otras clarificaciones que dio la señora de Malkiel sobre este poema, explicó que la palabra *Barraba* en la versión que reproduce Artigas—*baraha* en la versión de Foulché-Delbosc y *bahara supra*—es la palabra hebrea por bendición; Miguel Artigas, "Nueva redacción de las 'Coplas de la Panadera,' según un manuscrito de la Biblioteca Menéndez Pelayo," *Estudios eruditos in memoriam de Adolfo Bonilla y San Martín* (Madrid: Viuda e hijos de Jaime Rates, 1927), págs. 77-89.

[3]En el "Indice de los libros manv escritos de qve me e valido para esta historia," se lee: 'Coplas de la Panadera por el Mariscal Iñigo Ortiz de Çuñiga,' Gonçalo Argote de Molina, *Nobleza de Andaluzia* (Sevilla: Fernando Díaz, 1588), sin foliación.

[4]La edición de las *Coplas* de Jorqe Manrique (Alcalá de Henares: Andrés de Angulo, 1570) incluye el *Diálogo* de Cota cuyo título contiene la "falsa" atribución a Mena del primer acto de la *Celestina*.

[5]Lida de Malkiel, *Juan de Mena: poeta del prerrenacimiento español* (México: Colegio de México, 1950), pág. 103.

[6]Ticknor, *History...*, I, 261, nota núm. 13.

[7]Lida de Malkiel, *Juan de Mena...*, pág. 111.

[8]Amador de los Ríos, *Historia...*, VII, 121, nota núm. 2.

[9]*Ibid.*, pág. 130, nota núm. 1.

[10]Rodríguez-Puértolas, "Sobre el autor de las Coplas de Mingo Revulgo," *Homenaje a Rodríguez-Moñino* (Madrid: Castalia, 1966), II, 134.

[11]Citado del *Incunable*, Copla VI, sin foliación.

[12]Palau, *Manual...*, IX, núm. 170276.

[13]Fernández Villaverde, "La escuela didáctica...," pág. 186, nota núm. 129.

[14]Puymaigre, *Les Vieux auteurs castillans*, tomo II de *La Cour littéraire de Don Juan II Roi de Castille* (Paris: Librairie A. Franck, 1873), pág. 197.

[15]*Coplas de la Panadera*, ed. Vicente Romano García (Madrid: Aguilar, 1963), pág. 15. Tenía razón el buen fraile: en el mes de agosto de 1467 tuvo lugar otra batalla de Olmedo, donde figuró Enrique IV, ya no el príncipe de quien habla la panadera, sino rey desde hace trece años. *Véase* Antonio Paz y Meliá, *El cronista Alonso de Palencia* (Madrid: The Hispanic Society of America, Tipografía de la Revista de Archivos, 1914), págs. 379, 380, y 445-446.

[16]Aubrun, *Estudios dedicados a Menéndez Pidal* (Madrid, Consejo Superior de Investigaciones Científicas, 1953), págs. 305-306. El texto íntegro del *Epitalamio* de Cota se halla en *Canc. cast.*, II, 588-591. *Véase* también Raymond Foulché-Delbosc, "Une Poésie inédite de Rodrigo Cota," *RH*, 1 (1894), 69-72.

[17]Velázquez de Velasco, *Orígenes...*, pág. 47.

[18]Loise, "Histoire de la poésie en rapport avec la civilisation: la poésie espagnole," *Académie royale des sciences, des lettres et des beaux arts de Belgique. Brussels. Mémoires couronnés et autres mémoires* (Bruxelles: Académie Royale de Belgique, 1868), XX, 75.

[19]Palau, IX, núm. 170276.

[20]Cuadra, pág. 12, nota núm. 14.

[21]Rodríguez-Puértolas, "Sobre el autor...," pág. 133, nota núm. 21.

[22]Hay en la defensa que hizo Tamayo de Vargas una sola mención de la época de Enrique IV en la que habla de las razones por las cuales repudió el rey a su primera esposa, D[a]. Blanca de Navarra: "no tenia apetito, ni aun fuerza para lo q̃ le era licito, especial con doncellas," pág. 332.

[23]Tamayo de Vargas, *Junta de libros...* (Madrid ? 162-?), 536 fols. en dos tomos, sin foliación:

> RODRIGO COTA, llamado el Tío, de Toledo escribio estando en Torrijos debajo de vnas higueras de las casas de Tapia el

- Acto primero de Scelestina

Tragicomedia de Calixto i Melibea, libro que a merecido el applauso de todas las lenguas. Algunos a querido que sea parte del ingenio de J. de Mena pero con engaño, que facilmente prueba la lengua en que està escripto mejor que la del tiempo de J. de Mena. Salamanca por Matthias Gast. 1570 (& esta es la mejor de todas las impresiones que se an hecho de este festivissimo librillo)

- Coplas de Mingo Reuulgo

Satyra mui para el tiempo en que se hizo communmente atribuida a Cota. El P$^{e}$ Mariana lib. 23 cap. 17, de su historia quiere que sea de Fernan Perez de Pulgar que la annotò pero no conocemos versos sino prosas deste auctor

- Dialogo entre amor, i vn Caballero viejo

Véase Fernando de Rojas

Se encuentra una copia fotostática del libro de Tamayo de Vargas en la Biblioteca de la Escuela Bibliotecaria, Universidad de California, Berkeley; el original está en la Biblioteca Nacional de Madrid.

[24]Amador de los Ríos, *Historia...*, VII, 130, nota núm. 1.

[25]Castro, *La realidad histórica...*, pág. 54.

[26]En una nota dice Américo Castro: "Hablando rigurosamente, los conversos de la segunda generación en adelante no eran judíos; aunque seguían perteneciendo a aquella casta a causa de su perdurable conciencia de no ser cristianos viejos." *Ibid.*, pág. 70, nota núm. 50. Para la cuestión "¿Era converso Juan de Mena?" *véase* Eugenio Asensio, *La España imaginada de Américo Castro* (Barcelona: El Albir, 1976), págs. 108-117.

[27]Aragone, *Rodrigo Cota: Diálogo entre el amor y un viejo* (Firenze: Felice de Monnier, 1961), pág. 10.

[28] *Ibid.*, pág. 49.

[29]Gallardo, *El criticón, papel volante de literatura y bellas-artes. Nº 4º* (Madrid: Angulo, 1836), tomo II de *Obras escogidas* (Madrid: Blass, 1928), pág. 22. Cuadra cita el *Ensayo...*, de Gallardo donde no aparece la atribución a Palencia.

[30]Bonilla y San Martín, *Las bacantes...*, pág. 90, nota núm. 2.

[31]Paz y Meliá, *El cronista...*, págs. 441-442.

[32]Sánchez Alonso, 2ª ed., *Historia de la historiografía española* (Madrid, Sucs. de J. Sánchez de Ocaña, 1947), I, 391.

[33]Menéndez y Pelayo, "La sátira política...," pág. 29.

[34]Encontramos el nombre de Pulgar como autor de las *Coplas* en lugares insospechados. En el *Coloquio del conocimiento de sí mismo y de la natura del hombre* de Oliva Sabuco de Nantes Barrera, *BAE*, 65 (1873), 329: "Y Hernando del Pulgar dizo en *Mingo Revulgo*: Cuidado que es menos dañoso...;" en un artículo de Juan Colom y Colom, "Coplas de Mingo Revulgo" *Revista Andaluza,* 2 (1841), 154: "Un escritor tan respetable como Hernando del Pulgar, criado en el reinado de D. Juan el 2º, siendo ya persona de crédito y consideración en el corte de Enrique 4º, y crónista en fin de los reyes católicos; un hombre á quien le habian encomendado por su clarísimo ingenio, al escribir los fecundos hechos de los reyes de su época, ¿habia de dedicarse á comentar unas miserables coplas de cuya obra no podia seguírsele la mejor nota á la alta y bien merecida, que como escritor habia logrado entre sus coetáneos? Algun empeño tuvo necesariamente para que su nombre corriese como en efecto se vé, al frente de esta pieza desde la primera edicion del siglo 15 hasta las últimas del 16. Pulgar aparece como diestro comentador, pero tambien es el autor sin duda."

[35]*Historia general de España compvesta primero en Latin, despves buelta en Castellano por Juan de Mariana de la Compañía de Iesus* (Madrid: Carlos Sánchez, 1649), II, lib. 23, cap. 17, pág. 320.

[36]Sarmiento, *Obras pósthumas...*, núm. 871, pág. 398.

[37]*Ibid.*, núm. 872.

[38]Menéndez y Pelayo,"La sátira política...," pág. 37.
[39]Fernando del Pulgar, *Claros varones de Castilla*, ed. J. Domínguez Bordona (Madrid: La Lectura, 1923), pág. xxviii.
[40]*Ibid.* En el "Apéndice," págs. 159-160, se imprimen las coplas de Pulgar. La primera estrofa:

Alta Reyna esclarecida
guarnecida
de grandezas muy reales,
a remediar nuestros males
desiguales
por gracia de Dios venida,
como cuando fue perdida
nuestra vida
por culpa de una mujer
nos quiere Dios guarnecer
por aquel modo y medida
que llevo nuestra caída.
. . . . . . . . . . . .

Y al final:

pero la real prudencia
con paciencia
comporta mi grosería
tomando en la obra mía
por su guía
no la grosera apariencia.

[41]Rodríguez-Puértolas,"Sobre el autor...," pág. 142.
[42]*Ibid.*, pág. 135.
[43]Asensio, "El erasmismo y las corrientes espirituales afines (Conversos, franciscanos, italianizantes)," *RFE*, 26 (1952), 52: "Fray Antonio truena contra los que confinan al latín la enseñanza religiosa:

> En essotras naciones de Francia y de Italia, jamás las oraciones cristianas ni preceptos de la yglesia se enseñaron sino en su romance. Y los Apóstoles enseñavan la doctrina a cada nación conforme al lenguaje que sabía: y nosotros, sabiendo lengua castellana, queremos hablar en latín... O granceguedad destos tiempos miserables... que ni el seglar entiende los mandamientos de Dios ni el diácono el Evangelio, ni el sacerdote entiende la missa. Y muchos ni saben cantar ni leer... Ordené en metros castellanos toda la doctrina christiana, para guardar lo que manda David: que se cante por las calles del señor sus grandezas y glorias. O reyes cristianos y cathólicos de felice memoria don Hernando y doña Ysabel, que mandaron a Antonio de Nebrissa que hiziesse una arte de gramática para las damas, que supiessen un poco de latín, por evitar la ociosidad, y porque supiessen bien rezar y mandaron a dos predicadores célebres de su capilla que compusiessen romances y villancicos, en romance, de Christo y de su madre, y de sus festividades, y de los apóstoles. Y otra cosa no se cantava en la sala, como parece por el cancionero de fray Ambrosio y fray Mingo (*sic*, por Iñigo) y otros célebres predicadores de aquel tiempo... (sig. K, folios 7-8)."

[44]Menéndez y Pelayo, *Antología...*, 1896, VI, ccxiv.
[45]*Ibid.*, pág. ccv.
[46]*Ibid.*, pág. ccxiv.
[47]Rodríguez-Puértolas, "Sobre Fray Íñigo de Mendoza: El Cancionero de Oñate-Castañeda," *BBMP* 45 (1969), 331-345. *Véase* también: Julio Rodríguez-Puértolas, "Algo más sobre el autor de las *Coplas de Mingo Revulgo*." *Insula*, año 28, núm. 310 (Sept. 1972), 14.
[48]Weber de Kurlat, "Reseña del teatro medieval," *NRFH*, XIII, núms 3-4 (Julio-Diciembre 1959), 383.
[49]*Las Coplas de Vita Christi* [Zamora, 1482] aparecen en edición facsimilar (Madrid: Real

Academia Española, 1953) y en el *Cancionero castellano del siglo XV* de Foulché-Delbosc, I, 1-59. *Véase*: Fray Iñigo de Mendoza, *Cancionero*, ed. Julio Rodríguez-Puértolas (Madrid: Espasa-Calpe, 1968).

[50]Fernán Pérez de Guzmán, "Floresta de philosophos," *RH*, 9 (1904), 5-154. La *Floresta...*, está atribuída a Pérez de Guzmán por la nota que aparece en la margen superior del primer folio del manuscrito en letra distinta: *este libro es de hernan perez de guzman*, J. Domínguez Bordona, *Fernán Pérez de Guzmán, Generaciones y semblanzas* (Madrid: La Lectura, 1924), pág. xxv.

[51]Pérez de Guzmán, "Floresta...," págs. 85-88 y 96-114.

[52]*Canc. cast.*, 1, 590. Las otras citas de esta colección van en el texto mismo.

[53]Citado en la "Vida de Fernán Pérez de Guzmán," seguramente por el editor D. Eugenio Llaguno y Almírola, que precede *Generaciones y semblanzas ordenadas por el noble caballero Fernán Pérez de Guzmán, corregidas y emendadas y adicionadas por el doctor Lorenzo Galíndez de Carbajal,* s. l. n. a., pág. 260, encuadernadas con el *Centon epistolario del bachiller Fernán Gómez de Cibdareal* y los *Claros varones de Castilla, y letras de Fernando de Pulgar* (Madrid: Imprenta Real de la Gazeta, 1775).

[54]*Véase* la edición crítica de R. B. Tate de Fernán Pérez de Guzmán, *Generaciones y semblanzas* (London: Tamesis, 1965), pág. xviii, acerca de las cuatro virtudes cardinales como tópico en la obra de Fernán Pérez.

[55]Pérez de Guzmán, *Mar de historias*, de la selección "De las muchas e grandes virtudes de aquestas santas palabras," págs. 195 y 197, en Domínguez Bordona, *Generaciones...* (1924).

[56]Pérez de Guzmán, *Generaciones...*, en la edición de Llaguno, pág. 277.

[57]*Ibid.*, pág. 278.

[58]Gallardo, *Ensayo...*, I, col. 844.

Pul. ·ꝑ·

# Glosa delas coplas del ffeuulgo fecha por fernando de pulgar para el señor conde de haro condestable de castilla

Jllustre Señor· para prouocar a virtudes ⁊ ffefrenar viçios· Muchos escriuieron E por diuersas maneras vnos en prosa hordenada mente· Otros por via de dialogo· otros en metros prouerbiales y algunos poetas faziendo comedias ⁊ cantares ffusticos y en otras formas segund que cada vno delos escryptores touo abilydad para escriuir· ¶ Lo qual esta asaz copiosa mente dycho sy la natura vmana ynclinada amal se contentase E como estomago fastidioso no demandase manjares nueuos que le despiertẽ el apetito para la dottrina que ffequiere la saluaçion final que todos desean·

¶ Estas coplas se ordenaron afin de amonestar al pueblo a bien beuir· E enesta bucolica que quiere dezir cãtar ffustico ⁊ pastoril quiso dar a entender la doctrina que dizen so color dela ffustiçidad que pareçẽ dezir porq̃ el entendimiento cuyo oficio es saber la verdad delas cosas se exerçite ynquiriendo las ⁊ goze como suele gozarse quando ha entendido la verdad dellas·

¶ La ynuençion desta obra fue fengir vn profeta o adeuino en figura de pastor llamado gil affiuato· El qual preguntaua al pueblo q̃ esta figurado por otro pastor llamado myngo ffeuulgo que como estaua por que le veya en mala disposiçion· y esta pregũta se contiene en la primera y segunda coplas· ¶ El pueblo que se llama ffeuulgo· ffesponde que padeçe ynfortunyo por que tiene vn pastor q̃ dexada la guarda del ganado se va tras sus deleytes ⁊ apetitos y esto se cõtyene en syete coplas seguientes desde la terçera fasta la dezena· ¶ Enlas quatro coplas que se syguen muestra como estã perdidas

·A·

*Inc*: Ed. facsimilar del Incunable s.l.n.a. pero Burgos Fadrique de Basilea, hacia 1485

## Capítulo IV

## Análisis de la Obra

Durante toda la turbulenta historia de la península ibérica se ve el constante encadenamiento entre la situación política y la producción poético-satírica. La venganza de la palabra siempre ha sido un arma eficaz y terrible contra la injusticia y el desgobierno y la voz del vate ha ido formando un hilo continuo entrelazado con los grandes acontecimientos históricos.

Antes del siglo quince, la invectiva estaba dirigida contra las instituciones y las clases sociales, contra los hechos de los grandes. El rey quedaba inmune de todo dardo satírico ya que su supuesta divinidad lo libraba de toda culpabilidad. Los poetas se contentaban con lamentar el estado de su patria sin acusar directamente a la corona real. En el quince vemos surgir corrientes innovadoras: Francia le da paso a Italia y el arte poética cambia de influjo. La alegoría dantesca—tan diferente de la del *Roman de la Rose*—atraviesa el puente que edificó Alfonso V de Aragón con la toma de Nápoles. Es en la *Divina Commedia* donde la alegoría transmite la sátira personal, echando al infierno reyes y papas, así que en España ya puede Alvarez Gato llamar al rey "muy ciego."[1] Bajo la nueva libertad, los copleros del *Provincial* llegan al último libertinaje. La corte misma refleja el espíritu de transición de la época: conversos se entremezclan con hidalgos de alcurnia, un ropero hace versos al lado de un marqués y poemas de carácter erudito expresan las opiniones del pueblo castellano formando, por su reunión de lo culto y lo popular, una nueva escuela literaria.

Vemos estas nuevas corrientes en las tres sátiras políticas comúnmente relacionadas, las *Coplas de la Panadera*,[2] las *Coplas del Provincial*[3] y las *Coplas de Mingo Revulgo*. Durante el reinado de Juan II, la *Panadera* celebra la batalla de Olmedo, 1445. Es una sátira vehemente, un insulto personal contra los combatientes, en que la voz popular de la vendedora de "pan de barato" desciende a veces a lo francamente soez. Además de los treinta y tres caballeros que vienen nombrados o señalados por título, hay una leve referencia peyorativa contra Enrique IV, todavía príncipe, que acompaña "con muy gran melancolia," a su padre el rey Juan II, siendo éste uno de los pocos que escapa a las burlas del poeta anónimo (*Copla* III).

Mientras no tocan, todavía, a la corona real, las coplas se mofan de los grandes señores del reino, de la misma manera en que el populacho siempre había cantado burlas por las calles de España.

De este temprano ejemplo de la sátira personalizadora y popularizada, bajamos al nivel inmundo de las *Coplas del Provincial*, escritas en tiempo de Enrique IV, que añaden a la escatología otra dimensión, la de la profanación de lo sagrado. Ahora no puede escapar ni el mismo rey:

A fray capellan mayor
Don Henrique de Castilla,
a como vale el ardor
que traeis en vuestra silla? (*Copla* III)

Una nueva me a venido
y no mas lexos que ayer
que te ode de continuo
el que ode a tu muger. (*Copla* LIV)

Más que la larga serie de infamias que acusa a las casas renombradas de Castilla de "sodomita, cornudo, judío, incestuoso, y tratándose de mujeres ... de adúltera ó ... de ramera,"[4] nos interesa el insulto directo a la alegada homosexualidad del rey que también aparecerá en las *Coplas de Mingo Revulgo* donde el tono es uno de lamento: "Andase tras los zagales / por estos andurriales / holgazando sin sentido / que no mira nuestros males." (*Copla* III) En el *Revulgo* no se nombra al rey sino que es representado como pastor del hato. A diferencia de las *Coplas del Provincial*, las de *Mingo Revulgo* suavizan toda insinuación infamatoria con el manto literario de la alegoría.

Aunque es un lugar común juntar bajo la generalización "coplas satírico-políticas" la *Panadera*, el *Provincial* y el *Revulgo*, insistimos en apartar por completo este último.[5] Hemos visto en la *Panadera* una temprana muestra de la tendencia personalizadora de la sátira del quince, que todavía conserva la voz callejera de las coplas populares. Su novedad consiste en borrar toda distinción entre las clases sociales para permitirse denunciar directamente a los grandes. En el *Provincial* tenemos un compendio de todo lo más desvergonzado. No hay ningún límite, ni siquiera el de la blasfemia; las 149 coplas caben en la forma poética tradicionalmente reservada para *graffiti*. En cambio, las *Coplas de Mingo Revulgo* mantienen un tono didáctico, moralizador y hasta apocalíptico que las eleva por encima de lo meramente vindicatorio.

Al situar el *Revulgo* dentro de la sátira política del siglo XV, notamos que el autor no participa en el uso de la invectiva personalizadora sino que se dedica a una sátira mantenida a raya y oscurecida por la alegoría, a fin de aconsejar al pueblo. Por la mezcla del lenguaje rústico y de las fuentes cultas, se puede caracterizar el estilo 'erudito-popular.' Aporta a las letras castellanas dos géneros distintos: *el diálogo rústico*, que tanta influencia tuvo en el teatro del dieciséis y *la crónica alegórica*, que fija un momento en la historia de España: con un rey débil, unos nobles advenedizos y un pueblo sometido—todos ocultos trás el anonimato de la alegoría.

Las *Coplas de Mingo Revulgo* constan de treinta y cinco coplas de nueve versos cada una, una redondilla y una quintilla, de consonancia independiente y verso octosílabo.

En la primera edición del 1485 se eliminaron tres coplas: *Trae un lobo carnicero*, que alude a Diego Arias de Avila, *Otros buenos entremeses*, que no parece ser tan infamatoria para merecer exclusión y *Otra cosa más dañosa*, copla astrológica. La omisión de estas coplas de la primera edición resultó en su omisión de todas las ediciones subsiguientes; se cambió así la numeración de las *Coplas* por haberse reducido a treinta y dos. La disminución de la cantidad de coplas impresas, junto con la presencia de manuscritos que incluían todas las treinta y cinco coplas, causaron una confusión en el orden de las *Coplas*. Tampoco hay concordancia de orden entre los manuscritos que contienen las tres coplas errantes. Para llevar a cabo nuestro análisis, hemos tenido que establecer el orden que consideramos más convincente para conservar el hilo de la narración y para cumplir con lo que entendemos ser la intención del poeta. El orden establecido en la tabla *infra* sigue el MS *BMus* después de haber reorganizado los folios. Conservamos la ortografía del MS *R-M* en el índice de primeros versos:

| | | |
|---|---|---|
| Copla I. | [*R-M* I] | Mjngo Reuulgo mingo |
| II. | [*R-M* II] | traes la color marrida |
| III. | [*R-M* III] | Alae gil aRebato |
| IV. | [*R-M* VII] | OJa oja los ganados |
| V. | [*R-M* VIII] | Alla por esas quebrantadas |
| VI. | [*R-M* IX] | O mate mala ponçoña |
| VII. | [*R-M* IV] | Sabes sabes el modorro |
| VIII. | [*R-M* V] | Vno le quiebra el cayado |
| IX. | [*R-M* X] | trae vn lobo carnjçero |
| X. | [*R-M* VI] | La soldada que le damos |
| XI. | [*R-M* XI] | Apaçienta el holgazan |
| XII. | [*R-M* XII] | Modorrado con el sueño |
| XIII. | [*R-M* XXV] | No vees nescio las Cabañas |
| XIV. | [*R-M* XIII] | Esta perra Justilla |
| XV. | [*R-M* XIV] | Otros buenos entremeses |
| XVI. | [*R-M* XV] | Azerrilla q*ue* sufrio |
| XVII. | [*R-M* XVI] | La otra perrilla ventora |
| XVIII. | [*R-M* XVII] | Tempera q*ui*ta pesares |
| XIX. | [*R-M* XVIII] | Vjenen los lobos Jnchados |
| XX. | [*R-M* XIX] | Y vienen todos brama*n*do |
| | | [Abren las bocas rabiando] |

| | | |
|---|---|---|
| XXI. | [*R-M* XX] | Alahe Reuulgo hermano |
| XXII. | [*R-M* XXI] | Mas eres avisado |
| XXIII. | [*R-M* XXII] | Si tu fueses sabidor |
| XXIV. | [*R-M* XXIII] | Los tus hatos a vna mano |
| XXV. | [*R-M* XXIV] | Cata que se Ronpe el çielo |
| XXVI. | [*R-M* XXVI] | Del collado agujleño |
| XXVII. | [*R-M* XXVII] | Otra cosa mas dapñosa |
| XXVIII. | [*R-M* XXVIII] | Yo soñe esta madrugada |
| XXIX. | [*R-M* XXIX] | Tu conosçes la amarilla |
| XXX. | [*R-M* XXX] | La otra mala traydora |
| XXXI. | [*R-M* XXXI] | y tanbien la Redentuda |
| XXXII. | [*R-M* XXXII] | Si no tomas mj consejo |
| XXXIII. | [*R-M* XXXIII] | Mas Reuulgo p*ara* mje[n]tes |
| XXXIV. | [*R-M* XXXIV] | En el lugar de pasqual |
| XXXV. | [*R-M* falta] | cudo q*ue* es menos dañoso |

El cotejo del orden de las *Coplas* de los once textos de nuestra edición se hallará en el capítulo VI.

La reunión dentro de un solo tomo de todas las glosas y respuestas hasta ahora conocidas, ayudará al lector a entender la alegoría de las *Coplas*. Parafraseamos las coplas y destacamos las ideas más importantes seleccionadas de las glosas de cada copla; añadimos nuestro comentario donde sea pertinente.

I. Mingo revulgo, mingo: [Habla Gil]

Gil Arribato, pastor que representa al profeta, se encuentra con Mingo Revulgo, pastor que representa al pueblo y nota que éste se halla en completo desorden. Pregunta el profeta por qué no lleva Mingo el sayo azul, es decir: la *lealtad* debida a la corona real por el pueblo, ni el jubón bermejo: *la alegría* cuya falta se nota por el fruncir del entrecejo. Mingo se encuentra esta madrugada: *nuestra breve vida en la tierra*, con la cabeza desgreñada, señal de la *confusión* de todo el cuerpo, de la *tristeza* de ánimo y símbolo también de las malandanzas del *rey*, que es cabeza del reino y cuyos trastornos se transmiten a todo el pueblo. No se comporta de buen rejo: no tiene el *vigor* que debe tener. Otra interpretación: no está *cinto de justicia*.

*Comentario adicional*
*Gil Arribato*: Gil es nombre pastoril, pero el apellido puede significar lo que viene de arriba, o sea, la voz divina. En la variante *arrebato* llegamos a la misma conclusión ya que "Los conquistadores [árabes] ... nos enseñaron ... a dar rebato en el enemigo descuidado, de donde formamos el verbo *arrebatar...*:"[6] la función del profeta es amonestar al pueblo. Se usa el sufijo *-ato* para denotar un animal joven;[7] conserva el poeta la alusión al rebaño con el nombre Arribato.

*Mingo Revulgo*: El nombre pastoril *Mingo* está combinado con la palabra *vulgo* que lleva el *re-* intensificador para no dejar en duda sus orígenes plebeyos. En el MS *R-M*, las coplas terminan con las palabras: *ffenece el tratado llamado Mingo Remingo hao*.
*Domingo*: Refuerza la idea de que el profeta viene con una misión divina y establece el tono moral del poema.
*Azul*: Color de los cielos que simboliza paz y aquella quietud espiritual de que carece el pueblo; color también de la verdad.[8]
*Madrugada*: conocida a los héroes homéricos igual que a los místicos como la hora de la verdad. (*Cfr. Copla* XXVIII: yo soñé esta madrugada).
*Cabeza desgreñada*: símbolo del luto.

II. traes la color marrida [Habla Gil]

Sigue el profeta inquiriendo sobre las causas del malestar del pueblo. Por el color de la cara, se ve que está *afligido, acongojado*: "el rostro es espejo del corazón;" por el cuerpo encorvado, se ve que está muy *agobiado*. Anda sin guiador, de un lugar a otro sin fijarse en el rumbo, *de lo más bajo a lo más alto, de vicio en vicio y de pecado en pecado*. Cojea por *falta de firmeza* y *por la división en el reino* entre el rey y los grandes. Anda *de espaldas* y no se da cuenta del peligro. Es como una oveja que queda por las afueras del rebaño, como *bestia irracional: un hombre que anda fuera de la obediencia*. No sólo se ve desordenado en el exterior de la persona, sino también en el color, el comportamiento y los gestos se manifiesta la turbación del espíritu.

*Comentario adicional:*
*Color marrida*: Muestra la falta de nutrimento, físicamente porque el pueblo padece del hambre y espiritualmente porque le faltan las tres virtudes teológicas.
*Çanqueando con los pies*: Dos coplas de los *Prouerbios* de Fernán Pérez de Guzmán aclaran esta copla:

Como de flores e rosas
es ventaja conoscida,
en las obras virtuosas
la justicia es escogida.

Si vna de estas fallesce
la republica coxquea,
e si de ambas caresce
dexa de andar e gatea.[9]

III. Alae Gil aRebato [Habla Mingo]

Mingo saluda a Gil y le contesta: Todo el sufrimiento del pueblo deriva del tener un rey malo. *Era un día triste* en que *remitió el pueblo a la suerte la selección del rey* [Enrique IV]. Es parecido al *rey de Libia* [*sic* en las glosas] o de *Asiria*: Candaulo, el perro del palacio, *can - aula*, que por vicioso y negligente perdió su reino. Sumiso al consejo de los mozos, el rey se divierte con ellos *siguiendo malas costumbres* sin ocuparse de los problemas del pueblo.

*Comentario adicional*

*Candaulo*: Según Heródoto,[10] Candaulo fue el tirano de la ciudad de Sardis, último rey de la nación de Lidia (s. vii a. de J. C.). Concibió una pasión anormal por la belleza de su esposa y llegó al extremo de insistir en que Giges, un miembro de su guardia de corps, la viera desnuda. El guardia (en otra versión es el primer ministro del rey) no quería cumplir pero no tuvo remedio. Candaulo lo escondió en un cuarto colindante a la alcoba real para que pudiera ver a la dama y entonces salir sin ser visto. (Según la leyenda clásica, Giges tenía en su posesión un anillo de oro mágico con el que podía hacerse invisible.) Por casualidad, la reina se dio cuenta de la artimaña. Al día siguiente, sin decir nada a su marido, le dio a Giges su mandato: o morir o asesinar al rey y ganar a la reina junta con toda Lidia. Para salvar la vida, Giges aceptó el plan de la reina; se escondió en el cuarto colindante y acuchilló al rey mientras dormía. Así perdió Candaulo su vida y su reino.

La representación de Enrique IV por la figura de Candaulo, única alusión histórica citada por nombre en todo el poema, recuerda las acusaciones de las *Décadas*: Imputa al rey haber incitado a la reina (entonces de diez y seis años [1456]) a cometer adulterio con don Beltrán de la Cueva, haciendo gala de su propio enlace con doña Guiomar de Castro, para que los celos impulsaran a doña Juana "al trato criminal" con don Beltrán.[11] *Andase tras los zagales*: No faltan alusiones contemporáneas a la alegada homosexualidad del rey. Alfonso de Palencia comienza sus *Décadas* con un cuadro del joven infante "únicamente ocupado en agrestes correrías y en abyectas torpezas."[12] En sus *Claros varones...*, describe Pulgar la juventud de Enrique IV, quien "se dio a algunos deleites que la mocedad suele demandar e la onestad deue negar. Fizo ábito dellos...."[13]

Esta copla se ha tomado tradicionalmente como indicación del "vicio nefando de que se acusaba a Enrique Cuarto."[14] Sin embargo, la glosa a la *Respuesta R-M* ofrece otra interpretación: los zagales pueden ser los de bajo linaje que el rey elevó a cargos importantes por no querer escoger entre los nobles castellanos hostiles a la corona. Estos zagales "villanos" carecen de las virtudes de la vieja hidalguía y llevan al rey a perderse en actividades ociosas, "todo el dia embebeçido," que le hacen olvidar las necesidades de sus súbditos.

*Todo el dia enbebeçido*: De un resumen de las características del rey, escrito por un servidor suyo y conservado en un manuscrito existente en la Biblioteca de El Escorial de fines del siglo XV, entresacamos el dato siguiente: "Su comer destemplado, su beuer agua."[15]
*Holgazando sin sentido*: En su *Estudio biológico de Enrique IV...*, don Gregorio Marañón traza lo que él llama "las dos grandes líneas de su psicología: la abulia y la sensualidad anormal."[16]

IV. [*R-M* VII] Oja oja los ganados [Habla Mingo].

Mingo le avisa a Gil que él deba vigilar el estado de los ganados: *las gentes* totalmente perdidas, igual que la burra: la *Iglesia* y los perros: *los prelados*. En vez de defender a los ganados contra los lobos, andan *apartados de la razón y del buen juicio* por los oteros: *los vicios*. Atestiguan los santos que este rey *desordenado y condenado* no cuida su rebaño y *pasa todo el día ociosamente a escondidas*.

*Comentario adicional*
*Baltrueto*: Puede ser Baaltuerto, el demonio tuerto, por metátesis: uno que no es recto, uno que ve con sólo un ojo ¡qué no medre Dios las cejas!
*Por folgar tras cada septo*: Tenía el rey varios escondites, uno en Segovia al cual se retiraba con sus íntimos; otro que edificó en forma de laberinto donde mandó fabricar una Sala del Homenaje a todos los reyes de España, con sus estatuas vestidas de traje moro.[17]
*Respuesta BNM/Gall*: Se nota la voz apocalíptica ya como presagio de lo que va a profetizar Gil.
*Glosa a la Respuesta R-M*: Los privados advenedizos tratan al rey como si fuera un borrego bravo que necesitaría ser amansado. Imitan a los pastores que para domar un animal le ponen cencerros: es que los privados se burlan del rey, esforzándole a seguirles, llevado por el sonido de los cencerros.

V. [*R-M* VIII] Alla por esas quebrantadas [Habla Mingo]

Por todos los valles se oyen las quejas del pueblo inocente, *jóvenes y viejos*, que se hallan atrapados en un barranco: *en grandes dificultades*—hambrientos, sin cosecha ni ceba: *privados de los beneficios seglares igual que eclesiásticos*; y aún las huertas de la villa quedan dañadas: *los derechos y el bien común* que engendrarían buen gobierno. No hay quien recuerde tanta destrucción en asperilla (esperilla): *España*, por la estrella Hesperia de los griegos que les sirvió de guía para navegar hacia España; de otro modo: por *las tierras ásperas* de España.

*Comentario adicional*
*Abarrancadas*: otra acepción de la palabra: *precipitadas* de un *abarrancadero* o un precipicio alto: las ovejas abarrancadas habían caídas en el doble sentido de la palabra, físicamente y espiritualmente.

VI. [*R-M* IX] O mate mala ponçoña [Habla Mingo]

¡Qué un veneno quite la vida de tal pastor: tal *rey*! que tiene cuerno: *corona*, con miera: *aceite de genebro* para curar la roña: *enfermedad del ganado que representa el pueblo*; o rey *ungido*: rey por derecho divino o *justicia real*. Pero no lo unta: *no da socorro* al pueblo afligido, aunque esté dentro de su poderío, ni castiga a los lobos: *los malhechores y tiranos*, aunque oye el balar de las ovejas: *las lamentaciones de la gente*. Tanta es la negligencia del rey que hasta *no parece condolerse* ante esas lamentaciones porque continúa tocando el caramillo: *continúa dándose únicamente a los placeres*.

*Comentario adicional*
*Cfr*. La copla núm. 74 de Fernán Pérez de Guzmán:

> Mas peligros y mayores
> vienen de la negligencia,
> que vienen delos ardores
> de la mucha diligencia.
> (*Canc. cast*. I, 757)

*O mate mala ponçoña*: Sin darse cuenta, pronunció el poeta aquella frase profética: murió don Enrique de repente y con gran sufrimiento, de "un fluye de sangre." Conforme a la diagnosis médica de Gregorio Marañón, basada en las descripciones de la muerte que aparecen en las *Crónicas*, murió por envenenamiento, tal vez de arsénico.[18]
*Çimera*: La variante en *R-M* ofrece la acepción de "lo que está en alto," que reafirma la interpretación de *cuerno* como *corona* en vez del concepto despectivo.
*El caramjllo*: Del retrato de Enrique IV hecho por su servidor, citamos lo siguiente: "Tañia dulcemente laud; sentia bien la perfecion de la música; los instrumentos della mucho le aplazian."[19] Y de una *Crónica* anónima de la época: "dióse demasiadamente á la música, cantaba y tañía muy bien."[20]
*Glosa a la Respuesta R-M*: El Marqués: Marqúes de Villena, D. Juan Pacheco, oriundo de Belmonte;[21] el Maestre de Calatrava: Pedro Girón (Xirón), hermano del Marqués. El comentarista confunde la cronología ya que Pacheco recibió el Marquesado y su hermano Girón el Maestrazgo durante el reino de Juan II, apremiados los dos por su asentimiento a las segundas nupcias del rey.[22] Años después, a la muerte repentina de Pedro, en vísperas de su casamiento con la infanta doña Isabel—en contra de la

voluntad de ésta—nombró Enrique IV al maestrazgo al hijo bastardo de Pedro, de nombre Rodrigo Téllez Girón (3 de octubre de 1468);[23] el Maestre de Alcántara: Gómez de Cáceres y de Solís, "a quien una hazaña taurina convirtió en Maestre de Alcántara"[24] (10 de abril de 1458).[25]
*En espeçial al Marques*: Los historiadores están de acuerdo en cuanto al carácter traicionero de D. Juan Pacheco y la influencia funesta que tuvo durante toda la vida del rey.

VII. [*R-M* IV] Sabes sabes el modorro [Habla Mingo]

Llama Mingo al rey "modorro," *hombre dormido* y *falto de buen seso, que no sabe distinguir entre las cosas*. Es semejante al que anda a caza de grillos, *malgasta el tiempo*. Los mozos que acompañan al rey en *la corte, como si fueran sus iguales*, se burlan de él, *fabrican mil intrigas y engaños*, despojándole de su *protección contra el pecado*, privándole del *Patrimonio Real*, agotando *los tesoros de la corona*. El rey les sigue, disipado y escondido en lugares apartados.

*Comentario adicional*
*Modorro*: La modorra es una enfermedad de ovejas que ataca la cabeza y causa vértigo y aturdimiento.
*Burlanle los mançebillos*: Esta copla se ha considerado otra prueba de la homosexualidad del rey; la cita Paz y Meliá entre otras para respaldar la acusación hecha por Palencia.[26]
*Metido por las cabañas*: Gregorio Marañón relaciona el ensimismamiento sexual del rey con "la honda y extravagante melancolía que impulsaba al Monarca a aislarse."[27]
*Glosa a la Respuesta R-M*: El comentarista contemporáneo destaca sólo los elementos políticos de la copla, señalando la ingratitud y hasta la traición de los jóvenes a quienes favoreció el rey con mercedes y dádivas. Comenta Modesto Lafuente:

> Quiso oponer á una grandeza antigua otra grandeza nueva, y levantó de repente á simples hidalgos, dándoles los grandes maestrazgos y las primeras dignidades, confirió títulos y ducados á hombres sin cuna y sin méritos, é hizo grandes de España á artesanos sin virtudes. Con esto exacerbó a los primeros y ensoberbeció á los segundos, pensó hacer devotos é hizo ingratos.[28]

VIII. [*R-M* V] Vno le quiebra el cayado [Habla Mingo]

Continúa explicándole a Gil las libertades que se permiten los privados con la corona real: le quiebran
el cetro real, le roban *el tesoro y las rentas*, le quitan *la jurisdicción* y *la dignidad de la autoridad real*. Anda el rey *embobecido* tras ellos como un

*necio* y aunque el rey *se tiene por avisado*, hasta *aquella dama portuguesa le tiene trastornado*.

*Comentario adicional*

*Y el tras ellos desbabado:* Una de las descripciones más chocantes del rey es la siguiente: "Indolente, apocado y débil, hasta rayar en lo fabuloso, parecía insensible sin serlo, mostraba una insensatez que no tenía, y daba lugar a ser mirado como imbécil, no siéndolo."[29] Este juicio hecho por Modesto Lafuente, historiador contrario a Enrique IV, confirma el aspecto embobado descrito por el coplero. En todas las *Crónicas* se alude a la excesiva bondad del rey, señal de imbecilidad, según unos, de cobardía según otros.[30]

*La de Naua lusiteja:* La portuguesa, Dª. Guiomar de Castro, fue una de las damas que vinieron en el séquito de la nueva Reina Dª. Juana en 1455. El rey la distinguía mucho, la tenía apartada a dos leguas de la corte a donde iba a visitarla frecuentemente y la casó con el Conde de Treviño.[31] Dado el carácter del rey, nos inclinamos a creer que Dª. Guiomar—mujer de cierta inteligencia—lejos de ser la manceba del rey, fue alguien con quien pudo éste trabar amistad.

IX. [*R-M* X] trae vn lobo carnjçero [Habla Mingo]

Según lo que le explica el pueblo a Gil, el rey ha puesto un *tirano matador* en medio de *los inocentes*, que sigue *sus propios intereses* con tanta codicia que todos le llaman *el osario*. Hay que sacarle del *rebaño*. Desde que *adquirió tanto poder*, si *coge a un pobre*, le deja completamente *exprimido*.

*Comentario adicional*

*Trae vn lobo:* En germanía, *lobo* quiere decir *ladrón*.[32]

*Sacalo (suéltalo) de (la) majada:* Otra acepción de la palabra *majada* es estiércol de las bestias: "sácalo del estiércol en que nos ha metido;" o: una alusión al supuesto bajo linaje del "lobo."

*Glosas*

*Glosa R-M: al Jaze*. Alude esta copla al judío converso Diego Arias de Avila, Contador Mayor del rey Enrique IV, nombre encubierto en el comentario de *Gall*, transformado en un juego de palabras con el signo de *Aries* en la *Respuesta BNM* y en cierta forma aludido en la Glosa a la *Respuesta R-M*. Las palabras *al Jaze* que aparecen al margen de esta copla en forma de glosa las creemos representar una alusión a la ascendencia judía de Diego Arias ya que *jaze[n]* en lengua hebrea quiere decir *cantor*—el que canta y guía las oraciones en la liturgia de la sinagoga.

Por las glosas y las respuestas contemporáneas se ve claramente el cargo que tenía este señor: el de recaudador. Como Contador Mayor, Diego Arias recaudaba las rentas y repartía los tributos. El rey le dio libertad absoluta de "castigar, desterrar y matar sin oír a las partes, anulando los derechos de apelación y asilo,"[33] lo que explica la redondilla de esta copla. El verdadero sentido de la quintilla fue descubierto por medio de una oscura referencia que desenterró Antonio Paz y Meliá: el *Tratado de Alborayque*, en que se explica que los judíos conversos, o *alborayques* como fue Diego Arias, "al cristiano que toman sojuzadado en deuda ó en cualquier subjeción, estrújanlo como uvas en el lagar é quebrántanlo.... E por esto se dixo *del malaventurado* Diego Arias en las coplas de Mingo Revulgo quando asse una cabeça é dexala *bien estrujada*."[34] [Bastardilla de Paz y Meliá.]

El nombre de Beltrán de la Cueva fue sugerido por Menéndez y Pelayo por *el lobo carnicero*—debido a la notoriedad de sus hipotéticos amores con la Reina y la privanza que tuvo con el rey—pero esta aseveración carece de fundamento dada la temprana fecha de las *Coplas* según los acontecimientos históricos satirizados en ellas. Al principio paje de lanza y luego mayordomo, Beltrán no suscitó la envidia de los Grandes, especialmente la del Marqués de Villena, hasta el nacimiento de la hija del rey en 1462.[35] Por el regocijo que sentía el rey al haber tenido prole, concedió varias mercedes; otorgó a Beltrán el Condado de Ledesma dando así pasto suficiente a las malas lenguas, entre ellas la de Palencia.

X. [*R-M* VI] La soldada que le damos [Habla Mingo]

La soldada, *los tributos* le que da el pueblo al rey, igual que el pan de los mastines, *las rentas de la iglesia*, todo queda arruinado, *se ha malgastado todo* y es el pueblo el que paga: *a pesar del oro recaudado* no se ve *mejoramiento* ni en *la adquisición* de otras tierras ni en *el bienestar físico* del pueblo. Sólo se ve la corona rodeada de tachones: *pecados mortales* o: *mozos viciosos e ingratos.*

*Comentario adicional*
*El pan de los mastines*: Además de las rentas de la iglesia, se puede referir aquí a la hostia, ya que la degeneración de los valores espirituales en el reino fue muy marcada, según los cronistas.

Mucho se ha escrito sobre la falta de religiosidad del rey, pero considerando los puntos de vista divergentes de los cronistas, no se sabe a quién creer: según los Grandes, el rey se confesaba apenas una vez al año, pero fundó a San Jerónimo del Paso (para celebrar un paso de armas que hizo Beltrán de la Cueva en ocasión de recibir el rey una embajada del duque de Bretaña)[36], a Santa María del Parral y a San Antonio de Segovia, entre otras casas religiosas.[37]

XI. [*R-M* XI] Apaçienta el holgazan [Habla Mingo]

Por no saber refrenar las acciones de las ovejas—*sus súbditos*—y por el afán de *satisfacer sus propias pasiones*, consiente el rey que el pueblo *haga lo que quiera*: *adquiriendo bienes de iniquidad, material y espiritualmente*. Comen hierba, es decir, *se dan a vicios y pecados* que les matan el alma. *Tal turbación* no se ha visto jamás y aunque *sea Gil muy listo*, no adivinará a qué autoridad pertenece el pueblo.

*Comentario adicional*

*Glosa a la Respuesta R-M:* El comentarista echa la culpa a los prelados que, hallándose tan favorecidos por el rey, se olvidan de sus deberes.

La denuncia constante del rey por su negligencia nos obliga a anotar otra acusación, hecha con frecuencia por todos los cronistas, que resume muy bien el padre Flórez con estas palabras despreciativas: "Henrique IV ... excedió en la liberalidad y no supo dar punto à la clemencia."[38] Si combinamos esta afirmación sobre el carácter del soberano con la opinión médica del Dr. Marañón acerca de la abulia del rey, quizás podamos llegar a un juicio más compasivo con respecto a Enrique IV de Castilla.

XII. [*R-M* XII] Modorrado con el sueño [Habla Mingo]

Se queja Mingo de que el pastor principal está tan *lerdo*, como si fuera *entorpecido por un sueño pesado* o *por sus deleites envilecidos* que no *se interesa en diferenciar* al pueblo *con señales distintivas* en su indumentaria, *para saber quién sea* su señor, cuanto más que Mingo *no puede distinguir* quién sea *cristiano*, quién *judío* ni quién *moro: todos se entremezclan*.

*Comentario adicional*

*Quantos yo no mel daria:* Si rechazamos *mel daria* como un error del escriba en el MS *R-M* en vez de *amoldaria*, que aparece en todos los otros manuscritos y entendemos la palabra *meldaria* en su acepción de *aprendería*, obtenemos la siguiente lectura: *cuanto más que yo no [puedo] aprender quién* etc.

*Nin del otro tartamudo*: La leyenda talmúdica de la tartamudez de Moisés es que recibió esta aflicción durante su infancia. De niño estaba siempre tratando de tocar la corona del Faraón, lo que les impresionó de tal manera a sus consejeros que éstos instaron al soberano a que le matase al pequeño pretendiente a la corona egipcia. Intervino la hermana de Moisés, con la explicación que a los niños les gustaba tocar las cosas que brillan. Sugirió ella una prueba: poner de un lado la corona real y de otro unas brasas ardientes, a ver qué escogería el niño. Vino la hora de la prueba y la hermana disimuladamente empujó la mano del pequeño hacia las brasas. Los dedos chamuscados entonces los llevó a la boca quemándose y causándose la tartamudez de que se queja Moisés en *Exodo* 4:10.

Además de retener como Contador Mayor un judío converso, el rey le dio al Rabí Jusuf de Segovia el puesto de recaudador de las rentas de esa villa. Según Palencia, este rabino tuvo gran influjo sobre el Monarca.[39]

El MS *RAH*: El escriba confunde las palabras *Yndios* y *Judios* a lo largo de toda la glosa, error que se basa en cierta tradición literaria y legendaria. [40]

*Nin del moço moJo [moRo] agudo*: Esta variante ofrece el punto de vista común en la España medieval hacia Mahoma, considerado *agudo* por su éxito como mercador y *moço* en su acepción de lascivo: se rumoraba que el Corán les permitía a los musulmanes tener cuatro esposas con la promesa de huríes en el paraíso a todos los fieles. Como apenas existían comentarios sobre el Corán ni la posibilidad de leer el libro directamente,[41] los cristianos del siglo XV sospecharon lo peor, no intuyendo la posibilidad de que las cuatro esposas representaran los cuatro niveles de purificación espiritual ni que las huríes simbolizaran una manera metafísica de ver la verdad.[42]

*Njn el meco moro agudo*: Meco se refiere aquí al quinto principio de la religión musulmana de hacer un peregrinaje a la Meca, lugar de nacimiento de Mahoma, por lo menos una vez durante la vida.

*Glosa a la Respuesta R-M*

Lejos de exigir que los judíos y los moros llevasen señales en la vestidura para distinguirles de los cristianos, Enrique IV escandalizó a todos por su afición a lo morisco. Durante una expedición contra Granada, el rey iba diariamente a escuchar la música mora, les quitó veinticinco esclavos moros a sus amos nobles y les incorporó a su propia guardia de corps haciéndoles famosos por su vestidura sarracena. Y como menciona el glosista las viandas, terminamos esta copla con el detalle siguiente de Palencia:

> Celebra secretas entrevistas con los moros sentado en el suelo, saboreando los manjares que le ofrecen al uso de la secta mahometana: pasas, higos, manteca, leche y miel.[43]

## XIII. [*R-M* XXV] Non vees nescio las Cabañas [Habla Mingo]

Mingo le advierte a Gil que éste deba ser *necio* si no ve que *lo despoblado y lo poblado, lo alto y lo bajo, lo montañoso y lo llano* están ardiendo, *todo se consume*, todas *las semillas del bien* desperdigadas, el pueblo *dividido* y *los rebaños* perdidos, sin saber *remediar* los males que padece la gente común.

*Comentario adicional*

*Como arden en bjuas llamas:* La realidad de los incendios que resultan de las guerras y el pillaje de estos años destructivos, se entremezcla con una visión del Infierno.

XIV. [*R-M* XIII] Esta perra justilla [Habla Mingo]

Empieza Mingo a describir la flaqueza de las cuatro perras—las cuatro virtudes cardinales—que deben guardar el rebaño: La primera perra representa *la justicia, defensora* del pueblo, antes tan *airosa*, ahora muerta, flaca, *hambrienta*. Quien quiera que la viera ahora *tendría compasión* por el estado en que se encuentra. Antes con *la fuerza y el valor* que concede esta virtud cardinal, *pudo el pueblo abatir al más poderoso* y *matar la avaricia*; ahora hasta *un triste débil puede subyugarla*.

*Comentario adicional*
*Cometera al brauo leon*: Por lo común, el león simboliza la fuerza y la dignidad real, mas en la glosa *RAH* a la copla XVIII [*R-M* XVII], el comentarista identifica al león con la soberbia, imagen que creemos apropiada aquí.

XV. [*R-M* XIV] Otros buenos entremeses

Otras *diversiones* tiene este *mancebo* que no quiere *administrar justicia*, en tanto la gente *inocente* es *devorada por los poderosos*. Ha habido *tanta destrucción* en la República que además del hambre el pueblo es víctima de saqueos y violencia. Si el más rapaz lobo, *la pestilencia*, invadiera el hato, no podría ser peor ni más dañino de lo que se ha visto *este año*.

*Comentario adicional*
*Otros buenos entremeses*: Según los glosistas, "entremés" puede expresar un juego de palabras para representar a *los corregidores* asalariados que cobran por meses.

Modesto Lafuente apunta que en el siglo XV, "los entremeses" fueron "farsas groseras" y no el género festivo hoy conocido. En una nota escribe: "La crónica suele decir: danzas, torneos y *otros entremeses*, como quien dice: y *otros juegos*."[44] [Bastardilla de Lafuente]
*Fase este Rabadan*: Esta variante, más común que Barragan, nos da la acepción de mayoral que cuida y gobierna los hatos. Además, tiene el curioso significado de *cura* en unos refranes medievales:

(1) [¿] Dónde venides rrascada [?] del llanto del pastor (y) de mi cuñada.
(2) ¿Dónde venís(,) rascada? De casa del rabadán (i.e., cura) y mi cuñada.[45]

*Respuesta R-M*: No hemos podido identificar al *foraño* (extranjero) a quien echa la culpa el glosista.

XVI. [*R-M* XV] Azerrilla que sufrio [Habla Mingo]

*La fortaleza—virtud cardinal fuerte como el acero—* capaz de resistir *los siete pecados capitales* sin que ninguno *pueda herirla,* por el contrario, todos quedan *maltrechos*. Pero cuando el diablo *hurta* al pueblo la fortaleza, del cual ella *debe defenderse*, triunfa el pecado. *No hay firmeza de ánimo para resistir*. Es *como si uno tuviese* las rodillas flojas y sin embargo *ejerciera* toda su sabiduría contra *los flacos inocentes*.

*Comentario adicional*
*Rape el diablo el saber:* La variante *saber* por *poder* ofrece una interpretación más sutil, ya que cierta sabiduría es menester para infligir el mal.

XVII. [*R-M* XVI] La otra perrilla ventora [Habla Mingo]

Según Mingo, falta también la perra ventora, *la prudencia*, que *olfatea* desde lejos; reconoce por *el olor, la memoria, la experiencia y la intuición* cualquier posible *agravio* a sobrevenir. Ella conoce las veredas donde *acuden los apetitos carnales,* donde transita el lobo, *la avaricia* y donde tiene la zorra, *el engaño*, su cueva. Ahora la prudencia está tirada por los *lugares abandonados, adolorida y letárgica.*

*Comentario adicional*
*Ha codiçia:* Puede ser un error del escriba por *acudiría*, pero tiene sentido dentro del contexto del poema dada la constante reiteración acerca de la avaricia.
*Rastro:* Representa un juego de palabras: lugar donde vende la carne o: matadero—símbolo del soborno. También: olfato de las perras rastreadoras.
*Donde el lobo ... Raposeras: Cfr.* el refrán en *Respuesta BNM* VIII [*R-M* V]: el lobo y la gulpeja, siempre son de una conseja.
*Respuesta R-M:* En otra acepción, la palabra *barruntar* puede significar espiar o sospechar. Como la Respuesta anuncia que *hanle matado vna espia*, dato histórico desconocido por nosotros, nos preguntamos si no se trata de otro juego de palabras.

XVIII. [*R-M* XVII] Tempera quita pesares [Habla Mingo]

Completa Mingo el catálogo de las virtudes enflaquecidas: La *templanza* quita los pesares del hombre; es ella la que *concierta* las otras virtudes cardinales. Refrena al hombre *del pecado de la demasía*, que le causa reventar por los ijares. Ya no muerde al que *peca de gula ni castiga las fuerzas bestiales del hombre*, que es como animal destemplado, haciéndole el daño equivalente a *mil coces*, pero ella ni las siente.

*Comentario adicional*
*Del correr demasiado:* Hemos parafraseado la variante *comer desordenado* a causa de su frecuencia en los manuscritos, a excepción del MS *R-M* y por corresponder mejor a la gula. Sin embargo, *correr* en su acepción de acosar o perseguir sin tregua puede referirse aquí a la desintegración de la virtud de la templanza por el acoso de las intrigas políticas—concepto más extensivo que el del pecado de la gula.

*Glosa a la Respuesta R-M:* Para el comentarista, *la gran loba hambrienta* representa la codicia de los Grandes, y no la gula. En la Copla XV [*R-M* XIV] representaba la pestilencia, según las glosas.

XIX. [*R-M* XVIII] Vjenen los lobos Jnchados [Habla Mingo]

Por falta de las perras guardianas, vienen los *tiranos*, acompañados de *los siete pecados capitales:* hinchados de *la soberbia*, las bocas relamiéndose por la gula, los lomos ardiendo por *la lujuria*, los ojos encarnizados por *la ira*, los pechos sumidos por *la envidia*, los ijares tan regordidos por *la acedia* que no se pueden mover, pero cuando oyen los balidos, *la turbación de los inocentes*—o *de un reino dividido*—ligeros saben *acudir a cebar su avaricia*.

XX. [*R-M* XIX] Y vienen todos bramando [Habla Mingo] [Abren las bocas Rabiando]

Termina aquí Mingo la larga lista de los males que padece el pueblo con una descripción de los lobos, *los tiranos*: a pesar de la sangre que han bebido, *las riquezas ganadas por el sudor del pueblo*, regañan y muestran sus dientes como si no hubiesen comido—*son insaciables*. Y no contentos con lo que han usurpado, fomentan *guerras y discordias* para apropiarse de lo que queda de *la República*. Al verles, Mingo se da cuenta de que no están *satisfechos* con tanta rapiña, sino más bien *afligidos*.

XXI. [*R-M* XX] Alahe Reuulgo hermano [Habla Gil]

Contesta Gil diciéndole a Mingo que el pueblo sufre tantas penas por sus propios pecados; le amenaza que si no se corrige, haciendo buenas obras y *arrepintiéndose*, mayores *daños* vendrán; si el pueblo tuviera *fe, caridad*—ardido con el amor de Dios y del prójimo—y *esperanza toda la vida, no estarían arruinados* ni *las gentes* ni *las cosechas ni los animales que las alimentan*.

XXII. [*R-M* XXI] Mas [no] eres avisado [Habla Gil]

Prosigue Gil con su consejo: el pueblo *no es prudente* en conseguir *los beneficios apropiados*, está dormido *boca abajo, rendido por los siete pecados capitales*. Debe buscar *el bien que da alegría, erguirse* para que pueda *renacer*. Si no, teme Gil, *la muerte espiritual* le sorprenderá de mala manera *cuando menos se lo espere.*

*Comentario adicional*
*Torna tornate a buen hauzo:* La palabra *hauzo* = *hanzo* deriva de *auze* que quería decir *suerte* en el español antiguo. Así que este verso puede signifacar: *¡vuelve a la buena suerte!*

XXIII. [*R-M* XXII] Si tu fueses sabidor [Habla Gil]

Si el pueblo fuera bastante *sagaz* para *reconocer* la verdad, vería que por *sus propios pecados* ha tenido mal *rey* y si pudiera sacar de su ser los *vicios* de que está lleno, este *rey* se enmendaría o daría Dios otro *rey* bueno.

*Comentario adicional*

Es esta copla la que Pulgar consideró una profecía del reino de los Reyes Católicos, en cuya época escribió su glosa, ya lejos de los rasgos más sutiles que caracterizaron los primeros años del reino de Enrique IV, o sea el presentimiento del mal que vemos en la Copla XXV [*R-M* XXIV].

XXIV. [*R-M* XXIII] Los tus hatos a vna mano [Habla Gil]

Continúa Gil hablando de *la mala condición* de todos los españoles, los *de Andalucía y Estremadura*, los *de Vizcaya y las Montañas*, y peor de todos, los *de Castilla*. También puede indicar los tres estados: *oradores, defensores, labradores*. Muévense ligeros: *inconstantes en su temor a Dios y en su penitencia*. Por no guardar *las buenas obras sino por habituarse a las malas*, suelen *satisfacer solamente sus pasiones*. O: *no guardar la lealtad y amor* debidos a la patria que *los mantiene*; rebeldes *a volver a un estado de gracia* o *a llegar a un acuerdo en paz*. Mansos: que no se pueden defender, se demuestran *sin fuerzas para oponer al mal.*

*Comentario adicional*
*Son todos de mal chatino [chotuno]:* Por la acepción figurativa de *chotuno*: hedor de mugre que parece semejante al cordero enfermo, podemos interpretar este verso: *Son todos de mal olor*. Esta versión concuerda con la interpretación espiritual y no política de esta copla. *Cfr*. Isaías 3:24: "Y en lugar de los perfumes aromáticos vendrá hediondez."
*Glosa de Gallardo:* La copla de Fernán Pérez de Guzmán a que se refiere el glosista es la siguiente:

Graue es fazer mudanza
de lo muy acostumbrado;
lo que viene en luenga usanza
en natura es tornado.
(*Canc. cast.*, I, pág. 755)

XXV. [*R-M* XXIV] Cata que se Ronpe el çielo [Habla Gil]

El profeta advierte al pueblo que van a venir tres calamidades: el cielo—*las fuerzas divinas*—está airado y *va a enviar destrucción* por toda la tierra; las nubes cerrarán la tierra *obscureciéndolo todo*, porque el pueblo, rebelde contra el cielo, *no tiene miedo del poder de Dios*; vendrán *grandes tempestades con granizo* que *arrasarán todo por completo. El pueblo debe arrodillarse, orar y pedir* perdón. De no ser así, *teme Gil que todo estará perdido.*

*Comentario adicional*
*Deçerrumase la tierra:* Además de la acepción de destruirse, descerrumarse es un término veterinario referente a la desarticulación de un animal y quiere decir *torcer violentamente. Cata...:* En 1456, apareció en los cielos un cometa de larga cabellera que duró cuarenta y siete noches. Fue considerado un agüero maléfico por los labradores y hasta el cronista Palencia lo notó como señal de retribución divina. Aparecieron ráfagas de fuego en el firmamento y grandes tempestades. En 1458, por ejemplo, un niño de tres años predicaba la penitencia en Peñalver.[46] Enrique IV se burló de tales indicaciones y mandó reunir gentes, por broma, para que explicaran el significado, si fuera posible, de los augurios y castigos anunciados por el cielo.

XXVI. [*R-M* XXVI] Del collado agujleño [Habla Gil]

Siguiendo su amonestación, Gil le avisa a Mingo que del *norte*, de la parte de Aquilón que es *el Diablo*, viene un mal *cierzo* que traerá grandes infortunios: *guerra, pestilencia y hambre*, que afligirán a *todas las gentes principales del reino*. Señal de las plagas venideras se ve en *el mar que se mueve sin que haya viento*; se volver á la tempestad más peligrosa, *inundará* los cerros. ¡No va todo de buena *manera!*

XXVII. [*R-M* XXVII] Otra cosa mas dapñosa [Habla Gil]

Nota Gil que Mingo no se ha dado cuenta de que *el planeta Marte, el guerrero*, va a entrar en *el signo de Aries* y de otra señal aún más *infausta,* la *constelación de Escorpión,* muy *variable* y *amenazadora, se junta con el planeta Saturno*, sembrador de todos los males. Jura Gil que es *un presagio de destrucción.*

*Comentario adicional*

La configuración de Saturno en Escorpión y Marte en Aries era exacta durante el mes de junio de 1454.[47] Alude el poeta a la muerte inminente de Juan II de Castilla, fallecido el 22 de julio de 1454, en Valladolid;[48] Enrique IV comenzó a reinar el 23 de julio de 1454: los dos sucesos ocurrieron bajo el mismo aspecto planetario.[49] Esta copla en realidad quiere decir: sufre el pueblo no sólo por sus pecados sino porque murió Juan II y subió al trono Enrique IV.

*Respuesta BNM/Gall:* El énfasis en Saturno en el signo de Escorpión nos recuerda que en el horóscopo de Enrique IV,[50] Saturno está en el signo de Escorpión en la dodécima casa de limitaciones y de melancolía. De Palencia viene la noticia que el Tostado fue encargado de hacer los horóscopos reales en esa época.[51]

XXVIII. [*R-M* XXVIII] Yo soñe esta madrugada [Habla Gil]

Profetiza Gil. Tuvo un sueño *a la hora de la verdad* que le dejó *aterrorizado*: *nada en absoluto* quedará *esta vez. De acuerdo con las indicaciones que le han sido reveladas a Gil*, no habrá remedio: *las tres mujeres rabiosas, las tres plagas*, tendrían que venir.

*Comentario adicional*

*Echate echate a dormjr:* En nuestra opinión, no alude el poeta al alma dormida del pueblo, como afirman las glosas. Al contrario, el profeta quiere que Mingo duerma para poder recibir la misma revelación que tuvo Gil, para que comprenda las calamidades venideras que fueron reveladas a Gil en sueños.

*Cfr.* Job 33:14-16:

> En una o en dos maneras habla Dios; pero el hombre no entiende. Por sueño, en visión nocturna, cuando el sueño cae sobre los hombres, cuando se adormecen, sobre el lecho, entonces revela al oído de los hombres, y les señala su consejo.

XXIX. [*R-M* XXIX] Tu conosçes la amarilla [Habla Gil]

El pueblo conoce *el hambre* que siempre anda *jadeando*, muerta, flaca, suspirando, a todos deja *una llaga que mueve a compasión* y aunque coma *no se sacia*, ni deja de morder *con los dientes, como si todavía estuviera comiendo*. No puede mucho tardar que *se dispersen las gentes, en busca de* pan.

*Comentario adicional*

Las variantes que ofrece el MS *SA* proporcionan esta interpretación: *aunque el hambre está saciada una hora, no es suficiente por el temor de que*

*va a faltar el próximo pedazo de pan. Tan terrible es la plaga que las gentes quedarán embelesadas.*
*Glosa a la Respuesta R-M:* Para este comentarista, el hambre sería una bendición, siendo una de las maneras en que el pueblo pudiera hacer penitencia por el pecado de la gula.

XXX. [*R-M* XXX] La otra mala traydora [Habla Gil]

*La guerra*, cruel y muy enemiga, amiga *de todos los otros males, divide la patria robando a ambos partidarios la paz y la armonía. Se extiende por todo el reino*, hasta al mismo *campo;* ni las mujeres ni los niños *estarán exentos. No hay refugios* en los valles ni en ningún *lugar campestre* ya que la guerra conoce bien *todos los escondites.*

XXXI. [*R-M* XXXI] y tanbien la Redentuda [tredentuda] [Habla Gil]

*La peste*, que es bestia de tres filas de dientes, devora a *los niños* y no deja vivos ni a *los mancebos*; cuando *se pone colérica*, se los lleva a todos. *Teme* Gil que no dejará de venir ni de consumir *todo lo que se halla en su camino como si le perteneciera.* Pregunta Gil a quién no espantaría *tal compañía.*

XXXII. [*R-M* XXXII] Si non tomas mj consejo [Habla Gil]

Si Mingo no toma el consejo de Gil *esta vez*, tendrá tal *cogotazo* que *le causará un dolor fuertísimo en el pescuezo*. Para remediarlo, tendría que ir *voluntariamente al cura de la iglesia* a *confesar todos sus pecados* y *purificarse como si se librase de las pulgas*. Podrá ser que vuelva *absuelto.*

*Comentario adicional*
*Prestorejada ... pestorejo*: El poeta se refiere al pecado capital de la soberbia, de la dura cerviz bíblica del pueblo que no se arrepiente. *Cfr.* la variante *ufano* en el MS *BPO* (Apéndice).

XXXIII. [*R-M* XXXIII] Mas Reuulgo p*ara* mje[n]tes [Habla Gil]

Gil le aconseja al pueblo que *ponga atención a no irse por un atajo*: *que no se confiese parcialmente sin verdadera contrición*. Tiene que hacer una salsa de ajos para luchar contra *las tentaciones del demonio*, para que este pecado *que está causando al pueblo gemir* sea *deshecho y quebrantado.* Quien con esta *contrición llorara haciendo penitencia,* no estaría en *peligro de la muerte eterna.*

*Comentario adicional*
*Las variantes ajos/agios*: No creemos que la lectura de *agios* por *ajos* esté de

acuerdo con el tono rústico y hasta tosco de estas últimas coplas. La salsa de ajos, un vermífugo purificador conocido desde los tiempos primitivos,[52] ofrecerá al pueblo protección contra el mal de las serpientes que representan las tentaciones sensuales—protección espiritual porque sudará con esta salsa llorando de la contrición además del sudor físico que produce tal salsa. Los términos culinarios *morterada* y *mazacada* [machacada] respaldan la interpretación de *ajos* en vez de la palabra más culta *agios*.

*Las variantes amor/temor*: La lectura de *amor* en vez de *temor*, que resultó de un posible error del copista, es válida dentro del contexto de la copla: el pueblo debe defenderse de las tentaciones sensuales, ya sea porque las ama demasiado o porque las teme y debe protegerse de su influencia.

XXXIV. [*R-M* XXXIV] En el lugar de pasqual [Habla Gil]

En el *sagrado lugar de la refección* se halla *el sustento*, ya que en este *refugio* se puede *pacer en la sabiduría espiritual*; si no ha *restituido los bienes maladquiridos*, luego los querrá *vomitar*. En el sacro lugar podrá bien *aquietar el ánimo del pecado de rebelión contra Dios*.

*Comentario adicional*

Esta copla es casi una paráfrasis del Salmo 23 (numeración actual):

> Jehová es mi pastor; nada me faltará. En lugares de delicados pastos me hará descansar; Junto a aguas de reposo me pastoreará. Confortará mi alma; Me guiará por sendas de justicia por amor de su nombre.

*Pascual*: El uso de esta palabra, tomada de la versión latina del salmo, nos presenta la imagen del *sacrificio*, por la última plaga antes de la salida de Egipto de los hebreos la noche misma en que el ángel exterminador mató a los primogénitos egipcios y pasó por alto las casas de los israelitas señaladas con la sangre del cordero.

XXXV. [Falta en *R-M*] cudo que es menos dañoso [Habla Gil]

El profeta termina su consejo diciéndole al pueblo que es menos dañoso *el seguir el camino de la moderación* porque *todos los extremos* son igualmente peligrosos. El pueblo *debe estar consciente* que *le conviene andar por la línea recta*, sin resbalar *ni caer*, pues hay *tantas tentaciones en este valle de lágrimas*.

*Comentario adicional*

*Si tu bien atalayado:* La variante en la redondilla del MS *BNM* tiene el mismo sentido: Gil le da a Mingo un último consejo, de permanecer siempre vigilante, para así quizá curarse de sus males.

## Notas

[1]*Canc. cast.*, I, núms. 94 y 243.

[2]Seguimos la redacción de Miguel Artigas, "Nueva redacción de las 'Coplas de la Panadera' según un manuscrito de la Biblioteca Menéndez Pelayo," *Estudios eruditos in memoriam de Adolfo Bonilla y San Martín* (Madrid: Viuda e hijos de Jaime Ratés, 1927), I, 75-89.

Textos impresos que hemos examinado:

"Di, Panadera. Coplas inéditas de Juan de Mena á la batalla de Olmedo," "Apéndice," Fray Liciniano P. Sáez, *Demostración histórica del verdadero valor de todas las monedas que corrían en Castilla durante el reynado del Señor Don Enrique IV, y de su correspondencia con las del Señor D. Carlos IV* (Madrid: Sancha, 1805), págs. 547-552.

"Coplas de ¡Ay Panadera!" Bartolomé José Gallardo, *Ensayo de una biblioteca de libros raros y curiosos* (Madrid: Rivadeneyra, 1863), I, cols. 613-617; *véase* también núm. 487, col. 610.

"Coplas que llaman de la Panadera, en la batalla q huvo el Rey Don Juan el 2º con los Infantes de Aragon, i otros grandes de Castilla, año 1445, cerca de Olmedo; ban glosando este mote (di Panadera)," redacción de Miguel Artigas, *Catálogo de los manuscritos de la Biblioteca Menéndez y Pelayo* (Santander: J. Martínez, 1930), págs. 105-106.

"Coplas de Ay Panadera," ed. crit. de José María Azáceta, *El Cancionero de Gallardo* (Madrid: Consejo Superior de Investigaciones Científicas, 1962), págs. 83-96.

*Coplas de la Panadera,* ed. pról. y notas de Vicente Romano García (Aguilar: Biblioteca de Iniciación Hispánica, 1963). Texto según Artigas.

"Coplas de la Panadera," ed. Julio Rodríguez Puértolas, *Poesía de protesta en la Edad Media castellana* (Madrid: Gredos, 1968), págs. 198-207. Texto según Gallardo y Artigas.

"Coplas de Di panadera, o de Ay panadera," ed. Eduardo Rincón, *Coplas satíricas y dramáticas de la Edad Media* (Madrid: Alianza, 1968), págs. 48-65. Texto según MS 71 de la Biblioteca Menéndez Pelayo, Santander.

"¡Di, Panadera!" [11 coplas], ed. Manuel Alvar, *Poesía española medieval* (Barcelona: Planeta, 1969), págs. 787-790. Texto según Artigas.

[3]Seguimos la redacción de Foulché-Delbosc. Las *Coplas del Provincial* nunca fueron publicadas en su totalidad en España. Textos impresos que hemos examinado:

"Coplas del Provincial," [fragmentos] Marcelino Menéndez y Pelayo, "La sátira política en tiempo, de Enrique IV," *La España moderna*, 80 (1895), 24-28.

"Coplas del Provincial," [37 coplas] Marcelino Menéndez y Pelayo, *Antología de poetas líricos castellanos*, (Madrid: Viuda de Hernando, 1890-1906), VI, v-xii.

"Coplas del Provincial," [149 coplas] ed. Raymond Foulché-Delbosc, *RH*, 5 (1898), 255-266.

"Notes sur les Coplas del Provincial," Raymond Foulché-Delbosc, *RH*, 6 (1899), 417-426.

"Apuntamientos borrageados por D. Vicente Joaquín Noguera, Marqués de Cáceres, Barón Viudo de Antella, é individuo de la Real Academia de la Historia para facilitarse a sí mismo la inteligencia de las *Coplas del Provincial*," *RH*, 6 (1899), 424-426.

"Las Coplas del Provincial Segundo," Raymond Foulché-Delbousc, *RH*, 6 (1899), 428-446.

"Perqué (Coplas del Provincial Segundo)," Antonio Rodríguez-Moñino, *El Cancionero manuscrito de Pedro del Pozo (1547)* (Madrid: Silverio Aguirre, 1950), págs. 59-80. *Véase* las páginas 11-16 para un informe conciso sobre las varias versiones del *Provincial.*

"Trouas do Provencial Feitas / Aos grandes de Castela em / Tempo del Rey Dom An-/rique o Quarto," [El Provincial segundo] ed. Arthur Lee-Francis Askins, *Cancioneiro de Corte e de Magnates*, *UCPMP*, 84 (Berkeley: University of California Press,1968), 187-215.

"Las Coplas del Provincial," [97 coplas] ed. Julio Rodríguez-Puértolas, *Poesía de protesta...*, 1968, págs. 215-224. Texto según Foulché-Delbosc.

"Coplas del Provincial," [25 coplas] ed. Manuel Alvar, *Poesía española medieval...*, 1969, págs. 790-793. Texto según Foulché-Delbosc.

Para la bibliografía actual del *Provincial*, *véase* Manuel Ferrer-Chivite, "Las *Coplas del Provincial*: Sus conversos y algunos que no lo son," *La corónica*, 10 (1981-1982), 156-158.

[4]Menéndez y Pelayo, *Antología...*, 1896, VI, pág. v.

[5]Bernardino Graña también ha puesto en duda la inclusión del *Revulgo* en esta clasificación, formulando las cuestiones: "¿Se deben incluir entre las coplas satíricas o políticas? ¿O son más bien moralizantes, admonitorias, como acabamos de decir?" "En torno a las coplas de *Mingo Revulgo*," *Insula*, año 27, núm. 306 (Mayo 1972), 13.

[6]Ramón Menéndez Pidal, *Manual de gramática histórica española*, 10ª ed. (Madrid: Espasa-Calpe, 1958), págs. 22-23, ¶4. *Cfr.* Jaime Oliver Asín, *Origen árabe de rebato, arrobda y sus homónimos: contribución al estudio de la historia medieval de la táctica militar y de su léxico peninsular* (Madrid: Tipografía de la Revista de Archivos, 1928); Robert Ricard, "A propos de *rebato*," *BH*, 35 (1937), 448-453; Robert Ricard, "Sur 'rebato'," *BH*, 39 (1937), 244-245.

[7]Quisiera expresar mi gratitud al eminente profesor Yakov Malkiel por la valiosa ayuda que me proporcionó en cuanto a los problemas lingüísticos relativos a las *Coplas de Mingo Revulgo*.

[8]George Ferguson, *Signs and Symbols in Christian Art* (New York: Oxford University Press, 1961), pág. 151. *Cfr.* Barbara Matulka, *The Novels of Juan de Flores and their European Diffusion* (New York, Institute of French Studies, 1931; reimpresión Genève: Slatkine Reprints, 1974), pág. 281, nota núm. 7.

[9]*Canc. cast.*, I, 755.

[10]*The Histories of Herodotus of Halicarnassus*, transl. Harry Carter (New York: The Heritage Press, 1958), Book I (Clio), págs. 3-5.

[11]Paz y Meliá, *El cronista...*, págs. 382 y 384. Toda cita de Palencia está *apud* Paz y Meliá.

[12]*Ibid.*, pág. lviii.

[13]Pulgar, *Claros...*, pág. 10.

[14]Menéndez y Pelayo, *Antología...*, 1892, III, 7.

[15]Antonio Rodríguez Villa, *Bosquejo biográfico de don Beltrán de la Cueva, Primer Duque de Alburquerque* (Madrid: Luis Navarro, 1881), pág. 5.

[16]Marañón *Ensayo biológico sobre Enrique IV de Castilla y su tiempo* (Madrid: Espasa-Calpe, 1934), pág. 34.

[17]Paz y Meliá, *El cronista...*, pág. 387.

[18]Marañón, *Ensayo biológico...*, págs. 59-60, nota núm. 75 y págs. 140-141, nota núm. 76. *Véase* también: Miguel Angel Orté Belmonte, "Exhumación de la momia de Enrique IV," *Boletín de la Real Academia de Córdoba de Ciencias, Bellas Letras y Nobles Artes*, Año 33, núm. 84 (Julio-Diciembre 1962), 221-246.

[19]Rodríguez Villa, *Bosquejo...*, pág. 5.

[20]*Ibid.*, pág. 6.

[21]Juan Torres Fontes, *Estudio sobre la "Crónica de Enrique IV," del Dr. Galíndez de Carvajal* (Murcia: Sucs. de Nogués, 1946), pág. 110.

[22]Paz y Meliá, *El cronista...*, pág. 403.

[23]Juan Torres Fontes, *Itinerario de Enrique IV de Castilla* (Murcia: Consejo Superior de Investigaciones Científicas, Biblioteca "Reyes Católicos," Sucs. de Nogués, 1953), pág. 217 y *Estudio sobre la "Crónica...*, págs. 270-273.

[24]José Palanco Romero, "La monarquía castellana en tiempo de Enrique IV," *Revista del Centro de Estudios Históricos de Granada y su Reino*, II (1912), 205-206.

[25]Torres Fontes, *Itinerario...*, pág. 86.

[26]Paz y Meliá, *El cronista...*, pág. lviii.

[27]Marañon, *Ensayo biológico...*, pág. 58.

[28]Lafuente, *Historia general de España desde los tiempos primitivos hasta la muerte de Fernando VII* (Barcelona: Montaner y Simón, 1888), VI, cap. xxx, pág. 209.

[29]*Ibid.*, pág. 170.

[30]La cita que amplifica el retrato del rey viene de Juan Blas Sitges y Grifoll, *Enrique IV y la*

*Excelente Señora llamada vulgarmente Doña Juana la Beltraneja* (Madrid: Sucs. de Rivadeneyra, 1912), págs. 111-112:

> Enrique IV era inteligente, aunque poco laborioso y tardo en la comprensión, y descargaba en sus favoritos el despacho de los negocios. Su bondad era excesiva, y por esto ha sido tachado de pusilánime y de imbécil. Decía que la vida de un hombre nada se paga, y no quería que se talaran los árboles; sostenía que los Reyes deben ser misericordiosos y perdonar las injurias que reciben, en lugar de vengarse... Cuando los grandes comisionaron en 1467 á un emisario para que le asesinara, supo de labios del asesino los nombres de los que le habían enviado, y jamás los quiso revelar. Despidiendo al Alcaide de Madrid, Perucho, que le había sido desleal, le dijo que le perdonaba para que Dios le perdonase á él, y le dió bienes para pasar la vida, y un día que llegó á su noticia que dos escuderos de su casa le habían robado unas alhajas, prohibió que se les hiciera daño, suponiendo que lo habían hecho acosados de una gran necesidad.

[31]Henrique Flórez, *Memorias de las Reynas Catholicas*, 3ª ed. (Madrid: la Viuda de Marín, 1790), II, 763; Paz y Meliá, *El cronista...*, pág. 365.

[32]Juan Hidalgo, *Romances de varios autores con el vocabulario por la orden de a.b.c. para declaración de sus términos y lengua* (Madrid: Antonio de Sancha, 1779), pág. 180.

[33]Paz y Meliá, *El cronista...*, pág. 383.

[34]*Ibid.*, pág. 355. *Véase* el *Epitalamio* de Rodrigo Cota, escrito en ocasión de un hijo o un sobrino de Diego Arias de Avila, entonces Contador Mayor de los Reyes Católicos, cuyo punto fundamental es la ascendencia judía de Diegarias, *Canc. cast.*, II, núm. 967, pág. 588.

[35]Nos atenemos al juicio del Padre Flórez, de Rodríguez Villa, de J. B. Sitges y del doctor Marañón, que doña Juana fue hija legítima del rey y heredera del trono español, tal como fuera jurado por Enrique IV en numerosas ocasiones y—es de creer—en su lecho de muerte.

[36]Lafuente, *Historia general...*, pág. 139.

[37]Sitges, *Enrique IV...*, pág. 110.

[38]Flórez, *Clave historial, con que se abre la puerta a la historia eclesiástica y política...con la chronología de los sumos pontífices, y los emperadores...todos los reyes de España, Italia y Francia...concilios, y sus motivos: hereges, y sus errores: santos y escritores mas clásicos, con los sucessos memorables de cada siglo.* 8ª ed. (Madrid: Antonio de Sancha, 1774), pág. 289.

[39]Paz y Meliá, *El cronista...*, pág. 382.

[40]*Véase* Yakov Malkiel y María Rosa Lida de Malkiel, "The Jew and the Indian, Traces of a Confusion in the Hispanic Tradition," *Studies in Jewish Language, Literature and Society* (The Hague, Mouton & Co., 1946), págs. 203-208; María Rosa Lida de Malkiel, "Túbal, primer poblador de España," 3 *Abaco* (1970), 36-40.

[41]R. W. Southern, *Western Views of Islam in the Middle Ages* (Cambridge: Harvard University Press, 1962), págs. 29-31 y 83-104.

[42]*The Holy Koran,* text, translation and commentary by Abdullah Yusuf Ali (Washington, D. C.: The American International Printing Co., 1946), pág. 1352, notas núms. 4728 y 4729.

[43]Paz y Meliá, *El cronista...*, págs. 383, 385 y 387.

[44]Lafuente, *Historia general...*, pág. 232 y nota núm. 1.

[45]Eleanor S. O'Kane, *Refranes y frases proverbiales españoles de la Edad Media, BRAE*, Anejo II (1959), 184 y 200.

[46]Paz y Meliá, *El cronista...*, págs. 451 y 384.

[47]Saturno entró en el signo de Escorpión el 1° de octubre de 1453 y allí permaneció hasta el 7 de diciembre de 1455, con un período retrógrado dentro del mismo signo desde la mitad de junio hasta la mitad de agosto de 1456. Durante el 1454, Marte se hallaba en Aries desde el 19 de mayo hasta el 29 de junio. Estas fechas, según el calendario juliano, las obtuvimos de tres fuentes: la Sra. Luzila Hatley, que utilizó la edición facsíimil de las tablas astronómicas del Rabino Zacuto: *Almanach perpetuum celestium motuum (radix 1473): tabulae astronomicae Raby Abraham Zacuti* (Munich: J. B. Obernetter, 1915); el Sr. Ralph Kraum, que utilizó las efemérides de Karl Schoch: *Planeten-tafeln für jedermann zur berechnung der geozentrischen*

*örter der grossen planeten (und des mondes) für den zeitraum von 3400 v. Chr. bis 2600 n. Chr. ohne anwendung der logarithmen und triginometrischen funktionen bis auf ein zehntel grad unter besonderer berċksichtigung der babylonischen astronomie* (Berlin-Pankow: Linser-verlag, 1927); el Dr. Robert Innis, que utilizó las tablas de P. V. Neugebauer: *Astronomische Chronologie* (Berlin und Leipzig: W. de Gruyter & Co., 1929), a fin de hacer un programa para la ordenadora del Departamento de Astronomía de la Universidad de California, Berkeley, cuya cortesía en facilitar esta tarea agradecemos aquí.

[48]Torres Fontes, *Itinerario*..., pág. 25.

[49]Torres Fontes, *Estudio* ..., pág. 72.

[50]El horóscopo de Enrique IV fue hecho por el astrólogo Ralph Kraum e interpretado por la Sra. Hatley. *Véase* nota núm. 47 *supra*.

[51]Paz y Meliá, *El cronista*..., pág. 451.

[52]Lewis Spence, *An Encyclopaedia of Occultism* (New York: Strathmore Press, 1959), pág. 176.

[illegible]

A mingo revulgo mingo
a mingo revulgo ahao.
qs de tu sayo de blao.
no lo vistes en domingo.
qs de tu jubon bermejo.
por que traes tal sobreçejo
andas esta madrugada
la cabeça desgreñada
no te llotras de buen tejo

respuesta

A sy yo nen publica ango
por sayo q tengo no
mi nascer contino nao
ni de muy leal greñango
por mal govierno de viejo
he mudado mi pellejo.
por lo qual esta otonada
de dolençia muy pesada
preste buen consejo

[illegible]

La color tienes marrida
el corpanço reandido
andas de valle en collado
como res que va perdida
y no miras si te vas
adelante o cara tras
çanqueando con los pies
dando trancos al traves
q no sabes do te estas

respuesta

A dolencia no conoscida
mattado en tal estado
de q man desfiuziado
fiziera desta aquesta vida
de los dos pies mador mas
renqueo que por que as
por no mirar quel ves
qual es has mal en enves
la nuestra presto veras

[illegible]

*BNM*: Bilbioteca Nacional de Madrid.
Vtr. 26-13

# Capítulo V

## Los Once Textos de la Edición

1. *El material*

Nuestra edición de las *Coplas de Mingo Revulgo* se basa en once textos: siete manuscritos y cuatro ediciones.

De los siete códices, cinco ya son conocidos, o mencionados en la literatura dedicada al tema, o impresos: (1) El manuscrito del siglo XV de la Biblioteca Británica (antes el Museo Británico), de que se valió Marcella Ciceri como base de su edición crítico (1977), nuestra sigla: *BMus*. (2) El manuscrito del siglo XV de la Biblioteca Menéndez Pelayo, nuestra sigla: *SA*. (3) El manuscrito del siglo XV de la Biblioteca Nacional de Madrid que tiene su edición (Luis de la Cuadra Escrivá de Romaní, 1963), nuestra sigla: *BNM*. (4) El manuscrito del siglo XVI de la Biblioteca Menéndez Pelayo, nuestra sigla: *SB*. (5) El manuscrito del siglo XVII de la Biblioteca Pública e Arquivo Distrital de Evora, Portugal que tiene su edición (Arthur Lee-Francis Askins, 1968), nuestra sigla: *Evora*.

En el segundo grupo de manuscritos, se dan a conocer dos códices: (6) El manuscrito del siglo XV de la biblioteca particular de don Antonio Rodríguez-Moñino que es de importancia fundamental y sirve de base para esta edición, nuestra sigla: *R-M*. (7) El manuscrito del siglo XVIII de la Biblioteca de la Real Academia de la Historia, nuestra sigla: *RAH*.

Las cuatro ediciones que figuran en nuestro cotejo fueron seleccionadas a causa de la concordancia que hacen con uno o dos de los manuscritos en nuestra edición: (1) *Gall*: el texto del *Revulgo* que está impreso en el *Ensayo...*, de Gallardo, según un manuscrito en 4º de 25 hojas, letra de fines del siglo XV, de paradero ahora desconocido. Concuerda con *BNM*. (2) *Gl. Gall*: la glosa que se halla en la edición de Gallardo cuyo texto indica que el comentarista anónimo tenía a mano otra versión del manuscrito al hacer su comentario—versión que se aproxima a la de *BNM* aún más que la de *Gall* mismo. (3) *Inc*: el Incunable—la reimpresión de la primera edición de 1485—hecho en facsímile por Antonio Pérez Gómez de Cieza en 1953. Concuerda con *SB*. (4) *Ed. Sancha*: las *Coplas* publicadas en la edición de Sancha, 1787, llevan la glosa de Juan Martínez de Barros y concuerdan con *RAH*, manuscrito que pudiera haber servido de fuente de dicha edición.

En el esquema que sigue, se puede ver la relación entre los dos grupos de manuscritos y las ediciones a que corresponden:

MANUSCRITOS CONOCIDOS

*Siglo XV*

(1) *BMus*: Egerton 939, núm. 18, de la Biblioteca Británica (antes el Museo Británico, de donde conseguimos la copia fotostática del manuscrito al empezar nuestra edición). Contiene 35 coplas. (Ciceri)

(2) *SA*: Núm. 70 de la Biblioteca Menéndez Pelayo, Santander. Contiene 35 coplas, con postilas marginales.

(3) *BNM*: Vitr. 26-13 de la Biblioteca Nacional de Madrid. Contiene 35 coplas, 35 respuestas rimadas, y una glosa anónima en prosa. (Cuadra) Lo cotejamos con la edición *Gall* y con *Gl. Gall.* No sacamos las variantes entre la versión de Cuadra y la nuestra.

*Siglo XVI*

(4) *SB*: Núm. 78 de la Biblioteca Menéndez Pelayo, Santander. Contiene 32 coplas y la glosa de Hernando del Pulgar. Parece ser una copia del *Incunable de 1485* con cuya edición en facsímil lo cotejamos.

*Siglo XVII*

(5) *Evora*: CXIV/2-2 de la Biblioteca Pública e Arquivo Distrital de Evora, Portugal. Contiene 32 coplas. (Askins)

NUEVOS MANUSCRITOS

*Siglo XV*

(1) *R-M*: De la biblioteca particular de Antonio Rodríguez-Moñino. Contiene 34 coplas, 31 respuestas rimadas, que difieren de las de *BNM/Gall* y trae la novedad de 26 glosas en prosa, no a las coplas, sino a las respuestas. Inédito y sin citar.

*Siglo XVI*

(2) *BPO*: Núm 617 de la Biblioteca del Palacio de Oriente, Madrid. Contiene 32 coplas y una glosa anónima. Inédito. Por haber llegado demasiado tarde a nuestros manos, no lo incluimos en el cotejo. En el Apéndice van la descripción, la transcripción y la bibliografía del manuscrito. Nuestra sigla: *BPO*.

*Siglo XVIII*

(3) *RAH*: De la Biblioteca de la Real Academia de la Historia. Contiene 32

coplas y la glosa de Juan Martínez de Barros. Lo cotejamos con *Ed. Sancha.*

Para facilitar una comparación rápida del contenido de los manuscritos y las ediciones a que corresponden en nuestro cotejo, ofrecemos esta lista sumaria:

| *MS* | *Coplas* | *Respuestas* | *Glosas* | *Impreso* |
|---|---|---|---|---|
| Siglo XV | | | | |
| *R-M* | 34 | 31, rimadas | 26, prosa | inédito |
| *BMus* | 35 | faltan | faltan | Ed. 1977 |
| *SA* | 35 | faltan | postilas en prosa | inédito |
| *BNM* | 35 | 35, rimadas | 35, prosa | Ed. 1963 |
| [*BNM* corresponde al texto publicado en el *Ensayo*... de *Gall.* y a Gl. *Gall.*] | | | | |
| Siglo XVI | | | | |
| *SB* | 32 | faltan | 35, prosa de Pulgar | inédito |
| [*SB* corresponde al Incunable de 1485] | | | | |
| Siglo XVII | | | | |
| *Evora* | 32 | faltan | faltan | Ed. 1968 |
| Siglo XVIII | | | | |
| *RAH* | 32 | faltan | 35, prosa de Barros | ¿inédito? o Ed. 1787 |
| [*RAH* corresponde a *Ed. Sancha*] | | | | |

## 2. *Comentario adicional*

*R-M*: En el folio 15v. del cancionero cuyo primer fragmento contiene el *Revulgo*, comienza una lista de los reyes de España que acaba en el folio 16v. con el nombre de Fernando V, el Católico. Este catálogo nos permite fechar el manuscrito de entre los años 1479 y 1516, pero más probable durante los últimos veinte años del siglo XV, por la letra inequívoca de aquella centuria.

A los dos días de morir el Rey Enrique IV de Castilla, subió al trono su hermana Isabel, el 15 de diciembre de 1474, y recibió el homenaje de sus súbditos. El 4 de enero de 1475, el mismo homenaje fue otorgado al consorte de la reina, Fernando de Aragón. Cuatro años más tarde, con el fallecimiento de su hermano Juan II de Aragón, el 19 de enero de 1479, pasó la corona de Aragón a Fernando que en esa fecha recibió el doble título de Segundo de Aragón y Quinto de Castilla. Murió el Rey Católico el 23 de enero del año 1516, fecha del último nombre registrado en el cancionero.[1]

*Gall*: A diferencia del MS *BNM*, el texto de las *Coplas* según el manuscrito del quince copiado por Gallardo e impreso en su *Ensayo*..., lleva título y prohemio, que damos a continuación:

—Glosas sobre el tratado de Domingo / con las Respuestas, dirijidas al / muy magnifico Se*ñ*or don Diego furtado / de mendoça / marques de Santillan, conde / del Real: Acabado por metro y prosa. / preçede prohemio sygiente.

"Muy manifico et ylustre Señor: Avida consyderaçion por mi, avnque indigno, de declarar y glosar perfecta obra y mucho de loar por metro, puesto non á vuestra señoria ygnora del Revulgo, de que aquella faze mençion, me paresçió deuia mirar á quien mejor destinase; y vaçilando con mi entendimiento, non pude fallar mejor disposiçion que á vuestra señoria, do se ayuntan con vuestra clara progenie en vn sugepto policía y alta discreçion, yngenio y deseo de saber; y más conociendo de vuestra señoría tener el claro deseo de aquel escritinio [*sic*] de escrituras de que San Gerónimo en la trasladaçion de la Santa escritura, en su prohemio, decía á sant Anbrosio, su caro hermano y amigo, diciendo: verdadera es aquella neçesydad, et á la credulidad de Xpo. llegada, que con el provecho de la cosa familiar más el themor ó el estudio et escrutinio de las escripturas diuinales aplican ó allegan. Yo como vn seruidor vuestro, el menor de todos los vuestros, para aver principio de proseguir en vuestro seruiçio acordé de la dirigir et presentar á vuestra merçed, en quien destas virtudes caben segund la fama comun lo ha dibulgado; porq'estas glosas, con las respuestas por metro en ellas inclusas, avnque indignas en el volúmen de vuestros libros, por cabo sean puestas por ser, como son, acompañadas de algunas notables actoridades de la Santa Escriptura, dichos de sabios; las cuales glosas, segund mi poco sentido, non dubdo por ventura, non segund verdad de aquellas ó intuiçion del Actor sean, avnque por vocablos corronpidos y figura puso su obra: ¿quién será tan sabio que del todo pueda bien comprehender el motivo? Y sy aquel, ó la intuiçion de la obra, ó partycularidades della, y segund aquella, declarar por coplas que ouiera menester otro mayor libro. Omillmente suplico á vuestra señoria y clara discrecion et juiçio y saber, quiera emendar, suplir y tolerar los yerros desta mi declaracion: y fué y es con presupuesto de ser sometida á toda correbçion y emienda, y, muy manifico y virtuoso Señor, Dios acresçiente vuestra vida y manifico estado, como por vuestra señoria se desea."

La dedicatoria al Marqués de Santillana y no al Duque del Infantado, título que recibió Diego Hurtado de Mendoza en 1475,[2] nos permite fechar el códice con anterioridad a 1475. Murió don Diego en 1482,[3] última fecha posible de escritura para este manuscrito.

## 3. *Descripción bibliográfica de los manuscritos*

### *R-M*

#### *Descripción general*

Letra: Siglo XV
Tamaño: 292 mm. × 215 mm.
Caja de escritura: 245 mm. varía × 64 varía con la longitud del verso y con las líneas en prosa
Sobre: Papel

Filigrana: Tijeras

*Título* [todo subrayado]

ffeneçẽ las coplas del bachiller de leon /
E comiencan las llamadas Mjngo / Reuulgo mingo

*Características*

Un cancionero manuscrito del siglo XV, compuesto por dos fragmentos distintos, en total 27 folios. Ocupa el primer fragmento los folios 1 a 16. Además de *Mingo Revulgo*, contiene obras de Alonso Fernández de Ocaña, Pedro de Veragüe, el bachiller Pedro de León, Fr. Iñigo de Mendoza y Gómez Manrique. En el folio 15 va una lista "de los grandes Señores e Caualleros de estado q̃l Rey dõ Pedro mãdo matar," y un catálogo de los reyes de España hasta Fernando V (fol. 15v. a 16v.). La porción correspondiente al *Revulgo* ocupa los folios 8v. a 11v. cuya numeración original era CCLXXXIX a CCXCI—testimonio al hecho de que formó parte de un cancionero bastante extenso. La letra de este primer fragmento es de color negro, con subrayados y adornos en rojo. Las coplas empiezan en la primera columna del folio 8v. Hay tres columnas con un pormedio de cinco coplas por columna. No conservan el orden numérico de las coplas, pero van numeradas por el escriba.

Se inician las respuestas en el folio 9v. Las primeras cuatro palabras y las últimas tres están subrayadas en rojo. Vienen presentadas con el título:

ffenece el tratado llamado / Mjngo Remingo hao. / Repuesta del Reuulgo / sobre dicho por los mis/mos consonantes Res/pondido del que fizo [El escriba trazó *fielzo* y luego tachó las letras *el*.] / el dicho Reuulgo y buco/lica Pastoral. Están situadas al margen, a veces lejos de la copla con que hacen juego. Las primeras palabras de las respuestas y de la glosa en prosa están subrayadas en rojo. Al final del folio 10r. se hallan las palabras:

/ ffeneçe la repuesta al Reuulgo / & Re / ppublica / & Bucolica del monaçillo.

En el fol. 10v. va una sola décima, *Al Rey viejo*, que no pertenece a las coplas; el escriba dejó en blanco el resto del folio al darse cuenta de que faltaban veintiún respuestas más (desde V hasta XXV). Según Rodríguez-Moñino, la interpolación de otro fragmento de poesía dentro de los folios que contienen el *Revulgo* indicó que el escriba estaba copiando a la vez otro cancionero.[4]

En el segundo fragmento, que ocupa los folios 17 a 27 del cancionero, se recogen los *Proverbios* de Sem Tob, a los cuales falta el principio. No conserva numeración original de folios. La letra de este fragmento es más cursiva que la del primero.

El códice fue restaurado y encuadernado en Barcelona, 1964, por Brugalla, en chagrin color burdeos, con dorados y nervios en la lomera.

*Procedencia*

La biblioteca particular de Antonio Rodríguez-Moñino.[5]

*Bibliografía*

Inédito y sin citar.

*BMus*

*Descripción general*

Letra: Fin del siglo XV. El título, las cabeceras, los calderones y una tachadura (Copla III, v. 7) en rojo.
Tamaño: 195 × 145 mm.
Sobre: Papel

*Título*

¶bucoljca q*ue* fizo vn frayle

*Características*

Las *Coplas de Mingo Revulgo* ocupan tres folios y medio de un cancionero cuya lomera lleva este informe:

Cancionero / del / siglo xv. / M. S. //
Mus. Brit. / Bibl. / Egerton. //
Ex legato / caroli baronis /
Farnborough // 939 / Plut. / 541.B. //

En la portada, dos leones que sostienen un escudo coronado por tres cruces; el lema: *Ingenua suspicit artes.* El cancionero consta de 122 folios, de una sola mano. Contiene poesías del siglo XV y unos tratados en prosa.

Los folios en que aparecen las *Coplas* llevan dos series de foliación: una antigua al pie de los vueltos marcando 42, 44 y 45; la otra moderna y arriba en los vueltos marcando 44, 45 y 46. Las *Coplas* empiezan en el recto del fol. 41, columna 2, que presenta el título y dos estrofas. Los siguientes tres folios llevan tres estrofas cada columna. Al pie del folio 42v. (numeración antigua) se halla en tinta negra el alfabeto que utilizó el escriba. En el mismo folio, la última estrofa de la segunda columna lleva una cruz al margen, también en negro. El recto del folio 45 luce las tres estrofas finales en la primera columna; en la segunda, en tinta negra, una dedicatoria *Para el señor pero me[ndez]* y una cruz dibujada en forma de un tablero de ajedrez. Los folios 43 y 46 (numeración antigua) han quedado en blanco. En nuestro cotejo hemos rectificado el desorden en que fueron encuadernados los folios en el *Cancionero.* Según el *Catalogue...*, de Gayangos (pág. 12), las *Coplas* ocupan los fols. 113 hasta 116. Debe tratarse de un error tipográfico ya que varias poesías de Montoro son remitidos a esos folios.

*Procedencia*

De la biblioteca de D. Gregorio Mayans y Siscar. Adquirido por la Biblioteca Británica, Londres, donde actualmente forma parte de la colección Egerton 939, núm. 18. Según el dato encontrado en la segunda página del *Cancionero:*

> Mayans sale in 1829 - 7.7.0. binding - Lot 593
>
> Purchd. of H. Bohn, 28 Apr. 1842. from sale at Fletcher's

*Bibliografía*

Aubrun, Charles V. "Inventaire des sources pour l'étude de la poésie castillane au XV$^{e}$ siècle." *Estudios dedicados a Menéndez Pidal.* Madrid: Consejo Superior de Investigaciones Científicas, 1953, pág. 310.

British Museum. Department of Manuscripts. *Catalogue of Additions to the Manuscripts in the British Museum in the years MDCCCXLI-MDCCCXLV.* London: Printed by Order of the Trustees, 1850.

Gayangos y Arce, Pascual. *Catalogue of the Manuscripts in the Spanish Language in the British Museum.* London: Printed by Order of the Trustees, 1875, I, 11-14.

Reimpresión London: Published for The British Library by British Museum Publications, Ltd., 1976.

Lang, H. R. "Communications from Spanish Cancioneros." *Transactions of the Connecticut Academy of Arts and Sciences.* New Haven: Yale University Press, 1909, XV, 73-108.

Además aparece esta nota en la primera página del *Cancionero*: For printed text or notices of this MS see:- Gayangos... // W. Suchier. Das prov. Gespräch des Kaisers Hadrian mit dem Klugen Kinde Epitus (Marburg, 1906) p. 21 (ff. 21-27b. noticed).

En un artículo reciente de José Luis Gotor, se presenta la noticia de que existe en la Biblioteca Vaticana un texto inédito del *Revulgo* que corresponde a *BMus* (Ottoboni Lat. 695). Afirma Gotor que Marcella Ciceri, quien tomó como base el manuscrito Egerton 939 para su edición crítica,

> podía haber partido igualmente de esta copia del "Ottob. Lat. 695", que estrañamente presenta una única variante en que se aparta de toda la tradición manuscrita y estampada. En la copla VIII [R-M V] verso 4 "y él tras ellos desvavado"...el "Ottob. Lat. 695" lee: "y él tras ellos desbravado", en el sentido de perder alguna persona o cosa parte de su braveza, fuerza o impetú ...*Desbravado* era más propio de un Rey acusado de homosexualidad, a quien, según las coplas, le quitan el cetro real, las rentas y jurisdicción y las propiedades, como Enrique IV. [Bastardilla de Gotor][6]

En su interesante edición crítica de las *Coplas*, Marcella Ciceri confronta *BMus*, que lleva la sigla (L), con *BNM* (M) y lo coteja con *SA* (S), *SB* (P), *Gall* (G), *Inc* (E), más tres ediciones que se hallan en la Biblioteca Nacional: la de Lisboa (l), la de Madrid (m) y la de Sevilla 1506 (Se). "Le

'Coplas de Mingo Revulgo'." *Cultura neolatina*, 27 (1977), fasc. 1-2, 75-149; fasc. 3-4, 189-266.

## *SA*

### *Descripción general*

Letra: Segunda mitad del siglo XV.
El título, las cabeceras, los calderones y las postilas marginales en rojo.
Tamaño: 385 × 260 mm. [según Artigas]
Sobre: Papel, encuadernado en cartón

### *Título*

la entençion deste tractado es esta. vn profeta adeujno Demanda ala Republica / que por qual Razon anda tan Desconçertada & syn alegria. la Republica le Responde / que por mengua de pastor que es Delas condiçiones que Deyuso Dize. El *pro*phe*t*a / le Replica que por falta y pecados della tiene pastor malo & le Da dotrina & manda / q*ue* faga para que el sse castigue o Dara dios otro bueno. E la p*r*$^{e}$gunta Deste phã / adeujno. Comjença asy.

### *Características*

La cabecera de las primeras dos coplas: *PREGUNTA*.—de las siguientes veintinueve: *Responde la Republica*—de las últimas cuatro: *Dotrina y conssejo*. Las *Coplas de Mingo Revulgo* ocupan los folios 9v. columna 1 hasta 11v. [11r. según Artigas, pág. 105] columna 2 de un códice que contiene también: *proberuios del marques don yñigo Lopes; Doctrinal de Privados,* estrofa 17; una estrofa que según Artigas puede ser una pregunta del marqués; el *Labarinto* de Juan de Mena.

### *Procedencia*

Santander, Biblioteca Menéndez Pelayo.

### *Bibliografía*

Artigas, Miguel. *Catálogo de los manuscritos de la Biblioteca Menéndez Pelayo*. Santander: J. Martínez, 1930, págs. 104-105. En la edición de 1957, Artigas, Miguel y Sánchez Reyes Miguel: págs. 115-116.

Simón Díaz, José. *Bibliografía de la literatura hispánica*. Madrid: Jura, 1965, núm. 3645.

## *SB*

### *Descripción general*

Letra: De la primera mitad del siglo XVI
Tamaño: 300 × 210 mm. [según Artigas]
Encuadernado en pergamino

### *Título*

Glosa d*e*las coplas de Rebulgo f*e*cha po$^{r}$ fe$^{r}$na*n*do / de pulga$^{r}$ p$^{a}$*r*a el señor c$^{o}$nde de haro condestable / de castilla/

*Características*

En un códice de 129 fols. [recién numerados, según Artigas] las *Coplas de Mingo Revulgo* ocupan los fols. 101r. a 116v. Cada copla está situada en el centro del folio, rodeada de la glosa de Pulgar. Contiene también: los *Proverbios* del Marqués de Santillana, *Introduccion de la magnificat a nr*[a]. *señora, Planto de las Virtudes* de Gómez Manrique y otras obras de este autor, *Razonamiento* de Janoco Maneto, *Dichos de los sabios* y quince *Cartas* de Pulgar.

*Procedencia*

Santander: Biblioteca Menéndez Pelayo. Sello de Gabriel Sánchez, Librería.

*Bibliografía*

Artigas, Miguel. *Catálogo de los manuscritos de la Biblioteca Menéndez y Pelayo*. Santander: J. Martínez, 1930, núm. 78, págs. 111-114. En la edición de 1957, Artigas, Miguel y Sánchez Reyes, Miguel: págs. 122-126.

*BNM*

*Descripción general*

Letra: Segunda mitad del siglo XV
Tamaño: 290 × 213 mm. [según Cuadra]
Sobre: Papel, encuadernado en cartón
Filigranas: [Según Cuadra]: "Tiene cuatro filigranas formadas por una mano con flor, dos coronas—una con un vástago y otra con las letras 'h' y 's', ésta enlazada con el palo magistral de la 'h' ... y un cántaro...." (pág. 7)

*Título*

[Sin título. Una pequeña cruz en tinta a la cabeza del primer folio.]

*Características*

El *Revulgo* es la única obra que ocupa los seis folios de este volumen. La hoja de respeto lleva la firma de Alfred Morel-Fatio. La Glosa desde la copla 24 (numeración nuestra) hasta la copla 29, parece haber sido escrita por otra mano. Hay dos columnas, la primera las coplas, la segunda las respuestas con las glosas a su alrededor. Hay dos estrofas por columna en folios 1r., 1v. y 2r.; tres en folios 2v. hasta 5r.; cuatro en folio 5v. y tres en 6r.

*Procedencia*

Librería Jacques Rosenthal, de Munich (c. 1902). Duque de T'Serclaes de Tilly (m. 1934). Testamentaría del Duque de T'Serclaes (1934-1940). Marqués de Lede. Luis de la Cuadra Escrivá de Romaní. La Biblioteca Nacional de Madrid, donde se halla actualmente (Vitr. 26-13).

*Bibliografía*

*Editions originales de Romances Espagnoles* [Catálogo de la Librería Rosenthal, s. l. n. a.], núm. 54.

Gallardo, José Bartolomé. *Ensayo de una biblioteca de libros raros y curiosos.* Redactado por D. M. R. Zarco del Valle y D. J. Sancho Rayón. Madrid: M. Rivadeneyra, 1863. Vol. I, núm. 758, cols. 823-854.

Rodríguez-Moñino, Antonio. *Los pliegos poéticos de la colección del Marqués de Morbecq (Siglo XVI).* Madrid: Estudios bibliográficos, 1962, págs. 30-39.

Edición: *Las Coplas de Mingo Revulgo*, edición facsímil y paleográfica de Luis de la Cuadra Escrivá de Romaní. Madrid: Artes Gráficas Clavileño, 1963.

*Evora*

*Descripción general*

Letra: El primer cuarto del siglo XVII
Tamaño: 290 × 206 mm.
Sobre: Papel, encuadernado en pergamino

*Título*

Trouas De Mingo Reuulgo./.

*Características*

Las *Coplas de Mingo Revulgo* ocupan los folios 128r. hasta 130v. de un cancionero hispano-portugués que contiene poesías varias y cinco obras en prosa, de 239 folios y de 323 obras en total. El texto en dos columnas, tres coplas por columna; en la página final, dos coplas en la primera columna.

*Procedencia*

Portugal, Biblioteca Pública e Arquivo Distrital de Évora. Signatura: MS. CXIV/2-2.

*Bibliografía*

Edición: Askins, Arthur Lee-Francis. *Cancioneiro de Corte e de Magnates. UCPMP*, 84, Berkeley: University of California Press, 1968, núm. 145, págs. 299-307, y nota núm. 145, pág. 562.

*RAH*

*Descripción general*

Letra: Mediados del siglo XVIII
Tamaño: 4°.

*Título* [que va debajo de una pequeña cruz en tinta]

Coplas de Mingo Revulgo, / glosadas por Juan Martinez Bar-/ros, vecino de la yllustre Villa de Madrid.

Al final se lee:

> Acabose esta Glosa por Juan / Martinez de Barros, Vecino / de la Yllustre Villa de Ma-/drid, y natural de la Vi-/lla de Manzanares del / Real â 8. dias del mes / de febrero del año / del Nacimiento de / nuestro Redentor / Jesu Christo, y Se-/ñor nuestro / del 1564. *años.* / DEO GRACIAS.

*Características*

El manuscrito es de 69 fols. y no incluye otra obra. Cada copla está designada *Estancia*, intitulada *El Author*, numerada en números arábigos y seguida por su correspondiente glosa. En la hoja de guarda se halla una nota escrita en letra moderna: *D 150 Papeles varios de Fajardo*.

*Procedencia*

Juan Isidro Faxardo, siglo XVIII. Francisco Manuel de Mena, librero, siglo XVIII. Madrid, Real Academia de la Historia, donde se halla actualmente.

Al referirse a la adquisición de los papeles de Faxardo por Mena, afirma Rodríguez-Moñino:

> Aparecen en el Indice algunos buenos libros españoles antiguos y suponemos que en él debe estar comprendida la mayoría de la biblioteca del famoso y docto papelista don Juan Isidro Faxardo, comprada por Mena en 1740 o 1741, ya que en Abril de este último año vendió a la Nacional la colección de manuscritos en 12.630 reales.*

Así el *RAH* pudiera haber sido vendido a la Biblioteca Nacional de Madrid con los otros papeles de Faxardo, luego prestado a D. Josef Miguel de Flores para la edición de Sancha y finalmente parado formando parte de la colección de manuscritos de la Real Academia de la Historia.

*Bibliografía*

Martínez de Barros, Juan. "Coplas de Mingo Revulgo glosadas por Juan Martínez de Barros, natural de la villa de Manzanares del Real. Año de 1564." Diego Enríquez del Castillo. *Crónica del Rey D. Enrique el Quarto*. Madrid: Sancha, 1787. "Apéndice," págs. 41-105. [Las *Coplas* glosadas por Pulgar se hallan en las págs. 1-40 de la misma *Crónica...*]

Gallardo, Bartolomé José. *Ensayo...*, 1888. Vol. III, núm. 2937, col. 648.

*Citado de: Antonio Rodríguez-Moñino, *Catálogo de los libreros españoles (1661-1840)* (Madrid: Langa y Cía., 1945), págs. 37-38.

## Notas

[1]Flórez, *Clave historial...*, págs. 308-309. *Cfr.* también: Flórez, *Memorias de las Reynas...*, II, 810-811 y 859.

[2]Fernando del Pulgar, *Crónica de los Reyes Católicos*, edición y estudio de Juan de Mata Carriazo (Madrid: Espasa Calpe, 1943), I, 96.

[3]José Amador de los Ríos, *Obras de don Iñigo López de Mendoza, Marqués de Santillana* (Madrid: José Rodríguez, 1852), pág. xxx.

[4]Archivado en la Biblioteca de The Hispanic Society of America bajo la signatura 0173 existe la descripción que hizo Juan Facundo Riaño y Montero del *Cancionero de Barrantes*, que incluye las *Coplas de Mingo Revulgo*, las *Respuestas al Revulgo* y unas glosas en prosa a las *Respuestas*. Dada la inaccesibilidad actual del manuscrito Riaño, solamente ha sido posible tener conocimiento de los dos primeros versos de una *Respuesta* (Copla 1) y el primer verso de una glosa (Copla 111), gracias a la amabilidad de Charles B. Faulhaber. A pesar de una base tan ínfima, estamos convencidas de que el MS *Riaño* y el MS *R-M* derivan de la misma fuente—suposición apoyada además por la ocurrencia de una décima del poema *Al Rey Viejo* en el folio 10v. de *R-M* y el poema completo de Antón de Montoro en el *Cancionero de Barrantes*, que se halla justamente después de las *Coplas de Mingo Revulgo*. *Véase* Brian Dutton y Charles B. Faulhaber, "The 'Lost' Barrantes *Cancionero* of Fifteenth-Century Spanish Poetry," *Florilegium hispanicum: Medieval and Golden Age Studies Presented to Dorothy C. Clarke* (Madison: The Hispanic Seminary of Medieval Studies, Ltd., 1982), págs. 179-202.

[5]Reconozco con profundo agradecimiento la ayuda de la S[ra] D[a] María Brey Mariño, viuda de don Antonio Rodríguez-Moñino y custodia actual de su biblioteca.

[6]José Luis Gotor, "A propósito de las *Coplas de Vita Christi* de Fray Iñigo de Mendoza," *Studi ispanici* (1979), pág. 208.

# Capítulo VI

## Normas Generales Seguidas en la Edición y unas Clarificaciones

1. *La base de la edición*

Entre todos los textos conocidos que han sobrevivido las vicisitudes de los años, designamos el códice del siglo quince *R-M* como base de nuestra edición. Así podemos dar a luz este texto inédito y sin citar, que trae la novedad de treinta y una respuestas desconocidas—veinticinco de las cuales llevan glosas aclaratorias—con una glosa sobrante donde falta la respuesta; un total de veintiséis glosas nuevas. Conviene notar además, que las *Respuestas* van intituladas: *Repuesta [sic]* del Revulgo, desde I hasta IV y *Repuesta [sic]* al Revulgo desde V hasta XXXIV. En el caso del núm. XX, por error del copista va numerada la glosa donde falta la respuesta.

El orden de las *Coplas* varía del que se halla en los textos impresos por las razones que aclaramos en el capítulo IV. Para sacar las variantes de la Copla XXXV, que falta en *R-M*, nos basamos en el *BMus*—después de haber reorganizado los folios—por ser éste el que mejor refleja el orden lógico de las coplas.

2. *El formato de la edición*

Las variantes de las coplas: limitamos a indicar sólo las variantes léxicas o sintácticas y no las ortográficas, salvo las que pueden ayudar en la interpretación de unas alusiones, o las que indican un parentesco entre las fuentes de dos manuscritos. Cuando se trata de versos donde existe una variante, las palabras que no difieren de la copla-base están omitidas, indicadas por una vírgula, o simplificadas a su letra inicial para aclarar la lectura. Tanto en la copla-base como en las variantes, desarrollamos las abreviaturas indicando las letras suplidas en cursiva. Prescindimos de sacar las variantes de las abreviaturas en los impresos *Gall*, *Gl. Gall* y *Ed. Sancha*. Las cotejamos entre *SB* e *Inc* cuando sirven para clarificar el texto.

*Las variantes de las glosas:* sólo sacamos las léxicas y no las ortográficas.

*R-M:* Las primeras palabras de cada glosa—igual que algunos de las respuestas—se encuentran en cursiva menos la primera palabra de la Copla XXVII; las transcribimos así.

*SB:* Transcribimos la glosa; van entre corchetes las variantes entre *SB* e *Inc.*

*BNM:* Transcribimos la glosa; van en forma de notas numeradas las variantes entre *BNM* y *Gall.*

*RAH:* Transcribimos la glosa; van en forma de notas numeradas las variantes entre *RAH* y *Ed. Sancha.*

*El signo &:* Las exigencias de la reproducción por ordenadora nos obligan a representar la nota tironiana por el signo &. Solamente conservamos las abreviaturas que se refieren al nombre de Cristo: xp̃bal por Cristóbal, x̃tiana por cristiana, Jhu xp̃o por Jesucristo, etc.

*El orden*: En *R-M* el orden respeta la numeración del escriba que la indicó al numerar la mayoría de las *Coplas.*

*Bmus:* El desorden en que están encuadernados los folios de este manuscrito, con su página en blanco y su doble serie de numeración, exigió una reconstitución total.

*Gall:* Conservamos el orden en que están impresas las *Coplas*, prescindiendo de los números romanos añididos por los redactores del *Ensayo* conformes al orden de las *Coplas* en la *Ed. Sancha.* Basamos la disposición de las *Coplas* de *Gall* en el orden fijado en *BNM*, puesto que los dos manuscritos parecen reflejar una fuente común. La única interrupción en el orden entre *BNM* y *Gall* ocurre en las *Coplas* XXXIII y XXXIV que son intercambiadas en *Gall.*

Para ayudar al lector, incluimos *infra* una tabla de concordancias de la numeración de los once textos de la edición.

| *R-M* | *BMus* | *SA* | *SB* | *INC* | *BNM* | *Gall* | *Gl.G* | *Ev* | *RAH* | *Ed.S.* |
|---|---|---|---|---|---|---|---|---|---|---|
| I | I | I | I | I | I | I | I | I | 1 | I |
| II | II | II | II | II | II | II | II | II | 2 | II |
| III | III | III | III | III | III | III | III | III | 3 | III |
| IV | VII | VII | V | V | VII | VII | VII | V | 5 | V |
| V | VIII | VIII | VI | VI | VIII | VIII | VIII | VI | 6 | VI |
| VI | X | X | VII | VII | X | X | X | VII | 7 | VII |
| VII | IV | IV | IV | IV | IV | IV | IV | IV | 4 | IV |
| VIII | V | V | XVIII | XVIII | V | V | V | XVIII | 18 | XVIII |
| IX | VI | VI | VIII | VIII | VI | VI | VI | VIII | 8 | VIII |
| X | IX | IX | — | — | IX | IX | IX | — | — | — |
| XI | XI | XI | IX | IX | XI | XI | XI | IX | 9 | IX |
| XII | XII | XII | X | X | XII | XII | XII | X | 10 | X |
| XIII | XIV | XVI | XI | XI | XIV | XIV | XIV | XH | 11 | XI |
| XIV | XV | XVII | — | — | XV | XV | XV | — | — | — |
| XV | XVI | XVIII | XII | XII | XVI | XVI | XVI | XII | 12 | XII |
| XVI | XVII | XIX | XIII | XIII | XVII | XVII | XVII | XIII | 13 | XIII |
| XVII | XVIII | XX | XIV | XIV | XVIII | XVIII | XVIII | XIV | 14 | XIV |
| XVIII | XIX | XIV | XV | XV | XIX | XIX | XIX | XV | 15 | XV |
| XIX | XX | XV | XVI | XVI | XX | XX | XX | XVI | 16 | XVI |
| XX | XXI | XXI | XIX | XIX | XXI | XXI | XXI | XIX | 19 | XIX |
| XXI | XXII | XXII | XX | XX | XXII | XXII | XXII | XX | 20 | XX |

| *R-M* | *BMus* | *SA* | *SB* | *INC* | *BNM* | *Gall* | *Gl.G* | *Ev* | *RAH* | *Ed.S.* |
|---|---|---|---|---|---|---|---|---|---|---|
| XXII | XXIII | XXIII | XXI | XXI | XXXI | XXXI | XXXI | XXI | 21 | XXI |
| XXIII | XXIV | XXIV | XXII | XXII | XXIII | XXIII | XXIII | XXII | 22 | XXII |
| XXIV | XXV | XXV | XXVIII | XXVIII | XXXII | XXXII | XXXII | XXVIII | 28 | XXVIII |
| XXV | XIII | XIII | XVII | XVII | XIII | XIII | XIII | XVII | 17 | XVII |
| XXVI | XXVI | XXVI | XXIII | XXIII | XXXIV | XXXIII | XXXIII | XXIII | 23 | XXIII |
| XXVII | XXVII | XXVII | — | — | XXXIII | XXXIV | XXXIV | — | — | — |
| XXVIII | XXVIII | XXVIII | XXIV | XXIV | XXIV | XXIV | XXIV | XXIV | 24 | XXIV |
| XXIX | XXIX | XXIX | XXV | XXV | XXV | XXV | XXV | XXV | 25 | XXV |
| XXX | XXX | XXX | XXVI | XXVI | XXVI | XXVI | XXVI | XXVI | 26 | XXVI |
| XXXI | XXXI | XXXI | XXVII | XXVII | XXVII | XXVII | XXVII | XXVII | 27 | XXVII |
| XXXII | XXXII | XXXII | XXIX | XXIX | XXVIII | XXVIII | XXVIII | XXIX | 29 | XXIX |
| XXXIII | XXXIII | XXXIII | XXX | XXX | XXIX | XXIX | XXIX | XXX | 30 | XXX |
| XXXIV | XXXIV | XXXIV | XXXI | XXXI | XXX | XXX | XXX | XXXI | 31 | XXXI |
| — | XXXV | XXXV | XXXII | XXXII | XXXV | XXXV | XXXV | XXXII | 32 | XXXII |

3. *Clarificaciones paleográficas.*

*R-M:* El escriba se sirve de la vírgula para denotar el final de un renglón y el final de una frase; también la traza antes del signo *&* y antes de la *E* mayúscula. Conservamos estas vírgulas tanto como las dos que a veces indican el final de una glosa. Las vírgulas que empleamos en las glosas a las respuestas representan la separación de líneas y no son paleográficas.

*SA:* Este códice tiene todas las señales de haber sido dictado al escriba, por la elisión de palabras. En la Copla II por ejemplo: *canda* [que anda], *noteas* [no oteas], *caratras* [cara atras], *testas* [te estas]. Conservamos estas características así como la letra *D* siempre en mayúscula.

*SB:* Para facilitar el rápido cotejo de variantes entre las glosas *SB* e de *Inc*, utilizamos corchetes dentro del texto mismo en vez de notas numeradas. Entre corchetes también van las letras ilegibles o guillotinadas en *SB*, que suplimos según la lectura *Inc*. En *SB* la vírgula es paleográfica y no indica una separación de líneas. Las dos vírgulas sirven para designar punto aparte. Cada copla lleva un título que contiene unas palabras del primer verso. Falta este título en *Inc*. El escriba salpica los folios con tildes, especialmente sobre las letras *ch*, *ll*, *m* y *n*. Por eso creemos que la tilde encima de *como* y *mucho* no indica la abreviatura de una consonante nasal y no la suplimos; no se dobló la *m* en *como* ni se insertó la *n* en *mucho* en *Inc*, que podía haber servido de modelo ortográfico.

La importancia de *SB* es que clarifica algunos problemas paleográficos que ocurren en *Inc*. Por ejemplo, la glosa de la Copla X [*R-M* VI] de *Inc* empieza: *Ponese aqua soldada*. En *SB* un signo diacrítico sobre dos letras indica una abreviatura que aclara la lectura: *Ponese aq̃ũa* [aq*ui* u*n*a] *soldada*. En cambio, hay un caso en que *Inc* clarifica una frase ilógica de *SB*: "demando vn tenedor [*Inc*: tañedor] p*a*ra q*ue* le desp*er*tase el esp*iri*tu de p*ro*feçia."

*BNM:* El glosista emplea la vírgula para representar una coma o un punto final. La combinación de punto-vírgula-punto indica una frase entre paréntesis. Conservamos la puntuación del copista en nuestra transcripción. Las letras guillotinadas en *BNM* están resueltas según *Gall.* En el cotejo entre las respuestas de *BNM* y las de *Gall*, sacamos solamente las variantes léxicas y no las ortográficas, excepto cuando una variación ortográfica existe en el verso que citamos.

*Gall:* Nos limitamos a sacar las variantes léxicas y no las ortográficas por no saber cuánta modernización hicieron los redactores del *Ensayo*....

*Gl. Gall:* Sacamos las variantes entre los versos de las *Coplas* redactadas en *Gall* y las de los versos que repite el glosista para comentarlos. Donde divergen los versos de *Gl. Gall* del texto de *Gall*, casi siempre concuerdan con el texto de *BNM*. Unos ejemplos:

| *Copla y verso* | *Gall* | *Gl. Gall* | *BNM* |
|---|---|---|---|
| I, 8 | trasnochada | madrugada | madrugada |
| II, 4 | anda | va | va |
| VI, 9 [*R-M* IX] | çesa | dexa | dexa |
| XX, 6 [*R-M* XIX] | vez | hora | ora |

Conjeturamos que *BNM*, *Gall* y *Gl. Gall* derivan de la misma fuente. En las *Coplas* solamente hay variación entre *BNM* y *Gall* en la redondilla de la Copla XXX [*R-M* XXXIV] donde ni siquiera se conserva la misma consonancia; en las glosas hay tres Coplas que difieren completamente. Estas ligeras modificaciones no nos disuaden de que había una fuente común, dados los estragos que sufre un manuscrito en el transcurso del tiempo. En las respuestas, sin embargo, hay más variación: comparando *BNM* y *Gall* en la Copla IV [*R-M* VII], vemos que varían casi todos los versos aunque la consonancia final es igual desde el verso segundo hasta el final; en VI [*R-M* IX] varían los tres últimos versos; en X [*R-M* VI] los versos 3, 4, y 5 varían y no conservan la consonancia; en XII [*R-M* XII] difiere la redondilla: conserva la consonancia en los primeros dos versos; en la quintilla varían los versos 7 y 8 y se conserva la consonancia; en XXIX [*R-M* XXXIII] la redondilla difiere pero conserva la consonancia de los versos 3 y 4; en XXXI [*R-M* XXII] varía la quintilla donde el único verso que conserva la consonancia es el séptimo; entre *BNM* XXXIV *Gall* XXXIII y *R-M* XXVI, los tres últimos versos difieren totalmente; en la copla XXXV [falta en *R-M*] difieren la redondilla y la consonancia.

*Evora:* Este texto sigue la numeración y las características de todas las ediciones del dieciséis, que fueron más o menos copias exactas de la primera edición con su glosa de Pulgar. Tiene interés por haberse presentado en un códice portugués del siglo XVII y por contener varios lusitanismos, metátesis y la frecuente mala interpretación del castellano de parte del escriba portugués. Por ejemplo, IV, 2 [*R-M* VII]: burra - purra; VI, 9 [*R-M* V]: retortero - retrutero; XII, 9 [*R-M* XV]: su - seu; XIII, 9 [*R-M* XVI]: modorria - morrodilla: XIV, 5 [*R-M* XVII]: escarmienta - escramienta; XV,

6 [*R-M* XVIII]: yjares - hiiales; XXIII, 1 [*R-M* XXVI]: aguileno (aquileño) - aqui lleno; XXIV, 9 [*R-M* XXVIII]: tienen de (abran de) - aurão; XXX, 3 [*R-M* XXXIII]: salça de ajos - falca de aios, 4: por miedo - por medio; XXXI, 7 [*R-M* XXXIV]: gormar - gromar.

*RAH:* Entre *RAH* y *Ed. Sancha* las variantes consisten sólo en cambios ortográficos; en general la edición parece ser una modernización de *RAH* pero no de fidelidad total. Por ejemplo, *RAH* 1, 6: trahes, *Ed. Sancha* traes; *RAH* 4, 3 [*R-M* VII]: Zerros, *Ed. Sancha* cerros; v. 6: *RAH* baltaneto, corregida en *Ed. Sancha* baltrueto; *RAH* 18, 9 [*R-M* VIII]: nascidos, *Ed. Sancha* nacidos; *RAH* 26, 6 [*R-M* XXX]: de*j*a ... *f*ijos, *Ed. Sancha* de*x*a ... *h*ijos [cursiva nuestra]; v. 7: *RAH* yazer ... alvergadas, *Ed. Sancha* yacer ... albergadas; *RAH* 31, 2 [*R-M* XXXIV]: faras, *Ed. Sancha* haras, pero *RAH* 17, 1 [*R-M* XXV]: necio, *Ed. Sancha.* nescio.

Hay pocas variantes entre las glosas de los dos textos y ligeras diferencias entre la presentación. Por ejemplo, en *RAH*, los encabezamientos van en números arábigos, en *Ed. Sancha* en números romanos; en *RAH* todo verso empieza con letra mayúscula, en *Ed. Sancha* solamente los versos 1 y 5 empiezan con mayúscula.

Por lo tardío de *RAH* y de *Ed. Sancha*, los dos llevan puntuación moderna, la que omitimos en nuestro cotejo excepto donde existe un cambio de significado:

*RAH*: Y avn el torpe majadero
*Ed. Sancha*: Y aun él, torpe majadero (Estancia VI [*R-M* V])

En *RAH* desarrollamos en cursiva las formas que llevan signo de abreviatura: q̃ = q*ue*, q̃do = q*uan*do y nr̃o = n*uest*ro y no las palabras abreviadas: S[to], lib., cap., etc. También en cursiva van las innumerables frases subrayadas por el copista. Conservamos la tilde o acento circunflejo del copista sobre la *a, e* y *o*. Omitimos el punto, signo de puntuación colocado al principio de la palabra GLOSA que intitula cada comentario; conservamos el punto al final de esa misma palabra.

En *Ed. Sancha* prescindimos de transcribir las muchas palabras, frases y a veces párrafos enteros que van en bastardilla, ya que no sabemos cuánta innovación hiciera Antonio de Sancha al copiar el manuscrito que publicó.

### 4. *La dificultad de hacer una edición crítica.*

El cotejo de los siete manuscritos y los cuatro impresos que forman nuestra edición muestra cierta uniformidad textual. Las variantes parecen representar el proceso destructivo de la transmisión de manuscritos que pasan de mano en mano, copiados y recopiados quizá de otros manuscritos ya perdidos cuya lectura se ha puesto o ilegible o mutilada. Notamos errores debidos a la incertidumbre del escriba, por ejemplo, la variante entre *amor* y *temor* [*R-M* XXXIII] donde la *t* tiene el aspecto de una *a* ladeada a la izquierda y produce "por amor de los serpientes" en vez de "por temor de los serpientes." Hay también los manerismos de escribas que salpican el folio con tildes o con cedillas, formando así variantes que tal vez no existan, como *abarançadas* por *abarrancadas* [*R-M* VIII]. Por razones que ya explicamos en el capítulo IV, hay cierta variación en el orden de las *Coplas*. Además, varía una u otra redondilla o quintilla, traspuesta dentro de una sola copla, o unos versos extraviados o cambiados según no sabemos qué criterio. Es evidente que estas variantes estaban ocasionadas por la cantidad enorme de manuscritos que circulaban—lo que atestigua la fama que tuvo el *Revulgo* en el quince y el dieciséis—de los cuales nos queda una parte infinitamente pequeña.

Un estudio detallado de las variantes de las *Coplas* indica que tal variación no ofrece problemas textuales de una magnitud suficiente en cuanto al léxico para justificar una edición crítica basada en los textos accesibles. En cambio, estas mismas variantes se prestarían muy bien a una investigación lingüística, no sólo de las *Coplas* sino de las *Glosas* y de las *Respuestas*—investigación que queda fuera del alcance de nuestra edición.

# Capítulo VII

## La Edición

Transcribimos a continuación las *Coplas de Mingo Revulgo* según el MS *R-M*, con la adición de la Copla XXXV del MS *BMus*.

¶Mjngo Reuulgo mjngo
a mjngo Reuulgo hao
q*ue* es del tu sayo de blao
non lo vjstes en domingo
do es el tu jubon bermejo
por q*ue* traes tal sobre çejo
andas esta madrugada
la cabeça desgreñada
non te llotras de buen ReJo

¶traes la color marrida
y el esconpanço Renchibado
andas de valle en collado
como Res q*ue* va perdida
J en otras si te vas
adelante o atras
çanqueando con los pies
dando saltos al traues
que no*n* sabes do te estas

¶Alae gil aRebato
se q*ue* en huerte ora alla chamos
q*ua*ndo a candaulo cobramos
por pastor de n*uest*ro hato
andase tras los zagales
por esos alla andurriales
todo el dia enbebeçido
holgazando sin sentido
q*ue* non cura de n*uest*ros males.

iiij°. ¶Sabes sabes el modorro
alla donde anda a grillos
burlanle los mançebillos
q*ue* andan con el en *e*l corro
armanle mjll guadramañas
vno le saca las pestañas
otro le pela los cabellos
y el p*er*dido avn tras ellos
metido por las cabañas

v°. ¶Vno le quiebra el cayado
ot*r*° le toma el çurron
otro le qujta el çamarron
y el tras ellos desbabado
y avn el torpe majadero
q*ue* se preçia de çertero
fasta aquella zagaleja
la de Naua lusiteja
lo ha traydo al Retortero

vj. ¶La soldada que le damos
y avn el pan de los mastine$^{s}$
ha comjdo con Ruynes
guay de nos q*ue* lo pagamos
y de q*ua*nto ha leuado
non lo veo q*ue* ha medrado
otros hatos njn Jubones
saluo vn cinto co*n* tachones
de q*ue* anda Rodeado

vij. ¶OJa oja los ganados
y la Burra con los perros
quales andan por los otero$^{s}$
perdidos descarriados
pellos santos te prometo
q*ue* este dapñado Baltrueto
q*ue* no medre dios las çeJas
ha dexado las oueJas
por folgar tras cada septo

viij°. ¶Alla por esas quebrantada$^{s}$
veras balando corderos

[Falta el verso]
y ovejas abarançadas
los panes todos comjdos
y los vedados pasçidos
y avn las huertas de la villa
tan gran dapño en asperilla
nunca vieron los nasçidos

jx. ¶O mate mala ponçoña
a pastor de tal manera
q*ue* tiene cuerno con çimera
y no les vnta la Roña
vee los lobos entrar
y las ouejas Balar
y el Risadas en oyrlo
njn por eso el caramjllo
Jamas dexa de tocar

x. ¶trae vn lobo carnjçero
por medio de las manadas
por q*ue* sigue sus pissadas
dizen todos q*ue* es Carnero
sacalo de majada
desque da vna hondeada
en tal hora lo comiença
que si toma vna cabeça
dexala bien estrujada

xj. ¶Apaçienta el holgazan
las ouejas por do qujeren
comen yerua con q*ue* mueren
mas cuydado non le dan
non vj tal desque ombre so
y avn mas te digo yo
avn que eres envjsado
que non atinas el ganado
cuyo es njn cuyo no

xij. ¶Modorrado con el sueño
non las cura de almagrar
por que no entiende de dar
cuenta dellas a njngu*n* dueño

q*ua*nto[s] yo no mel daria
lo de xp̃oual mexia
njn del otro tartamudo
njn del moço moJo agudo
todo va por vna vja

xiij ¶Esta perra Justilla
que viste tan denodada
muerta flaca trasijada
Juro adios que avries ma*n*zilla
con su fuerça y coraçon
cometera al brauo leon
y mataua al lobo vieJo
agora vn t*ri*ste coneJo
te la mete en vn Rincon

[xi]iij°. ¶Otros buenos entremeses
ya fecho este Barragan
non queriendole dar pan
ella se come las Reses
tal q*ue* ha fecho en el Rebaño
con fambre mayor dapño
mas estrago fuerça y Robo
que el mas fanbriento lobo
de q*ua*ntos ha visto ogaño.

xv. ¶Azerrilla q*ue* sufrio
siete lobos denodados
y njnguno la mordjo
todos ellos mordiscado[s]
Rape el diablo el poder
q*ue* ella ha de deffender
las Rodillas tiene floxas
cont*ra* las ovejas coxas
muestra todo su saber

xvj. ¶La otra perrilla ventora
de lexos lo barruntaua
y por el Rastro sacaua
qualq*ui*er bestia Robadora
y las veredas sabja
donde el lobo ha codiçia

y las cueuas Raposeras
esta echada alla en las eras
de todo bjen amodorrida.

xvij ¶Tempera q*ui*ta pesares
q*ue* corria muy conçertado
Rebento por los jxares
del correr demasiado
ya no*n* muerda nj*n* escarmje*n*ta
a la gran loba hanbrienta
y los zorros y los osos
delante ella dan mjll cosos
p*er*o non por q*ue* la sienta

xviij° ¶Vjenen los lobos Jnchados
las bocas se Relamjendo
los lombos traen ardiendo
los ojos encarnjçados
los pechos trahen sumjdos
y los jxares Regordidos
q*ue* non se pueden mouer
mas despues saben correr
ligeros a los Balidos

xjx. ¶Y vienen todos brama*n*do
con la sangre q*ue* han beujdo
los colmillos Reganando
com*m*o sy non oujesen comjdo
por lo q*ue* queda en el hatto
cada hora en gran Rebato
nos pone*n* co*n* sus Bramjdos
desque hartos mas tra*n*sidos
los veo q*ua*ndo non cato

xx. ¶Alahe Reuulgo hermano
por los tus p[ecado]s penas
sy no*n* fazes obras buenas
mayores te esta*n* a mano
q*ue* si tu huziado fueses
caliente t*ie*rra paçieses
y verdura todo el año
non avrias este dapño

en ganados nj*n* en mjeses

xxj. ¶Mas eres avisado
en fazer de tus prouechos
echaste a dormjr de pechos
siete oras amortiguado
torna tornate a bue*n* hauzo
y enfiesta ese corpaço
por q*ue* puedas Rebelir
sy no*n* mento que el morir
te verna de mal Relanco

xxij. ¶Si tu fueses sabidor
q*ue* entendieses la verda[t]
verias q*ue* por tu Rujndat
has avido mal pastor
saca saca de tu seno
la maldat de q*ue* estas lleno
y veras como sera
q*ue* este se castigara
o dara dios otro bueno

xxiij. ¶Los tus hatos a vna mano
son todos de mal chatino
lo merino y lo cabruno
y peor lo Castellano
mueuese muy de ligero
non aguarda tuo tuo [*sic*] çertero
do se suele apasçentar
Rebellado ala Priscar
y manso al trasqujladero

xxiiij[o] ¶Cata q*ue* se Ronpe el çielo
deçerrumase la tierra
Cata que el nublo se çierra
Rebellado y no has Reçelo
Cata que verna pedrisco
que lleue todo abarrisco
q*ua*nto mjras de los oJos
hinca hinca los JnoJos
q*ua*nto yo todo me çisco

xxv°. ¶Non vees nesçio las Cabañas
los collados y las Calles
los çerros y los valles
como arden en bjuas llamas
non vees q*ue* ya desbaratado
esta todo lo senbrado
las oueJas esparçidas
y las mestas todas andidas
que no te sabes dar Recabdo

xxvj ¶Del collado agujleño
vjene mal zarçaganjllo
muerto flaco & amarillo
p*ar*a todo lo estremeño
mjra agora q*ue* fortuna
q*ue* hondea la laguna
sy q*ue* corren ventisq*ue*ros
Rebosa por los oteros
Roba de buena xotuna

xxvij. ¶Otra cosa mas dapñosa
veo yo q*ue* no has mjrado
n*uest*ro carnero vezado
va a dar en la Reboltosa
y avn otra mas negrilla
q*ue* de falsa Rabadilla
muy ligero & Rebatado
se mete en lo senbrado
ala he as Ruyn orilla

[xx]viij°. ¶yo soñe esta madrugada
de que esto entremjlloroso
que njn Roso njn velloso
quedara desta vegada
echate echate a dormjr
que en lo que puedo sentir
segun andan estas cosas
asmo que las tres Raujosas
donas tienen de venjr

[x]xjx. ¶Tu conosçes la amarilla
q*ue* sienpre anda carleando

muerta flaca suspirando
q*ue* a todos pone manzilla
y avn q*ue* traga non se farta
njn los colmillos aparta
de morder nj*n* de mordicar
non puede mu*n*cho tardar
q*ue* ganado non desparta

[xx]x. ¶La otra mala traydora
cruel & muy enemiga
de todos males amiga
de sy misma Robadora
q*ue* sabe bjen los cartiJos
njn dexa madre nj*n* fijos
y hased en sus albergadas
en los valles en majadas
sabe bien los ascondrijos

[xx]xj ¶y tanbien la Redentuda
q*ue* come los Reçcentales
y non dexa los annales
q*ua*nto vn poco esta sañuda
mento q*ue* non olujdara
de venjr y avn tragara
y tan bien su partezilla
djme aquesta quadrilla
y aqujen non espantara

xxxij. ¶Si non tomas mj co*n*sejo
mjngo de aq*ue*sta vegada
avras tal prestorejada
q*ue* te escueza el pestorejo
vete si qujeres hermano
al pastor de zerrufano
& dile toda esta conseja
espulgarte ha la peleja
podra ser q*ue* bueluas sano

xxxiij. ¶Mas Reuulgo p*ar*a mjetes
q*ue* non vayas por atajos
faras vna salsa de ajos
por amor de las s*er*pientes

sera morterada cruda
mazacada muy aguda
q*ue* te faga estorzijar
q*ue* non puede peligrar
quje*n* con esta salsa suda

xxxiiij° ¶En el lugar de pasqual
asienta el paçentadero
por q*ue* en el sesteadero
pueda bjen lamer la sal
en *e*l qual syno ha Rendido
la grama y lo mal paçido
luego la q*ue*rra gromar
y podra bjen sosegar
del Rebello q*ue* ha tenjdo

[xxxv] ¶cudo q*ue* es menos dañoso
el paçer por lo costero
que lo alto y ho*n*donero
jura mj q*ue e*s peligroso
para mje*n*tes q*ue* te cale
poner firme no*n* Resuale
la pata donde pusieres
pues ay tantos de pesares
inhac lacrimar*um* vale /

[I. *R-M* Copla] [i]

¶ Mjngo Reuulgo mjngo
a mjngo Reuulgo hao
q*ue* es del tu sayo de blao
non lo vjstes en domingo
do es el tu jubon bermejo
por q*ue* traes tal sobre çejo
andas esta madrugada
la cabeça desgreñada
non te llotras de buen ReJo

*Variantes de la Copla*

*BMus*: 2. ahao 3. ques de 5. q*ue*s de t.
*SA*: Pregunta. 1. m. rr. amjngo 3. brao 4. n. l. tresnas 5. ques Del t.
*SB*: 2. ahao 3. q. e. de 5. que es de t.
*Inc*: 2. ahao 3. q. e. de 5. que e. de t.
*BNM*: 2. [falta] m. rr. ahao 3. q*ue*s de 5. q*ue*s de t.
*Gall*: 1. A M. R. M. 2. ahao 3. Ques de 5. Ques de 7. trasnochada
*Gl. Gall*: 1. [falta] 2. [falta] 3. [falta] El s. d. b. 5. Ques de 9. [falta]
*Evora*: 3. ques de 5. ques de t. gubon
*RAH*: 2. ahao 3. Q. e. de 4. N. le 5. Que es de t.
*Ed. Sancha*: 1. A M. R. M. 3. Q. e. de 4. n. le 5. Qué es de t.

II. *Glosas a la Copla*

*SA:* [Mjn]go—por Repu*bli*[ca]

*SB:* / Glosa delas coplas de Rebulgo f*e*cha po[r] fe[r]na*n*do de pulga[r] p[a]*r*a el señor c[o]nde de haro / condestable de castilla &

/ ylustre señor [espacio en blanco en el manuscrito] p*ara* p*r*[o]boca[r] a v*ir*tud*e*s e Refrena[r] biçios / . muchos escribiero*n* [*Inc*: escriuieron E] por div*er*sas man*er*as / vnos en p*r*[o]sa ho[r]denadame*n*te / ot*r*[o]s por bia de dialogo / ot*r*[o]s en metros p*r*[o]be[r]biales / y algu*n*[o]s poetas fazie*n*do comedias e Cantar*e*s Rusticos y en ot*ra*s formas segu*n*d q*ue* cada vno d*e*los esc*ri*ptor*e*s tobo abiljdad p[a]*r*a escrebi[r] /. lo q*ua*l esta asas copiosame*n*te dicho /. sy la natura humana yncljnada a mal se conte*n*tase e como estomago fastidioso no dema*n*dase ma*n*jar*e*s nuebos q*ue* le despierten / el apetito p[a]*r*a la dotrin[a] q*ue* Req*ui*ere la salbaçio*n* final q*ue* todos desea*n* /

Estas coplas se ordenaro*n* a fin de amonesta[r] al pueblo a bie*n* bebir e en*e*sta bocolica q*ue* q*ui*ere dezi$^{r}$ ca*n*ta$^{r}$ Rustico e pastoril q*ui*so da$^{r}$ a ente*n*der la dotrin$^{a}$ q*ue* dize*n* so color Rustiçidad [*Inc*: color dela rrustiçidad] q*ue* pa*re*çen dezi$^{r}$ por q*ue* el ente*n*dimj*ent*$^{o}$ cuyo /ofiçio es sabe$^{r}$ la v*er*dad de las cosas / se Exe$^{r}$çite ynq*ui*rie*n*dolas e goze como suele goza$^{r}$se q*ua*ndo ha ente*n*dido la v*er*dad d*e*llas /

¶ la ynte*n*çio*n* [*Inc*: ynuençion] d*e*sta obra fue fengi$^{r}$ vn p*r*$^{o}$feta /o adebino en figura de pastor / llamado gil arrybato / el q*ua*l p*r*$^{e}$gu*n*taba al pueblo q*ue*sta figurado po$^{r}$ ot*r*$^{o}$ pastor / llamado my*n*go Rebulgo / q*ue* como estaba / por q*ue* le beya en mala disposiçio*n* / y esta p*r*$^{e}$gu*n*ta se contiene en la p*rim*e*r*a e segu*n*da coplas El pueblo q*ue* se llama Rebulgo / R*e*spo*n*de q*ue* padeçe jnfortunyo por q*ue* tiene vn pastor q*ue* dexada la gu$^{a}$rda del ganado / se va tras sus deleyt*e*s e apetitos / y esto se co*n*tiene en sjete coplas seguje*nte*s desde la te$^{r}$çera fasta la dezena /. En las q*ua*tro coplas q*ue* se sigue*n* muestra*n* [*Inc*: muestra] como esta*n* p*er*didas las q*ua*tro v*ir*tud*e*s ca$^{r}$dinales / co*n*biene a sabe$^{r}$ justiç*i*a /. fortaleza . prude*n*çia. y tenp*er*ançia. figurad*a*s po$^{r}$ q*ua*tro perras q*ue* gu$^{a}$rdan el ganado / En las dos coplas seguje*nte*s / d*e*sde las cato$^{r}$ze fasta las dies e seys / muestra como p*er*didas /o enflaq*ue*çid*a*s estas q*ua*tro perras entra*n* los lobos en *e*l [las letras *os* tachadas aquí] ganado [la letra *s* tachada aquí] e lo destruye*n* / en las ot*ra*s dos seguje*nte*s q*ue* so*n* dies e siete e dies e och*o* / co*n*cluye los males q*ue* generalme*n*te padeçe todo el pueblo / y de aq*ui* adelante el pasto$^{r}$ arribato Replica e dize q*ue* la mala disposiçio*n* d*e*l pueblo no p*r*$^{o}$biene toda d*e*la nygligen*n*çia del pasto$^{r}$ mas p*r*$^{o}$çede de su mala co*n*diçio*n* / dandole a ente*n*de$^{r}$ q*ue* por sus pecados / tiene pasto$^{r}$ defetuoso [*Inc*: defectuoso &] q*ue* sy Reynase en el pueblo /. ffe y [tres letras tachadas aquí] esp*er*ança / y caridad q*ue* so*n* las tres v*ir*tud*e*s teh ologales no*n* padeçeria los males q*ue* tiene / y esto dize en las q*ua*tro coplas seguje*nte*s desde las dies e och*o* fasta las vey*n*te e dos / d*e*spu*e*s en las vey*n*te e tres e vey*n*te e q*ua*tro / muestra algu*n*$^{a}$s señales po$^{r}$ donde anu*n*çia q*ue* an de benj$^{r}$ tu$^{r}$baçion*e*s en el pueblo / las q*ua*les en las ot*ra*s tres coplas seguje*nte*s / declara q*ue* sera*n* [*Inc*: sera] guerra y hanbre / y mo$^{r}$tandad / e en [*Inc*: mortandad. En] las ot*r*$^{a}$s q*ua*tro coplas q*ue* se sygue*n* le amenaza e amonesta q*ue* faga oraçio*n* e co*n*fisio*n* e satesfaçio*n* e q*ue* aya co*n*triçio*n* / p$^{a}$*ra* escusa$^{r}$ los males q*ue* le esta*n* ap*ar*ejados / y esto entie*n*de / [*Inc*: se entiende] desde las vey*n*te e siete fasta las trey*n*ta e vna coplas e en [*Inc*: coplas ¶En] la vltim$^{a}$ e postrim*er*a encomje*n*da la bida mediana po$^{r}$ q*ue* es mas segura / y en*e*st*a*s trey*n*ta e dos coplas se co*n*cluye todo el trat*ado* &

Mjngo Rebulgo ec$^{r}$

¶ p*r*$^{e}$gu*n*ta agora [*agora* sobrescrita] el p*r*$^{o}$feta gil arrebato a la Repvblica dandole bozes como de lexos / y dizele /. dime Rebulgo /. /o Republica / do esta tu sayo de blao / y es de sav*er* q*ue* blao es color azul q*ue* synjfica lealtad segu*n*d la describçio*n* d*e*las color*e*s /. e po$^{r}$ q*ue* en *e*l t*ien*po q*ue*stas coplas se feziero*n* las boluntad*e*s d*e*los mayor*e*s del Reyno estaba*n* contrarias e muy ap*are*jad$^{a}$s p*ara* faze$^{r}$ dibisio*n* p*r*$^{e}$gu*n*tale /. dime Repu*blica* / do esta la lealtad q*ue* debes a tu Rey e a tu t*ie*rra por q*ue* consie*nte*s q*ue* aya dibisio*n* en *e*lla como sea v*er*dad q*ue* todo Reyno debiso sea destruydo segu*n*d el d*ic*ho de n*uest*ro Redentor / dizele asi mjsmo por q*ue* no*n* te bist*e*s en domj*n*go Como q*ui*en dize tanta es tu tristeza q*ue* no muestras la alegria q*ue* debes mostra$^{r}$ / bestie*n*dote en dia de fiesta / q*ue* es de tu jubon v*er*mejo po$^{r}$ q*ue* en t*ien*po de debisio*n* ay muchos tiranos / a q*ui*en los pueblos esta*n* sujetos [*Inc*: subditos] / pregu*n*tale aq*ui* do esta tu jubon v*er*mejo / como q*ui*en dize castellanos do esta v*uest*ro orgullo q*ue* synjfica colorado como os dexays supdita$^{r}$ [*Inc*: supiditar] de ge*n*te mala e tirana /. por q*ue* traes tal sobreçejo /. los q*ue* esta*n* en desconte*n*tamj*ento* syenp*r*$^{e}$ los v*e*res / el çejo echado / andas esta madrugada /. dize la madrugada po$^{r}$ el t*ien*po / en q*ue* *e*staba /. la cabeça desgreñada / [Tres palabras tachadas aquí] por q*ue* en t*ien*po de dibisio*n* el Rey q*ue* es cabeça no es acatado / y lo d*e*la coron$^{a}$ Real esta todo disipado e enajenado / dize q*ue* traya la cabeça desg*r*$^{e}$ñada e al fin co*n*cluye /. no te llotras de bue*n* Rejo /. los labrab*o*r*e*s q*ue* dañan [Una letra tachada aquí] n*uest*ro lenguaje /. por dezi$^{r}$ Rezio dizen Rejo ./ como q*ui*en dize no estas en el bigor / e fue$^{r}$ça q*ue* debes esta$^{r}$ / asy q*ue* esta copla co*n*tiene seys pregu*n*tas q*ue* faze el p*r*$^{o}$feta a la Republica /. la vna es q*ue* do esta su lealtad / la ot*ra* do esta su orgullo / la ot*ra* por q*ue* esta sañuda tenje*n*do el çejo echado / e la ot*ra* q*ue* bedia [*Inc*: veya] desbaratado el patrimonjo Real / e la ot*ra* q*ue* *e*staba flaca syn bigor &

*BNM*:¶ en *e*sta copla p*ri*mera pressupone /o finge este[1] actor por man*er*a de ficçio*n* poetica de fabla$^{r}$ com*m*o preguntando[2] vn pastor q*ue* adelante[3] llama gil arribato. por vocablo corronpido[4] el q*ua*l trae deriuaçio*n* de ariolor ariolaris[5] q*ue* es verbo deponente tomado por adeuyna$^{r}$ / asi com*m*o vaticinor vaticinaris por p*ro*fetiza$^{r}$ asi q*ue* gil aribato quiere dezjr gil adeujnador[6] q*ue* por man*er*a de adeujno[7] /o p*ro*feta. q*ue*riendo desjr las cosas q*ue* era*n* por venjr fabla co*n* my*n*go rreuulgo que pone[8] por otro pastor por vocablo corronpido en *e*ste tractado por figura guardado so aqueste[9] carmen bocolico q*ue* q*ui*ere dezjr canta$^{r}$ pastoril /o lenguaje de pasto$^{r}$ llama a la rrepublica mj*n*go rreuulgo /& rredobla la palabra mj*n*go rreuulgo ahao[10] e en *e*sta man*er*a /po$^{r}$ q*ue* vulga$^{r}$ me*n*te suelen desjr vulgo por la /. cosa publica[11] añadie*n*do esta sylaua rre p*ara* escureçe$^{r}$ el vocablo dize rreuulgo por la rrepu*blica* /o cosa publica /& gil arribato por adeujno /& en lenguaje e boca de pastor es la man*er*a en q*ue* estos dos pastor*e*s fablan segund adelante p*r*$^{o}$sigue:-

¶ el sayo de blao por q*ue*[12] aq*ui* le p$^{r}$*e*gunta / es de nota$^{r}$ q*ue*[13] *e*l blao es asul / la q*ua*l color presupone[14] por la firmesa q*ue* en la naçio*n* de españa ave$^{r}$ solia[15] e dise no*n* lo vistes en d*omin*go q*ui*ere desjr la lealtad[16] e la firmesa q*ue* e*n* los t*ien*pos d*e* las afrentas[17] e peligros rresplandeçer solia por vestidura /o com*m*o vestidura en d*omin*go co*n*ujene /a saber en los t*ien*pos pr$^{o}$speros /& bie*n*aue*n*turados en los varon*e*s leale$^{s}$ /e firm*e*s asi grandes com*m*o pequeños e po$^{r}$ las gent*e*s e rregnos et jnperios e naçion*e*s estrañas[18] sonaua d*e*sta n*uest*ra españa e asy q*ue* fuese pe$^{r}$dido o gran*d* p*ar*te d*e*lla[19] / de la q*ua*l se puede desjr lo q*ue* boeçio descriue en *e*l p*ri*mero *capitul*$^{o}$ del su libro de co*n*solaçio*n*. los cantar*e*s q*ue* en otro t*ien*po bie*n*auenturada me*n*te vsaua agora lloroso y triste so costreñjdo a desjr cantar*e*s dolorosos. q*ue* es de tu jubon be$^{r}$mejo / esta color p$^{r}$*e*supone po$^{r}$ el alegria[20] por la q*ua*l com*m*o po$^{r}$ p*er*dida preguntale por ella /por q*ue* traes tal sobreçejo es a saber[21] la tristesa e tribulaçio*n* en los coraçon*e*s e d*e*spu*e*s e*n* las façes[22] ca asi dize[23] vn filosofo el rrostro[24] es espejo d*e*l coraço*n* e asy veras[25] la n*uest*ra naçio*n*[26] por la mayor p*ar*te toda triste ca d*e*l coraçon triste e turbado no puede rresulta$^{r}$[27] alegria /a la cara nj*n* tal se mostra$^{r}$ y por esto veras[28] q*ue* so*n* conplisionados /a vestidura negra e asy[29] paresçe de aq*ui* q*ue* p$^{r}$*e*s$^{u}$pone a la disposiçio*n* d*e*l pueblo mal rregido y goue$^{r}$nado[30] por tanto dise andas esta madrugada /esta madrugada es t*ien*po ljmjtado /o es n*uest*ra breue vida mome*n*tanea transitoria poca hedad de la[31] q*u*$^{a}$l dize Job el om*n*e naçido d*e* la muge$^{r}$ biuiente breue t*ien*po lleno de mu*n*chas mjserias /& en otro loga$^{r}$ breues so*n* los dias d*e*l om*n*e /o en ot*ra* man*era*[32] madrugada en *e*ste loga$^{r}$ dise po$^{r}$ el adue$^{r}$so t*ien*po p$^{r}$*e*sente ca[33] el mal t*ien*po presto madruga co*n* *e*l om*n*e /& por esto[34] dise salomo*n* asy com*m*o los peçes so*n* tomados[35] con *e*l çeuo e las aues so*n* engañadas co*n* *e*l laso /asy los om*n*e*s* ayna so*n* tomados al t*ien*po malo /. la cabeça desgreñada / nota q*ue* q*ua*ndo la cabeça enferrma todos los mjenbros duele*n* q*ue* p$^{r}$*e*supo*n*ga desjr por la cabeça /o rregidor p*ri*nçipal /o[36] po$^{r}$ la cabeça /o[37] vnjue$^{r}$sidad desgreñada[38] /es a saber mal tractada en los comun*e*s e[39] pa$^{r}$ticular*e*s / po$^{r}$ sus pecados /por lo q*ua*l no se llotra[40] ./. no se falla de bue*n* rrejo ./. de buena fue$^{r}$ça[41] nj*n* de bue*n* aljento q*ue* ya la cosa publica va[42] p*er*dida e[43] cayda:-

*Variantes BNM/Gall*

1. el 2. presentando 3. adelante en la terçera copla llama Gil 4. corronpido ó en figura, el qual 5. *arrobor arrobaris* 6. deuinador, por manera 7. adeuinador 8. pone aquí por 9. aquesta carme bocólico, cantar pastoril; llama 10. ahao, et es en esta 11. publica, e Gil Arribato por adeuinador, asy en lenguage é boca de pastor, et se puede dezir la manera en que estos dos pastores 12. por que le aquí pregunta, nota 13. que blao 14. presupone la firmeza 15. solia. "Non 16. lealtad y firmeza 17. afruentas resplandeçer suele, por vestidura en domingo: y dezir en los tienpos prósperos y bienaventurados 18. estrañas, syn auer casi que fuese perdida 19. della:

desta tal prosperidad decía Boeçio por sy mismo, en el primero de su Consolaçion: 20. alegria, la qual 21. saber por la tristeza y turbaçion 22. las hazes, que 23. dize el filósofo: 24. rostro espejo es 25. veres 26. naçion, toda triste ó la mayor parte, ca del coraçon 27. resultar á la cara ni tal demostrar. 28. verás que todos son por la mayor parte complisyonados con vestidura 29. asy que procede aqui á la dispusycion 30. gouernado. [¶]"Andas esta madrugada."—Es nuestra breue vida 31. lo 32. manera, en 33. et 34. eso 35. tomados á las veces con el ceuo, á las veçes con el lazo 36. y 37. et 38. desgouernada, y desto maltratada 39. y 40. no se llotra fabla de buen 41. buena fuerça de 42. es 43. y

*RAH*: Glosa. Todas las vezes que veo esta bucolica, me maravillo grandemente del artificio, ê invencion del Author, y del orden, y manera de proceder en ella, para decir lo que quiso. De las sentencias, y Doctrina, que en si contiene debaxo de palabras rusticas, y groseras; tiene necesidad de Glosa para ser[44] bien entendidas, y de atencion de quien la leiere. Esta suplico se tenga, que en la declaracion, y esplanacion de cada copla yo seré q*uan*to mas pudiere breve.

1. *Mingo Revulgo Mingo*. Comienza el *Propheta Gil Aribato* â reprehender â el Pastor *Mingo Revulgo*, y como â hombre, que está lexos, y trascordado de si mismo, para disponerle â que mejor oiga, y entienda, da grandes voces; porque los Prelados, y personas, que han de reprehender los peccados del Pueblo, con grandes, y altas voces lo deben hazer. De esto tenemos notable un exemplo en el Lib. de Ysaias Proph. en el cap. 58. de su Prophecía, donde instruiendo Dios â el Propheta en la manera que avia de tener en la reprehension, que el Pueblo avia de hazer; le manda, y dize: *Clama, ne cesses, quasi tuba exalta vocem tuam,* et *annuncia populo meo scelera eorum*, et *Domui*[45] *Jacob peccata eorum.* Que quiere decir: da voces, no ceses,[46] alza tu voz como trompeta, da â entender a mi Pueblo sus maldades, y â la casa de Jacob sus pecados. *Y reprehende a Mingo Revlgo, que es el Pueblo, ê Republica del Reino, y dize: Mingo Revulgo Mingo*. Conviene a saber: Ô Republica olvidada de tu bien, divisa, y apartado de tu Rei. Como sea verdad, y el Redemptor del mundo lo dize por S[n]. Math. cap. 12. que todo Reyno ensimismo diviso, será asolado.

2. *Que es de tu saio de blao?* Quiere decir: que es de tu saio azul? *Que blao*, quiere dezir, azul. que segun la descripcion de los colores significa Lealtad. Y porque en el tiempo que estas coplas se hizieron (segun se dize) las voluntades de los maiores, y mas principales del Reino estaban contrarias, y mui aparejadas para hazer division, pregunta, y dize: dime Republica, que es de la lealtad, que debes tener â tu Rei, y â tu tierra? Dizele assi mismo

3. *No lo*[47] *vistes en Domingo*? Como quien dize: tanta es tu tristeza, que no muestras el alegria, que debes mostrar vistiendote en dia de fiesta;

queriendo dezir: tan olvidada, y hechada atras tienes la lealtad, que en todo tiempo debes tener â tu Rei, y â el bien de tu tierra, y tan obstinada la voluntad de tu mal pensamiento, que[48] jamas de ella te acuerdas. Preguntale assi mismo
4.*Que es de tu jubon bermejo?* Que quiere dezir, colorado, que es el atavio, y maior gala del Pastor: y aplicalo aqui mui bien el Author: y porque en tiempo de division ai muchos tiranos, y aun estos son los que la procuran; preguntale aquí: *Que es de tu jubon colorado?* Como quien dize: que es de vuestra grandeza de corazon, que significa lo colorado. Como os dexais someter al iugo, y servidumbre de gente mala, y tirana, y lo los [*sic*][49] pasais por el rigor, y cuchillo de justicia, que assi mismo lo colorado significa justicia. Prosigue, y dize:
5. *Porque trahes tal sobrecejo?* Es â saber, que sobrecejo se entiende ô por presumpcion, y gravidad, segun aquello: *Tolle supercillium*. Que quiere decir: quita el sobrecejo, para decir, quita la presuncion. O por tristeza, como vemos por experiencia, que los tristes trahen siempre sobrecejo, que aqui se toma por señal de tristeza. Y anssi pregunta: por [*sic*] trahes[50] tal sobrecejo? Como quien dize: porque andas tan triste?
6. *Andas esta madrugada la cabeza desgreñada. Madrugada,* segun el Antonio, es levantarse de mañana antes de la luz, y anssi se entiende aquí. Por *la cabeza desgreñada*, la confusion, y grande descontento del cuerpo, y de todos los otros miembros de el, y del afecto, y tristeza del animo: que como la cabeza sea el miembro mas principal del cuerpo (segun Paulo *juris* consulto en la Lei antepenultima de *Religiosis*) y el cabello sea una vestidura, y compostura natural de ella, y de sus partes; en la cabeza, y en el cabello se muestra mejor que en otra parte del cuerpo por señales, y actos exteriores la alegria, ô tristeza interior del animo. De esto tenemos exemplo en el Lib. de Judith, en el cap. 10. donde la Historia quenta pue como esta sabia muger hubiesse ia hecho su oracion a Dios, para poner en obra su buen proposito, se quitó el silicio, y vestidos[51] de viudez, y labó su cuerpo, y se ungio, y partio, y aderezó sus cabellos, y puso cofia, y se vistio de alegria. Y por S$^{n}$. Matheo al cap. 6, donde el Salvador del mundo diziendo que no seamos hechos tristes, q*uan*$^{do}$ aiunamos, como los hipocritas, dize mas adelante: y tu, quando aiunares unge tu cabeza, y laba tu cara, para que no seas visto de los hombres que aiunas de manera que por la cabeza y compostura, ô desatavio de ella, se encubre, ô da a entender el plazer, ô la tristeza interior del animo. Acerca de lo qual, es de saber, que acerca de los antiguos era costumbre quitarse el cabello en señal de tristeza, y dolor, y lloro: y anssi se lee del bienaventurado Job en el cap. 1 de su Historia: que como le hubiesen dicho las adversidades, y muertes de sus hijos, y ganados; rasgó sus vestiduras, y cortado el cabello, caió en tierra, adorando â Dios. Tambien se nos muestra esto por el Propheta Jeremias en el Cap. 7 de su

Prophecía, donde en señal de planto, le manda Dios, y dize: *tonde capillum tuum, et projice.* Que quiere decir: quitate el cabello, y arrojalo de ti. Mas agora dize Lira alli, que es lo contrario, y que trahen largo cabello es indicio y señal de lloro, y luto, y anssi se toma, y entiende aqui la *cabeza desgreñada*, que es con grande cabello, y rebuelto por la mala disposicion, y descontento del animo. Y anssi, dize aqui *Gil Aribato â Mingo Revulgo*: anda esta madrugada la cabeza desgreñada. como se dixesse: tanto te[52] aprieta tu mal, y cuidado, que no te dexa dormir. *Por la cabeza*, se entiende aqui el Rey, que es cabeza del Reyno. Y que el Rey sea cabeza del Reino, consta por el Cap. 15. del 1. de los Reies, donde Samuel reprehendiendo a el Rey Saul, Rei de Ysrael, de su desobediencia, le dize en nombre de Dios: por uentura como tu te conociesses por de baxo estado, no fuiste hecho cabeza en los Tribus de Ysrael? y te ungio el Señor por Rei sobre Ysrael. Y porque en tiempo de division, el Rei no es acatado como debe, y el patrimonio Real esta disipado, y enagenado, dize: que trahia la *cabeza desgreñada*. Como si dixese: Ô Republica, como consientes que con tanto mal, y daño de ti misma, tu Rei, que es tu Cabeza, sin la qual tus miembros y cuepo [*sic*] no pueden tener salud entera, esté mal tratada! Conviene a saber, esté tiranizada, y usurpado su patrimonio, y tenido tan en poco *Quasi si non esset unctus oleo*, como sino fuesse tu Rey! Da fin a la copla, y dize:

7. *No te llotras de buen rejo? Llotrar*, es una manera rustica de hablar, de la qual usan hombres rusticos, y cortos de razones, q*uan*[do] no se saben dar a entender. De si no significa cosa alguna, mas entiendese conforme â aquello a que se aplica, como si para dezir: no te vistes el saio? dixese: *no te llotras* el saio? *Rejo*, segun algunos es cinto, y cinto, o cinta tomase en muchos significados: y entre ellos se toma ô entiende la justicia: Assi el Propheta Ysaias en el Cap. 11, dize, será la justicia cinto de sus lomos. Y el cap. 45. del Ecclesiastico dize, que vistio Dios â Aron con cinta de justicia. Anssi mismo se toma por la obediencia, y fortaleza: y anssi mandando dios al Propheta Jeremias en el Cap. 1. de su Prophecía q*ue* dixese al Pueblo lo que Dios le mandaba, dezirle, dize: *Tu ergo accinge lumbos tuos, et surge, loquere ad eos omnia, quae ego praecipio tibi, ne formides â facie corum.* Que quiere dezir. Ciñe tus lomos, y levantate, y diles todo aquello que yo te mando,[53] no los tengas temor. Como quien dize: esta promto [*sic*], y aparajado para poner en execucion mi mandato, hechando de ti el temor humano. De manera, q*ue* le manda Dios q*ue* baia ceñido de obediencia, y fortaleza. Y segun estos significados concluie *Gil Aribato*, y dize: que no se *llotras de buen rejo*: que es como he dicho no se ciñe, y guarnece de las virtudes de justicia, y fortaleza, y de la obediencia, que â su Rei, y Señor tener debe:[54] ô segun manera de hablar de labradores: rejo, quiere dezir tambien, rezio: y segun esto, quiere decir: no estas en el vigor, y fuerza que debes estar. Siguese—El Author.

*Variantes RAH/Ed. Sancha*
44. para ser entendidas 45. [La palabra *Domini* tachada y reemplazada en la margen con *Domui*] 46. no te canses 47. no le vistes 48. que jamas te acuerdas de ella? 49. lo pasais, 50. por qué traes 51. vestiduras 52. [*te* escrita entre líneas] 53. *mando, y no* 54. debe. *Rejo*, quiere decir

## III. *Respuestas*

[*R-M*] Repuesta del Reuulgo /

sobre dicho por los mis / mos consonantes Res / pondido ffecha por vn / monaçillo del q*ue* fizo [La palabra *fiel* escrita primero, entonces las letras *-el* tachadas y *-zo* añadidas.] / el dicho Reuulgo y buco / lica Pastoral.

[*R-M*] ¶Repuesta del Reuulgo.

j ¶ La çinta con que me çingo
non pienses que tiene frao
njn que corre com*m*o brao*
lo que desta cosa atingo
que si tienes aparejo
del saber antiguo viejo
fallaras que esta manada
es tan brozna /& Reuellada
que sigue por su consejo.

[*BNM*] ¶respuesta

¶ sy yo rrepublica çingo
peor sayo q*ue* gujngao
nj nauego en firme nao
nj de muy leal rretingo
por mal goujerno de viejo
he mudado mj pellejo.
por lo q*ua*l esta otoñada
de dole*n*çia muy pesada
peresco sy*n* buen consejo

*[La *r* de la palabra *brao* está traspasada por una línea como si el escriba hubiera querido corregirla a *blao*.]

*Variantes de las Respuestas BNM/Gall*
3. Si n. e. 4. real 9. Peresçió

## IV. *Glosa a la Respuesta R-M* [falta]

I. [*R-M* Copla] [ij]

¶ traes la color marrida
y el esconpanço Renchibado
andas de valle en collado
como Res q*ue* va perdida
J en otras si te vas
adelante o atras
çanqueando con los pies
dando saltos al traues
que no*n* sabes do te estas

*Variantes de la Copla*

*BMus*: 1. [falta] l. c. tienes m. 2. [falta] e. cospanço Rechiuado 5. y no oteas s. 6. o cara tras 8. d. trancos
*SA*: 1. [falta] l. c. tienes m. 2. cospanço Rechinado 4. c. R. canda p. 5. y no teas s. 6. o cara tras 8. D. trancos
*SB*: 1. [falta] l. c. tienes m. 2. [falta] e. cospanço Regibado 5. y no oteas s. 6. o cara trass 8. d. tra*n*cos
*Inc*: 1. [falta] L. c. tienes m. 2. [falta] e. cospanço rregibado 5. y no oteas s. 6. o cara tras 8. d. trancos
*BNM*: 1. [falta] l. c. tienes m. 2. cospanço rrechinado 5. y no mjras s. 6. o cara trass 8. d. trancos
*Gall*: 1. [falta] L. c. tienes m. 2. cospanço rechinado 4. q. anda 5. Y no miras 6. o cara tras 8. D. trancos
*Gl. Gall*: 1. [falta] L. c. tienes m. 2. [Falta. En el texto:]el corpanço ... rechinado 5. [falta] 6. [Falta. En el texto:] nin sy adelante nin sy atras 8. d. trancos
*Evora*: 1. [falta] L. c. tienes m. 2. [falta] e. cospanco regibado 5. y no oteas s. 6. o cara tras 7. quan que ando c. 8. d. trancos 9. s. donde [falta] e.
*RAH*: 1. [falta] L. c. tienes madida 2. [falta] E. cosponco regibado 5. Y no oteas s. 6. o cazatras 8. D. trancos
*Ed. Sancha*: 1. [falta] L. c. tienes marcida 2. [falta] e. corpanzon regibado 5. Y no oteas s. 6. ó caratras 8. d. trancos

II. *Glosas a la Copla*

*SA*: [falta]

*SB*: /. la color tienes marrida ec^r^

¶ continua*n*do su pregu*n*ta el pr^o^feta arribato dize a la Repu*blica* q*ue* tiene la color e el cue$^{r}$po ma$^{r}$chito e encorbado / como Res q*ue* ba p*er*dida / todo onbre en*e*sta vida debe tene$^{r}$ algu*na* orde*n* de bebj$^{r}$ / e en aq*ue*lla q*ue* tomare debe esta$^{r}$ a obedie*n*çia de su mayo$^{r}$ /. ora sea en la casa / ora en el monasterio *una letra tachada entre la t* y la *e* /o çibdad /o en el Reyno / y sy fuera de obedie*n*çia andobiere /. bie*n* se puede co*n*para$^{r}$ a la Res. q*ue* q*ui*ere dezi$^{r}$ cosa q*ue* anda p*er*dida de valle en collado /. fuera d*e*la manada syn Regla nj orden nj*n*gu*n*$^{a}$ / ça*n*q*ue*ando co*n* los pies. el p*r*$^{o}$feta eljas yncrepa*n*[do][1] al pueblo de ysrrael por q*ue* estaba dibiso / [?] vna [*Inc*: diuiso vna] p*ar*te se$^{r}$bie*n*do ad[ios] otra a los ydolos / [les] dezia fasta q*ua*ndo coxq*ue*[as] en dos p*ar*tes / se$^{r}$bid al q*ue* debes se$^{r}$bi$^{r}$ ec*r* / y el avtor d*e*stas coplas tomada esta avtor*i*dad de eljas dezia al pueblo dibiso por q*ue* coxq*ue*ays esta*n*do dibisos e t[e]nje*n*do div*er*sas / opinjon*e*s no tenes orden / y careçie*n*do d*e*lla no sabeys / d[o] estays e çie$^{r}$ta me*n*te no syn cavsa la sacra es*cri*ptu*r*a nos defienda [*Inc*: defiende] estrecha me*n*te / en muchos logar*e*s /. la dibisio*n* d*e* los Reynos / e nos ma*n*da por san pedro en su canonjca / q*ue* obedezcamos a los Reys e p*rin*çip*e*s avn q*ue* sea*n* jndotos e njglige*n*t*e*s / ant*e*s q*ue* faze$^{r}$ dibisio*n* en los Reynos /. por q*ue* no puede*n* se$^{r}$ los males q*ue* biene*n* del mal Rey tanto g*ra*nd*e*s / q*ue* no sea*n* mayor*e*s e mas g*ra*bes los q*ue* p*r*$^{o}$çede*n* d*e* la dibisio*n* / lo q*ue* p*a*reçe po$^{r}$ esp*e*rie*n*çia / po$^{r}$ q*ue* sy d*e*la njglige*n*çi[a] del p*rin*çipe coxq*ue*a el Reyno con el vn pie / d*e*la dibisio*n* q*ue* se faze coxq*ue*a co*n* lo[s] doss /. sufrie*n*do Robos mue$^{r}$t*e*s e fue$^{r}$ças / yntolerables en todas las p*ar*t*e*s del Reyno todo el t*ie*npo q*ue* dura /. E podemos cree$^{r}$ po$^{r}$ çie$^{r}$to q*ue* los q*ue* cria*n* dibisio*n* en las t*ie*rras sy lo faze*n* po$^{r}$ se$^{r}$ libr*e*s de los ynfo$^{r}$tunjos q*ue* padeçen /o d*e*los q*ue* Reçelan /. padeçe$^{r}$ / syn duda lo yerra*n* po$^{r}$ q*ue* la dibisio*n* q*ue* p*r*$^{o}$cura*n* los trae a ot*r*$^{o}$s males / tant[o] mayor*e*s e mas g*ra*bes / q*ue* sy d*e*llos pudiese*n* salj$^{r}$ e se$^{r}$ tornados a los q*ue* ant*e*s d*e*la dibisio*n* sufria*n* lo Reputaria*n* a gra*n*d p*r*$^{o}$sp*e*ridad /. E asi acaeçe muchas bezes q*ue* algu*n*$^{o}$s onbr*e*s ant*e*s d*e*la esp*e*rie*n*çia d*e*los males futuros / no conoçe*n* los b*ie*n*e*s p$^{r}$esent*e*s / p*er*o metidos en neçesidad*e*s ynco*n*po$^{r}$tables /. estonçes lo entie*n*de mejor e q*ue*rria*n* faze$^{r}$ lo q*ue* co*n* menos daño pudiera*n* av*er* f*e*cho /. por q*ue* bano juyzio es po$^{r}$ çie$^{r}$to / el q*ue* pie*n*sa esta$^{r}$ la p$^{a}$*r*te bie*n* /. estando el todo mal /. asy q*ue* la co*n*clusio*n* d*e*sta copla es q*ue* la Repu*blica* por d*i*ch*o* del p*r*$^{o}$feta / estaba flaca / y cayda / y no tenja orde*n* / y asi mismo estaba dibisa en dos p$^{a}$*r*t*e*s &

[1] Letras guillotinadas están suplidas entre corchetes según la lectura de *Inc*.

*BNM*: ¶ la color tienes marrida &ç$^{r}$. / ya arriba se[2] declara esta color /o dolençia de la rrepublica no p*ro*çeder saluo d*e*l coraçon q*ue* es rrey del cuerpo d*e*l q*ua*l p*r*$^{o}$çede a los otros mjenbros el calor natural /&[3] q*u*$^{a}$ndo el coraço*n* padeçe todos padeçen /. asi q*ue* por fue$^{r}$ça es de tene$^{r}$ el cospanço[4] co*n*ujene saber[5] todo[6] el cuerpo rechiuado[7] es a saber mal cogido entecado /o doliente. andas de valle en collado q*ui*ere dezjr q*ue* en la discrime*n* del t*ien*po mal fortunado g*ue*rra dissensiones mal Regimjento / se causan mouymjentos g*ener*ales e pa$^{r}$ticulare*s* de loga$^{r}$ en loga$^{r}$ / de pueblo en pueblo por esso[8] dize de valle en collado com*mo* rres q*ue* va p*er*dida / la rres luego va p*er*dida car*e*sçiendo /. de buen pastor fallandose sola syn gujador e asy com*mo* aq*ue*lla co*n* ystincto[9] nat*ur*al caresçiendo d*e* la rraso*n* sy no la guja*n* no*n* puede s*er* gujada nj*n* puede alcança$^{r}$ /a saber do va[10] njn do ha de yr nj*n* sy ad*e*lante njn sy atrass. tales /o se*n*blant*e*s so*n* los rraçional*e*s caresçiendo del goujerno[11] muy p*ri*nçipal que es la justiçia[12] de q*ue* se causa la paz e sosiego / q*ue* apenas[13] po$^{r}$ me*n*gua destas sabe do va nj*n* do yra sy atras sy adelante. çanq*ue*ando co*n* los pies nota q*ue* la rrepublica anda sob*r*e dos pies con el vno p$^{r}$*e*supone. regraçia$^{r}$ los benefiçios reçibidos de dios[14] /& los om*ne*s vnos a otros se$^{r}$ gratos[15] e con *e*l otro tener[16] las cosas ygual me*n*te en justiçia la q*u*$^{a}$l es establecimj*ent*$^{o}$ de la t*ie*rra[17] / segund dize salamo*n*[18] /. Ca justiçia es costante e p*er*fecta voluntad verdadera ygualdad[19] su d*e*recho da$^{r}$ a cada vno /& dize dando trancos al traues. es a saber com*mo* aq*ue*l q*ue* *e*s[20] bebdo de vjno fuera de sy /o enferrmo de graue[21] enferrmedad çanq*ue*a en loga$^{r}$ de anda$^{r}$ q*ue* sy vna d*e*stas dos falleçe coxquea[22] la rrepublica et sy careçe de amastullese y anda a gatas[23] [Una letra tachada aquí] verbigr*aç*ia en n*uest*ro t*ien*po e en n*uest*ra t*ie*rra / ¶ q*ue* no sabes do te estas ya de suso va declarado q*ue* de la rraçional criat*ur*a se torrna en[24] bestial / aq*uí*[25] por la gran*d* discrime*n* del[26] t*ien*po no*n* sabe do se esta /& esto es lo q*ue* dise*n* mu*n*chos q*ue* no ay juysio q*ue* baste.[27] esto se entie*n*de[28] en dos man*era*$^{s}$ la vna vaçilando con el entendimj*ent*$^{o}$ e trabaj*a*ndo con *e*l espiritu[29] e la otra po$^{r}$ lo q*ue* arriba declara de los moujmjentos q*ue* se sacan de potençia[30] en acto :-

*Variantes BNM/Gall*

2. arriba declara 3. natural: quando 4. corpanço 5. conviene á saber 6. el cuerpo todo 7. rechinado y doliente, dezir mal cogido y doliente. 8. esto 9. con solo ystinto 10. va ó do yrá 11. govierno principal 12. justiçia paz et sosiego 13. apenas en su pensamiento sabe do va ó do yrá 14. Dios, los humanos unos 15. grandes 16. retener 17. gracia, 18. segund el dicho de Salamon 19. ygualdad, á cada uno dar su derecho y aquello que es suyo. [¶] Et diçe 20. que beudo con vino 21. grand 22. coxquea et asy carece de [Espacio en blanco en el original, según nota núm. 1 de los redactores de *Gall.*] et anda á gatas 23. gatas y del todo pierde su andar: verbigracia, en nuestro tiempo. 24. como bestial 25. asy que por 26. de 27. baste, y esto 28. entiende vaçilando 29. espiritu: y en otra manera arriba declara 30. penitencia

*RAH*: Glosa. 1. Continuando su pregunta el Pastor *Gil Aribato*, como acercandose mas â *Mingo Rebulgo*, le pregunta, y dize:

*Que tiene la color marcida.*[31] Conviene â saber: que tiene el color marchito, y enfermo: que *marcidus*, de do se toma marcido, quiere decir, enfermo, y marchito. Y el *Cospanco*,[32] que es el cuerpo *regibado*, conviene â saber, encorvado, ô corcovado, q*ue* es inclinado al suelo. Y pone estas señales por señales de tristeza; porque estos efectos, y otros maiores puede [*sic*] obrar, y obra el pensamento, y tristeza en el cuerpo humano, hasta le traher â la muerte, como por experiencia vemos, y parece por el Sabio en el Cap. 17. de sus Probervios. Y por el Cap. 30. del Ecclesiast. Dize pues *Gil Aribato â Mingo Revulgo*, que tiene el color marchito, y enfermo, y el cuerpo encorbado, ê inclinado, como quien dize: No solamente parece que muestras tu enfermedad, y tristeza en no te vestir, y ataviar como sueles, mas aun en el color de tu gesto, y cargamiento del cuerpo, queriendo dezir: por tus obras, y señales das â entender, y conocer quam[33] dañado tienes lo interior de tu voluntad: y que tus obras, y effectos tienen malos afectos, o proceden de malos afectos, y de estar lleno en lo interior de tu corazon de pecados, y malos pensamientos. Acerca de lo qual, es de notar, y saber que solo Dios sabe, y entiende los pensamientos, y lo intimo del corazon del hombre. Anssi lo dize el Real Propheta David en el Psal. 32. y en el Psal. 43. y S$^{n}$. Pablo a los Hebreos en el cap. 4. Mas el hombre, segun dize S$^{n}$. Greg. en el lib. 15. en el Cap. 26. de sus Mor. entonces conoze[34] el corazon, y pensamientos del hombre, q*uan*do por palabras, ô obras se manifiestan, y dan â entender: Como está escrito por S$^{n}$. Math. en el Cap. 7. do dize: que por sus obras se conocen los hombres; y en Cap. 12. Y por S$^{n}$. Lucas en el 6. Cap. do dize: que la boca habla de la abundancia del corazon. Mas de otra manera, aunque el hombre quiera juzgar por indicios, y señales, es falible el tal juizio. Evidencia tenemos de esto en el Cap. 16. del 1 lib. de los Reies, donde aviendo Dios mandado â Samuel que fuesse â ungir por Rei de Ysrrael uno de los hijos de Ysaí, como Samuel viese â Eliab de buena estatura y gesto, preguntó â Dios si era aquel a quien avia de elegir por Rey? Al qual Dios respondio: no mires su vulto, ni la altura de su estatura; porque yo le he desechado: yo no juzgo segun la vista del hombre, q*ue* el hombre vee aquellas cosas que parecen, mas el Señor mira el Corazon. Y no es esto de maravillar? Que aun nosotros mismos no entendemos nuestras obras, y pensamientos, tambien ansi como Dios las conoce, y entiende. Como parece por el Ps. 18. y por el Cap. 9. del Ecclesiastes, y por S$^{n}$. Pablo 4. ad Corint. y S$^{n}$. Greg. en cap. 23. lib. 11 de sus Mor. y en lib. 7. cap. 7. Ansi, en esta bucolica como este *Gil Aribato* en lo exterior de sus palabras parece que solamente pone señales, ê indicios de la enfermedad, y tristeza de este *Mingo Revulgo*; le ba preguntando. Mas en quanto estas señales, ê indicios se toman, y entienden por las mismas obras, como de cosas manifiestas, segun visto avemos, le ba reprehendiendo. Prosigue, y dize:

2. *Andas de valle en collado. Valle*, segun verdad, y comun uso de hablar, es la parte inferior, y baxa de los montes, y collados. Y segun Bartulo en el

Trat. Tiberiadis en el 1. lib. en la 3. coluna. Y S$^{n}$. Vicente en la Dom$^{a}$. 4. *adventus Domini*, en el Serm. 3. *Collado*, se toma por el Monte, que es la parte superior del Valle, aunque es verdad que entre monte, y collado ai esta diferencia (segun los Doctores arriba alegados) que el Monte es maior que el Collado, y el collado es una altura semejante al Monte aunque es menor, agora esta altura sea asida, y junta con el mismo monte, agora sea separada. *Valle*, en Sagrada Escritura se toma en muchos significados, como parece en el Ps. 64. y alli Hugo, y S$^{n}$. Vicente en el lugar ya alegado, declarando las palabras de S$^{n}$. Lucas en el 3. Cap. do dize: *Omnis vallis*. Anssi mismo *Collado*, y Monte se toman en muchos significados segun Hugo en el Ps. 64. ya alegado. Y S$^{n}$. Vicent. en el Serm. 3. ya dicho, y del Monte, S$^{n}$. Greg. en sus Mor. en el lib. 30. en el cap. 34. y en el lib. 33. en en [*sic*] cap. 1. y 2. en el Ps. 3. y en[35] 10. y alli Titilmanno en las anotaciones. Mas aqui, *Valle Collado* y Monte tomanse por diversos vicios, y pecados: y anssi dize: *andas de valle en collado*. Conviene â saber: andas de vicio en vicio, y de pecado en pecado, fuera de la obediencia, y de tu Rei sin ningun reposo ni sosiego. *Como res que ba perdida*; porque anssi como la obexa, que esta fuera del rebaño, y de la guarda, y guia del Pastor anda errada, y perdida ansi en lo alto como en lo bajo no halla seguridad ni reposo, anssi el hombre que anda fuera de la obediencia, y governacion de su Superior ba perdido, y errado. Donde el Propheta Ysaias en el cap. 53. del lib. de su Prophecía comparando â los hombres errados â las obejas, que ban, y andan fuera de la manada, dize: Todos nosotros como Ovejas erramos, cada uno se apartó de su camino. Prosigue, y dize:

3. *No oteas si te bas. Oteas*[36] es mirar con cuidado desde lo alto atalaiando. Que en latin segun Antonio Nebrixa, se dize *speculor*, y otero *specula*, que es atalaia, o mirador, de donde los hombres recatados, y proueidos que no solamente miran el estado presente, mas aun los peligros, ê inconvenientes, que de lejos pueden venir, y los proveen con tiempo, se dize[37] velarse, ô atalaiarse: y anssi aqui. *No oteas si te bas*. Quiere decir: no miras con cuidado,[38] y providencia que debes el peligro enque[39] estas, ni los grandes males, que pueden venir, y se esperan del camino que llebas. Que segun[40] dize el Buen Aventurado S$^{n}$. Greg. en en [*sic*] lib. 14. en el Cap. 27. de sus Mor: Condicion de los malos es ser ciegos para ver el bien, y movidos por interes o premio ser veladores para obrar mal.

4. *Zanqueando con los pies*. Propria pasion de los flacos,[41] y enfermos, es, *zanquear con los pies*, y no tener en ellos firmeza. Y anssi aqui, como la Republica estaba enferma, y dañada por estar divisa en dos partes, tiniendo [*sic*] diversas opiniones: unos por la parte de su Rei, y otros contra el, debiendo ser todos un cuerpo, en seguir, y obedecer â su Rei, que es su cabeza: o porque por ventura avezes se mostraban algunos por su Rei, y aveces contra el, dize: que cojeaba, y no tenia firmeza, y constancia, que en

seguir, y obedecer â su Rei y Señor tener debian. Acerca de lo qual, es de saber, y notar que aí dos maneras de claudicar, ô cojear. La una manera es con un pie, y esta es buena manera de cojear, como del Patriarcha Jacob dize S$^{n}$. Gregorio en el Cap. 40. en el lib. 4. de sus Mor. que teniendo su amor en solo Dios, y en este amor, que es el un pie se fortificando, y estribando, cojeaba, y era debil, y flaco el otro pie, que son los deseos del Mundo. La otra manera de claudicar, o cojear, es con entrambos pies azia[42] una, y azia[43] otra parte, como el Author aqui dize, y esta es mala manera; porque en nada tiene firmeza: que querer agradar a una, y a otra parte siendo en si contrarias, es imposible. Pues el Redemptor del Mundo dize por S$^{n}$. Matheo a los 6. Cap. que ninguno puede servir â dos[44] Señores. Y de esta manera de cojear reprehendiendo el Propheta Elias al Pueblo de Ysrrael; porque estaba diviso, sirviendo una parte a Dios, y otra â los Ydolos. en el Cap. 18, les dize: Asta quando cojeais en dos partes. Servid al que debeis servir. Demanera que dize mui bien: que *zanqueaba con los pies*, estando divisos, como esta dicho, y en nada tiniendo [*sic*] verdadera firmeza.

5. *Dando trancos al trabes*. Conviene â saber: andando fuera de todo tiento, como al rededor, segun aquello que de los males dize David en el Ps. 11. Y anssi dize aqui que la Republica andaba al rededor, ô la maior parte de ella: o porque los tiranos debían andar cercando, ô persuadiendo â los que no lo eran, para ganarles las voluntades; ô porque andaban envueltos en vicios, y pecados segun esta dicho. Concluie, y dize:

6. *Que no sabes do te estas*. Quiriendo[45] decir: que no quiere saber, ni entender el peligro en que esta, segun aquello del Real Propheta David en el Ps. 35. que dize: No quiso entender para bien obrar. Anssi, q*ue* reprehende aqui *Gil Aribato* â la Republica, y dize: Que estaba flaca y caida, y divisa en dos partes. Siguese- El Author.

*Variantes RAH/Ed. Sancha*

31. [Aunque en la copla se lee la palabra *madida* con la primera *d* un poco borrada, el glosista hace su comentario sobre la palabra *marcida*.] 32. *corpanzon* 33. quan 34. [Palabra añadida en la margen después de haber tachado las letras *ces*] 35. en el 36. *Otear* 37. tiempo, dicen 38. con el cuidado 39. [La *e* inicial de la palabra *enque* sobrescrita encima de dos letras tachadas] 40. segun el Bienaventurado 41. de flacos 42. hácia 43. [*Idem*] 44. [La palabra *amas* tachada entre *dos* y *señores* en *RAH*] 45. Queriendo [La variante se lee por toda la glosa.]

## III. *Respuestas*

[*R-M*] Repuesta del Reuulgo.

ij. ¶Asmo que el demuño enRida
lo que tienes maginado
pues esto tan sopeado
que Renjego de la vjda
halahe sy piensas mas
solamente fasta cras
esta cosa como es
Jura a mj que non me des
la culpa que tu me das

[*BNM*] rrepuesta.

¶ dolençia no conoçida.
matraydo en tal estado
de q*ue* man desfuiziado
fisicos de aquesta vida
de los dos pres ya doy mas
coxqueo y peor craz
por no mjrar segu*n* ves.
qual es haz nj q*ua*l enues
la mj fin presto veras

*Variantes de las Respuestas BNM/Gall*

2. Me ha t. 3. q. me han desafuziado 5. D. l. d. pues 6. Con quexo y

## IV. *Glosa a la Respuesta R-M* [falta]

I. [*R-M* Copla] [iij]

¶ Alae gil aRebato
se q*ue* en huerte ora alla chamos
q*ua*ndo a candaulo cobramos
por pastor de n*uest*ro hato
andase tras los zagales
por esos alla andurriales
todo el dia enbebeçido
holgazando sin sentido
q*ue* non cura de n*uest*ros males.

*Variantes de la Copla*

*BMus*: 1. arribato 2. echamos 6. p. estos [falta] a. 7. [El copista escribió por error el verso 8 y luego lo tachó en tinta roja.] 9. n. mjra en n.

*SA*: Responde la Republica 1. aribado 2. echamos 3. a vcandalo [*sic*] 6. p. estos [falta] a. 9. n. mjra [falta] n.

*SB*: 1. arrybato 2. echamos 6. p. estos [falta] a. 9. n. mjra [falta] n.

*Inc*: 1. arriuato 2. echamos 6. p. estos [falta] a. 9. n. mira [falta] n.

*BNM*: 1. aribato 2. oralla ch. 6. p. e. [falta] a. 9. n. mjra [falta] n.

*Gall*: 1. Arribato 2. echamos 6. P. estos [falta] a. 9. n. mira [falta] n.

*Gl. Gall*: 1. Arribato 2. [falta] Q. / echamos 6. [falta] 9. [En el texto:] mira nuestros males ... perteneciéndole curar della

*Evora*: 1. ariuato 2. echamos 3. acaudalo 4. poem p. d. 6. p. estos [falta] a. 9 n. mira [falta] n.

*RAH*: 1. Aribato 2. echamos 3. Candalo 6. P. estos [falta] a. 9. n. mira [falta] n.

*Ed. Sancha*: 1. Aribato 2. echamos 6. P. estos [falta] a. 9. n. mira [falta] n.

II. *Glosas a la Copla*

*SA* [...]nciońes / [...]stor [?]

*SB*: /alahe gil arrebato

¶ arriolor y batiçinor son dos v*er*bos latinos q*ue* q*ui*ere dezi$^{r}$ adebina$^{r}$ e p*r*$^{o}$fetiza$^{r}$ e del arriolor fue tomado el arri / e del batiçino$^{r}$ el bato / e fue co*n*puesto este no*n*bre arribato ./. E a este [*Inc*: A este] arribato Resp*o*nde agora el Rebulgo dizie*n*do / q*ue* obo gra*n*d ynfortunjo en cobra$^{r}$ por pastor a ca*n*dalo /. Justino abrebiador de trogo ponpeo /. dize q*ue* candalo fue vn rrey de libia / dado a tales biçios e deleyt*e*s yliçitos q*ue* en su bida p*er*dio su

Reyno /. anda tras los zagales / q*ue*xase aq*ui* el pueblo q*ue* su Rey and[a] [palabra guillotinada] [*Inc*: anda] tras los moços e çierta me*n*te sy todos debe*n* tomar el consejo de los biejos por la esp*er*iençia q*ue* tiene*n* en las cosas /. mucho mas lo deben fazer los Reys por la gra*n*d carga de gov*er*naçio*n* q*ue* tiene*n* /. de Roboan fijo del Rey salomo*n* se lee / q*ue* de doze p*art*es p*er*dio las dies de su Reyno por segujr el co*n*sejo d*e*los moços / y dexar el d*e* los biejos / holgaza*n*do acusa aq*ui* el pueblo al Rey por q*ue* fuelga mucho / e syn duda folgar e Reynar [*Inc*: syn dubda rreynar y holgar] / no se compadeçen por q*ue* no se yo como puede folgar el Rey q*ue* tantas cavsas e ta*n* div*er*sas / a de oyr y conoçer co*n* ygual anjmo /. disçerner e escudriñar co*n* b*ue*na discreçio*n* / judgar e determjnar co*n* bue*n* sentido / Castigar e esecutar co*n* dilige*n*çia / e syn punto de crueldad /. la p*rimer*a cosa q*ue*l Rey a de tener en su anjmo / arraygada / es el temor de dios /. [Inc: &] las ot*ra*s condiçion*e*s q*ue* en el an de rr*e*splandeçer / es*cri*ptas esta*n* en ta*nta*s p*a*rt*e*s e ta*n* co*n*plidame*n*te en cada vna q*ue* faser aq*ui* d*e*llos / Rela [*sic*] /. [*Inc*: rrelaçion] seria p*r*olexjdad / p*er*o q*ui*ero dezir q*ue* nj*n*gu*n*o en las t*ie*rras debe ser de rrazo*n* / ta*n* durame*n*te nj co*n* tanto estudio de v*ir*tud*e*s criado / como aq*ue*l q*ue* sobre tantos tiene ynp*er*io / al q*ua*l tanto mayor freno se debe poner a los biçios / e deleyt*e*s / q*ua*nto mayor logar tiene d*e*los tomar /. por q*ue* çierta cosa es q*ue* de muchos avtos de deletaçio*n* carnal se enge*n*dra tal / abito q*ue* tarde /o nu*n*ca se dexa / E por tanto los p*rin*çip*e*s debe*n* ser criados de tal man*er*a q*ue* las te*n*taçion*e*s q*ue* suelen conbatir la flaca moçendad / no Reyne*n* en aq*ue*l q*ue* a de Reynar /. asi q*ue*sta R*e*spu*est*a q*ue* la Repu*blica* faze al p*r*ofeta / q*ui*ere dezir q*ue* obo gra*n*d jnfortunjo en cobrar el pastor q*ue* cobro / por q*ue* andando enbuelto co*n* moços no curaba d*e*la Regir &

*BNM*: ¶Alahe gil arribato &çr. aqui rresponde enesta copla. / mjngo rreuulgo q*ue* es la rrepublica por sy / al ya dicho[1] gil arribato q*ue* ess. el adeuyno q*ue*riendo co*n* eujdent*e*s[2] rrasones mostrar las causas por q*ue* anda tal e tan desfigurado /& doliente com*m*o por el le era dicho[3] /& le era pr*e*guntado y da su rraso*n* ca sy[4] q*ue* por falta de buena gouernaçio*n* e de bue*n* pastor fuesse[5] venjdo el hato en tal detrime*n*to /& dize asi se q*ue* *e*n fuerte oralla chamos / q*ua*ndo a ca*n*daulo cobramos por pastor de n*uest*ro hato /. nota q*ue* candaulo es aq*ui*[6] vocablo equjuoco q*ue* tiene /o puede auer dos sesos[7] / el vno literal e el otro moral. literal en q*ua*nto dise candaulo[8] a la letra muestra desir por vn Rey [espacio en blanco][9] /o de la p*ar*te de ass [espacio en blanco][10] muy poderoso q*ue* era om*ne*[11] viçioso y lleno de pecados sometido // a voluntad*e*s e disese q*ue* era tal q*ue* *e*ste fiso mas feas e ynorrm*e*s e det*e*stabl*e*s cosas q*ue* otro las q*ua*les aq*ui* no cabe[12] rreferir / por tanto dize q*ue*l pastor de su hato era[13] candaulo / del q*ua*l segund discriue virgilio en vna[14] bocolica suya es asas largamente /

me*n*çionado e discripto[15] se^r om*n*e muy fatuo e ynsensato y de malas costu*n*bre*s*[16] e en ot*ra* man*er*a discriue oujdio metamorfoseos de otro candaulo d*e*l q*ua*l trae çierta figura /o ficçio*n* poetica lo q*ua*l todo rremyto a los ya d*ic*hos actore*s* / el otro / seso moral disie*n*do candaulo se puede jnterpreta^r[17] /o da^r synyficado canpalatino por q*ue* can tiene su vocablo e aula[18] se toma por palaçio asy q*ue* q*ui*ere desjr can de palaçio trayendolo[19] deste sesso a otro a n*uest*ro comu*n* vulga^r fabla q*ui*ere desjr tirano avn q*ue* la copla fabla / a la letra[20] traye*n*dolo por modo de co*n*paraçio*n*/o p*r*^oporçio*n* /o symyle al caso deste candaulo / q*ue* no[21] exq*u*sado es a los entendidos por q*ui*en[22] paresçe desjr en q*ua*nto dise po^r pasto^r de n*uest*ro hato. Al*ius*[23] rregidor de n*uest*ra ge*n*te[24] cabdillo /o cabeçera de n*uest*ro pueblo . / andase tras los sagal*e*s[25] es a saber los priuados moços /& om*n*es de q*ui*en mas se paga[26] por esos andurriales co*n*uyene saber por los logare*s* / ocultos e q*ui*etos e apa^rtados s*e*gund su voluntad e jncljnaçio*n* todo el dia enbeueçido folgasa*n*do sy*n* sentido ./. con poco cuydado nj*n* menos ansia /. q*ue* no mjra en[27] n*uest*ros males[28] / co*n*ujene saber los daños d*e* la Republica p*er*tenesçie*n*dole cura^r d*e*lla e seye*n*do el ca^rgo suyo po^r t*od*a[29] ley diujna e humana / :-

*Variantes BNM/Gall*

1. y á dicho 2. con adeuynares 3. por él es dicho 4. qu'asy 5. pastor se ha venydo su hato en tal detrimento. [¶]"Que en 6. es vocablo 7. sesos, uno 8. Candaulo, muestra 9. aseriano 10. Aseria, 11. era viçioso 12. caben 13. fuese 14. la 15. escripto 16. costumbres. Ouidio 17. interpretar canpalatino 18. *aula-aulae* 19. trayéndolo á nuestro comun vulgar quiere dezir tirano: pero la copla 20. lega 21. non es quasyto (sic) [paréntesis de los redactores de *Gall*] 22. porque parece dezir esto en 23. hato" regidor 24. gente, alias cabdillo 25. zagales." - Tras los priuados y omes 26. pagaua, por los lugares 27. mira nuestros [*Cfr. BMus* Copla 111, v. 9: que non mjra *en* nuestros males] 28. males, los daños 29. [sin ningún signo de abreviatura]

*RAH*: Glosa. 1. Aviendo ya oydo *Mingo Revulgo â Gil Aribato*, respondele, y dize: que todo el mal que al Pueblo a venido, es, y â sido de cobrar â Candalo[30] por *Pastor del hato*. Conviene â saber, de cobrar el Pueblo Rei negligente, y vicioso. Y quiriendole llamar Rei del Reino, llamale *Pastor de nuestro hato*, segun tambien la Sagrada Escritura llama â los Reies, y Príncipes Pastores, y al Pueblo rebaño de ganado, ô hato. Comparando al Rei en su oficio â el Pastor, y al Pueblo al rebaño ô hato, como se lee en el lib. de Jeremias Propheta en el Cap. 2. y 10. de su Prophecia,[31] Anssi mismo llama aqui *Mingo Revulgo* al Rei Candalo, para llamarle vicioso, comparandole â Candalo Rei de Libia, [*sic*] del qual dize Justino abreviador de Trego [?][32] Pompeio en el lib. 1. en la Oja 7. que por Vicioso, y negligente perdio la Vida, y el Reino. Quiriendose aqui escusar

*Mingo Revulgo* de culpa de lo que por *Gil Aribato* le es preguntado, y reprehendido, dize, que todos los infortunios, y trabajos, que el Rei, y el Reino padecen, los â causado ser el Rei negligente, y vicioso, diziendo: Que ciertamente fue fuerte la sazon, y tiempo en que el Reino colocó por Rei a un hombre semejante en vida y costumbres â Candalo Rei de Libia. Y es cierto anssi, que todo el bien ô el mal del Pueblo depende, y procede de la vida, y costumbres del Rey, y de aquellos que tienen su lugar, y mando, y que no ai pestilencia, ni ponzoña que tanto inficione, y corrompa como el mal exemplo de aquellos que son Señores y gouiernan; porque la vida de aquellos es tomada por exemplo de sus subditos. Y anssi dize Egidio en el lib. 1. del Regimiento de los Principes en el Cap. 11:[33] Que qual es el Principe, tal es el Pueblo. Y S$^{n}$. Agustín en el Serm. 43. dize que es necessario que qual es el Rei, tal sea la Grei. Y en el Cap. 10. del Eccles. dize: que el Juez sabio juzgará su Pueblo, y que el Principado del que tiene seso, sera firme: y que segun el Juez del Pueblo, ansi seran sus Ministros: y qual es el Juez de la Cibdad, tales los Moradores en[34] ella. Pues quanto mal, y daño acarree la mala gouernacion, dizelo Dios por el Propheta Jeremias a los 50. Cap. de su Prophecia, donde quexandose de los de[35] servicios del Pueblo, y principalmente de los maiores, y Principales de el, como eran los Sacerdotes, y Doctores de la Ley, que aviendo de enderezar el Pueblo, y guiarle al servicio de Dios; le hizieron ydolatrar, y andar de vicio en vicio, llamandolos Pastores y al Pueblo Rebaño, dize: *Grex perditus factus est populus meus, Pastores eorum seducerunt*[36] *eos, feceruntque vagari in montibus, de monte in montem*[37] *transierunt*.[38] Que quiere dezir: Rebaño perdido es hecho mi Pueblo, sus Pastores los engañaron, y los hizieron andar vagando[39] en los montes, pasaron de monte en *collado*, tomando monte, y *collado* por diversos vicios y pecados. Prosigue, y dize:

2. *Andase tras los Zagales*. Particularizando mas aqui *Mingo Revulgo* sus quejas, dize, que el Rei trahia en su compañia Mancebos, y se *anda*[40] *tras ellos*, siguiendo sus voluntades.

3. *Por estos andurriales*. Conviene â saber, por lugares no convenientes â la Real Authoridad. Y dize: que por estos tales lugares andaba el Rei todo el dia enbeuecido. Y dize, *todo el dia*, no por solo un poco espacio de tiempo, ni por solo un dia, mas por todo el tiempo en que como Rei y Señor se debia ocupar en la gouernacion de su Reino, conservando sus subditos en justicia, librando los que son oprimidos de mano de aquellos, que los calumnian, en socorrer â los Peregrinos, y huerfanos, y[41] viudas para que no sean oprimidas de los poderosos. Lo qual, todo es oficio proprio del Rei, segun S$^{n}$. Geronimo sobre Jeremias, y el cap. Reg. en la causa 23. en la questi. 5. Mas aqui dize, que no se ocupa su Rei en estas cosas, mas en andarse tras sus deleites, y pasatiempos, siguiendo la voluntad de la gente moza, que trahe en su compañía: Y que *enbeuecido* en estas cosas, gasta todo el

tiempo: Que *dia* se toma avezes por un año, por la Glosa. en el cap. Tenere. en la Distin. 31. Y el Cap. hoc ipsum, en la Causa 33. en la Quest. 2. Y por todo el dia se entiende ô la maior parte del dia, ô todo el tiempo pasado hasta aquella ora [del][42] dia. Como en la semejanza de la viña del Señor, dize N*uest*ro Redemptor por S$^{n}$. Math. â los 20. Cap: Que aviendo el Señor de la viña salido por la mañana, y cerca de la ora de tercia, y de sexta, y nona, â embiar obreros â su viña, salio tambien acerca de la ora undezima, y dixo â los que halló; que pudieran[43] aver trabaxado, y podian trabaxar: Que estais aqui todo el dia ociosos? Y anssi, *todo el dia* se toma aqui por todo el tiempo, como se toma tambien en el Ps. 43. y en el Cap. 21. de los Proverbios.

4.*Holgazando sin sentido*. Dize *holgazando*, para dar â entender mas claramente que los tales placeres, no [eran] de l[os][44] permitidos, ni recreacion tomada en tiempo debido; porque Olgazan se dize aquel que pudiendo, y debiendo trabajar, huelga segun[45] comun uso de hablar. Concluie, y dize:

5. *Que no mira nuestros males*. Conviene â saber, que no tiene fin, ni respeto al bien de la Cosa publica del Reino, y â expeler los malos, y males de el. Anssi que se queja aqui *Mingo Revulgo* â *Gil Aribato*, y [dice][46] que el Rei â sido la causa de todos los males, que [al] Rei, y al Reino an venido, y se esperan de venir, [p]or ser el Rei negligente, y vicioso, como[47] el Rei C[a]ndalo: y que en sus vicios, y deleites gastaba todo el tiempo, Como el Rei segun su dignidad, y oficio se deba emplear, y ocupar en gastar el tiempo en cosas que convengan a el servicio de Dios, y bien comun de todo el Reino, defendiendo sus Sub[ditos] en la guerra con armas, y [goue]rnando su Reino en paz y justicia con Leies; pu[es para] sustentar la republica, leyes, y armas s[on menester], segun el Emperador Justiniano en el Pro[emio] de la Ynstituta en el principio:. Quexase anssi mismo q[u]e el Rei trahia en su compañia mancebos de po[co] seso, y prudencia, y consejo, [y] que se andaba tras ell[os] siguiendo sus placeres, y [pare]ceres. Pues es cierto q[ue] tal es (y se debe juzgar cad[a qua]l) quales son aquella[48] â quien se allega, y trahe en [su] compañia: segun el Cap. 22. del segundo lib. [de los] Reies, y el Psal. 17. do está escrito: con el Santo Seras Santo; y con el varon innocente, seras innocente; y con el escogido, serás escogido, y con el perverso, seras pervertido. Y el Cap. 13. de los Probervios, que dize: que el que anda en compañia de Sabios, será Sabio, y que el amigo de los locos será hecho su semejante. Y cierto, es grande mal, y lastima que el Rei a quien tantos, y tan grandes negocios de guerra, y de paz, y gouernacion del Reino ocurren: y tanta necesidad tiene de conse[j]o, y de traher siempre consigo grandes Caualleros ancianos, y hombres letrados de Seso, y experiencia, y buena conciencia, para deliberar, y determinar con maduro acuerdo, y consejo todo aquello, que segun Rei debe hazer; se haia como

hombre mozo, y trahiendo en su compañia mozos, siguiendo sus placeres, y pareceres, olvidado del bien publico, y buena gouernacion del Reino. Puedese bien por el, y de su tierra dezir aquello que dize el Sabio en el Cap. 10 del Ecclesiastes: Ai de ti[49] tierra, cuio Rei es muchacho! De Demetrio Rei de Asiria escriue Josepho historiador en el lib. de sus antiguedades: que perdio la Ciudad de Tolemayda con todo su Reino; por que muchas vezes se retrahia con mozos en una torre, que hizo cerca de Antiochia, donde ninguno le veia, y no tenía quenta con la govern*aci*on de la casa[50] publica. Pues Roboan hijo del Rei Salomon Rei de Ysrrael, quenta la Historia en el cap. 12. del 3. de los Reies, y en el 2. del Paralipom. en el cap. 10. y en el cap. 47. del Eccles. que por seguir el consejo, y parezer de los[51] mozos, que en su compañia trahia, y con el se avian criado en deleites, dejando el consejo de los Viejos, y ancianos, que andubieron, y estubieron en compañia de Salomon su padre, perdio la maior parte de su Reino. Y anssi como de[52] la memoria de las cosas acaecidas, y pasadas, y conocimiento de las presentes, se rastrean y juzgan los casos, y acaecimientos, que estan por venir, y pueden acaecer: el Pueblo haze aqui sentimiento, y se queja de la mala gouernacion de su Rey, doliense[53] de los males presentes, y temiendo los que se esperan, y estan por venir. Siguese El Author.

*Variantes RAH/Ed. Sancha*
30. Candaulo [La variante se lee por toda la glosa.] 31. [Sigue la frase: *imita la glosa alli*, toda tachada.] 32. Trogo 33. II 34. de 35. [La palabra *de* sobrescrita entre líneas.] 36. *seduxerunt* 37. collem 38. *etc.* 39. hicieron vagar 40. andaba 41. huerfanos, viudas 42. [Palabra destruida. La reemplazamos por la lectura de la *Ed. Sancha.*] 43. podian 44. [*Véase* nota núm. 43] 45. [Las palabras *uso d[¿e?]* tachadas después de *segun.*] 46. [Una mancha en el manuscrito obscurece las palabras. Las suplimos según la *Ed. Sancha.*] 47. [El escriba terminó la línea con *co-*, entonces empezó la nueva línea con la palabra completa: *cómo.*] 48. aquellos 49. la 50. cosa 51. de mozos 52. [*de* escrita entre líneas] 53. doliendose.

## III. *Respuestas*

[*R-M*] Repuesta del Reuulgo.

iij. ¶Cada hora y cada Rato
por la prueua lo fallamos
que lo caro que mercamos
lo tenemos por barato
con los malos t*en*porales
de Capotes de sayales
/& de vezes soy vestido
pues el hato ...sçido*
discrepo de sus señales

[*BNM*] rrespu*esta*.

¶ adeujno en ta*n* mal rrato
en balde nos querellamo^s
tenemos lo q*ue* buscamos.
segun*d* la maldad y trato
canes palatinos tales./
q*ue e*n los n*uest*ros tenporales
por volu*n*tad ha*n* segujdo
lo q*ue* auemos mereçido/.
co*n* fatigas desiguales

*[Hueco en el manuscrito]

*Variantes de las Respuestas BNM/Gall*
5.Tañes polatinos t. 9. [falta]

IV. *Glosa a la Respuesta R-M*

*Cada hora*. Mu*n*chas / vezes acaesçe q*ue* co*n* ne/çcesidat se conpra la Rahez por preçio caro. ¶E asi se enti/ende aq*ui* q*ue* por q*ue* falle/ciero*n* los g*ra*ndes del Re/gno de castilla el Rey se ovo de ap*ro*uechar de/ los de baxo ljnaje los / quales fazie*n*do /& vsando de uirtudes /& aq*ue*llo q*ue* / deue fazer noble ga/naro*n* el no*n*br*e* de fidalg*ui*a. ¶E el fidalgo q*ue* caresçe / de obras uirtuosas es llamado villano ¶por q*ue* fidalg*ui*a / non es otra cosa saluo v*ir*tudes envegeçidas en buen*a*s / costunbres segun lo dizen los philosofos morales.

I. [*R-M* Copla] iiij°. ¶ Sabes sabes el modorro
alla donde anda a grillos
burlanle los mançebillos
q*ue* andan con el en *e*l corro
armanle mjll guadramañas
vno le saca las pestañas
otro le pela los cabellos
y el p*er*dido avn tras ellos
metido por las cabañas

*Variantes de la Copla*

*BMus*: [Copla VII] 1. s. [falta] e. 2. anda [falta] g. 3. moçalujllos 6. vnol s. 7. otrol p. 8. asi se pierde [falta] t.
*SA*: [Copla VII] 3. burlan dellos m. 4. en [falta] c. 6. vnol ss. 8. asi se pierde [falta] t.
*SB*: [Copla] v. 6. vnol s. 7. otrol p. 8. asy se pie$^{r}$de [falta] t.
*Inc*: [Copla] 3. moçaluillos 6. vnol 7. Otrol 8. asy se pierde [falta] t.
*BNM*: [Copla VII] 3. moçalujllos 4. en [falta] c. 6. vnol s. 7. otrol p. 8. asi se pie$^{r}$de [falta] t.
*Gall*: [Copla VII] 3. moçaluillos 6. Vnol s. 7. Otrol p. 8. Asy se pierde [falta] t.
*Gl. Gall*: [Copla VII] 3. moçaluillos 4.[falta] 6. Vnol s. 7. Otrol p. 8. Asy se pierde [falta] t.
*Evora*: [Copla V] 3. mocallicillos 6. unos [falta] s. l. pastañas 7. o. [falta] p. 8. asi se pierde [falta] t.
*RAH*: Estancia 5. 3. moçaluillos 6. Unol pela 7. Otrol pela 8. Anssi se pierde [falta] t.
*Ed. Sancha*: Estancia V. 3. mozalvillos 6. unol pela 7. otrol pela 8. ansi se pierde [falta] t.

II. *Glosas a la Copla*

*SA*: [falta]

*SB*: sabes sabes *ec*$^{r}$

En esta copla co*n*tiene [*Inc*: continua] e$^{l}$ sentimj*ent*$^{o}$ q*ue* tiene el pueblo po$^{r}$ la njgligen*ç*ia del Rey y q*ui*ere dezi$^{r}$ q*ue* anda a grillos /. a los q*ue* anda*n* en [Una letra tachada aquí] algu*na* negoçiaçio*n* / de q*ue* nj*n* sesp*er*a frut[o]

[*Inc*: se espera fructo] [Letras guillotinadas suplidas según *Inc*] nj efeto /. solemos dezi$^{r}$ q*ue* anda*n* a grillos / dize asi mismo q*ue* le bu$^{r}$lan los moçalbillos q*ue* anda*n* en el corro / E po$^{r}$ çie$^{r}$to el corro co*n*biene a sabe$^{r}$ [*Inc*: conuiene saber] la co*n*pañj[a] q*ue* el Rey debe tene$^{r}$ çer[ca] de sy /. no debe se$^{r}$ d[e] moços por q*ue* aq*ue*lla ta[?] [*Inc*: tal] q*ui*ta la abtoridad del p*ri*[n]çipe / e q*ua*nto mayor[e]s señor*e*s e onbr*e*s d[e] çiençia / tobiere en su corro / tanto mas Resplandeçe la avtorida[d] del Rey / dize q*ue* le a$^{r}$m[a]*n* mjll guadramañas /. [Y] no se esp*e*ra ot*ra* cosa d*e*la co*n*pañja d*e*los onbr*e*s / no avn maduros en la hedad sy no q*ue* arme*n* tres e q*ua*tro maña[s] p*a*ra pelea$^{r}$ e destruy$^{r}$ los cabellos d*e*la cabeça / q*ue* son las cosas de la corona Real /. modorro se dize po$^{r}$ el onbre ynora*n*te / en las cosas q*ue* ha de trata$^{r}$ / Esjodo dize q*ue* tres man*e*ras ay /. de onbr*e*s /. vna es de aq*ue*llos q*ue* tiene*n* tal ujbeza en el ente*n*der e tal gr*aç*ia q*ue* sabe*n* po$^{r}$ sy m*i*smos las cosas syn mo*n*strador /. e d*e*los semejant*e*s dize san jeronjmo en el p*r*$^{o}$logo d*e*la bribia [*sic*] [*Inc*: bliuia] / q*ue*l engenjo mostrado syn mo*n*strador es loable /. la segu*n*da es d*e*los q*ue* desea*n* sav*er* e lo p*r*$^{o}$cura*n* /. la te$^{r}$çera es d*e*los onbr*e*s q*ue* nj saben nj*n* se aplica*n* a sav*er* / e çie$^{r}$ta me*n*te los Reys e los p*rin*çip*e*s [*Inc*: & prinçypes] / [Una letra mayúscula tachada aquí] sy de su natural ynclinaçio*n* /. no so*n* sabios gra*n*d culpa les debe se$^{r}$ ynputada / sy no ap*r*$^{e}$nde*n* po$^{r}$ q*ue* tiene*n* gra*n*d loga$^{r}$ p*a*ra se$^{r}$ mostrados / e les cu*n*ple se$^{r}$lo segu*n*d el ca$^{r}$go q*ue* tiene*n* // metido po$^{r}$ las cabañas / onbr*e*s ay q*ue* de su natural / ynclinaçio*n* son ap*ar*tados e fuye*n* d*e*las ge*n*t*e*s / p*er*o algu*n*$^{o}$s lo faze*n* a fin d*e*sta$^{r}$ libr*e*s de toda comunjcaçio*n* q*ue* les jmpida la conte*n*plaçio*n* / ot*r*$^{o}$s ay q*ue* se ap*ar*ta*n* po$^{r}$ q*ue* so*n* tan esq*ui*bos q*ue* no puede*n* / oy$^{r}$ los negoçios d*e*las gent*e*s / y po$^{r}$ estas dos man*e*ras de onbr*e*s dize el aristotil q*ue* so*n* dioses / o bestias /. y sy esta postrera co*n*diçio*n* / es defetuosa en todo / onbre mucho mas lo es / en [*Inc*: es qual quier] q*ua*l q*ui*e$^{r}$ q*ue* tiene gov*er*naçio*n* de gent*e*s las q*ua*les natural me*n*te desea*n* v*er* su Rey /. por q*ue* no tiene*n* ot*r*$^{o}$ Recu$^{r}$so en las t*ie*rras p*ar*$^{a}$ Remedio de sus ag*ra*bios / E q*ua*ndo el Rey es esq*ui*bo e fuye de oy$^{r}$los de su señorio /. luego es desamado d*e*llos / do p*r*$^{e}$çeden [*Inc*: proçeden] grand*e*s ynco*n*binjent*e*s en los Reynos /. d*e*sto ay muchos enxe*n*plos / espeçial me*n*te leemos en el libro d*e* las antiguedad*e*s / d*e*l estoriado$^{r}$ Josefo / q*ue* demetrio Rey de asiria p*er*dio la çibdad de tolomayda / e todo su señorio /. po$^{r}$ q*ue* se Retraya muchas bezes co*n* moços en vna torre / q*ue* fizo çe$^{r}$ca de antiocha / donde nj*ngun*$^{o}$ le beya / y menosp*r*$^{e}$çiaba la gov*er*naçio*n* d*e*la Repu*blica* /. semejante memoria leemos del Rey sa$^{r}$danapalo / y del Rey candaulo q*ue* abemos d*i*cho e de ot*r*$^{o}$s muchos Reys q*ue* po$^{r}$ sus es*qui*bezas e estremos ap*ar*tamj*ent*$^{o}$s /. e po$^{r}$ los deleyt*e*s / yliçi[tos] [Letras oscurecidas por una mancha de tinta] q*ue* buscaban /osaron sus suditos p*r*$^{o}$faza$^{r}$ d*e*llos // e q*ua*ndo los pueblos / osan dezi$^{r}$ / osan faze$^{r}$ / asy q*ue*sta copla q*ui*ere dezi$^{r}$ q*ue* los moços q*ue*l Rey trae [otra *e* sobrescrita] en su co*n*pañja / vsan de tales a$^{r}$t*e*s /. q*ue* destruye*n* lo d*e*la corona Real y q*ue*l es ta*n* ynora*n*te d*e*llo / q*ue* se pie$^{r}$de andando tras ellos / estando ap*ar*tado e esq*ui*bo a las gent*e*s &

*BNM*: ¶ sabes sabes el modorro[1] /&ç$^{r}$ / modorro ./. jnaduertido /o dormjdo /o çiego de ente*n*dimj*ent*$^{o}$ alla donde anda a grillos[2] bu$^{r}$lanle los molçalujllos[3] co*n*ujene sabe$^{r}$ çe$^{r}$canos a el /o mocalujllos om*ne*s moços alg*un*$^{o}$s d*e*llos po$^{r}$ seso ca no ay otro moço sy no*n* e*n* *e*l poco seso[4] /y juysio nat*ur*al /onde dise ysayas male dicat*ur* puer centu*m* an*n*or*um* maldito el moço de çient años / pu*e*s viejo no djremos saluo a[5] aq*ue*l q*ue* es sabio[6] e com*mo* q*ui*e$^{r}$ q*ue* a las canas sea de honrra$^{r}$ mas y mas al sabio avn q*ue* sea ma*n*çebo de dias asy mjsmo moçaluyllos dise po$^{r}$ el e po$^{r}$ ellos de los q*ua*les dise salomo*n*. guay de ti t*ie*rra q*ue* tu rrey es njño y los sus co*n*sejeros almue$^{r}$sa*n* de mañana[7] q*ue* anda*n* co*n* *e*l en[8] corro ./. çe$^{r}$canos e cõtinos [sic][9] con *e*l[10] / mas no*n* viejos nj*n* de co*n*sejo e d*e*stos viejos fallaras q*ue* fue dicho por los setenta jnterpetr*e*s del viejo testame*n*to q*ue* fuero*n* d*ic*hos vjejos no por dias mas[11] por elegidos sabios[12] de d*er*echo diujno e humano e de alto jngenjo e sabe$^{r}$[13] e vida et costu*n*br*e*s e actoridad. arma*n*le mjll g*ua*dramañas[14] ess. / a sabe$^{r}$ po$^{r}$ mu*n*cha sotilesa e estudio y astuçia las neçesidad*e*s en q*ue* algunos le pone*n* vnol saca las pestañas[15] co*n*ujene sabe$^{r}$ el dinero e oro e plata / otrol pela los cabellos estas so*n* las m*er*çed*e*s extraordinarias e dadiuas fu*er*a de orde*n* e medida q*ue* po$^{r}$ jnpo$^{r}$tunjdad les da asy se pie$^{r}$de tras ellos metido por las cabañas[16] es a sabe$^{r}$ do arriba es f*e*cha me*n*çio*n* los logar*e*s q*ui*etos e ocultos p*ar*a no e*n*tende$^{r}$ en al saluo en aq*ue*llo q*ue* es su voluntad e jncljnaçio*n* /:-

*Variantes BNM/Gall*

1. modorro''—Inaduertido 2. grillos''—Faziendo obras inutiles. [¶]''Burlanle 3. moçaluillos.''—Cercanos 4. seso, pues viejo 5. saluo aquel 6. sabio avnque sea mançebo. Et asy mismo 7. manera 8. en el 9. continuos 10. con él'', y destos viejos 11. mas elegidos 12. sabios, y de alto 13. saber, vida 14. guadramañas.''—Por mucha 15. pestañas.''—El dinero 16. cabañas.—Do arriba mençiona

*RAH*: Glosa. 1. Continuando sus quexas el Pueblo, que se entiende aqui por *Mingo Revulgo*, dize â *Gil Aribato: Sabes, sabes el modorro*. Como quien dize: Sabes lo que passa con este Rei falto de buen seso? Y llamale *modorro*, para dezir, que no era indiscreto por naturaleza, mas por el accidente de los vicios, â que se daba, dexando el uso de la razon. Que anssi como la modorra es una enfermedad y pasión, que se asienta en la cabeza,[17] no obra segun su natural seso, mas segun el accidente: anssi los vicios usados por largo tiempo, hazen en el hombre tal costumbre y dureza, que al parecer le tienen de todo punto impedido para que no pueda obrar segun buen seso, y natural entendimiento. Que segun dize el Bienauenturado S$^{n}$. Greg. en el lib. 5. en el cap. 29. de sus Mor. y en el lib. 15. en el 4. cap. del

mismo lib: Mui dificultoso es apartar de los vicios al que en ellos está ia endurecido por costumbre. Dize:
2. *Allá donde anda â grillos*. Quiere decir, allá donde anda â sus plazeres, y pasatiempos vanos. Que andar *â grillos*, se dizen los que se ocupan, y gastan el tiempo en liviandades, y cosas vanas. Y dize, que andando el Rei en estos plazeres, y tratando de ellos
3. *Le burlan los moçalvillos, Que andan con el en el Coro*. Conviene â saber, le *burlan* aquellos mozos, que trahe en su compania, y Corte, q*ue* se toma, y entiende aqui por *Coro*.[18] Que *coro*, q*ue* en latin se dize *Corus*, quiere dezir compañia de iguales. Y anssi dize aqui *Coro*: queriendo decir que el Rei era igual en vida y costumbres con aquellos *Mozos*, que en su compania trahia: y q*ue* en aquellos placeres le burlaban, como adelante dize. Y tomase tambien aqui *Coro* por la Corte. Y Corte, segun le [*sic*][19] Lei 27. en el Titulo 9. de la 2. partida es el lugar donde esta el Rei, ô por alcanzar derecho, o por tratar con el Rei de cosas, q*ue* convienen. Y dize q*ue* tomó este nombre corte de una palabra de latin, q*ue* se dize *Chors*[20], que quiere dezir ayuntamiento de compañas; porque ay se ayuntan, y se allegan todos aquellos que[21] an de honrrar, y guardar al Rey, y al Reino. Anssi mismo dize, q*ue* Corte se dize en latin *Curia*, que quiere tanto dezir como lugar, donde es la cura de todos los hechos de la tierra. Y que otrosi, se dize Corte segun lenguaje de España; porque alli esta la espada de la justicia conque se han de cortar todos los malos hechos, ansi de dicho, como de hecho. Y porque en ella estan los hombres corteses, y bien enseñados ansi en dicho, como en hecho, q*ue* andan en compañia del Rey, segun la Lei allí lo dize. Mas aqui, *Mingo Revulgo* llama â la Corte *Coro*: para dar â entender, que está falta de todo lo que se requiere que aia en la Corte del Rey. Prosigue, y dize:
4. *Armanle mill guadramañas*. Que quiere decir: Armanle mill engaños. Y para decir que engaños son aquellos, dize: *Que unol pela las pestañas*. Que quiere dezir: que unos le *pelan*, y hazen carecer de las virtudes, que son aquellos que al Rei le apartan de hazer lo que debe como Rei, y le meten, y aiudan en los vicios. Que *cilium*, o *palpebra* en latin, quiere decir en castellano *pestaña*, parpado del ojo, segun el Antonio, y Titelmano sobre el Psal. 16. cuio officio es guardar el ojo, y punto do esta la[22] virtud visiua, y con su continuo movimiento defendella de las cosas, que de fuera[23] le pueden ofender, y empezer. Y haze semejanza de las *pestañas* â las virtudes; porque anssi el continuo uso de las virtudes guarda, y defiende al hombre de los vicios, y tinieblas de pecados. Prosigue, y dize:
5 . *Otrol pela los cabellos*. Quiere dezir, que otros le quitan, y pelan su Patrimonio Real, que se toma, y entende [*sic*] aqui por los *cabellos*. Concluie la copla, y dize:[24] *Que assi se pierde tras ellos. Metido en*[25] *las cabañas*. Que quiere dezir, q*ue* anssi se pierde tras ellos, buscando los

yermos, y soledades, para no ser visto, y huir de los negocios de las gentes, y de la gouernacion del Reino, lo qual todo se entiende[26] aqui por las *cabañas*. Y cierto, si a cada qual está mal hazer obras de tinieblas: mucho mas al Rei, q*ue* es a el Pueblo exemplo de vida. Ni debe amar la soledad, que es mui contraria â su Real autoridad de[27] seguridad. Antes anssi como la Maestra Rei de las abejas devria siempre estar en medio de su Pueblo, si la necesidad otra cosa no pidiese[28]: anssi para que su Pueblo, que siempre ama â su Rei, tubiese entendido, y conociese que es de el amado, y de todo corazon le honrrase, y de todo mal le guardase, y defendiese; como para que segun Rei rigiese, y gouernase su Reino como debe, procurando el bien publico, dando â cada uno su derecho, castigando los yerros, premiando, y galardonando los buenos y leales servicios. Finalmente, acordando, y determinando lo que en los grandes, y arduos negocios se debe hazer[29]. Que entendido debrian[30] tener los Reies, y Principes, que aunque tengan en sus Reinos y Corte Gouernadores, y Juezes, y consejeros, que rijan y gouiernen el Reino, y personas que entiendan en las cosas y negocios; no se pueden descargar de todo punto de las causas y negocios, que a lo menos las causas maiores y arduas, con el acuerdo de su Real Persona se deben determinar[31], y hazer. De esto tenemos exemplo en el Cap. 18. del Exodo, donde quenta la Historia: que aviendo visto Jethro[32], Sacerdote de Madian, que Moisen se ocupaba desde la mañana hasta la tarde en juzgar a el Pueblo, que asistia ante el, y que su trabajo era tan grande, le aconsejó que para hazer mas liviano su trabaxo proveiese de todo el Pueblo varones poderosos, y temerosos de Dios, en los quales vbiese verdad, y q*ue* aborreciesen la avaricia, y que constituiese de ellos Tribunos, y Centuriones, y Quinquagenarios, y Decanos, que juzjasen[33] el Pueblo en todo tiempo. Y que estos juzgasen tan solamente las causas menores, y que lo de maior importancia lo refiriesen a el, y anssi hiziese mas libiano su trabajo, repartiendole entre los otros. Y anssi dize alli el Texto que lo hizo Moisen. Siguese El Author.

*Variantes RAH/Ed. Sancha*
17. cabeza, y el que la padece no obra 18. *corro*, que es compañia de iguales, queriendo decir 19. la 20. *Cohors* 21. que se han 22. la vista, ó virtud visiva 23. fuera pueden 24. dice: *Ansi se* 25. por 26. entiende por 27. é 28. pudiese 29. hacer [El escriba de *RAH* vaciló entre *haber* y *hazer*.] 30. debian 31. terminar 32. [La palabra *Jetheo* escrita primero, luego tachada y corregida a *Jethro* en la margen.] 33. juzgasen

III. *Respuestas*

| [*R-M*] Repuesta del Reuulgo. | [*BNM*] rrespu*e*sta |
|---|---|
| iiij°. ¶Los çagales en el corro | ¶ a carona com*m*o en forro. |

apañados sus hatillos
van mostrando los colmjllos
Cada qual dize que es forro
otros tienen malas mañas
que por las tierras estrañas
syn aver justiçia dellos
dan de mj muchos querellos
denostando mjs fazañas

ha la[r]gos años negrillos
por patron*e*s monasillos
se rrige el naujo horro.
y los q*ue* estudia*n* las mañas
por cobra[r] pueblos mo*n*tañas
a la fin nj*n*guno dellos/.
bie*n* librado mas entrellos
discordias yras y sañas

*Variantes de las Respuestas BNM/Gall*
4. n. y corro 9. D. naçen y s.

IV. *Glosa a la Respuesta R-M*

*Los çagales* los / grandes q*ue* el Rey fizo / de muy peq*ue*ños / estos fezieron co/mo moços de sol/dada q*ue* luego q*ue* / fuero*n* en grandes / estados cargaro*n* / sus attos acuesta[s] / com*m*o q*ui*en avja ser / ujdo y a lo q*ue* auja Re/çebido. ¶E avn com*m*o / Yngratos fueron / Rebelles /& denosta/ron al señor q*ue* los auja fecho por sus c*art*as diffamatorias / de muy abhomjnables /& feos casos //

I. [*R-M* Copla] v$^{o}$.

¶ Vno le quiebra el cayado
ot*r*$^{o}$ le toma el çurron
otro le qujta el çamarron
y el tras ellos desbabado
y avn el torpe majadero
q*ue* se preçia de çertero
fasta aquella zagaleja
la de Naua lusiteja
lo ha traydo al Retortero

*Variantes de la Copla*

*BMus*: [Copla VIII] 4. [falta] el 9. le ha
*SA*: [Copla VIII] 2. y o. 9. que le trae a.
*SB*: [Copla] vj. 3. [falta el verso] 8. le da n. 9. le a t.
*Inc*: [Copla] vj. 9. la t.
*BNM*: [Copla VIII] vj. 3. otrol 5. a. [falta] t. 9. la t.
*Gall*: [Copla VIII] 8. Naualuz y Teja
*Gl. Gall*: [Copla VIII] 8. Naualuz y Teja
*Evora*: [Copla VI] 1. U. l. toma e. cajado 3. o. [falta] q. e. samarron 6. desertero 8. la danaua luziteja 9. lla traido a. retrutero
*RAH*: Estancia 6. 9. La trahido
*Ed. Sancha*: Estancia VI. 3. otrol quita 5. Y a. él, t. 9. l' ha trahido

II. *Glosas a la Copla*

*SA*: [falta]

*SB*: / Vno le q*ui*ebra el cayado

El cayado dize aq*ui* po$^{r}$ el çetro Real /. e el çurro*n* [*Inc*: rreal. El] po$^{r}$ el tesoro / el çamarro*n* q*ue* es bestidura se puso po$^{r}$ la p*r*$^{e}$emjne*n*çia e avtoridad Real / e çie$^{r}$ta me*n*te todo esto esta p*er*dido / e disipado q*ua*ndo el Rey dexada la co*n*pañja q*ue* debe tene$^{r}$ segu*n*d en la copla ant*e*s d*e*sta deximos / se enbuelbe co*n* moços e en moçendad*e*s / aq*ue*lla çagaleja esto dize*n* [*Inc*: dize] po$^{r}$ algu*n*$^{a}$ muge$^{r}$ sy le t*ra*ya a su q*ue*re$^{r}$ e gove*r*naçion / e dize q*ue* era de naba luçiteja / creese q*ue* la tal muge$^{r}$ era de po$^{r}$togal / por q*ue* lusitanya se llama po$^{r}$togal / asy q*ue*sta copla q*ui*ere dezi$^{r}$ q*ue* aq*ue*llos moços q*ue* [un calderón tachado aquí] plazia t*rae*$^{r}$ al Rey çe$^{r}$ca de si / le tomaba*n* el tesoro / y le enflaq*ue*çian el çetro d*e*la Justi*çi*a / y le anjchilaban la p*r*$^{e}$emjne*n*çia Real por q*ue* no era acatado segu*n*d debia &

*BNM*: ¶ Vno le quiebra el cayado[1] /. es a saber la verga del[2] ma*n*do[3] /o çebtro rreal /o señorio /o rreyno //otro le toma el çurro*n*[4] estas so*n* las rrentas e la juridiçio*n* /otro le q*ui*ta el çamarro*n*[5] est*a*$^{s}$ so*n* las p*ro*piedad*e*s e posesion*e*s adjudica*n*dolo p*ara* sy[6] com*mo* [p]one[7] vna actoridad d*e*l decreto quod nullj*us* est p*ri*mo / ocupanti co*n*cedit*ur*. lo q*ue* no es de alguno al[8] p*ri*mer ocupante se[9] conçede y el t*ra*$^{s}$ ellos desuauado[10] co*n*uyene sabe$^{r}$ enpapado afiçionado a ellos y avn el to$^{r}$pe majadero[11] co*n*ujene saber om*n*e descudado defectuoso me*n*guado de v*ir*tud estimatiua q*ue* se p$^{r}$*e*çia de çe$^{r}$tero[12] / es a sabe$^{r}$ p$^{r}$*e*su*n*ptoso de sabe$^{r}$ mu*n*cho e d*e*ste tal dise salamo*n* q*ue* mas co*n*ujnjente cosa es pelea$^{r}$ co*n* la onça e la leona acabandole de toma$^{r}$[13] los fijos q*ue* al torrpe /o senblante co*n*fiante de[14] sy mjsmo muda$^{r}$le d*e*l p*r*$^{o}$posito en q*ue* yase / de[15] los q*ua*les su sabe$^{r}$ &[16] no ess mas nj*n* su loo$^{r}$ de q*ua*nto a fortuna plase tene$^{r}$los[17] p*r*$^{o}$sperados Ca tanto so*n* aujdos po$^{r}$ sabios y ente*n*didos po$^{r}$ q*ue* vale lo q*ue* manda*n* /. lo q*ue* en caye*n*do d*e*sto[18] sabe*n* poco y valen menos fasta aq*ue*lla zagaleja la de naua lusiteja[19] es a sabe$^{r}$ muge$^{r}$ nat*ur*al / de naualusitanja q*ue* es jnterpetrado /o[20] fue d*ic*ho antigua ment*e* portogal q*ue* po$^{r}$ su astuçia /o co*n*sejo dize q*ue* la ha traydo al rreto$^{r}$tero en q*ue* se fisiese lo q*ue* ella q*ui*siese y el no syntiese lo[21] a el conplidero e a sus f*e*chos /o mas neçesario e[22] p*r*$^{o}$uechoso /:-

*Variantes BNM/Gall*
1. cayado."—Verga 2. de 3. mando ó señorio ó reyno. 4. çurron."—Renta y juridiçion. 5. çamarron."—Las propiedades et lugares, et juridiçiones, adjudicándolo 6. sy, asy como 7. [Letra guillotinada, resuelta según la redacción de *Gall*] 8. el primero 9. se conoce dello. [¶] "Y él 10. desbauado."—Mustio que non sabe lo que faze. [¶] "Y avn 11. majadero."—Ome descuydado. [¶] "Que se 12. çertero."—Presuntioso 13. comer 14. á 15. y destos tales non es su saber 16. mas nin menos de quanto 17. los prosperar; entonces es sabio el tal, porque vale 18. cayendo luego non sabe nada. 19. Teja."—Muger natural de Naualuz y Teja 20. ó llamado antiguamente 21. lo conplidero á él, ó mas necesario 22. ó prouechoso etc.

*RAH*: Glosa. 1.[23] *Caiado* se dize en latin *baculus*. Tomase en muchos significados, como lo podra ver quien quisiere por Guillermo Durando en el Racional de los Divinos Officios en la Rubrica *de baculo Pastorali* en la oja 29. Y en el bib. que se dize Baculo Pastoral[24] en la Quest. 10 de la 1. part. en la oja penult. y final. Usan del *Caiado*, o baculo los Pastores, Obispos, y Prelados, q*ue* tambien son llamados Pastores de sus subditos, que son sus Ovejas, y por el se da â entender, y significa el oficio del Pastor, y el oficio, y Dignid$^{ad}$ del Obispo, y Prelado. Mas aqui *Caiado* tomase p*o*$^{r}$ el Sceptro Real; porque anssi como el caiado, o baculo es insignia que significa el oficio del Pastor, y la Dignidad, y oficio del[25] Prelado, y obispo: anssi el Sceptro es insignia Real, que significa la dignidad y Señorio, poder, y mando del Rei, y el officio de justicia conq*ue* a de gouernar sus subditos. Y que signifique esto, parece por el Cap. 20 de Ezequiel, donde dize Dios por el Propheta Ezechiel a el Pueblo: que los someterá á su Sceptro. Y por el Propheta Baruch en el Cap. final de su Proph. donde diziendo el Propheta de parte de Dios â el Pueblo: que no sirviesen â los idolos, ni los temiesen, q*ue* no podian hazer bien ni mal; porque eran Estatuas de madera, y piedra, y metales, echas por manos de hombres, y otras muchas cosas. Para darles a entender la poquedad y poco poder de aquellos ydolos, Dize: que el Ydolo tiene Sceptro como Juez de Region, y que no mata al que contra el peca. Y anssi *caiado* dizese aqui por el Sceptro Real de la justicia, de la qual el Rei debe usar entre sus subditos, segun que para ello le es dado por Dios el poder, segun el Cap. 8. de los Proberv. Y en el cap. 6 de la Sabiduría, â do dize el Texto: q*ue* de la justicia daran â Dios los Reies estrecha quenta.

2.[26] *Zurron* dize por el tesoro. *Çamarron*[27], que es vestidura, por la Authoridad,[28] y preeminencia real; porque por la vestidura se debe el Rey Conocer, y diferrenciar de las otras gentes de su reino, por la Lei 5. en el Tit. 5. de la 2. partida. Anssi que continuando el Pueblo sus quexas dize: q*ue* aunque estos mozos, que el Rei trahia en su compañia, le quebraban el Sceptro de la justicia, y le tomaban el tesoro, y le anihilaban[29] la preeminencia Real: anssi que ni la justicia iba derecha, ni el Rey era acatado, ni tratado como debia. El Rei se andaba tras de ellos enbebecido; y que todo esto no bastaba â que quisiese venir en conocimiento de que apartarse de ellos le convenia. Da fin â la copla, y dize:

4. [*sic*][30] Que aunque el Rei se tiene por Cuerdo, y certero: *hasta aquella Zagaleja de la Naba Lusiteja* (q*ue* debia ser alguna Moza Portuguesa, que el Rei traia consigo) que Portugal en latin se dize *Lusitania*[31], y de ai la dize *lusiteja*. Le *a traido*[32] *al Retortero*. Conviene a saber, le a trahido â su voluntad, y regido, y gouernado como a querido. Y cierto si pasaba ansi con grande razon el Pueblo se duele, y quexa de su Rey; porque estas y otras muchas cosas semejantes y peores haze, y causa el loco amor, y torpe lujuria, que muchos echó de lo alto â lo bajo eridos, y de ella muchos fuertes fueron muertos. Como parece por el sabio en el cap. 7. y en el cap. 9. del Eccles. do esta escrito que por la hermosura de las mugeres muchos perecieron. Y en el Cap. 19. del mismo lib. que dize que el vino, y las mugeres hazen apostar[33] a los sabios. Por la fuerza que hizo Sichen a Dina, hija de Jacob, fue despoblada[34] por los hijos de Jacob la Cibdad de Salen en tierra de Canaa, matando â todos los varones de ella, y llebando sus hijos pequeños, y sus mugeres cautiuas. Y anssi mismo mataron a Sichen, y a Emor su Padre, que era Principe de aquella tierra; como se manifiesta por el cap. 33. y[35] 34. del Genesis. Dalida engaño al fuerte Sanson, y le puso en

poder de sus enemigos, los quales le escarnecieron, y le sacaron los ojos, segun lo quenta el cap. 16. del lib. de los Juezes. Los Hebreos fueron engañados de la hermosura de aquellas donzellas hijas de los Madianitas, segun Josepho en el lib. 4. en el cap. 5. de las antiguedades de los[36] Judios. Por el pecado que cometieron los de Gabaa con la muger del Levita, fue destruido y muerto el Tribu de Benjamin, que de todo el tribu, no quedaron sino seiscientos hombres, lo qual se hizo con grande mortandad de los otros tribus. Como parece por el cap. 19. y por el cap. 20. del lib. de los Juezes. La hermosura de Bethsabee fue ocasion del adulterio que con ella cometio el Rey David, y de la muerte de Urias su fiel criado, y servidor de David, y marido de Bethsabee: ansi como la Historia lo quenta en el 2. lib. de los Reyes en el Cap. 11. La hermosura de Thamar hija del Rei David, fue ocasion del pecado que con ella cometio su Hermano Amnon, y de la muerte del mismo Amnon, segun parece por el cap. 13. del mismo lib. Y en el 3. lib. de los Reies en el cap. 11. dize la historia de el Rei Salomon, que como fuese viejo, fue depravado su corazon por las mugeres, y adoró los Ydolos. Vean pues, y noten bien los Principes y Reies a quantos peligros estan puestos los viciosos, y lujuriosos, y quam[37] grande razon, y quanta tienen sus Pueblos y subditos de se doler, y quexar de ellos. Pues demas de lo que esta dicho, Andronico emperador de Constantinopla, Nero,[38] Claudio, Comodo, Elio Gabalo emperadores de Roma, Sardanapalo Rei de los Asirios con otros muchos Emperadores, Reyes, y Principes, perdieron sus vidas, y sus estados, y pusieron en grandes detrimentos la cosa publca. Tres Reinos los mejores, y mas principales, y poderosos, que â la sazon en sus tiempos en el mundo avia, se perdieron por tres mugeres. Trohia, por Elena. España, por la Caba. Y por otra muger se perdio Francia, lo qual todo se hizo con tanto derramamiento de sangre, y muertes de Reies, y Principes, y Señores, y Caualleros, y gentes de otros estados; que creo no ser possible poderse dezir numero cierto. Finalmente para que vean los hombres viciosos, y lujuriosos la seguridad que ay en los tales vicios; del Rei Ladislao Rey de Apulia, se dize: que como tuviese carnal acceso a una Donzella mui hermosa, hija de un su medico, y frequentes vezes la visitase, sabido por el Padre, les dio tosigo de esta manera: dizese que llamó â la hija con blandas palabras, diziendole que le placia mucho que procurase hazelle Aguelo[39] de real generacion, y éxhortandola[40] que amase al Rei, y le sirviese, y que tubiese gran diligencia y cuidado de ser de el amada. Y dize, que le dixo: que si â el como â P*adr*$^{e}$ creiese, haria que el Rei ninguna cosa mas amase q*ue* a ella; y anssi que a ella y a todos ellos haria bienaventurados. Demanera que las palabras agradaron tanto â la moza, que vino en lo que el Padre quisiese hazer. Y anssi el Padre, dize[41] que dio el veneno a la hija, que los medicos llaman Napello, ô Aconito en un pañito. Y mando â la hija que q*uan*do el Rei tubiese con ella acesso, untase con ello aquella parte por do sale la criatura. Lo qual ella dize que hizo, y anssi mató asi, y al Rey con la engañosa medicina. Y ansi el Padre no tubo mas la hija, ni pasó adelante la injuria del Rey. Siguese El Author.

*Variantes RAH/Ed. Sancha*
23. [Falta el número.] 24. Pastoral, question 25. de Prelado y de Obispo 26. [Falta el número.] 27. [En el manuscrito, *Çamaron* corregida a *Çamarron* por la adición de la primera *r* escrita encima de la línea.] 28. [La palabra *Antiguedad* tachada y corregida a *Authoridad*.] 29. aniquilaban 30. [Error por el número 3. Falta el número en la Ed. Sancha.] 31. [El copista escribió *Lusitanea* y la corrigió poniendo un punto sobre la *e* convirtiéndola en *Lusitania*.] 32. le ha traido á su voluntad, y regido 33. apostatar 34. [El escriba empezó con una *f*, luego la corrigió con una *d* para formar la palabra *d*espoblada.] 35. y el 36. [El copista escribió la palabra *Yndios*, la tachó y poniendo el signo de una cruz encima de la tachadura, la corrigió a *Judios* en la margen del folio.] 37. quan 38. Nimo 39. abuelo 40. [Tachadas aquí la palabra *al* y una *R* incompleta.] 41. se dice que dió veneno

III. *Repuestas*

[*R-M*] Repuesta al Reuulgo.

[v] ¶Sabes* mas q*ue* tengo asmado
q*ue* del cabo del monjon
aquel otro zagalon
se leuanta Reganando
del medjo del paçedero
me leuaron vn cordero
con que fazen su conseja
mas al cabo su pelleja
venjra al trasqujladero

[*BNM*] respusta:-[*sic*]

¶sy verga de p*r*inçipado
vsurpan por tal saso*n*
la rrenta Et juridiçio*n*
dias ha po[r] su pecado
por q*ue* cree de ligero.
agua coje co*n* *e*l harrnero
mas el lobo y la gulpeja
sienpre so*n* de vna co*n*seja
barrunta*n*do su dinero

*[Esta palabra empieza con un calderón, con la *S* sobrepuesta.]

*Variantes de las Respuestas BNM/Gall*
2. t. razon 6. A. coge en [el]* farnero
*[Corchetes de los redactores de *Gall*]

IV. *Glosa a la Respuesta R-M* [falta]

I. [*R-M* Copla] vj.

¶ La soldada que le damos
y avn el pan de los mastine^s
ha comjdo con Ruynes
guay de nos q*ue* lo pagamos
y de q*ua*nto ha leuado
non lo veo q*ue* ha medrado
otros hatos njn Jubones
saluo vn cinto co*n* tachones
de q*ue* anda Rodeado

*Variantes de la Copla*

*BMus*: [Copla X] 5. y nol veo q*ue* ha medrado 6. de todo q*ua*nto ha leuado 8. si no*n* / chatones
*SA*: [Copla X] 3. c. c. los R. 5. y nol veo que ha medrado 6. de todo q*ua*nto ha leuado 8. si no / de tahones 9. con q.
*SB*: [Copla] vij. 3. comeselo c. 6. yo nol beo 8. sy no / de t.
*Inc*: [Copla] vij. 3. comeselo c. 6. yo nol v. 8. sy no
*BNM*: [Copla X] 3. comeselo c. 5. y nol veo q*ue* ha medrado 6. de todo q*ua*nto ha lleuado 8. sy no*n* / thachone^s
*Gall*: [Copla X] 3. Cómelo c. los r. 5. Y nol veo que ha medrado 6. De todo quanto ha lleuado 8. Syno / chatones
*Gl. Gall*: [Copla X] 3. Cómeselo c. los r. 5. Y nol veo que ha medrado 6. De todo quanto ha leuado 8. Sino / chatones
*Evora*: [Copla VII] 1. Las s. 3. comesele c. 6. yo no [falta] ueio 7. gubones 8. sino [falta] sinto / tacones
*RAH*: Estancia 7. 2. Y ami [*sic*] e. 3. Comeselo c. 6. Yo no [falta] v. 8. Sino
*Ed. Sancha*: Estancia VII. 3. comeselo c. 6. yo no l. v. [falta] [falta] m. 8. sino

II. *Glosas a la Copla*

*SA*: tachones - tachas

*SB*: / la soldada q*ue* le damos /.

¶Ponese aq*ui* u*n*a [*Inc*: aqua] soldada po^r los pechos Reales q*ue* se da*n* al Rey /. e la Repu*blica* muestra aq*ui* dolor / sy se gastaban do no debia*n* [*Inc*: deuia] / e se dexaba de gastar do era neçesario / el pa*n* d*e* los mastin*e*s /. dize po^r la Renta de la igl*esi*a po^r q*ue* segu*n*d abemos d*ic*ho los mastines sentie*n*de [*Inc*: se entienden] po^r^ los p*r*^e^dicador*e*s e onbr*e*s eclesiasticos / cuyo /ofiçio es g*u*^a^rda^r^ la grey en lo esp*iri*tual e ladra^r^ en los pueblos / amonesta*n*dolas bue*n*as costu*n*br*e*s / lo q*ua*l todo esta corro*n*pido e en t*ien*po de dibisio*n* /. çinto e co*n* [*Inc*: Cinto con] tachon*e*s / çie^r^ta me*n*te las tachas sy en q*ua*l q*uie*^r^ onbre se co*n*tinua*n* / se conbie^r^ten / en tachon*e*s q*ue* se finca*n* en el e le Rodea*n* de todas p^a^*rt*e*s* de man*era* q*ue* ta^r^de y co*n* dificultad las dexa /. seneca en la traged[ia] [Letras guillotinadas suplidas según *Inc*] te^r^çera dize q*ue* q*ua*l q*ui*er q*ue* seye*n*do tentado de algu*n*d biçio lo sagude de sy al p*rin*çipio e no lo dexa enca^r^na^r^ / q*ue* este tal q*ue*da seguro e bençedor / p*e*ro q*ue* sy sufre su te*n*taçio*n* e la cria co*n* aq*ue*[l] benjno dulçe / q*ue* el pecado suele tenta^r^ / ta^r^de dize q*ue* sabe deyuso [*Inc*: de baxo] del yugo aq*ui*en se sometio / y asi se faze las tachas / tachones /. q*ue* Rodea*n* po^r^ todas p*a*rt*e*s al biçioso /. asi q*ue*sta copla q*ui*ere dezi^r^ q*ue* los trebutos Reales q*ue*l Rey abia de los pueblos / gastaba donde [*Inc*: do] no debia / e se abituaba / en algu*na*s tachas / q*ue* pone aq*ui* po^r^ tachon*e*s &

*BNM*: ¶ la soldada q*ue* le damos[1] / es a saber las rrentas ordinarias /& ext*ra* ordinarias q*ue* ljeua et avn el pan de los mastines[2]. co*n*ujene saber las rrentas e p*r*^o^uentos[3] e deçimas d*e*l pa*n* e d*erech*^o^s[4] d*e* los mastines[5] q*ue* so*n* los p*re*lados de[6] la igl*e*sia e ot*r*^o^s ordinados en *e*lla q*ue* so*n* co*n*parados a los mastin*e*s d*e*l[7] ganado e lo deuen g*u*^a^rda^r^ q*ue* so*n* d*i*chos pastor*e*s e asy mjsmo so*n* puestos so no*n*bre de mastin*e*s comeselo co*n*[8] rruyn*e*s ./. co*n* p*e*rsonas yn habiles guay de nos q*ue* lo pagamos[9] co*n*ujene saber el pueblo comu*n* q*ue* pechan[10] & siruen e auya*n* de s*er* co*n*se^r^uados en justiçia[11] y nol beo q*ue* ha medrado[12] eç^r^ es a saber q*ue* no*n* ha acreçe*n*tado rregno /a rregno nj t*ie*rra a t*ie*rra saluo p*e*rdido e enajenado lo suyo sy no*n* vn çinto co*n* tachon*e*s[13] es [tachadura indescifrable] de saber vn ayu*n*tamje*n*to /o corro de om*ne*s moços e tales com*m*o suso es d*i*cho de q*ue* anda rrodeado[14] es a saber aco*n*pañado /& por creer a los tales se nota[15] e lee de rroboan fijo d*e*l[16] rrey salamo*n* q*ue* po^r^ molesta^r^[17] al pueblo co*n* duro s*e*^r^uyçio e tiranica me*n*te[18] fue[19] p*ri*uado d*e*l rregno q*ue* de dose tribus[20] no finco co*n* *e*l saluo tribu e medio &:-[21]

*Variantes BNM/Gall*

1. damos."—Las rentas 2. mastines."—Rentas y 3. preuendas de á mas del pan 4. y dineros 5. mastines prelados 6. de santa iglesia, que son 7. del hato y guardan el ganado, que estos son los pastores 8. con los 9. pagamos."—El pueblo 10. pecha y sirue 11. justiçia y no lo eran. 12. medrado—De todo quanto ha leuado—"Otros hatos nin jubones."—Otros reynos agenos, nin rentas, nin prouechos, ganando y adquiriendo tierra á tierra, como otros fazen. [¶]"Sino vn çinto 13. chatones.—De que anda 14. rodeado."—Aconpañado y 15. nota de Roboan 16. de Salamon, rey de Ysrrael, 17. mostrar el pueblo 18. y tiranía 19. fué tirado y priuado 20.

tribos fincó en el tribo y medio 21. et como quiera que fuese visitacion de otro ó otros pecados.

*RAH*: Glosa. 1.[22] *La soldada* se toma aqui por los pechos y derechos, que se dan al Rey, para que de ellos viua, y no graue mas los subditos, segun S^to^. Thomas en la Epist. que escriuio â la Duquesa de Brabante a quien refiere Gabriel en el 4. de las Sentencias en la Dist. 15. en la quest. 5. *Por el pan de los mastines*, se entiende[23] de la parte que al Rei vienes de los Breves[24], y rentas de la Yglesia. Que segun esta ia dicho los Predicadores, y Prelados, y personas Eclesiasticas. q*ue* an de apascentar las almas con espiritual y Santa doctrina, y reprehender con vozes los pecados del Pueblo, y defenderle con todas sus fuerzas de los enemigos del anima, que son el Mundo, el Diablo, y la carne: comparanse, y son semejantes â los perros que guardan los ganados, y los defienden de los lobos y enemigos. Y ansi llama aquí el *Revulgo* el *pan de los mastines* â la renta de la Yglesia, y haze sentimiento, y muestra de dolor; porque estos bienes y rentas se dexaban de gastar en lo que era necesario para el bien del Rei, y del Reino. Y dize en nombre del Pueblo: que siente grande dolor; porque el Rey gastaba malgastado, y con quien no lo merecia, y lo mal que se emplean los pechos reales, y las alcabalas y rentas de la Yglesia, y continuando sus quexas, dize:
2. *Que de todo q[uan]to a lleuado*, y gastado de todas estas rentas, no le avisto q*ue* a medrado otros Pueblos ô estados,[25] que se toman, y entienden aqui por[26] *hatos*, ni *otros jubones*, que quiere dezir: Averes, ni thesoros, los quales deben ayuntar los Reyes, no por avaricia, mas para socorrerse, y aiudarse de ellos, q*uan*do algun grande hecho, o necesidad se les ofreziere. Segun q*ue* de los Emperadores lo dize la Ley 4. en el Tit. 1. de la 2 Partida, y notablemente en nuestro proposito el Richardo en el Quodlibeto. 3. en la quest. 28. Y Gabriel en el lugar ya alegado en la conclus. 2. q*ue* segun dize el Philosopho en el 2. de las Politicas: Ninguna cosa grande se puede hazer sin el dinero, ni principar bien el necesitado. Y anssi se quexa aquí que ninguna cosa de estas, q*ue* son de Principes prudentes â medrado, sino un *cinto con tachones*. Conviene a saber un habito, y costumbre envegecida en vicios, de que anda rodeado. esto es, de que está cercado, y apretado, dando aqui â entender *el Revulgo* que el mucho tener, y el mucho poder en quien no esta acompañado de prudencia y consejo, es grande ocasion, y aparejo de muchos vicios. Y porque en estos vicios, y pecados de que al[27] Rei aqui a[28] reprehendido, a dicho arriba que gastaba su tiempo; llamalos *tachones*; porque los pecados, y vicios, q*ue* son tachas, y defectos envegecidos, por larga costumbre, se hacen *tachones*. Pues son tanto mas graues los pecados, q*uan*to mas tiempo tienen, atada, y encadenada la desdicha, y sin ventura alma.[29] Siguese El Author.

*Variantes RAH/Ed. Sancha*
22. [Falta el número] 23. se entiende la parte 24. bienes 25. estado 26. por los *hatos* 27. el 28. es 29. al alma

III. *Respuestas*

[*R-M*] Repuesta al Reuulgo.

vj ¶Pues al quatinus llegamo^s
Ruego te q*ue* bjen atines
alçan Rabo los Roçines
q*ua*ndo qujer q*ue* los llamamos
los zagales y el ganado
anda fuera de mj grado
y otras muchas ocasiones
q*ue* con otros conpañones
manganjllas me ha*n* armado

[*BNM*] resp*uesta* /.

¶de todo q*ua*nto lleuamos
en oro / & plata y florines.
si de mal gua*n* malos fines
no se escusa q*ue* esperamos
saluo aq*ue*llo q*ue* adebdado.
es de antiguo sytuado.
por nueuas jnposiçione^s
por consejo de ynfançon*e*s
rroboan fue ame*n*guado

*Variantes de las Respuestas BNM/Gall*
1. No t. 2. [falta] O. / y los f. 3. Perlados y palazines 4.Justamente lo ganamos 5. Sy lo vno va de abdado. 6. [falta] D. a.

IV. *Glosa a la Respuesta R-M*

*Rabo los Roçines.* estos son los se/ñores de su Reyno q*ue* fezieron com*mo* / malos Roçines q*ue* despues q*ue* los ha*n* / engordado /& pensado si q*ui*eren caual/gar o trabajar con ellos vuelue*n* las / ancas a su dueño /& co*n* buenas coçes / desconoçen a q*ui*en auja curado aq*ue*llo q*ue* / a ellos conplia. ¶E los menudos i*n*dig/nados por sus falsas Relaçiones fezier*on*/se con ellos p*ar*a lo disipar

I. [*R-M* Copla] vij.

¶ OJa oja los ganados
y la Burra con los perros
quales andan por los oteros[s]
perdidos descarriados
pellos santos te prometo
q*ue* este dapñado Baltrueto
q*ue* no medre dios las çeJas
ha dexado las oueJas
por folgar tras cada septo

*Variantes de la Copla*

*BMus*: [Copla IV] 3. [El escriba empezó con la palabra *pollo*, añadió una *r* abreviada sobre la 1ª *o*, tachó la 1ª *l* y añadió una *s* final, así convirtió *pollo* en *por los*.] çerros 5. pollos 7. q. nol m.

*SA*: [Copla IV] 3. çerros 5. pollos 7. q. nol m. 9. p. h. cada trasseto

*SB*: [Copla] iiij°. 3. çerros 5. po[r] los

*Inc*: [Copla] iiij. 2. y ala b. 3. çerros 5. por los

*BNM*: [Copla IV] 3. çerro[s] 5. pollos 7. q. nol m.

*Gall*: [Copla IV] 3. çerros 5. Po llos 7. [Este verso se encuentra entre paréntesis:] Q. nol m. 9. t. todo s.

*Gl. Gall*: [Copla IV] 3. çerros 5. Po llos 7. [falta] 8. [falta] 9. [falta]

*Evora*: [Copla IV] 1. Oya oya 2. y ala purra 3. queles / serros 5. polos 7. n. lo [*lo* sobrescrito entre n. y m.] m. / seias

*RAH*: Estancia 4. 3. zerros 5. Por los 6. baltaneto 7. Q. nol m.

*Ed. Sancha*: Estancia IV. 2. y á l. 3. cerros 5. Por los 7. [Este verso se encuentra entre paréntesis:] q. nol m.

II. *Glosas a la Copla*

*SA*: [falta]

*SB*: /oja/oja ec[r]

¶Continua*n*do las q*ue*xas q*ue* el Rebulgo da de su pasto[r] q*ui*ere mostra[r] como todo el pueblo esta p*er*dido /. y tanbie*n* la igl*esi*a q*ue* se entie*n*de po[r] la burra / e los perros q*ue* ladra*n* / sentie*n*de [*Inc*: & se entienden] po[r] los p*r*[e]dicador*es* /. Reçibe detrime*n*to po[r] la njgligen*ç*ia del Rey / e como el onbre q*ue* tiene algu*na* pena / la suele Referi[r] doss bezes p*ar*a mostra[r] su sentimj*ent*[o] / dize aq*ui* / oja / oja / como q*ui*en dize mjra / mjra como todo esta p*er*dido la q*ua*l p*er*diçio*n* p*r*$^{o}$biene de mj pastor q*ue* anda tras sus deletaçion*e*s e no cura de mjs corrubçiones / [*Inc*: correçiones. ¶E] como sea v*er*da[d] [Letras guillotinadas suplidas según *Inc*] q*ue* n*uest*ra Razo*n* vmana te*n*ga / p*rin*çipio noble e p*ar*tiçipe co*n* lo alto e n*uest*ra ca$^{r}$ne sea ynferio[r] e p*ar*tiçipe co*n* lo baxo /. mucho es de llora$^{r}$ po[$^{r}$] çie$^{r}$to sy po$^{r}$ anda$^{r}$ el onbre tras deletaçion*e*s ca$^{r}$nales / la Razo*n* tan alta fuere bençida / e la ca$^{r}$ne ta*n* baxa q*ue*dare bençedora / asi q*ue*sta copla q*ui*ere dezi$^{r}$ q*ue* la igl*es*ia e los p*re*dicador*e*s /. ta*n* bie*n* como los comun*e*s / anda*n* p*er*didos e syn orde*n* / po$^{r}$ q*ue*l Rey sygue sus deleyt*e*s e olbida el cuydado q*ue* debe tene$^{r}$ del Regimy*ent*$^{o}$ &

*BNM*: [¶ o]ja[1] oja lo$^{s}$ ganados[2] &ç$^{r}$. [myra]./. myra. los gana[dos] ./. los pueblos y. [ge]ntes comunes Et [part]iculares y la burra [co*n*] los perros.[3] burra ./. [la] igl*es*ia de dios que[4] [a]vn parese a la burra [del] hato[5] ca$^{r}$gada /o q*ue* [lie]ua las ca$^{r}$gas del. [pu]eblo co*n* los perros. [m]astin*e*s[6] del ganado [so*n*] los saçerdot*e*s e cl*er*igos de orden sacra e pe$^{r}$lados e g*uar*dador*e*s d*e*lla de q*ui*en com*mo* a[7] braço segla$^{r}$ p*er*tensçe [8] a los p*rin*çipes los p*r*$^{o}$tege$^{r}$[9] defende$^{r}$ / & anpara$^{r}$ / q*ua*les anda*n* po$^{r}$ los çerros ./. por los canpos e otros logar*e*s p*er*didos descarriados y com*mo* syn dueño / pollos s*an*tos te p*r*$^{o}$meto q*ue*ste dañado baltrueto[10] ./. om*n*e descudado ha dexado las ouejas ess a saber el pueblo comu*n* y subditos po$^{r}$ folga$^{r}$ tras cada seto ./. com*mo* arriba dise por los logar*e*s /ocultos e q*ui*etos[11] e apa$^{r}$tados segun*d* su voluntad e incljnaçio*n* no[12] segun*d* rraso*n* e vtilidad[13] e neçesidad e d*e*sto dise en los ve$^{r}$sos q*ue* fuero*n* fallados en sa*n* saluador de seujlla cont*ra* españa disiendo e por q*ue* syn ley somete sus mje*n*bros a[14] voluntad*e*s de fiel es el bebrajo[15] q*ue* la gran*d* babel le dara &:

*Variantes BNM/Gall*

1. [Las palabras guillotinadas están resueltas entre corchetes.] 2. ganados.''—Mira los 3. perros.''—La iglesia 4. que es conparada á 5. hato, que está cargada ó lieua 6. mastines que son los 7. al brazo 8. á los principes pertenesce et yncunbe 9. protejer y defender 10. baltrueto.''—Como arriba dize 11. secretos. 12. et non 13. voluntad 14. et 15. beuraje

*RAH*: Glosa. 1. Prosigue *Mingo Revulgo* sus quexas. Y para mostrar â *Gil Aribato* el aprieto grande en que la Republica dize que esta puesta por culpa del Rei, le dize: *Oja, Oja*. Que quiere dezir: mira con grande advertencia. Los *ganados*. Conviene â saber: los estados de las gentes del Reino, anssi Eclesiasticos, como Seculares[16] que los Seglares se entiende por la burra, segun la exposicion de la Glosa en el cap. Scienti. en la Causa 2. en la quest. 7. Y los Prelados, y Doctores de la Yglesia, que se entienden aqui por los *perros*, segun tambien la Sagrada Escritura los llama *canes*, como parece por el Propheta Ysaias a los 56. cap. Y S$^{n}$. Greg. en el lib. 20. en el 7. Cap. de sus Mor. Y por el Cap. Sit Rector, en la Dist. 40, y 3. Porque anssi como

los *perros* guardan, y defienden el ganado de los lobos con ladridos: anssi los Predicadores defienden el Pueblo Christiano por Jesu Christo con su santa predicacion, y doctrina, dando voces, y dize que mire
2. *Quales andan por los Zerros.* Conviene â saber, quales andan por los vicios, y pecados, que se entienden aqui por los *Zerros*, segun esta dicho,
3. *Perdidos descarriados.* Quiere dezir, perdidos, y divisos por falta de buena gouernacion, y doctrina, q*ue* ni los yerros se castigan, ni los vicios y pecados se rephenden. [*sic*] Prosigue, y dize:
4. *Por los Santos te prometo.* Queriendo dezir: ten por cierto, y sin dubda. *Que este dañado baltaneto*[17]. Esto es, este dañado Rei. Y llama al Rei *baltaneto*[18], por llamarle desordenado, y gastador de tiempo en deleites, y cosas de poco tomo.
5. *A dexado las obejas.* Conviene â saber, a dexado la gouern*aci*on del Reino, y de castigar los malos, y premiar los buenos. Que los hombres buenos y malos se entienden por *ovejas*, segun aquello del Apostol Sn. Pedro, que dize en su 1. Epist. en el 2. Cap. Ciertamente erades[19] anssi como Obejas erradas: mas agora sois convertidas al Pastor, y Obispo de vuestras Almal. [*sic*][20] Concluie con la copla, y dize:
6. *Por holgar*[21] *tras cada seto.* Que quiere dezir: por tomar do quiera plazeres, y seguir sus deleites con qualquiera ocasion. Demanera, que se quexa en esta copla *Mingo Revulgo* al[22] Rei, y dize: Que los estados de la Republica anssi Eclesiasticos, como Seglares andan divisos, y metidos en vicios y pecados, por ser el Rei vicioso, y aver dexado la gouernacion del Reino. Como quiera que el Rei, que ha de sostener su Pueblo en justicia, y derecho, no se debe dar tanto a placeres, que le aparten de lo que como Rei deue hazer: como notablemente lo dize la Ley final en el titulo 3. de la 2. partida: que[23] Reinar, y holgar, mal se compadecen. Siguese El Author.

*Variantes RAH/Ed. Sancha*
16. seglares: 17. *baltrueto* 18. *Idem*. 19. erades como 20. Almas. 21. folgar 22. del 23. el reynar y el holgar

III. *Respuestas*

[*R-M*] Repuesta al Reuulgo.

vij ¶Los borregos maldomados*
q*ua*ndo se pierden por yerros
por el son de los çençerros
a las vezes son fallados
y avn q*ue* vees q*ue* me someto
com*mo* ando de sujetto
sy las cosas van parejas
ala he por las callejas
tu veras com*mo* aRemeto

[*BNM*] respu*e*sta:.

¶Caualleros y perlados
y comunes por sus yerros
A muert*es* prision*es* fierros
ya van muchos condepnados
es escondido secreto.
a que no basta decreto /.
nj gastemos mas co*n*sejas
q*ue* en las esc*ri*pturas viejas.
muestra aue*r* mayor aprieto

*[Este verso va en letra cursiva en el manuscrito]

*Variantes de las Respuestas BNM/Gallardo*

1. Sy dizes que los estados 2. Condenados p. 4. Son por non bien governados 5. Á mi ver este s. 6. No va en solo tal d. 7. Que, segund largas c. 8. De letras antiguas v. 9. Se han de ver en más a.

IV. *Glosa a la Respuesta R-M*

*Borregos maldomados* Los p*ri*ua/dos del Rey q*ue* ha fecho com*m*o fuero*n* de ba/xo estilo & los fizo voluntariamente / syn los apremjar nj*n* Ronper su corte / fuero*n* tales com*m*o los borregos por do/mar los quales por su Braueza tra/hen çençerros por q*ue* sean sacados por / el Rastro donde andoujre*n* com*m*o son de / mal sosiego, y estos p*ri*uados ha*n* fecho / asy. E dize el pastor q*ue* avn q*ue* se somete / por q*ue* la cosa avn no*n* esta p*ar*a segujr en / pos ellos. Mas q*ue* tenjendo lo q*ue* le cu*n*pla p*ar*a / el p*er*sigujmjento q*ue* aRemetera por las ca/llejas en pos ellos q*ue* son las fortalezas &/ lugares deffensibles

I. [*R-M* Copla] viij°. ¶ Alla por esas quebrantada$^{s}$
veras balando corderos
[Falta el verso]
y ovejas abarançadas
los panes todos comjdos
y los vedados pasçidos
y avn las huertas de la villa
tan gran dapño en asperilla
nunca vieron los nasçidos

*Variantes de la Copla*

*BMus*: [Copla V] 1. q*ue*bradas 3. por aca muertos carneros 4. [falta] o. abarrancadas 8. tal estrago e. a.

*SA*: [Copla V] 1. q*ue*bradas 3. por aca muertos carneros 4. [falta] o. abarrancadas 8. tal estrago e. espirilla

*SB*: [Copla] xviij°. 1. q*ue*bradas 2. b. los c. 3. po$^{r}$ aca mue$^{r}$tos ca$^{r}$neros 4. [falta] o. abarrancadas 6. b. todos p. 8. tal estrago e. esp*ir*illa

*Inc*: [Copla] xviij. 1. quebradas 2. v. ladrando c. 3. por aca muertos carneros 4. [falta] o. abarrancadas 8. tal estrago enesperilla

*BNM*: [Copla V] 1. quebradas 3. por aca muertos carneros 4. [falta] o. abarrancadas 8. tal estrago e. espirilla

*Gall*: [Copla V] 1. quebradas 3. Por acá muertos carneros 4. [falta] O. abarrancadas 8. Tal estrago e. Esperilla

*Gl. Gall*: [Copla V] 1. quebradas 3. Por aca muertos carneros 4. [falta] O. abarrancadas 8. Tal estrago e. Esperilla

*Evora*: [Copla XVIII] 1. quebradas 3. por aca muertos carneros [otra *n* encima de la *n* de carneros] 4. [falta] ouejos abarrancados 8. tal estrago e. esperilla

*RAH*: Estancia 18. 1. quebradas 3. Por acá muertos carneros 4. [falta] O. abarrancadas 8. Tal estrago e. esperilla

*Ed. Sancha*: Estancia XVIII. 1. quebradas 3. por acá muertos carneros 4. [falta] o. abarrancadas 8. tal estrago e. Esperilla

II. *Glosas a la Copla*

*SA*: espirilla. / por españa

*SB*: alla po$^{r}$ esas q*ue*bradas

En esta copla co*n*cluye el Rebulgo su Respue*st*$^{a}$ y dize los males q*ue* todos en g*en*eral sufren / balando los co$^{r}$deros / co*n*biene a sabe$^{r}$ [*Inc*: Conuiene saber] gimje*n*do los ynoçent*e*s e onbre [*Inc*: ombres] syn culpa / E g*en*eral me*n*te todos los estados del Reyno // e çie$^{r}$ta me*n*te muchas bezes p*er*mjte dios q*ue* se faga*n* punjçion*e*s g*en*erales en las t*ie*rras / ta*n* bie*n* en los b*ue*nos como en los malos / po$^{r}$ div*er*sos R*e*spetos / co*n*biene a sabe$^{r}$ [*Inc*: Conuiene saber] a los malos / po$^{r}$ q*ue* so*n* malos e a los b*ue*nos avn q*ue* son b*ue*nos por q*ue* consyente*n* los malos e podie*n*dolos castig[ar] [Letras guillotinadas suplidas según *Inc*] /o p*r*$^{o}$cura$^{r}$ q*ue* sea*n* castigad[os] dexa*n* creçer sus peca[dos] e maldad*e*s [sin signo de abreviatura] // d*e*llo p[or] njgligen*ç*ia / d*e*llo po[r] poca osadia / d*e*llo po[r] por] gana$^{r}$ /o po$^{r}$ no*n* p*er*de[r] /o por q*ue*re$^{r}$ co*n*plaze$^{r}$ / o [no] desplaze$^{r}$ a los malos nj*n* les mostra$^{r}$ enemjstad /o po$^{r}$ ot*r*$^{o}$s R*e*spetos agenos / de aq*ue*l[lo] q*ue* onbre b*ue*no e Recto es obligado de faze$^{r}$ / y estos tales como q*ui*era q*ue* no so*n* p*ar*tiçip[es] co*n* los malos en los males / p*er*o so*n* p*ar*tiçip*e*s con ellos en padeçe$^{r}$ las punjçion[es] generales q*ue* dios enbia en las t*ie*rras / los panes todos comjdos // dize los panes po$^{r}$ q*ue* la fue$^{r}$ça q*ue* se entie*n*de po$^{r}$ el pa*n* estaba ya comjda / y no abia nj*n*g[una] p*ar*a Resisti$^{r}$ el mal / los bedados // dize po$^{r}$ las cosas sag*ra*das / q*ue* asi m*i*smo estab[a*n*] paçidas // co*n*biene sabe$^{r}$ q*ue* Reçebia*n* biolençia // las hue$^{r}$t*a*s de la villa // as[i] como las hue$^{r}$t*a*s bie*n* g*ua*rdadadas [*sic*] e p*r*$^{o}$beydas abunda*n* en fruto // asi las çibdad[es] e villas / do se g*u*$^{a}$rdan sus p*r*$^{e}$billejos e b*ue*nos vsos floreçen / en b*ue*na gov*er*naçio*n* y po$^{r}$ q*ue*sto todo estaba corro*n*pido // dize q*ue* ta*n*bie*n* las hue$^{r}$t*a*s d*e*la villa // co*n*biene a sabe[$^{r}$] [Inc: Conuiene saber] los p*r*$^{e}$billejos e los b*ue*nos [Inc: & buenos] vsos de los pueblos // tal estrago en esperilla / agora da ffin a sus q*ue*xas mostra*n*do gra*n*d dolor de su p*er*diçio*n* // e dize q*ue* tal estrago nu*n*ca biero*n* los naçidos / en esp*er*illa // q*ue* q*ui*ere dezi$^{r}$ en españa / a sinjficaçio*n* de v[na] estrella q*ue* los griegos llama*n* // esperia // q*ua*ndo nabega*n* en españa // q*ui*en q*ui*sier[e] v*er* estos estragos de q*ue* la Rep*u*b*lica* se q*ue*xa / lea la coronjca del t*ie*npo de aq*ue*lla dibisi[o*n*] e allj los v*er*a po$^{r}$ este*n*so / asy q*ue* en *e*sta copla q*ui*ere dezi$^{r}$ como todos los estados asi eclesiasticos como seglar*e*s Reclama*n* d*e*los daños q*ue* Reçiben e q*ue* toda la fue$^{r}$ça de bie*n* faze$^{r}$ esta p*er*dida // y los p*r*$^{e}$billejos e b*ue*nos vsos de las çibdad*e*s e billas esta*n* q*ue*brantados / p*er*v*er*tidos [Inc: & peruertidos] e sobre todo co*n*cluye q*ue* tal est*ra*go nu*n*ca biero*n* los naçidos en españa &

*BNM*: ¶ alla por essas q*ue*bradas &ç$^{r}$[1]. q*ue*brada$^{s}$[2] co*n*ujene sabe$^{r}$ canpos e logar*e*s e[3] çibdad*e*s et villas veras bala*n*do co$^{r}$deros ./. los[4] de juuenjl[5] hedad /o sangre de todo punto ygnoçe*n*te persçer [6] po$^{r}$ mu*n*chas e diue$^{r}$sas tribulaçion*e*s po$^{r}$ aca mue$^{r}$tos ca$^{r}$nero$^{s}$ ./. om*ne*s[7] de mayor*e*s hedad*e*s q*ue* so*n* d*i*chos pecador*e*s mue$^{r}$tos po$^{r}$ los camynos e[8] en las g*ue*rras e atreuesion*e*s e escandalos /& avn dueñas maltractad*a*$^{s}$ de diue$^{r}$sas fue$^{r}$ças e rrobos[9] e mue$^{r}$tes e ot*r*$^{o}$s jnsultos et daños[10] et por eso dise /ouejas abarrancadas por om*ne*s e muger*e*s maltraydos asi com*mo* hic & hec homo / se toma[11] po$^{r}$ onbre e muge$^{r}$ /. los panes todos comjdos e los vedados paçidos et avn las huertas de la villa ./. toda la cosa publica[12] asi el canpo com*mo* las çibdad*e*s segun*d* fasta aq*ui* es visto[13] fas*e*$^{r}$se / tal estrago /. en esperilla co*n*ujene sabe$^{r}$ en españa asi com*mo* dise en los d*ic*hos ve$^{r}$sos / batallas canpal*e*s se leuantara*n* por los canpos esperios[14] / canpal*e*s ./. mortales /. esperia ./. españa / nu*n*ca viero*n* los naçidos es / a sabe$^{r}$ Auje*n*dolo[15] po$^{r}$ mas fue$^{r}$te[16] q*ue* otro destruymi*ent*$^{o}$ alguno &:-

*Variantes BNM/Gall*
1. quebradas."—Quebradas 2. Quebradas, canpos y 3. y villas y cibdades. 4. Y 5. jouenibles hedades 6. peresçidos 7. Et omes 8. caminos, et aun dueñas 9. robos, y otros insultos 10. daños. [¶]"Ovejas 11. se entyende 12. pública robada, asy el pan como las çibdades [¶]13. visto. [¶]"Tal 14. ásperos d'España, que por vocablo corronpido dize aquí Esperilla, se entiende España. 15. auiendo 16. fuerte destruimiento que otro.

*RAH*: Glosa. 1. Concluie *Mingo Revulgo* en esta copla su querella, y dize los males que todas las gentes del Reino en general sufrian. *Corderos*, llama â los inocentes y sin culpa. *Carneros*, â los maiores, y personas mas principales del Reino. *Ovejas*, dize por todo el resto de la gente del Pueblo. Y dize, que todos estos estados de gentes maiores y menores, y medianos, buenos y malos generalmente padecen. Unos fuerzas, y robos; y otros muertes en diversas partes y lugares. Como sea verdad que muchas vezes permite Dios que se hagan castigos generales en las tierras, ansi en los buenos, como en los malos: y que juntamente padezcan pena temporal buenos y malos: los malos; porque son malos: y los buenos; porque passan en disimulacion los pecados de los malos, y no los redarguien, ni re*pre*henden[17] segun que largamente lo trata S$^{t}$. Thom. e[n la 2$^{a}$ 2$^{ae}$ en la quest] 108. en el 4. art. Y el cap. *Eccle[sia* en la causa pri]mera en la quest 40. y el prin[cipio en la causa] 24. en la quest. 3. Y Medina en el Codice *de satisfactione* en la quest. 5.

2. *Pan*, segun S$^{n}$. Greg. en el lib. 23. en el cap. 26. de sus Mor. Y el cap. 3. de Ysaiai [*sic*] Propheta; se toma, y entiende en muchos significados: y entre estos significados: se toma por la refeccion, y socorro temporal de esta vida presente: y anssi se toman, y entienden aqui los *panes*. Y dize: *Que estan todos comidos*. Conviene â saber, que estan consumidos, y que el Pueblo padece necesidad, y falta por defecto de buena gouernacion y providencia. *Los vedados, pacidos*, dize por las cosas de la Yglesia, que dize, que padezen fuerzas y violencias. Y *las huertas de la villa*, dize, por el aprobechamiento comun, y los proprios y rentas de los Pueblos del Reino,

las Leies, y estatutos, y ordenanzas justas, que principalmente se enderezan al aprouechamiento comun, y bien de la cosa publica: prefiriendo siempre la publica utilidad a el singular y particular interes. Lo qual todo quando se guarda, y haze como hazer se debe, y está en su fuerza y vigor; la Republica del Reino tiene verdor, y creze y florece y aumenta. Mas quando los que han de regir, y gouernar el Reino, y procurar el bien comun del; siguen su proprio interes movidos por cobdicia, y avaricia,[18] y codicia, y otros vicios; crecen siempre los males en la Republica, y viene en continua diminucion, hasta llegar â total destruicion, y perdicion segun lo dize Caton en la oracion que pone Salustio en el Catilinario, cuias palabras pone tambien S$^{n}$. Agustin en el lib. 7. de la Civdad de Dios en el Cap. 9. que son las siguientes: No querais pensar, dixo Caton, que nuestros maiores con armas hizieron su Republica de pequeña grande: que si anssi fuesse, mucho mas hermosa la tendriamos nosotros; porque ciertamente maior abundancia de compañeros y ciudadanos, y allen[19] de esto de armas, y cauallos tenemos nosotros que ellos tuvieron. Mas otras cosas fueron las que â nuestros maiores hizieron grandes, de las quales nosotros ningunas tenemos. Ca. Estando en casa, tuvieron industria en el campo, y justo Ymperio: en animo y corazon libre, y derecho en aconsejar, no embuelto en luxuria, ni delito. Por estas cosas, que ellos tuvieron, nosotros tenemos la luxuria, y la avaricia: la Republica esta pobre, y nuestra familia rica: los galardones que se avian de dar por virtud, vendense por dinero; porque el tesoro de la cosa publica fuesse rico, las haziendas de aquellos eran pobres. Agora, corruptas nuestras costumbres acaesce lo contrario: que el tesoro de la Republica está pobre, y nuestras haziendas ricas: lo qual es cosa desaguisada, y corruptela de toda salud. Lo qual todo dize aqui el *Revulgo*, que passa ansi en la Republica, y que el zelo, y bien comun de ella esta olvidado, y perdido. Da mas sus quexas, y mostrando gran sentimiento, y dolor de su perdicion, dize: *Que tal estrago en Esperilla nunca vieron los nascidos*: que quiere dezir: Que tal estrago nunca vieron los nascidos en *Espa*ña,[20] que en latin se dize *Hisperia*, de do la llama aqui *Esperilla*. Demanera que se queja en esta copla, y dize: que todos los estados del Reino anssi Eclesiasticos, como seculares; recibian, i padezian fuerzas, y robos, y muertes: y que la cosa publica estaba tan necesitada, y disipada por falta de buena gouernacion, y por la avaricia de los tiranos; que *tal estrago* en España *nunca vieron los nacidos*. Siguese— El Author.

*Variantes RAH/Ed. Sancha*
17.[Las palabras ilegibles debido a un hueco en el manuscrito están suplidas entre corchetes según la lectura de *Ed. Sancha.*] 18. avaricia, y otros 19. allende de 20. [Termina el escriba una línea: *Espa*, comienza la próxima: ña sin subrayar.]

## III. *Respuestas*

[*R-M*] Repuesta al Reuulgo.

viij° ¶Nu*n*ca medRe*n* las qujxadas
de los malos cabraleros
q*ue*...*[?] carnjceros
de ...* -res pupiladas
syn venjr a mjs oydos
los cabritos Regordidos
aquesta mala quadrilla
de pastura syn mançilla
de sus actos conosçidos

[*BNM*] rrespuesta

¶las çibdad*e*s so*n* tornadas
Rastros de degolladeros
los camjnos y senderos
en despojos a manadas /.
los menudos van p*er*didos
los coraçones caydos /.
da señal y maraujlla.
en españa y su quadrilla.
grandes daños ser venjdo[s]

*[Hueco en el manuscrito. Indicamos por [?] una letra ilegible.]

## *Variantes de las Respuestas BNM/Gall*

2. R. y d. 7. Dan s.

## IV. *Glosa a la Respuesta R-M* [falta]

I. [*R-M* Copla] jx.

¶ O mate mala ponçoña
a pastor de tal manera
q*ue* tiene cuerno con çimera
y no les vnta la Roña
vee los lobos entrar
y las ouejas Balar
y el Risadas en oyrlo
njn por eso el caramjllo
Jamas dexa de tocar

*Variantes de la Copla*

*BMus*: [Copla VI] 3. c. c. mjera 4. n. le v. 6. los ganados b. 7 [falta] e. R. 9. nu*n*ca d.

*SA*: [Copla VI] 3. c. c. mjera 6. los ganados b. 9. nunca D.

*SB*: [Copla] viij°. 3. c. c. mjera 6. e los ganados b. 9. nu*n*ca d.

*Inc*: [Copla] viij. 3. c. c. miera 6. E los ganados b. 7. [falta] e. rr. 9. Nunca d.

*BNM*: [Copla VI] 3. c. c. mjera 6. y los ganados b. 7. [falta] e. rr. 9. nunca d.

*Gall*: [Copla VI] 3. c. c. miera 6. [falta] Los ganados b. 7. [falta] E. r. 9. Nunca d.

*Gl. Gall*: [Copla VI] 3. c. c. miera

*Evora*: [Copla VIII] 3. c. c. mera 6. y los ganados b. 7. [falta] e. r. 9. nunca d.

*RAH*: Estancia 8. 3. c. c. miera 6. Y los ganados b. 7. [falta] E. r. e. oillo 9. Nunca d.

*Ed. Sancha*: Estancia VIII. 3. c. c. miera 6. y los ganados b. 7. [falta] e. r. e. oyllo 9. nunca d.

II. *Glosas a la Copla*

*SA*: [falta]

*SB*: / o mate mala po*n*çoña /

Dyze aq*ui* el pueblo q*ue*ste su pastor tiene cue[r]no co*n* mjera /. Cue[r]no en latin q*ui*ere dezi[r] corona / myera es azeyte denebro [*Inc*: de enebro] co*n* q*ue* vnta*n* el ganado p[a]*ra* q*ue* sane de la Roña q*ue* tiene / y q*ui*ere dezi[r] aq*ui* [*Inc*: quyere aqui dezyr] q*ue* su Rey tiene cue[r]no / co*n*biene a sabe[r] [*Inc*:

Conuiene saber] q*ue* es Reto Rey [*Inc*: es Rey] coronado / e po$^{r}$ q*ue* los Reys segu*n*d se lee en la sacra es*cri*ptu*r*a / en ot*r*$^{o}$ t*ien*po era*n* vng*i*dos co*n* azeyte s*an*to / q*ui*ere dezi$^{r}$ q*ue* como q*ui*era q*ue* es Rey natural e vng*i*do / e segu*n*d Razo*n* debria cura$^{r}$ la Roña co*n*biene a sabe$^{r}$ [*Inc*: conuiene saber] castiga$^{r}$ los biçios e los pecados del pueblo e avn q*ue* beya entra$^{r}$ los lobos q*ue* so*n* los / tiran[os] e oya bala$^{r}$ los gan$^{a}$dos q*ue* so*n* los clamor*e*s d*e*los ag*ra*biados / todo esto pospuesto no dexaba de toca$^{r}$ el caramjllo /. q*ui*ere dezi$^{r}$ q*ue* nj po$^{r}$ esto dexaba de seguj$^{r}$ tras sus deletaçion*e*s / e po$^{r}$ tanto le jncrepa dezi*en*dole / o mate mala po*n*çoña / aristotiles en el te$^{r}$çero d*e*las politicas / pone tress man*er*as de gove*r*naçio*n* / e dexa*n*do las doss / q*ue* llama a la vna / aristo graçia / q*ua*n[do] gobie$^{r}$na*n* en el pueblo pocos / e los mejor*e*s /. e la politica q*ue* llama a la gove*r*naçio*n* f*e*cha po$^{r}$ todos los del pueblo / po$^{r}$ q*ue*stas dos no faze*n* al caso p*r*$^{e}$se*n*te / e fablando en la te$^{r}$çera man*era* de gove*r*naçio*n* f*e*cha por vn [*Inc*: vno] solo /. a la q*ua*l llama*n* mona$^{r}$chia / d*e*sta tal dize q*ue* q*ua*ndo vno gobie$^{r}$na el Reyno p*r*$^{o}$cura*n*do co*n* dilige*n*çia el bie*n* comun / ant*e*s q*ue*l suyo pa$^{r}$ticula$^{r}$ /. este tal se llama Rey /. y sy pospone el bie*n* d*e*la Repu*blica* po$^{r}$ su bie*n* p*ar*ticular / llamale tirano //. e segu*n*d p*ar*eçe en todas las q*ue*xas de la Repu*blica* / dichas en *e*stas syete coplas pasadas v*er*dad es q*ue* acusa al Rey de folgaza*n* / en la gove*r*naçio*n* d*e*l pueblo e neglige*n*te en la esecuçio*n* d*e*la Justi*ç*ia [*Inc*: justa] / y çie$^{r}$to es q*ue* del poco cuydado del p*r*inçipe en lo q*ue* toca a la gove*r*naçio*n* de su Reyno p*r*$^{o}$ceden / tiranjas / e de su njglige*n*çia en la justi*ç*ia p*r*$^{o}$çede*n* jnjustiçias / p*er*o no behemos q*ue* acusa su pe$^{r}$son$^{a}$ de tirano nj de cruel /. asy q*ue*sta copla q*ui*ere dezi$^{r}$ q*ue* como q*ui*e$^{r}$ q*ue* su gove*r*nador es Rey natural e vng*i*do / no cura d*e*lo q*ue* Req*ui*ere a la b*ue*na gove*r*naçio*n* del pueblo / segu*n*d q*ue* bue*n* Rey debe faze$^{r}$ / e avn q*ue* bee los onbr*e*s / crimjnosos faze$^{r}$ fue$^{r}$ças / y oye los gemjdos d*e*los ag*ra*biados / nj tiene cuydado de vsa$^{r}$ de su /oficio / nj dexa de toma$^{r}$ sus plazeres &

*BNM*: ¶ o mate mala poçoña &ç$^{r}$[1] a pasto$^{r}$ de tal man*era*.[2] co*n*ujne saber cabdillo /o cabeçera de tal calidad q*ue* tiene cuerrno co*n* mjera / cuerrno.[3] es a sabe$^{r}$ rregno asy com*mo* fallaras por daujd cornua[4] p*e*c*a*to$^{r}$*um* c*on*fringa*nt* et exaltabu*ntur* cornua justi cuerrno ./. rregno mjera ./. ma*n*do co*n*ujene sabe$^{r}$ facultad e poderio e no*n* les vnta la rroña[5] es a saber no*n* les sana /o p*r*$^{o}$cura[6] de sana$^{r}$ e[7] euadjr e escusa$^{r}$ d*e* las g*ue*rras e daños e peligros traye*n*doles[8] melesinables man*er*as no porfiosas nj*n* voluntarias[9] p*ar*a apa$^{r}$ta$^{r}$los[10] d*e* los otros viçios e cosas tales q*ue* d*e*l mal rregimjento e goue$^{r}$naçio*n* vjene*n*[11] e naçe*n* et rresultan q*ua*ndo el rregidor[12] e goue$^{r}$nador no toma cuydado Ca todos sygue*n* su via com*mo* cabeça y goue$^{r}$nado$^{r}$ p*r*i*n*çipal / d*e*sto fallaras en *e*l libro / d*e*los rreyes de ysrrael[13] donde dize q*ue* Acaz[14] fue malo e fiso lo q*ue* peso ant*e* dios[15] et fizo mal q*ue* peco e fiso peca$^{r}$ al pueblo[16] e asy de Jeroboa*n* e de ot*r*$^{o}$s mu*n*chos /& a esto se co*n*forma vna decretal q*ue* dise[17] cu*m* no*n* liceat a capite. q*ui*ere d*e*s*i*$^{r}$ / com*mo* no*n* co*n*ue*n*ga de la cabeça pa$^{r}$ti$^{r}$se los mje*n*bros / Ca asy es el rrey en su rregno com*mo* el coraçon en medio d*e*l cue$^{r}$po d*e*l om*ne* q*ue* es llamado rrey d*e*l cue$^{r}$po e todos los ot*r*$^{o}$s mjenbros acuden a el asy com*mo*[18] sus subditos q*ua*ndo[19] mal le va[20] y el a ellos po$^{r}$ co*n*sigujente /por tanto po$^{r}$ q*ue*l pasto$^{r}$ es pu*e*sto po$^{r}$ p*r*$^{o}$ d*e*l ganado no[21] el ganado po$^{r}$ p*r*$^{o}$ d*e*l pastor[22] dize aq*ui* y no les vnta la rroña virgilio e*n* la bocolica suya fase me*n*çio*n* de vna man*er*a de dos pastor*e*s trayendo vnas grand*e*s moralidad*e*s allj d*e* las man*er*as d*e*l vno /& del otro q*ue* toca bie*n* a esta materia[23] e avn creo q*ue* sobr*e*lla se funde el q*ue* la obra p$^{r}$*e*sente ynue*n*to lo q*ua*l rremyto a la bocolica suya[24] po$^{r}$ q*ue* aq*ui* no cabe la rreferir[25] q*ue* seria[26] gran*d* p*r*$^{o}$lixidad / . asi q*ue* rroña ./. vnjue$^{r}$sal ayuntamj*ent*$^{o}$ de cosas dañosas e enpeçibl*e*s. dise vee los lobos entra$^{r}$[27]. co*n*uyene sabe$^{r}$ los adue$^{r}$sarios estra*n*geros e avn naturales y[28] los ganados bala$^{r}$[29] es a sabe$^{r}$ su rrepublica e gent*e*s[30] de sus rregnos q*ue*xa$^{r}$se e da$^{r}$ boses d*e* los males y daños q*ue* padeçen e rresçiben q*ue* no saben por do les vjene / el rrisad*a*$^{s}$ en oyllo ./. poco cudado q*ue* muestra po$^{r}$ cosa q*ue* contesca nj*n* po$^{r}$ eso el caramjllo[31] es a sabe$^{r}$ el estilo y obras y costu*n*br*e*s por el come*n*çadas y abito[32] rrayd*o*$^{s}$ sygujen*d*o aq*ue*llas nu*n*ca dexa de toca$^{r}$ ./. exe$^{r}$çer sus apetitos e voluntad*e*s e jncljnaçion*e*s posponje*n*do lo q*ue* a djos e a su rrepublica deue[33] q*ua*ndo no cura d*e*lla &:-

*Variantes BNM/Gall*

1. ponçoña—A 2. manera."—Cabdillo 3. Cuerno, reyno, asy 4. *cornu a pecatus confrigat et exaltabitur cornua justi: cornua regna mytro* (sic), [*sic* de los redactores de *Gall*] mando poderío y facultad. 5. roña."—No les 6. procura sanar 7. de euadir de las guerras, daños y peligros 8. trayendo 9. voluntariosas 10. apartar los otros 11. vienen, naçen et 12. rejidor, cuydado ca todos 13. Ysimen 14. Asoz 15. *antedi* (sic), [*sic* de los redactores de *Gall*] que pecó 16. pueblo, et desto se conforma vna abtoridad, et testo del decretal 17. dize como non convenga de la cabeça los mienbros ser partidos: 18. como súbditos 19. quando bien ó mal 20. va á él y ellos; et por tanto 21. y non 22. pastor. [¶]"Y non les 23. materia, lo qual remito 24. suya; que 25. enxerir 26. seria prolixidad, ó romper la breuedad que al glosar pertenesce. Et por que de lo breue los modernos se gozen dize: [¶]"Vee 27. entrar."—Los adversarios 28. [falta] 29. balar."—La República 30. gente 31. caramillo."—El estilo, obras y 32. abituadas siguiendo 33. deuya

*RAH*: Glosa. 1. *Cuerno*, se toma[34] por el poder para vencer y ventilar con facilidad los enemigos segun el Ps. 43, donde hablando el Psalmista de la Victoria q*ue* el Pueblo esperaba de sus enemigos con el favor, y aiuda de Dios, dize: *Inte inimicos nostros ventilabimus cornu*. Que quiere dezir: esforzados con la esperanza de tu socorro, venceremos nuestros enemigos, y los hecharemos de nosotros con aquella facilidad, o presteza que el Buei, ô Toro ventila lo q*ue* toma, y arroja con los cuernos. *Miera*, es el azeite del nebro,[35] conque untan el ganado, paraque sane de la roña. La *miera*, se toma y se[36] entiende aquí por la justicia, de que el Rei debe usar siempre, para untar, y sanar el ganado, que es el Pueblo. De la roña, que es la maldad de los vicios, y pecados contagiosos, segun el Psalmista dize de si mismo, para dar enxemplo â los Reies, y Señores de la tierra, en el Psal. 100. do dize: *In matutino interfaciebam omnes peccatores terrae, ut disperderem de civitate Domini omnes operantes iniquitatem*. Que quiere decir: luego de mañana. Conviene â saber: con toda la presteza, y diligencia a mi possible castigaba, y mataba, segun la calidad de los delitos lo pedia, todos todos [*sic*] los mal hechores de la tierra a mi sujeta, para que de esta manera destruiese y deshiziese de la Cibdad del Señor todos los que obran maldad. Y anssi para reprehender aqui *Mingo Revulgo* â su Rei de negligente en castigar los delitos, comparandole al Pastor descuidado, quaxase, [*sic*] y dize: que tiene *cuerno con miera*. Que quiere dezir: que tiene poder de Rey: y que como quiera que debria con instancia, y podia con facilidad, y presteza libras[37] asi, y a su Pueblo de toda maldad, y tirania, y poseer su Reino en qui*e*tud[38] y sosiego; *no les unta la roña*. Conviene â saber: no castiga los vicios, y entresaca de la Republica los rebeldes y[39] malos. Mas dize, que

2.[40] *Vee los lobos entrar*, Y llama â los Tiranos *lobos*; porque anssi como los lobos con su dañado apetito dilaceran, y destruien el ganado: anssi los Tiranos con su desordenada cobdicia, y crueldad, disipan y anhelan[41] los principados, y señorios, que tienen tiranizados, y sujetos. Y dizese Tirano â *Tiro*, en Griego; que en latin[42] quiere dezir *Angustia*; porq*ue* los tiranos angustian, y atormentan â los que tienen anssi sujetos. Anssi lo dizen la Ley 10. en[43] Tit*ul*° 1. de la 2. Partida; y Bartulo en el trat. *de Tiranide* en el principio: que en esto difiere el buen Rei del tirano, que el Rei siempre tiene fin, y respecto al bien comun, y el tirano a su proprio interes, segun la Ley 10. arriba alegada. Y el Pphilosopho [*sic*] en el 4, y 5. de las Politicas. Y la Glosa grande en la Clementina unica de Bauptismo. Y Egidio en el 3. lib. del Regimi*en*to de los Principes[44] en el cap. 11. Y Bartulo en el trat. de *Tiranía* ya alegado.[45] Y Gabriel en el 4. en la dist. 15. en la quest. 5. al principio en la coluna 2. Demanera, que quexandose el Pueblo de la negligencia y descuido del Rey, dize: que *vee los lobos*, que[46] son los tiranos, entrar; y *los ganados*, que[47] son los agramados [*sic*][48] de los Pueblos, y republicas del Reino, *balar*, que es gemir, y clamar.[49] Y que su Rey, que debria dolerse de ellos, y trabajar, para librarlos de las manos de los tiranos, y enemigos,

3. *Da risadas en oillo*. Que quiere decir: q*ue* que [*sic*] aun no parece que mostraba punto de sentimiento; porque no se debe aqui entender que el Rei

tomase plazer de que en su Reino vbiese Tiranos. Pues en las Coplas predecentes, ni en las que se siguen, nunca el Rei a[50] sido, ni es notado, ni reprehendido de tirano: como quiera q*ue* aya sido reprehendido de negligente en gouernar su Reino, y hazer injusticia,[51] de do se suelen seguir injusticias, y tiranias contra el Rey y contra el Reino. Anssi, que dize aqui q*ue* daba *risadas en oillo*. Queriendo dezir: Que ni aun por eso se apartaba de sus plazeres, y deleites, como si de los trabajos del Reino tomase plazer. Concluie, y dize:
4. *Ni por eso el Caramillo nunca dexa de tocar*. Que quiere dezir: que ni aun por eso se dexa de dar â la musica, y plazeres, que suele. Lo qual se entiende aqui por *Caramillo*, que es instrumento de musica, que en latin se dize *Tibia*, y el de el[52] Pastor *Calamus*, de do dize *caramillo*. Y porque los tales placeres son vicios, pues por ellos dize que el Rey dexa de gouernar el Reino y tenerle en justicia, le increpa, y dize: *Ô mate mala ponzoña*. Para entendimiento de lo qual, es de saber que ai dos maneras de plazeres. Una manera de plazer es de aquellas cosas que son prohibidas; porq*ue* de su cosecha, y propria[53] naturaleza, son malas. Y estos tales placeres propriamente se llaman, y son vicios. Y entre ellos ai diferencias, y grados de maiores y menores. Y tanto son maiores quanto mas las circunstancias y tiempo los califican, y agraban. Otra manera de placeres es de aquellas cosas que de si no son malas, ni prohibidas, antes son permitidas, y necesarias para conseruar la salud, y vida del hombre, y recrear el espiritu. Ansi como el descanso, que segun el Philosopho en el 8. de las Politicas, dize; que el descanso es medicina del trabaxo. Y el mismo en el 4. de las Ethicas, dize: que el descanso, y honesto juego son necesarios â la vida[54] del hombre, y ansi de otros semejantes placeres, los quales q*uan*do no exceden de la medida de la razon; se llaman, y son placeres, y recreacion virtuosa. Mas q[uan]do pecan en exceso, en lo que exceden, y segun el exceso, son vicios: ansi como los primeros de que arriba diximos. Anssi Seneca en la Epist. 15. dando la orden, que avia de tener Lucillo en trabaxar, y tomar plazer dize: No te exhorto, ni mando que te des siempre â leer, ni escrivir, que ciertamente se ha de dar interualo al animo, no para q[ue] se afloxe, y[55] entorpezca; mas paraque se aliuie, y tome aliento. Y en la 3. Epist. el mismo Seneca dize â Lucillo: que se debia hazer lo que dezia un Sabio llamado Pompeio, que es mezclar en uno el trabaxo, y el reposo. Demanera que el que trabaxa, debe â vezes reposar; y el que reposa, debe a vezes trabaxar, segun el tiempo que tiene dia y noche. Y ansi de aquellos, que exceden en la manera y medida, que en tomar placeres deben tener, dize Dios por el Propheta Ysaias en el cap. 5. de su Proph*eci*[a]. *Ve*,[56] *qui consurgitis manè ad ebrietatem sectandum*,[57] *et potandum usque ad versperam, ut vino estuetis*[58] &. Que quiere dezir: Ay de vosotros los que os leuantais de mañana â seguir amenudo la embriaguez, y beber asta la postrera parte del dia, para

inflamaros con el vino[59]; vihuela, y guitarra, â tambor, y *caramillo*, y vino en vuestros combites, y no mirais las obras de las manos del Señor. Y ansi como el Rei no guardaba la orden y medida, que debia en tomar placeres â su tiempo, reprehendele âqui el *Revulgo* de vicioso; porque como quiera q*ue* la musica, y otros semejantes placeres sean de aquellos â que el Rei se puede y debe[60] a vezes dar, segun la Ley penunlt. [*sic*][61] y final. en el tit. 5. de la 2. Partida, no los debe tomar por tanto extremo, que por ello dexe lo que es obligado, y debe hazer,[62] segun tambien de los Reies la Ley 15. alli dize. Siguese El Author.

*Variantes RAH/Ed. Sancha*
34. se toma aquí 35. enebro 36. y entiende 37. librar 38.[La letra *e* indistinta] 39. [Precede la *y* una *i* tachada] 40. [Falta el número] 41. anhelan á destruir los Principados 42. Latin y Castellano quiere decir 43. en el 44. *de Principes* 45. alegada 46. [En *Ed. Sancha*, *que* hasta *Tyranos* entre paréntesis] 47. [*que* hasta *Reyno* entre paréntesis] 48. agraviados 49. [*que* hasta *clamar* entre paréntesis] 50. ha sido notado de Tyrano 51. justicia [En *RAH* las letras *in* insertadas antes de la palabra *justicia*.] 52. del 53. mala 54. vida humana 55. ni 56. *Vae* 57. *sectandam* 58. *aestuctis* 59. vino. *Cithara, et lyra, et tympanum, et tibia, et vinum in conviviis vestris: et opus domini non respicitis, nec opera manuum ejus consideratis."* *Vihuela* 60. [El copista escribió la palabra *debia*, luego la corrigió a *debe*.] 61. penultima 62. [La palabra *Que* tachada después de *hazer*.]

III. *Respuestas*

[*R-M*] Repuesta al Reuulgo.

jx ¶q*ue* demuño te demoña
co*n* tu fabla costumera
los q*ue* traxe de estremera
mas estan q*ue* vna çanpoña
venjdos alla apriscar
no los puedo acorralar
nj*n* meter en el sotillo
ademas al corcobillo
q*ue* no*n* puedo adomellar

[*BNM*] rrespu*e*sta:-

¶pareçeme ser yrroñ a
y opinio*n* no*n* v*er*dadera
q*ue*l pastor rroña y baçera
les sanase syn caloña
pecados de vn syngula[r]
puesto q*ue* puedan dañar
mas tal pastor / o cabdillo
da dios al mal ganadillo
q*ua*l mereçen syn dubda[r]

*Variantes de las Respuestas BNM/Gall*
4. El s. s. 7. Pero yo oso dezillo: 8. Solo tal caso çenzillo 9. Non los trae á mal andar

IV. *Glosa a la Respuesta R-M*

*que demuño te demoña* ¶Todos los q*ue* / este Rey ha fecho de nada son de estrema/dura el Marques /& el Maestre de cala*tra*ua / ca de Belmonte /& el Maestre de alcantara / de Caçeres /& quando los qujso ap*ri*scar ¶E / meter en el sotillo q*ue* es la corte a su ma*n*dado / non pudo en espeçial al Marq*ue*s.

I. [*R-M* Copla] x.

¶ trae vn lobo carnjçero
por medio de las manadas
por q*ue* sigue sus pissadas
dizen todos q*ue* es Carnero
sacalo de majada
desque da vna hondeada
en tal hora lo comiença
que si toma vna cabeça
dexala bien estrujada

*Variantes de la Copla*

*BMus*: [Copla IX] 4. dize a t. 5. sueltalo d. la m. 8. q. s. ase
*SA*: [Copla IX] 4. Dize a t. 5. ssuelta lo Dela m. 7. l. conpieça 8. q. s. asse
*SB*: [falta]
*Inc*: [falta]
*BNM*: [Copla IX] 4. dize atodos 5. sueltalo d. la m. 7. l. enco*n*pieça 8. q. s. ase 9. d. b. estrechada
*Gall*: [Copla IX] 4. Dice á t. 5. Suéltale d. la m. 7. l. conpieça 8. Q. s. ase
*Gl. Gall*: [Copla IX] 1. Pone u. l. c. 4. Dice a t. 5. Sueltalo d. la m. 7. l. conpieça 8. Q. s. ase
*Evora*: [falta]
*RAH*: [falta]
*Ed. Sancha*: [falta]

II. *Glosas a la Copla*

*R-M*: al Jaze

*SA*: [falta]

*SB/Inc*: [falta]

*BNM*: ¶ trae[1] vn lobo. [c]a$^{r}$niçero[2]. lobo[3] es [a] saber om*ne* tira[n]o ava$^{r}$cador tal q*ua*l cu*n*plia p*ara* *e*l [ca]so / por medio [d]*e* las manadas[4] [e]s a saber d*e* las [co]*n*pañas e gent*e*s [s]uyas q*ue* *e*ste[5] fuese [s]u ofiçial mayor [?] q*ue* la[6] facultad d*e*l [d]inero[7] alg*un*os lo [c]*on*sig*uen* asy *e*nt*e*nd*e*$^{r}$ // po$^{r}$ q*ue* sigue sus pisad*a*$^{s}$[8] es a sabe$^{r}$ sus cobdiçias e apetitos / dise a todos q*ue* es ca$^{r}$nero fasia*n*[9] rraso*n* de[10] lo loa$^{r}$ vn se$^{r}$ujdo$^{r}$ q*ue* la medida[11] fenchja en la facultad d*e*l dinero[12] vasiaua las bolsas agenas e fenchja la suya[13] / sueltalo de la majada ./. da*n*dole[14] su pode$^{r}$ / & facultad /& poderio desq*ue* da vna ondeada[15] ./. el estendimj*en*to d*e*l poder /& fact*or*es por tod*a*$^{s}$ las p*art*es d*e*l rregno / po$^{r}$ lo q*ua*l a mu*n*chos espa*n*taua com*m*o el lobo a los co$^{r}$deros e esto paresçe a vna glosa d*e* la decretal donde dise poco a poco engañosa me*n*te el lobo come al co$^{r}$dero q*ue* sy ase vn$^{a}$ cabeça[16] tal era q*ue*l q*ue* de sus manos escapaua chupado q*ue*daua la sangre bie*n* com*m*o q*ua*ndo el leo*n* /o la o*n*ça ha tenjdo a la rrapiña e chupado e beujdo la sangre /. por q*ue* dise dexala bie*n* estrechada[17] e esta es la man*er*a d*e* los tiranos &

*Variantes BNM/Gall*

1. "Pone 2. [Texto guillotinado suplido entre corchetes.] 3. Lobo: ome tirano 4. manadas."—De las otras conpañas 5. que este su oficial 6. en la 7. dinero algunos lo quieren asy entender. 8. pisadas."—Sus cobdiçias y apetitos, las quales poco y mucho, todos seguimos segund mas ó segund menos, et segund calidad y cantidad. 9. Fazia 10. de loar á vn seruidor 11. medida suya 12. dinero, et 13. suya, por tanto loauale de gran seruidor de vn príncipe que non fuera otro tal, et de tres cosas que se loaua tener príncipe principal este seruidor. 14. Dale sus poderes y grand facultad. 15. ondeada."—Desque salia et daua vna buelta por la villa á muchos espantaua como faze el lobo á los corderos, especial á quien le deuia dineros, que no sabia rincon do se meter. [¶]"En tal ora lo conpieca,—Que sy 16. cabeça."—Que syn dubda era asy, que tales quedaron de sus manos, que non digo de lobo, mas como de onça ó leona los dexó chupada toda la sangre, 17. estrujada."—El nonbre del qual non relato; déxolo para los entendidos porque non es esquisito, fasta el presente dia.

*RAH/Ed. Sancha*: [falta]

## III. *Respuestas*

[*R-M*] Repuesta al Reuulgo.

x ¶El zagal q*ue* es co*n*sumero
q*ue* mal sirue las soldadas
echanlo de las majadas
sabiendo su mal apero
mas si le dizen su errada
dize no*n* se meda nada
jura a mj q*ue* en...eua[?]* pieça
falla onbre en q*ue* estropieça
en q*ue* gana mas soldada

*[Ilegible debido a una mancha de tinta.]

[*BNM*] respuesta:-

¶po$^{r}$ q*ue* no en cas d*e*l herrero
o dan tales ma$^{r}$tilladas
se pueda desjr a osadas
q*ue* tienen peor Apero /
de aries bie*n* señalada
tal signo fiso morada
pujança q*ue* no tropieça
te*n*poral ta*n* la$^{r}$ga pieça.
estraga*n*do la mesnada

*Variantes de las Respuestas BNM/Gall*

1. c. de f. 2. Do d. 3. puede 4. tiene 6. (1) T. s. faze m. [En la nota núm. (1) los redactores de *Gall* añaden al fondo de la col$^{a}$ 831: (1) Parece faltar "en".] 7. n. trompieça 8. T. con l.

IV. *Glosa a la Respuesta R-M*

*El zagal* que ome tiene en casa si es / buen s*er*ujçial deuelo ome conportar vn / viçio si los s*er*ujçios son tales com*m*o fizo / el Rey a diegar[ias]* q*ue* avn q*ue* ...*vdo fue/le tan neçcesario q*ue* si por los thesoros q*ue* el / le fizo aver no*n* fuera tenp*ra*no diera*n* con *e*l / donde fuera ...*nor de los q*ue* fizo

*[Hueco en el manuscrito.]

I. [*R-M* Copla] xj.

¶ Apaçienta el holgazan
las ouejas por do qujeren
comen yerua con q*ue* mueren
mas cuydado non le dan
non vj tal desque ombre so
y avn mas te digo yo
avn que eres envjsado
que non atinas el ganado
cuyo es njn cuyo no

*Variantes de la Copla*

*BMus*: 3. yeruas 8. atienes del g.
*SA*: 2. p. o q. 4. m. cuydados 8. Del g.
*SB*: [Copla] jx. 8. del g.
*Inc*: [Copla] ix. 8. atines del g.
*BNM*: 7. que a. q. tu e. e. 8. atines del g.
*Gall*: 7. Que avnque tu e. e.
*Gl. Gall*: 5. [falta] 6. [falta] 7. [falta] 8. [falta] 9. [falta]
*Evora*: [Copla IX] 2. quiere 5. t. de que h. son 7. auisado 8. atienes del g. 9. c. e. o c. n.
*RAH*: Estancia 9. 7. visado 8. atines del g. 9. C. e. ô c. n.
*Ed. Sancha*: Estancia IX. 3. yerbas 7. avisado 8. atines del g. 9. c. e. ó c. n.

II. *Glosas a la Copla*

*SA:* [falta]

*SB*: / Apaçie*n*ta el folgaza*n*

/ Rep*r*$^{e}$hende el pueblo a su pastor po$^{r}$ q*ue* dexa apaç*en*ta$^{r}$ sus obejas por do q*ui*ere*n* / co*n*biene a sabe$^{r}$ [*Inc:* Conuiene saber] q*ue* consiente a sus suditos adq*ue*ri$^{r}$ b*ie*n*e*s por todas las fo$^{r}$mas q*ue* les plaze / ora benga de b*ue*na /. ora de mala p$^{a}$*r*te syn les castiga$^{r}$ nj Refrena$^{r}$ / donde se sygue [*Inc*: syguen] q*ue* la codiçia se arrayga de tal man*er*a q*ue* come*n* ye$^{r}$ba con q*ue* muere*n* / Conbiene a sabe$^{r}$ [*Inc*: conuiene saber] / adq*ui*ere*n* b*ie*n*e*s de jnjq*ui*dad co*n* q*ue* muere*n* las anjmas y esto dize q*ue* p*r*$^{o}$çede de se$^{r}$ holgaza*n* y d*e*ste biç[io] [Letras guillotinadas suplidas según *Inc*] e del /oçio le Rep*r*$^{e}$hend[e] en ot*ra*s p$^{a}$*r*t*e*s / do abemo[s] declarado / q*ua*nto esta d[i]njdad Real es obligad[a] a trabaja$^{r}$ po$^{r}$ la b*ue*na g[o]v*er*naçio*n* de sus sudit*o*s /. q*ue* no atines del ganado / çie$^{r}$to es q*ue* en t*ien*po de dibisio*n* en q*ua*l q*uie*$^{r}$ Reyno / o p*r*$^{o}$binçia la corrubçio*n* se estie*n*de de tanto [*Inc*: estinde ta*n*to] en todas las cosas q*ue* lleg$^{a}$*n* [*Inc*: llega ] fasta lo dibino po$^{r}$ q*ue* nj*n*gu*n*$^{o}$ dexa de seguj$^{r}$ lo q*ue* le plaze / [dos letras tachadas] leese en las ystori[as] Romanas q*ue* en el t*ien*po de la dibisio*n* de Roma / lo dibino e humano todo esta[ba] mezclado e tu$^{r}$bado de tal man*era* q*ue* no se conoçia [*Inc*: conosca] la difere*n*çia d*e*lo p*r*$^{o}$fano / a lo dibi[no] do p*r*$^{o}$çedia desordenadame*n*te [*Inc*: desorden] / en el pueblo e Reynaba / ta*n* gra*n*d co*n*fusio*n* q*ue* todo p*er*eçiera sy mucho durara / asy q*ue*sta copla q*ui*ere dezi$^{r}$ q*ue*ste gove*r*nador co*n*sient[e] a los onbr*e*s gana$^{r}$ b*ien*es de mala p$^{a}$*r*te co*n* q*ue* pie$^{r}$den las anjmas / dize asy mjsmo q*ue* tal deso$^{r}$de*n* ay en el Reyno q*ue* lo dibino e lo humano todo esta Rebuelto &

*BNM*: ¶ apaçienta el holgaza*n*[1] eç$^{r}$ holgasa*n* se entiende om*n*e dado a poco cudado e de cont*r*$^{a}$rio no ay mayo$^{r}$ afan q*ue* d*e*l espiritu e po$^{r}$ q*ue* lo no tiene le llama holgasa*n*. las ouejas po$^{r}$ do q*ui*ere*n* ./. las gent*e*s co*n*se*n*tid*a*$^{s}$ y dado[2] /osadia mala a fas*e*$^{r}$ rrobos & daños e ot*r*$^{o}$s jnsultos e[3] mue$^{r}$tes sy*n* rrie*n*da entra$^{r}$ e toma$^{r}$ e ocupa$^{r}$ los vnos lo d*e*los ot*r*$^{o}$s a man*era* d*e*los pescados d*e*l[4] ma$^{r}$ q*ue*l mayor al menor traga*n*[5] come*n* ye$^{r}$ua co*n* q*ue* muere*n*[6] ess a saber los auer*e*s e fasiend*a*$^{s}$ e sudor[7] e trabajos agenos Ca no puede se$^{r}$ ye$^{r}$ua nj de valles[8] mas dañosa p*ar*a morir q*ue* aq*ue*sta q*ue* se toma[9] p*ar*a daña$^{r}$ el anyma rrasonable d*e* la criatura q*ue* toma e[10] come lo ageno e nu*n*ca lo rrestituye de q*ue* es actoridad[11] de sant agostin s*an*to doctor / no se puede p*er*dona$^{r}$ el[12] pecado sy no se rrestituye lo mal lleuado / mas cudado no*n* le dan asy q*ue* no[13] sie*n*te el tal daño[14] / nj*n* se duele d*e*llo seyendo /a[15] su ca$^{r}$go no*n* vi tal eç$^{r}$. dize aq*ui* la rrepu*blica* /o rreuulgo q*ue* nu*n*ca tal vido en su vida la rrepu*blica* po$^{r}$ sy esta$^{r}$ sy*n* cabdillo[16] com*m*o ganado sy*n* pasto$^{r}$[17] e sy*n* dueño e syn gujador[18] e asi se mantiene*n* com*m*o en *e*l ayre com*m*o nauyo sy*n* rremos /o pu*e*sto en tal m*anera* cuyo p*er*dimj*en*t$^{o}$ era çe$^{r}$ca[19] tal q*ue* no[20] atinaua cuyo fuese /e desta tal rreclamaçio*n* e rrelaçio*n* fallar*a*$^{s}$ en *e*l 3$^{o}$ libro d*e* los rreyes[21] de ysrrael donde dise en aq*ue*llos djas no auja rrey en ysrrael e cada vno fasia lo q*ue* q*ue*ria[22] /o lo q*ue* le plasia en sus ojos &:-

*Variantes BNM/Gall* 1. holgazan."—Ome syn cuydado como dicho es, que como non ay otro mayor trabajo que es del espíritu, asy porque non lo tyene, llámale aquí holgazan. 2. dada 3. et syn riendra 4. de la 5. se traga 6. mueren."—Los averes 7. sudores 8. vallestero 9. come 10. ó 11. abtoridad por Agostin 12. este 13. non se siente 14. el daño tal 15. á cargo que nunca tal 16. cabdillo. Asy qual ganado 17. pastor, sin dueño 18. guiador anda y se mantiene, cuyo perdimiento 19. çercano 20. non atinaua nin atinaría nin podria saber ó sentir cuyo fuese aqueste ganado, nin cuyo non: y desta tal quexa fallaras 21. reyes, que dize vn testo: "y en aquel tienpo non auia rey en Ysrael 22. queria." [Falta el resto]

*RAH*: Glosa. 1. *Apacienta el holgazan*. Quexase âqui el Pueblo de su Pastor, que es su Rey, y dize: que por holgar, y darse a placeres, dexa â pacentar sus obejas *por do quieren*. Conviene â saber: consiente que sus subditos, que son sus obejas, vivan en libertad, y soltura, de tal manera que coman ierba con que mueren. Que quiere dezir: que adquieran[23] bienes de iniquidad por todos los caminos, y maneras que les plaze, y quieren, y se ceban de vicios, y pecados, que son pasto, y manjar con que mueren las animas, y son condenadas â la pena y muerte eterna del infierno: como obejas, que de comer *ierua* ponzoñosa mueren. Que *ierba* en Sagrada Escritura â veces se toma, y entiende por los vicios, y pecados del hombre, que son manjar, y pasto del Demonio, segun el Bienaventurado S$^{n}$. Greg. en el Lib. 29. en el cap. 18. y en el Lib 33. de sus Mor. y ansi se entiende aqui. Y dizi [*sic*] mas el Pueblo: que estas necesidades de sus subditos no ponen en cuidado al Rei de proveherlas. Y encareciendo el caso, y acaecimiento tan grande del mal q*ue* al Reino ha venido por culpa, y negligencia del Rei, dize:
2. *No vi tal desque hombre so*. Que quiere dezir: que en todo el tiempo, y vida de los que en la republica del Reino son tan grande mal, y confusion, jamas se ha visto. Y que tal es la Republica del Reino, y tan profanada esta la Policia, y orden de bien vivir del,[24] y tan poco sonido de Señor haze el Rei, que aunque *Gil Aribato* es avisado, y prudente, no atinara del ganado, q*ue* es el Pueblo, y muchedumbre de gentes del Reino, *cuio es*, ô *cuio no*. Que quiere decir: A que Señor obedecen? Ô quien es el que los rige, y gouierna? Siguese El Author.

*Varientes RAH/Ed. Sancha*
23. adquieren 24. de él

III. *Respuestas*

[*R-M*] Repuesta al Reuulgo.

xj ¶bjen se lo dize el Reffran
q*ue* do lobos andoujeren
y corderos estoujeren
menester es guadrama*n*
mas a q*ui*en el cargo do
a tan mal cobro lo djo
que el bezado coronado
q*ua*nto ves alobadado
el mismo lo mordisco

[*BNM*] respu*esta*:.

¶del espiritu el afan
al q*ue* rrige se rreq*ui*ere
do no es nj se rrefiere
los negoçios asi va*n*
mjra pues por do*n*de vo
/o mj seso mal sy*n*tio
mas yo creo su cudado
no es del pueblo lazrado
sy no de sola su pro.

*Variantes de las Respuestas BNM/Gall*
1. D. espritu [*sic* en *Gall*] 6. Que á m. s. m. sentido 9. solo

IV. *Glosa a las Respuestas R-M*

*Corderos estouieren* don ay corderos / por temor de los lobos pone*n* mastines asi son / los p*re*lados mas vn p*re*lado a q*ui*en todo era enco/mendado lo del comu*n* en guarda, en lugar de / lo admjnjstrar & apasturar en paz como deuja / & convenja, el Rebolujo el hato en gujsa q*ue* vnos / a otros se mordiscaron //

I. [*R-M* Copla] xij.

¶ Modorrado con el sueño
non las cura de almagrar
por que no entiende de dar
cuenta dellas a njngu*n* dueño
q*ua*nto$^{s}$ yo no mel daria
lo de xp̃oual mexia
njn del otro tartamudo
njn del moço moJo agudo
todo va por vna vja

*Variantes de la Copla*

*BMus*: 2. n. lo 3. e. [falta] d. 4. dello 5. q*ua*nto y. n. almoldaria 8. d. meco moro a.

*SA*: 1. modorrido 2. n. lo c. 4. dello 5. qu*ant*js y. n. amoldaria 8. D. meco moro a.

*SB*: [Copla] x. 2. n. lo 3. e. [falta] d. 4. d*e*llo 5. q*ua*nto y. n. amoldaria 8. moro moço a.

*Inc*: [Copla] x. 2. n. lo 3. e. [falta] d. 4. dello 5. quanto y. n. amoldaria 8. meco moro a.

*BNM*: 2. n. lo 4. dello 5. q*ua*nto y. n. amoldaria 6. [La letra *z* tachada antes de la palabra *mexia*.] 8. meco moro a.

*Gall*: 1. Modorrido c. ensueño 2. n. lo 3. e. [falta] d. 4. dello 5. Quanto y. n. amoldaria 8. Meco moro a.

*Gl. Gall*: 1. Modorrido c. ensueño 2. n. lo 3. [falta] 4. [falta] 5. Quanto y. n. amoldaria 8. el meco moro a.

*Evora*: [Copla X] 1. Mondorrado 2. n. lo / dalmagrar 3. entende [falta] d. 4. dello 5. quanto y. n. almodaria 8. meco moro a.

*RAH*: Estancia 01. [*sic*] 2. n. lo 3. e. [falta] d. 4. dello 5. Quanto y. n. amoldaria 8. meco moro a.

*Ed. Sancha*: Estancia X. 2. n. lo 4. de ello 5. Quanto y. n. amoldaría 8. Meco Moro a.

II. *Glosas a la Copla*

*SA*: [falta]

*SB*: / modorrado ec$^{r}$.

/ algunos costu*n*bra*n* [*Inc*: acostumbra*n*] en los pueblos da$^{r}$ ca$^{r}$go a vn pasto$^{r}$ q*ue* gu$^{a}$rde sus obejas e cada vno señala las suyas co*n* almag*r*$^{e}$ [*Inc*:

almagra] de su señal / q*ue* tiene conoçida / y este señalar llama los pastor*es* / amolda$^{r}$ / q*ui*ere agora dezi$^{r}$ aq*ui* [*Inc*: aqui dezir] q*ue* tanta tu$^{r}$baçio*n* ay [Una palabra que comenzó con *en* tachada aquí que dejó en el manuscrito una mancha.] en el hato / co*n*biene a sabe$^{r}$ [*Inc*: Conuiene saber] en el pueblo q*ue* no se conoçeria*n* las obejas de xp̄obal mexia /. estos so*n* los cristianos de xp̄o /. mexia n*uest*ro Rede*n*to[r] [Letras guillotinadas suplidas según *Inc*] nj menos se conoçer[ian] los del ot*r*$^{o}$ / ta$^{r}$tamu[do] estos dize po$^{r}$ los ju[dios] q*ue* tiene*n* la ley de moy[se]*n* q*ue* era ta$^{r}$tamudo segu*n*[d] p*ar*eçe en el q*u*$^{a}$rto cap*itul*$^{o}$ de[l] exodo / nj menos s[e co]noçeria*n* los del moço [*Inc*: meco] m[oro] agudo / esto [*Inc*: Estos] dize po$^{r}$ [los] moros q*ue* sygue*n* la le[y] de mahomad / q*ue* era ag[udo] y de la casa de meca / y esta co*n*fusio*n* dize q*ue* / p*r*$^{o}$biene del sueño del pastor / e por q*ue* toca aq*ui* en la poca difere*n*çia q*ue* abia d*e*los vnos a los ot*r*$^{o}$s / no plega a dios q*ue* sentie*n*da / [*Inc*: se entie*n*da] av*er* tal mystura / q*ue* todos andobiese*n* Rebueltos e no se conoçiese en la cree*n*çia de n*uest*ra s$^{a}$*n*ta Fe Catolica q*ua*les era*n* x*p̄i*anos nj q*ua*les judios /o moros /. p*er*o por q*ue* segu*n*d las constituçion*es* del Reyno los judios e moros deben de trae$^{r}$ [*Inc*: deue*n* traer] abitos e señales p$^{a}$*r*a se$^{r}$ conoçidos / po$^{r}$ q*ue* aya difere*n*çia d*e*llos a los x*p̄i*anos / dize agora q*ue* toda b*ue*na constituçio*n* estaba enfe$^{r}$m$^{a}$ / y esta asi m*i*smo de man*era* q*ue* no se conoçeria la difere*n*çia q*ue* en la bestidura e abito debe av*er* / entre los vnos e [una letra tachada] los ot*r*$^{o}$s /. asy q*ue*sta copla q*ui*ere dezi$^{r}$ q*ue* en los abitos q*ue* deben t*ra*e$^{r}$ los judios e moros señalados e ap*ar*tados d*e*los x*p̄i*anos no abia la difere*n*çia q*ue* debe av*er* / e q*ue* todos t*ra*en vn abito &.

*BNM*: ¶ modorrado con *e*l sueño eç$^{r}$ /modorrado[1] ./. dormjdo[2] de sueño leta$^{r}$gico pesado[3] sueño p*r*$^{o}$fundo casy q*ue* nu*n*ca despie$^{r}$ta e en ot*ra* man*era* sueño es /a sabe$^{r}$ las vanas cogitaçion*es*[4] e ocupaçion*es* de la huma*n*$^{a}$ vida q*ue*s co*n*parada al sueño fasta q*ue* le desspie$^{r}$ta*n* d*e*l comm*o* q*ua*ndo d*e* la leta$^{r}$gia desspie$^{r}$ta[5] d*e*l sueño el paçient*e* y fallase burlado d*e* las vanas /ocupaçion*es* engañosas d*e*l mu*n*do por tanto trata aq*ui* co*n*para*n*dolo al[6] modorro d*e*l sueño q*ue* due$^{r}$me e[7] nu*n*ca d*e*spie$^{r}$ta no*n* lo cura de almagra$^{r}$[8] co*n*ujene sabe$^{r}$ señala$^{r}$ ca el bue*n* pastor /o[9] dueño d*e*l ganado tenydo es d*e* lo almagra$^{r}$ /o pone$^{r}$[10] en *e*llo en cada rres su señal / por q*ue* sy se boluyere*n* co*n* ot*ra*$^{s}$ rreses agenas conosca*n*[11] las suyas asy comm*o* es[12] esc*ri*pto en *e*l eua*n*gelio yo soy pastor bueno e conosco mjs ouejas / el almagra$^{r}$ es señala$^{r}$ /o da$^{r}$ / orden e notiçia y mostra$^{r}$se ser señor y dueño d*e*llas p*r*$^{o}$ueye*n*dolas de justiçia[13] / & bue*na* goue$^{r}$naçio*n* / q*ua*nto yo no amoldaria ./. conçertaria[14] nj sabria des*i*$^{r}$. lo de x̄stoual mexia ./. fe de xp̄o /o fe catholica x̄stiana nj d*e*l otro ta$^{r}$tamudo ./. ley[15] muysayca /o de moy[se]*n*[16] q*ue* era ta$^{r}$tamudo segu*n* la esc*ri*ptura lo afirma s*e*$^{r}$ pesado de labrios nj[17] d*e*l meco moro agudo ./. mahomad /o opinjo*n* machometica[18] /o secta d*e*l todo va po^r^ vna via q*ue*[19] nj x̃stiano nj ebreo nj moro no amoldoua ./. no co*n*çe^r^taua /o figuraua q*ue* fuese &

*Variantes BNM/Gall* 1. "Modorrido con ensueño."—Modorrido 2. durmiendo 3. pesado, profundo, a sy que en alguna manera nunca despierta, ensueño, es á saber 4. vanas ocupaçiones de la vmana vida 5. despierta el enfermo y fallase 6. á modorrido de 7. y no se despierta: onde dize Salamon: "todo es segund es; lo tuerto non se puede enderezar." 8. almagrar."—Señalar 9. ó el 10. poner en cada res 11. conozca 12. dize el Euangelio 13. justicia, y por eso dize: "catad que los reyes por la justicia enrreynan." 14. Concertaría ó asentaría. [¶]"Lo de 15. ley de Moysen que era 16. [Texto guillotinado. Se ve la abreviatura de una *n* al final de la palabra.] 17. "Nin el 18. opinion ó seta mahomética. [¶]"Todo 19. Que nin moro, nin ebreo, nin christiano amoldaua. fallaua que fuese.

*RAH*: Glosa. 1. *Modorrado*, quiere decir desacordado con el sueno [*sic*]: con los deleites, y vicios mundanos, que son como el sueño, y vanas yllusiones, que duran poco, y son como el vaho, que luego desaparece, segun S^n^.Tiago en la Canonica en el 4. cap. do dize: *Quae est enim vita vestra*? *Vapor est ad modicum parens*. Que quiere dezir: Que es vuestra vida? es un vapor, q*ue* dura poco. Y en el Psal. 75. do esta escrito: Durmieron su sueño todos los varones de riquezas, y cosa[20] ninguna hallaron en sus manos. Y tomase aqui sueño por las tinieblas del pecado, segun que tambien a veces se toma, y entiende en Sagrada Escritura dormir por iacer en los pecados, y sueño po*^r^* el pecado, segun el Bienav. S^n^. Greg. en el Lib. 5. en el cap. 21. y en el lib. 8. en el cap. 01. [*sic*] de sus Mor. do alega, y declara asi a el Apostol en la Epist. â los de Ephesio en el cap. 5. que dize: *Surge qui dormis*. Que quiere dezir: levantate tu que duermes. Y en cap. 13. â los Rom. que dize: *Hora est jam nos de somno surgere*. Que quiere dezir: hora es ia de leuantarnos del sueño, tomando aqui el dormir, y el sueño por el pecado. Prosigue el Pueblo y dize:

2. *No lo cura de almagrar*. Los Señores Pastores de ganado almagran, y señalan sus obejas de diferentes señales, para mejor las guardar, y conocer. Maiormente q*uan*do andan mezclados, y de vuelta diversos ganados. Que si señalados, y almagrados no estuviesen, seria grande confusion, y daño: y no se podria dar razon, y quenta de cuio fuese cada qual ganado. Y anssi queriendo aqui *Mingo Revulgo* que el Rei no curaba de entender en que pues en su Reino entre el Pueblo Christiano avia diversos linajes de gentes en gran manera y muchedumbre: Ansi como Judios y Moros se señalasen, y diferencias en en el vestido, para que fuesen conocidos, por los grandes inconvenientes, y males q*ue* de andar mezclados con el Pueblo christiano sin ser conocidos, sucedian y podian suceder, dize: *que no los cura de*

*almagrar*: que quiere decir: que no los cura de diferenciar en el vestido, y habito. Y la razon, que de esto el Pueblo dá es

3. *Que*[21] *no entiende dar*[22] *quenta de ello â ningun dueño*. Conviene â saber: por[23] q*ue* no se acuerda que del todo mal[24] que hiziere, y de todo el mal que al Pueblo por su culpa, y negligencia viniere, ha de dar â Dios estrecha quenta: pues es cierto segun se lee en el cap. 7. del Eccles. que si los hombres se recordasen, y tragesen â su memoria en todas sus obras, que han de morir, y de la quenta con pago que de su vida, y obras â Dios han de dar, jamas pecarian[25]. Siguese, y dize:

4. *Quanto yo no amoldaria*. Que quiere dezir: cierto, yo no determinaria, y conoceria. *Lo de Christoval Mexia*. Conviene â saber: el Pueblo christiano de Jesu Christo Nuestro Redemp*to*r y Señor, que es el Mesias prometido, que quiere dezir, y se interpreta Christo, segun Sn. Juan en el 1. cap. de su Evang. *Ni del otro tartamudo*, que son los judios[26], que tienen la Lei de Moysen, que era tartamudo, como parece por el 4. cap. del Exodo. Anssi mismo dize: que no determinaria, ni conoceria lo del *Meco mozo* [*sic*][27] agudo, que son los mozos [*sic*] que siguen, y tienen la maldita Secta del falso Mahoma de la casa de Meca. Y llamale *agudo* por las grandes maldades, y falsedades,[28] y falsas agudezas, de que usó, para atraer â las gentes. Concluie, y dize:

5. *Todo*[29] *ba por una via*. Que quiere dezir: q*ue* todos trahian un vestido. Y que el no poder conocer, y diferenciar los Judios, y mozos [*sic*] de los Christianos, era porque no avia diferencia de los unos â los otros en el vestido: que segun derecho, los mozos [*sic*] y los Judios ansi hombres como mugeres debian traher habitos señalados para ser conocidos. Y que cesasen los inconvenientes y males q*ue* se seguian, y podian suceder como parece por el Concilio Basiliense, do fue estatuido renovando los Sacros Canones, que los Judios, y otros infieles sean compelidos p*o*r los Prelados y Juezes Seculares â traher habito, p*o*r el qual evidentemente se diferenciasen de los Christianos, y aqui[30] viviesen apartados, segun alli se contiene, y esto disponian la Ley final en el Tit. 24. de la 2. partida, y la Ley 8. y 01. [*sic*] y la Ley 27. del ordenamiento en el Titulo de los Yndios [*sic*][31] y mozos, [*sic*] dan la orden, que en esto deben tener. Aunque esta diferencia, gracias â Dios en estos Reynos esta quitada; porque los mui Altos, y Poderosos, mui Chatholicos [*sic*] Reyes y Señores Dn. Fernando, y Dna. Ysabel de gloriosa y perpetua memoria (por las maldades y machinaciones de los perversos Yndios [*sic*], y por el bien, y pacificacion de estos Reynos, el año de 1492.) mandaron salir â los Yndios [*sic*], y Moros de estos Reynos, salvo aquellos que se tornasen Christianos. Fue obra maravillosa, y digna de perpetua memoria, segun q*ue* quiere ver lo quisiere, lo podra ver por Antonio Corseto en el Trat. de *Materia Trabellianica* en la quest. 84. y por Greg.

Lopez en la Ley 2. en el Tit. 23. de la partida 7. Y Fr. Domingo de Soto de justitia et jure en el lib 5. en la quest. 3. Art. 3.- Prosigue El Author.

*Variantes RAH/Ed. Sancha* 20. [Escrita en la margen.] 21. Porque 22. de dar 23. [*por* entre líneas antes de q*ue*] 24. de todo el mal 25. pecarian. 4. *Quanto* 26. [Una *i* tachada entre la *u* y la *d*.] 27. *Moro* 28. falsedades, y agudezas de que 29. Toda 30. á que 31. Judios

## III. *Respuestas*

[*R-M*] Repuesta al Reuulgo.

xij ¶alahe por mas q*ue* enseño
por a do tiene de andar
es tanto su Reuellar
q*ue* le no*n* tomo termeño
con su falsa Rebellia
se anda com*mo* solia
cada vno por do pudo
y despues el torpe Rudo
dize q*ue* es la culpa mja

[*BNM*] resp*ue*sta

¶es verdad segun enseño*
al letargico sanar /.
es muy graue de curar
Ca no es bebdo de veleño /
en catolica armonja
moysayca nj*n* moreria
en mjll vn justo no cudo
falla$^{r}$ q*ue*l sabio y el rrudo
los mas lleua*n* tal po$^{r}$fia

*[El escriba empezó el primer verso con la palabra *letargia*, luego la tachó.]

*Variantes de las respuestas BNM/Gall*

1. Litargía como ensueño 2. Quien la piensa de s. 3. Loco es en lo pensar 4. C. mas daña que leño 7. Non se juntó nin lo c. 8. Fasta vn muy sinple r. 9. Todos lieuan t. p.

## IV. *Glosa a la Respuesta R-M*

¶*alahe*. el Rey no*n* es tenud[o]* / a mas de dar leys /& fueros & [dar] / donde cada vno vjua bien s[aluo] / si el pueblo dexa la fe por se [re]/boluer con generacion def[en]/dida en trato nj*n* fabla & e[? fa]/zer comer de sus vjanda[s] / en esto no*n* tiene culpa** [?] / como cada vno ha de ser [gu]/ardador de su alma.

*[Texto guillotinado; palabras suplidas de acuerdo con el sentido donde sea posible.]
**[Una *n* tachada entre *tiene* y *culpa*.]

I. [*R-M* Copla] xiij

¶ Esta perra Justilla
que viste tan denodada
muerta flaca trasijada
Juro adios que avries ma*n*zilla
con su fuerça y coraçon
cometera al brauo leon
y mataua al lobo vieJo
agora vn t*ri*ste coneJo
te la mete en vn Rincon

*Variantes de la Copla*

*BMus*: [Copla XIV] 1. e. la p. 4. juradiez 6. cometia 7. m. el l. 8. t. de c.

*SA*: [Copla XV1] 1. E. la p. 4. juradios quavras m. 6. cometia 7. m. el l. 8. ora v. puto De vn c. 9. sse l.

*SB*: [Copla] xj 1. E. la p. 3. tra*n*sijada 4. abrias 6. cometie 7. m. el l. 8. ora v. t. de vn c.

*Inc*: [Copla] xj. 1. E. la p. 3. transijada 4. jura dios / auras 6. cometie 7. m. el l. 8. ora v. t. de vn c. [La palabra *conejo* sobrepuesta encima de *enojo* estampada por error.]

*BNM*: [Copla XIV] 1. e la p. 4. jura diez 6. cometie 8. ora v. t. de vn c.

*Gall*: [Copla XIV] 1. Está la p. 4. J. á diez 6. Cometie 7. m. el l. 8. Ora v. t. de vn c. 9. Se l.

*Gl. Gall*: [Copla XIV] 4. J. á diez 6. Cometie 8. & 9. [En el texto]: El "triste conejo" que agora la "mete en vn rincon"

*Evora*: [Copla XI] 1. E. la p. justila 2. [*demudada* cambiada por *denodada*] 4. j. adies / auras 6. cometia el 7. m. el l. 8. ora u. t. de un c.

*RAH*: Estancia 11. 1. Está la p. 4. J. ã diez / avras 6. Comete 8. Ora u. t. de un cornejo

*Ed. Sancha*: Estancia XI. 1. Está la p. 4. j. á diez / habrás 6. cometie 7. m. el l. 8. hora u. t. de un c.

II. *Glosas a la Copla*

*SA*: [jus]tilla por justiçia

*SB*: Esta la perra justilla

Dichos los defetos del pastor p*r*^o^sigue agora la Repu*blica* Recont*an*do ot*r*^o^s daños q*ue* padeçe por defeto d*e*las q*ua*tro v*ir*tud*e*s ca^r^dinales /. q*ue* so*n* just*iç*ia /. fortaleza [/.] pruden*ç*ia /. tenperan*ç*a /. figurad*a*s po$^{r}$ q*ua*tro perras q*ue* gu$^{a}$rdan el ganado /. E po$^{r}$ cie$^{r}$to dize bie*n* [*Inc*: çierto bien] se puede dezi$^{r}$ q*ue* gu$^{a}$rdan el ganado / po$^{r}$ q*ue* syn ellas nj*n*gun$^{o}$ en *e*sta bida puede beby$^{r}$ / E p*rimera* me*n*te dize de justilla / q*ue* es la just*iç*ia a la q*ua*l sy bie*n* mjramos todas las ot*ra*s v*ir*tud*e*s se puede*n* Referi$^{r}$ / po$^{r}$ q*ue* sy vsamos d*e*la v*ir*tud d*e*la fo$^{r}$taleza no dexa*n*do a n*uest*ro señor en la batalla cosa justa fazemos / sy Refremos [*Inc*: refrenamos] la luxuria / q*ue* es d*e*la v*ir*tud d*e*la v*ir*tud [*sic*] d*e*la te*n*pran*ç*a [*Inc*: de tempran*ç*a] /o sy vsamos de la v*ir*tud d*e*la ma*n*sedunbre / de man*era* q*ue* la yra no nos fue$^{r}$çe a faze$^{r}$ nj a dezi$^{r}$ [*Inc*: ny dezir] yerro / ta*n* bie*n* vsamos de just*iç*ia / e en co*n*clusio*n* en q*ua*l q*uie*$^{r}$ cosa q*ue* los onbr*e*s cont*ra*tan e vsan q*uie*$^{r}$ en sy q*uie*$^{r}$ fuera de sy /. sy en ellas ay defeto /o demasia luego faze desigualdad / e sy son desiguales de neçesario sera*n* jnjustas / e sy son igualme*n*te / co*n* [*Inc*: & con] b*u*ena p*r*$^{o}$porçio*n* f*e*chas / podemos dezi$^{r}$ ser justas / e asi sera*n* todas Referidas a la v*ir*tud / de la just*iç*ia / do podemos fu*n*da$^{r}$ q*ue*l onbre Recto e justo goza de todas las ot*ra*s v*ir*tud*e*s / q*ua*ndo en *e*sta es abituado e po$^{r}$ el co*n*trario sy d*e*sta careçe / diremos q*ue* de todas las ot*ra*s es p*rí*bado / lo q*ue* se muestra po$^{r}$ la difinjçio*n* q*ue*l filosofo / en el q*ui*nto de las / eticas faze*n* d*e*sta v*ir*tud / do dize q*ue* la just*iç*ia es vn abito / o v*ir*tud / segu*n*d la [*sic*] el q*ua*l [*Inc*: segu*n*d el qual] nos plaze todas las cosas b*ue*nas e las /obramos segu*n*d n*uest*ra posibilidad / d*e*la q*ua*l faze dos p$^{a}$*rt*es /. vna es aq*ue*lla q*ue* nos dize la Razo*n* e nos muestra la ygualdad / avn q*ue* no sea o$^{r}$denado po$^{r}$ ley / asy como mata$^{r}$ onbre / o faze$^{r}$ fue$^{r}$ça po$^{r}$ q*ue*sto tal syn q*ue* nos lo ma*n*de la ley / nos p*a*reçe cosa jnjusta e desigual / ot*ra* es legal co*n*biene a sabe$^{r}$ [*Inc*: conuiene saber] la q*ue* nos ma*n*da la ley q*ue* se o$^{r}$dena en las t*ie*rras do bebimos / segu*n*d la caljdad d*e*la p*r*$^{o}$binçia lo Req*ui*ere // estas [*Inc*: E estas] dos man*era*s de just*iç*ia / co*n*biene a sabe$^{r}$ [*Inc*: Conuiene saber] egual e legal en muchas cosas se conforma*n* / p*e*ro la just*iç*ia legal ant*e*s q*ue* sea f*e*cha la ley no se puede dezi$^{r}$ jnjusto el q*ue* la q*ue*branta / mas la ot*ra* p*a*rte q*ue* se llama moral / en todo t*ie*npo q*ue* q*ua*l q*ui*era lo q*ue*brantare [*Inc*: quebra*n*te] sera llamado jnjusto / asy [*Inc*: & asy] m*i*smo dibide la just*iç*ia en ot*ra*s dos p$^{a}$*rt*es / co*n*biene a sabe$^{r}$ [*Inc*: conuiene saber] justiçia distributiba / q*ue* se entie*n*de en el da$^{r}$ e Rep*a*rti$^{r}$ /ofiçios e dinjdad*e*s e dones segu*n*d e como e a q*ui*en e po$^{r}$ q*ue* / e q*ua*ndo se debe fase$^{r}$ // otra se llama comutatiba q*ue* sentie*n*de [*Inc*: se entiende] fazie*n*do ygualdad en las contrataçion*e*s d*e*los onbr*e*s / p$^{a}$*ra* q*ue* nj*n*gu*n*$^{o}$ tome mas nj Reçiba menos delo q*ue* debe // Esto e las ot*ra*s v*ir*tud*e*s q*ue* contiene*n* en sy la just*iç*ia / po$^{r}$ do se sostiene*n* los pueblos / e floreçen donde *e*lla Reyna //. todo dize aq*ui* el Rebulgo q*ue* esta p*e*rv*er*tido e dañado de tal man*era* q*ue* q*ui*en lo biese abria ma*n*zilla // q*ue* biste ta*n* denodada // Cye$^{r}$ta me*n*te los mjnjstros d*e*la just*iç*ia debe*n* se$^{r}$ barones q*ue* te*n*gan denuedo e osadia p$^{a}$*ra* la esecuta$^{r}$ en el brabo leon q*ue* co*n*para al g*ra*nde / ta*n* bie*n* como en el peq*ue*ño // por q*ue* a todos a de ser egual e no a de tener açebçio*n* de pe*r*sonas // E mataba el lobo viejo //. dizelo por la codiçia / q*ue* es loba muy bieja e antigua me*n*te vsada en el mu*n*do / E por çierto como la codiçia es Rays de todos los males [*Inc*: males. Mucho faze la justiçia quando esta tan fuerte que de su miedo esta loba cobdiçiosa se mata. o a lo menos se tie*n*pla. De tal manera que no se siguan della los males] q*ue* suele*n* acaeçer q*ua*ndo no tiene algu*n*o freno q*ue* le po*n*ga el mjedo del p*rin*çipe / zelador d*e*la justi*çi*a // leemos en vna epistola de santagostin / q*ue* p*re*gu*n*tando vn sabio de atenas llamado aristatro*n* / por el senado d*e*la çibdad // q*ue* cosas eran neçesarias p*a*ra q*ue* la Repu*blica* floreçiese e durase // Respo*n*dio justiçia / d*i*xero*n*le q*ue* ot*ra* cosa // Respo*n*dio justi*çi*a /. [*Inc*: Justiçia. Apremiado q*ue* dixese que era mas neçesario. rrespondio. Justiçia. E] e por çierto d*i*xo bie*n* // porq*ue* segu*n*d abemos d*ic*ho todas las ot*ra*s v*ir*tud*e*s se Refiere*n* a esta // En conclusio*n* el Rebulgo se q*ue*xa aq*ui* dezie*n*do q*ue*staba ta*n* cayda / q*ue* vn conejo q*ue*s anjmal flaco e fuydor la corria e la tenja sojusgada / e por no ser fastidioso co*n* la p*ro*lexidad çerca d*e*sta v*ir*tud d*e*la justi*çi*a p*ar*eçeria q*ue*l conoçimj*ent*o d*e*las cosas / e las obr*a*s [*Inc*: la obra] d*e*llas / faze al onbre justo // p*er*o asi como co*n*biene q*ue* en el conoçimj*ent*o açertemos / asy es neçesario q*ue* en la obra no herremos // asy q*ue*sta [*Inc*: esta copla] q*ui*ere dezir q*ue* la justi*çi*a esta [*Inc*: estaua] flaca / [*Inc*: flaca & desfauoreçida & no estaua en ombres de coraçon que touiesen] q*ue* tobiese*n* osadia p*ar*a la esecutar asy en los mayor*e*s como en los menor*e*s &

*BNM*: ¶ esta perra justilla. por vocablo corronpido toma[1] aq*ui* por la justiçia v*ir*tud cardinal Et comjença a tractar[2] d*e*las perr*a*s d*e*l[3] hato este pastor mj*n*go rreuulgo ponje*n*do por figura so no*n*bre de perras a las q*ua*tro v*ir*tud*e*s cardinal*e*s justiçia fortalesa prudençia tenpera*n*ça[4]/ Et dize q*ue* viste ta*n* denodada ./. fuerte e fauorsçida e co*n* dueño e marido q*ua*ndo djos q*ue*ria q*ue*[5] vigor tenja la justiçia denodada era & avn no ha mu*n*cho t*ie*npo q*ue*[6] bien se me*n*brara*n* los de mu*n*cha hedad q*ue*[7] ella estaua muy fuerte q*ua*ndo tenja m*a*rjdo y señor et dueño en *e*stos rregn*o*s q*ue* era mastin de ganados e tenya sus p*ro*piedades las q*ua*les aq*ui* no*n* rrelato e avnq*ue* *e*ste era doliente lo mas[8] de su t*ie*npo sus obras era*n* sanas e temerosas e esp*er*amos en la mjsericordia de djos q*ue*[9] breue cobrara[10] ella m*a*rjdo q*ue* sea temjdo e se despose e abraçe con *e*lla e la rrestituye de flaca en fuerte segu*n* dise adelante muerta flaca trasijada ca no puede ser peor pu*e*s q*ue* cada vno le da su pedrada e cada vno vsa d*e*lla com*mo* q*ui*ere fasie*n*dole las narises de çera e la toma por sy e se entrega d*e*lla e ella echada por t*ie*rras[11] no puede leua*n*tarse nj torrnar por sy por tanto dise jura djes q*ue* auries ma*n*silla / co*n* su fuerça e coraço*n* q*ua*ndo era[12] ella esforçada e denodada cometie al brauo leon y mataua al lobo viejo brauo leo*n* e lobo vjejo es el grande e poderoso q*ue* no /osaua esto*n*çes a vn peon de vn algu$^{a}$sil d*e*l rrey fas*e*$^{r}$ vna demasia /a los[13] de justiçia / ant*e*s ella fasia p$^{r}$*e*sa e pre*n*dia a los tales[14] grand*e*s e brauos / el triste conejo q*ue* agora la mete en *e*l[15] rrinco*n* es el mal[16] çeujl om*ne* d*e*l mu*n*do q*ue* te*n*ga vn poco de fauo$^{r}$ derribala q*ue* no[17] puede fas*e*$^{r}$ d*e*l co*n*plimj*ent*$^{o}$ de justiç*i*$^{a}$ al q*ue*[18] no tiene fauo$^{r}$ e asy la mete en vn rrinco*n*[19] &

*Variantes BNM/Gall*
1. pone 2. traer 3. de hato poniendo por figura so 4. tenprança. [¶]"Que viste 5. y 6. que se menbrauan 7. que era y estaua 8. demas, su tiempo 9. quen 10. breue espera 11. tierra y non puede tornar por sy. [¶]"Juro á diez 12. ella era 13. voz 14. tales los brauos y grandes. 15. en vn 16. mas 17. y non 18. que tyene favor, asy 19. rincon" y esto es hoy por la mayor parte y en esto la vsurpan y destruyen y las dos propiedades que á la justicia pertenesçen que ayuso va fecha minçion.

*RAH*: Glosa. 1. *Está la perra*[20] *justilla.* Comienza agora *Mingo Revulgo* â tratar mas en particular los daños q*ue* la Republica padece por defecto de las quatro Virtudes Cardinales, q*ue* son Justicia, Fortaleza, Prudencia, y Templanza, figuradas en estas quatro coplas,[21] porque quatro *perras*, q*ue* guardan el ganado, dizense estas quatro virtudes cardinales,[22] segun Gabriel en el 3. de las Sentencias en la dist. 33. en la quest. 1. en el 3. Art.[23] â *Cardine*, q*ue* es el quizio de la puerta; porque anssi como la puerta se vuelve, y rige por el quizio: anssi por estas quatro virtudes, se rige, y gouierna la vida del hombre: y son aqui figuradas por estas quatro perras, q*ue* guardan el ganado; porque anssi como los perros guardan el ganado, y lo defienden de los lobos, y enemigos: anssi los hombres habituados en el uso de estas virtudes, son por ellas defendidos, y guardados de los vicios, y librados de los inconvenientes, y males, que nacen de ellos. Y dize primero de la virtud de la *Justicia*, q*ue llama la Justilla.* La qual virtud es de tan grande excelencia, que dize S$^{n}$. Agust. en el lib. de la Cibdad de Dios: que aun los malos no pueden vivir sin ella, quanto mas la comunidad de los buenos. Donde el mismo S$^{to}$. Doctor en el 4. lib. dize: que quitada la justicia, los Reinos no son otra cosa sino gran compania de ladrones. Acerca de esta virtud, y para entendimiento de esta copla, es de saber q*ue* segun S$^{n}$. Agust. en el lib. *de Libero arbitrio*, y S$^{n}$. Ambros. en el lib. de sus officios, y el Philosopho en el lib. de las Ethicas 5.[24] la justicia es dar â cada uno lo que es suio. Lo mismo dizen el Emperador Justiniano en el principio de *Justitia et jure* en la Ynstituta: y Ulpiano en los Digestos. Y S$^{to}$. Thomas en la 2$^{a}$. 2$^{ae}$. en la quest. 58. en el art. 11. y dize:[25] q*ue* el proprio acto de la justicia es dar â cada uno lo que es suio. Y que se divide en dos partes segun el Philos. en el 5. de las Eth. y S$^{n}$. Chrisost. sobre S$^{n}$. Math. en el Cap. 5. Y S$^{to}$. Tho. en la quest. arriba alegada: que una se dize justicia general, y otra se dize justicia particular. La Justicia general se dize virtud general; porq[ue] endereza y ordena los hechos de las otras virtudes al bien comun, y porque â la Lei pertenece ordenar, y endereçar al bien comun, la tal justicia ansi general, es dicha justicia legal, q[ue] como superior ordena todas las virtudes al bien comun. Empero en quanto la tal justicia legal tiene respecto al bien comun, ansi como proprio objeto, es especial virtud segun su esencia, y difiere de las otras virtudes segun S$^{to}$. Thom. en la 2$^{a}$. 2$^{ae}$. en la quest. 58. en el[26] Art. 5. y 6. De esta virtud dizen Euripides, y el Philosopho en el 5. de las Ethic. â quien refiere, y sigue S$^{to}$. Thomas en el art. 7. de la dicha quest. de la qual son dos partes subjetiuas, y especies de justicia. Conviene a saber la justicia distributiua, que es en distribuir oficios, y dignidades segun como y a quien, y quando, y porque se debe hazer. Y la[27] justicia comutatiua, que es acerca de las trataciones voluntarias, ê involuntarias, segun las dividen, distingen [*sic*], y entienden el Philosopho en el 5. de las Ethi. y S$^{to}$. Thomas en la 2$^{a}$. 2$^{ae}$. en la quest. 61. con otras muchas questiones siguientes. Pues[28] esto presupuesto, queriendo decir *Mingo Revulgo* aqui, que todo esto, y las Leies, que dan orden de buen vivir, con las quales los Pueblos se sostienen, y florecen, está perdido, y dañado; quexase â *Gil Aribato*, y dize: que esta virtud de justicia, que solia ser tan denodada, esto es; que solia ser tan osada, y determinada en lo que debia hazer; *esta muerta, flaca, trasijada*. Conviene â saber, está abatida, y derribada, que es manzilla. Y para mostrar[29] â el estremo de flaqueza â que era trahida del ser grande que solia tener, dize:

2. *Con su fuerza, y corazon cometia al brauo Leon*. Que quiere dezir, que acometia â los maiores, y personas mas poderosas de el Pueblo, que se entienden aqui por el *Leon*. Quiriendo dezir, que la justia [*sic*] era como siempre debe ser â todos igual, como está escrito en el cap. 1. del Deuteronomio. y en el cap. 5. del Ecclesiastico. y que los Juezes â quien era cometida, y encomendada la administracion de ella; eran osados, y de corazon para ponella en execucion, segun aquello del Cap. 7. del Ecclesiast. que dize: *Noli querere fieri Judex, nisi valeas virtute irrumpere iniquitates, ne forte extimescas faciez potentis*. Que quiere dezir: No quieras ser echo Juez, si no tuvieres valor, y esfuerzo para deshazer, y romper las injusticias; porque acaso no temas la haz del[30] poderoso. Y dize ansi mismo

3. *Que mataria al lobo viejo*.[31] El *Lobo viejo* se toma, y entiende aquí por el pecado de la avaricia, que es lobo antiguo en el mundo. Este pecado de la avaricia es contrario â la justicia segun el Philosopho en el 8. de las Ethicas. Y S$^{n}$. Chrisostomo sobre S$^{n}$. Matheo en el cap. 5. en donde en la division que hazen de la justicia, dizen: que la justicia es general virtud, ô particular contraria â la avaricia, que segun S$^{to}$. Thom. en la 2$^{a}$. 2$^{ae}$. en la quest. 118. en el 3. art. en quanto la avaricia es una inmoderancia de adqurir [*sic*] bienes indebidamente, tomando, o retiniendo lo ageno; se oppone â la

justicia. Y anssi se entiende el cap. 22 de Ezechiel segun S$^{to}$. Thóm. en el 3. art. ya alegado, donde reprehendiendo el Propheta de parte de Dios â los principales del Pueblo de este pecado, y comparandolos â los lobos, dize: *Principes ejus in medio ejus quasi lupi rapientes predam, ad effundendum sanguinez, et avarè lucra sectanda.* Que quiere dezir: Sus Principes en medio de ella son ansi como lobos, que arrebatan el robo, ô presa para derramar sangre, y seguir avarientamente las ganancias. Y dize: *que mataria al lobo viejo.*[32] Que quiere dezir: Que mataba la avaricia. Conviene â saber, los fraudes, y engaños, y fuerzas, y otros males que nacen de ella, y son contra la particular justicia. Mas agora duelese *Mingo Revulgo*[33] aqui, y dize: Que esta virtud ô justicia está anihilada,[34] y tan desfavorecida, que un flaco animal, ô huidor[35] como un *conejo* la *mete en un rincon.* Queriendo dezir: Que ya ninguno era de tan poco esfuerzo y poder en la Republica que no la apretase, y derribase, si quisiese. Anssi, que dize en esta copla que esta virtud de justicia anssi en quanto al bien comun, y general de todo el Reino, como quanto al bien particular de una persona a otra, estaba flaca, y desfavorecida y que no estaba en personas de corazon, que tuviesen virtud, y valor para la executar anssi en los maiores, como en los menores. Siguese El Author.

*Variantes RAH/Ed. Sancha*
20. [La 2ª *r* sobrescrita entre la primera *r* y la *a*] 21. coplas siguientes, por quatro 22. [*Ed. Sancha* abre paréntesis aquí.] 23. [Cierra paréntesis] 24. el libro 5 de *las Ethicas* 25. XI. dice: 26. los 27. la *comutativa* 28. Esto presupuesto 29. mostrar el 30. de 31. 3. Y mataba el lobo viejo. 32. *que mataba el lobo viejo* 33. *Mingo* aquí 34. aniquilada 35. animal, huidor

III. *Respuestas*

[*R-M*] Repuesta al Reuulgo.

xiij ¶esta piasca q*ue* se omjlla
q*ue* pareçe desmayada
fazese modorriada
do non qujeren consentilla
mas sy le tañe a son
como deuen de Razon
gujada por mj consejo
cobrara tal aparejo
que vengan bie*n* su baldo*n*

[*BNM*] respuesta:-

¶En cada çibdad y villa
dias ha q*ue*sta delgada.
la justiçia y vsurpada
tanto que no*n* se dezilla
echanla de possesion.
el agraujo y turbaçio*n*
tal que no pr$^{e}$sta co*n*sejo
cada rruyn en conçejo
faze fuerça e syn rraso*n* /

*Variantes de las Respuestas BNM/Gall*
1. E. toda ç. 3. j. [falta] v. 8. C. roy e.

IV. *Glosa a la Respuesta R-M*

*Esta piasca.* la justiçi[a]* / es de tal manera q*ue* sy no*n* / la fauoreçen los del pue/blo no*n* se puede esecutar / com*m*o acaesçe q*ue* vn om*ne* q*ue* / esta p*re*so por muchos delictos / q*ue* meresçe muerte aq*ue*llos q*ue* / deuja*n* fauoresçer p*ara* q*ue* se fez[i]/ese justiçia del esos le toman / a la justiçia ¶de aq*ui* vjene q*ue* e[l] / corregidor vee los malfecho/res mas no*n* los osa p*re*nder / antes disimula com*m*o q*ui*en / non vee nj*n* cognosçe por q*ue* / ha de beujr so aquella Re/gla de justiçia la qual p*re*/sumjendo leuar adelante / echarlo y an de la t*ie*rra segu*n* / ha conteçido en muchos / Lugares ¶P*er*o si los de l[as] / tales çibdades o villas / diesen fauor /& ayuda / a la justiçia el deseo del Jue[z] / es executarla ¶Mas el Rey / esp*re*ssame*n*te la ma*n*da esecut[ar] / /& los caualleros menosp*re*çia*n* / lo por deffender a los suyos ¶En g*ui*sa q*ue* vn conejo la / ençierra en vn Rincon

*[Texto guillotinado. Letras suplidas entre corchetes según el sentido.]

I. [*R-M* Copla] [xi]iij$^{o}$. ¶ Otros buenos entremeses  
ya fecho este Barragan  
non queriendole dar pan  
ella se come las Reses  
tal q*ue* ha fecho en el Rebaño  
con fambre mayor dapño  
mas estrago fuerça y Robo  
que el mas fanbriento lobo  
de q*ua*ntos ha visto ogaño.

*Variantes de la Copla*

*BMus*: [Copla XV] 2. [falta] faze e. Rabadan 4. el s. 6. c. la. f. 8. q. no*n* e. 9. q. has v.

*SA*: [Copla XVII] 2. [falta] haze e. Rabadan 5. t. cahecho e. 6. c. la h. 7. e. y f. 8. q. nol m. 9. q. as v.

*SB*: [falta]

*Inc*: [falta]

*BNM*: [Copla XV] 2. [falta] faze aqueste rrabadan 6. c. su f. 8. q. nol m. 9. q. has v.

*Gall*: [Copla XV] 2. [falta] Faze aqueste rabadan 6. C. su f. 7. M. astrago f. 8. Q. no el m. 9. q. has v.

*Gl. Gall*: [Copla XV] 2. [falta] Faze aqueste rabadan 3. pastores n. q. 6. C. su f. 8. Q. nol m. 9. q. has v.

*Evora*: [falta]

*RAH*: [falta]

*Ed. Sancha*: [falta]

II. *Glosas a la Copla*

*SA*: [corr]egidores.

*SB/Inc*: [falta]

*BNM*: ¶ ot*r*$^{o}$s b*ue*nos ent*r*$^{e}$meses &ç$^{r}$.[1] ent*r*$^{e}$meses[2] q*ui*ere des*i*$^{r}$ cosas q*ue* pasa*n* entre medias d*e*l[3] t*ien*po de mala disposiçio*n* fase aq*ue*ste rrabadan ./. gu$^{a}$rdia*n*[4] /o pasto$^{r}$ d*e*l ganado /o aperado$^{r}$ /o mayoral q*ue* pone*n* sobr*e* *e*l ganado y[5] pastor*e*s no q*ue*rie*n*dole da$^{r}$ pan[6] / es a sabe$^{r}$ fauor e esfue$^{r}$ço e[7] ayuda a la perra justilla q*ue* es la justiçia / nota q*ue*l pan sufre el coraço*n* d*e*l om*n*e segun*d* lo pone daujd[8] / allj do dise e el pa*n* el coraço*n* d*e*l om*n*e[9] sostiene asy po$^{r}$ figura pone el pan de[10] la perra justilla ./. fauo$^{r}$[11] a la justiçia / p*ara* q*ue* sea esforçada e ayudada e el vsa$^{r}$ d*e*lla p*ri*mero po$^{r}$ q*ue* todos sigua*n* su enxe*n*plo[12] / dize ella se come las rreses[13] es a sabe$^{r}$ las gent*e*s menud*a*$^{s}$ q*ue* po$^{r}$ falta de aq*ue*lla so*n* comjd*a*$^{s}$ e rrobad*a*$^{s}$ e destruyd*a*$^{s}$[14] po$^{r}$ q*ue* no*n* tiene fue$^{r}$ça cont*r*$^{a}$ *e*l gra*n*de e[15] poderoso e asy es vna definiçio*n* d*e*l d*e*r*e*cho en fauor d*e*lla q*ue* la justiçia es aq*ue*lla q*ue* mu*n*cho puede en aq*ue*llos q*ue* poco puede*n* e esto es eq*ui*uoco de dos sesos el vno q*ui*ere des*i*$^{r}$ q*ue*[16] la justiçia es v*ir*tud la q*ua*l v*ir*tud suya es gra*n*de q*ue* da fauor al q*ue* poco puede q*ua*ndo le fase alca*n*ça$^{r}$ su d*e*r*e*cho[17] cont*r*$^{a}$ *e*l mas poderoso e el otro seso es[18] q*ue* q*ua*ndo la justiçia es me*n*gu$^{a}$da[19] e flaca e no*n* vsa*n* d*e*lla segu*n* deue*n*[20] / no tiene fue$^{r}$ça saluo en aq*ue*llos q*ue* poco pued*e*n /e asy en *e*sta man*e*$^{r}$a ella se come las rreses po$^{r}$ me*n*gua de pa*n* ./. fauo$^{r}$ / tal q*ue* ha f*e*cho en *e*l rrebaño co*n* su fanbre mayo$^{r}$ d*a*ño[21] rrebaño ./. el pueblo comu*n* [una *p* tachada] q*ue* po$^{r}$ esta mjsma vja suso declarada[22] po$^{r}$ defecto de justiçia se causan tantos daños a la rrepublica / po$^{r}$ la fanbre d*e* la b*ue*na rregla e rregimj*ent*$^{o}$ e justiçia ca amas so*n* de vn co*n*pas e h*er*mana$^{s}$ rregla e justiçia[23] / mas estrago fue$^{r}$ça e rrobo[24] q*ue* es eso mjsmo Ca do me*n*gua la justiçia padeçen los ygnoçent*e*s e justos / & los malos /& los q*ue* deue*n* padeçer po$^{r}$ çeujl[25] e crimynal q*ue*dan jnpunjdos q*ue* nol mas fa*n*bri*en*to lobo / es / a saber q*ue* nj*n*gu*n* morbo contagioso nj*n* pestile*n*çia[26] no*n* puede se$^{r}$ peo$^{r}$ q*ue* do ay me*n*gua de justiçia de q*ua*ntos has visto ogaño ./. de q*ua*ntos[27] males e daños e p$^{r}$*e*staçion*e*s has visto pasa$^{r}$ en la discrimen d*e*l mal t*ien*po &:-

*Variantes BNM/Gall*

1. [falta] 2. Entremeses, cosas 3. por el tienpo ser tal y de tal disposycion. 4. Guardian del ganado 5. que 6. pan'' fauor 7. ó 8. Dauid y el pan 9. de la persona 10. á 11. el fauor 12. exemplo. [¶]''Ella 13. reses.''—Las gentes que por 14. estroydas 15. et asy es vna definiçion legal que la justiçia es quien mucho 16. que la virtud de la justiçia es grande quando da fauor 17. derecho; et el otro seso 18. es quando 19. menguada, et non se usa 20. deue, non 21. daño.''—El pueblo comun 22. declarada se cavsan 23. justiçia. Asy que poner el caso verbigracia se non podria segund las cosas van en diuersos modos extraordinarios. 24. robo.''—Ca do mengua 25. çeuil ó crimen 26. pestilençia puede 27. quantas malas obras et persecuçiones has visto

*RAH/Ed. Sancha* [falta]

III. *Respuestas*

[*R-M*] Repuesta al Reuulgo.

xiiij$^{o}$ ¶los q*ue* se cogen por meses
sy consciençia non la han

[*BNM*] respu*esta*

¶de todos los doze meses*
solo uno no le dan.

fago jura a sant Jullian
q*ue* Roben todas las mjeses
y la culpa deste dapño
q*ue* por pernunçio*n* apanjo
al pastor no*n* la Re[p]rouo**
mas el zagal que [al]lj** estouo
por causa que era foraño

de fauor com*m*o ya van.
toma*n*do tantos rreueses
sy la fazen entrel año
cont*ra* el gran*d* mesq*ui*no estraño
sobr*e* el flaco gran*d* ajobo.
cont*ra* el fuerte muy encobo
pasa todo por engaño /

*[Este verso va en letra cursiva en el manuscrito.]
**[Hueco en el manuscrito.]

*Variantes de las Respuestas BNM/Gall*
5. S. lo f. 9. Pasado por [el] [Corchetes de los redactores de *Gall*] e.

IV. *Glosa a la Respuesta R-M*

*Los que se cogen* / son los corregidores / q*ue* son asoldadados co/mo moços de soldada / sy no*n* han consçiençia / de Robar el Rey no*n* ha / en ello culpa

I. [*R-M* Copla] xv

¶ Azerrilla q*ue* sufrio
siete lobos denodados
y njnguno la mordjo
todos ellos mordiscado$^{s}$
Rape el diablo el poder
q*ue* ella ha de deffender
las Rodillas tiene floxas
cont*ra* las ovejas coxas
muestra todo su saber

*Variantes de la Copla*

*BMus*: [Copla XVI] 4. t. [falta] fuero*n* m. 9. s. poder
*SA*: [Copla XVIII] 3. que n. l. 4. t. [falta] fueron m. 5. d. e. Saber 9. S. poder
*SB*: [Copla] xij. 3. n. le m. 4. t. [falta] fuero*n* m. 5. d. e. saber 9. s. poder
*Inc*: [Copla] xij. 3. n. le m. 4. y [falta] fueron m. 5. d. e. saber 9. s. poder
*BNM*: [Copla XVI] 4. t. [falta] fueron m. 5. d. e. saber 9. s. poder
*Gall*: [Copla XVI] 4. T. [falta] fueron m. 5. d. e. saber 9. s. poder
*Gl. Gall*: [Copla XVI] 1. A. [falta el resto] 4. T. [falta] fueron m. 5. d. e. saber 8. [falta] 9. s. poder
*Evora*: [Copla XII] 4. t. [falta] fueron m. 5. d. e. saber 7. l. rudillas t. froxas 9. mostra t. seu poder
*RAH*: Estancia 12. 1. Azezilla 4. T. [falta] fueron m. 5. D. e. saber 6. d. se d. 9. s. poder
*Ed. Sancha*: Estancia XII. 4. t. [falta] fueron m. 5. d. e. saber 6. d. se d. 9. s. poder

II. *Glosas a la Copla*

*SA*: [Asser]illa - por fortaleza

*SB*: / Azerilla q*ue* sufrio /

// despues q*ue* a d*i*cho d*e*la v*ir*tud d*e*la just*iç*ia / dize agora d*e*la fo$^{r}$taleza q*ue* llama aq*ui* azerill[a] [Letras guillotinadas suplidas según *Inc*] po$^{r}$ la semejança del azero q*ue* es metal fue$^{r}$te // e çe$^{r}$ca d*e*sta v*ir*tud moral / es de nota$^{r}$ q*ue* aq*ue*l se dize fue$^{r}$te q*ue* puede sofri$^{r}$ las tentaçiones ca$^{r}$nales e q*ue*da$^{r}$ libre d*e*llas q*ua*ndo es tentado E po$^{r}$ eso dize aq*ui* q*ue* sufrio esta v*ir*tud syete lobos denodados / Conbiene sabe$^{r}$ q*ue* supo sufri$^{r}$ las te*n*taçione*s* d*e*los syete pecados mortales e q*ue* no la bençiero*n* sus tentaçion*es* / mas q*ue* fuero*n* d*e*lla mo$^{r}$discados / Conbiene a sabe$^{r}$ [*Inc*: Conuiene saber] q*ue* los pudo sagudi$^{r}$ de sy / y q*ue*da$^{r}$ libre d*e*llos / y po$^{r}$ este tal co*n*bate de te*n*taçione*s* / dize san pablo a los Romanos q*ue* la v*ir*tud es p*er*feta / en la enfermedad // q*ue*xase agora aq*ui* el Rebulgo [*Inc*: agora el rreuulgo] por q*ue*sta v*ir*tud de fortaleza es benjda en ta*n*ta flaq*ue*za q*ue* nj puede / nj*n* se sabe defende$^{r}$ de las te*n*taçiones q*ue* son d*e*la ca$^{r}$ne / nj*n* en la ca$^{r}$ne // de la ca$^{r}$ne / como son luxur[ia] e codiçia ec$^{r}$ / En la ca$^{r}$n[e] como es enfe$^{r}$medad del cue$^{r}$po ec$^{r}$ / dize [*Inc*: E dyze] q*ue* tiene las Rodillas floxas por q*ue* todo va a t*ie*rra q*ua*ndo aq*ue*llas no estan fi$^{r}$mes // dizelo a enxe*n*plo de job / a q*ui*en sus amygos yncreparo*n* / dizie*n*dole q*ue* sabia esfo$^{r}$çar a los flacos q*ua*ndo estaba sano / e agora q*ue* era tentado denfe$^{r}$medad*es* [*Inc:* de enfermedades] tenja las Rodillas floxas / de tal man*era* q*ue* nj sabia nj tenja fue$^{r}$ça p$^{a}$*ra* sofri$^{r}$ la te*n*taçio*n* [/] El filosofo / en el te$^{r}$çero d*e*las / eticas / çe$^{r}$ca d*e*st a v*ir*tud de fo$^{r}$taleza / dize q*ue* los onbr*es* teme*n* la mala fama la q*ua*l debe teme$^{r}$ el b*ue*no e v*ir*tuoso / por q*ue* el q*ue* no la teme es desv*ergo*nçado / las ot*ra*s cosas q*ue* no biene*n* por culpa del onbre / asy como pobreza /o enfe$^{r}$medad / mue$^{r}$te /o enemjstad / dize q*ue*l baro*n* fue$^{r}$te no*n* las debe teme$^{r}$ / dize asi m*i*smo q*ue* algu*n*$^{o}$s so*n* temerosos d*e*la mue$^{r}$te en las batallas / p*er*o q*ue* so*n* / osados en el Rep*ar*ti$^{r}$ sus Riq*ue*zas / y ta*n* bie*n* beemos el cont*ra*rio / porq*ue* algu*n*$^{o}$s onbr*es* ay osados p$^{a}$*ra* se pone$^{r}$ a los pelig*r*$^{o}$s d*e*las armas e so*n* tan estrechos en la liberaljdad / q*ue* avn p$^{a}$*ra* lo q*ue* cu*n*ple a sus pe$^{r}$sonas no tiene*n* anjmo de gasta$^{r}$ / e po$^{r}$ estos tales dize tulj[o] en el segu*n*do d*e*los ofiçios / no es po$^{r}$ çie$^{r}$to de consenti$^{r}$ q*ue* aq*ue*l q*ue* no es bençido de mjedo sea bençido de codiçia / y aq*ue*l q*ue* sabe sofri$^{r}$ muchos trabajos sea bençido de vn peq*ue*ño deleyte ca$^{r}$nal / asy q*ue* fue$^{r}$te se dira*n* el q*ue* sabe sofri$^{r}$ la te*n*taçio*n* de q*ua*l q*ui*e$^{r}$ man*era* q*ue* sea e benga [*Inc*: manera que ve*n*ga] / dize asi m*i*smo aristotiles q*ue* los temerosos en las te*n*taçione*s* desesp*er*an e los fue$^{r}$t*es* p*r*$^{o}$been // e dize q*ue* muchas bezes los medrosos po$^{r}$ p$^{a}$*r*eçer fue$^{r}$t[es] son sov*er*bios / p*er*o q*ue* benjdos al effeto / se manjfiesta [Una *a* escrita y luego corregida a una *t*] su co*n*diçio*n* natural /. los fue$^{r}$t*es* antes d*e*los pelj*gr*$^{o}$s son q*ui*etos y seguros / y en los peljg*r*$^{o}$s son diligent*es* e sostiene*n* byril me*n*te los jnfo$^{r}$tunjos // E pone çinco man*er*as de fo$^{r}$taleza // la p*rimer*a dize q*ue* p*r*$^{o}$çede de v*er*gue*n*ça como la de / eto$^{r}$ / q*ue* dezia q*ue* dira*n* de mj sy huyo // la segu*n*da es de aq*ue*llos q*ue* tiene*n* fi$^{r}$me en los peljg*r*$^{o}$s po$^{r}$ la p*r*$^{e}$mja q*ue* les faze / el capita*n* / la te$^{r}$çera es d*e*los caballeros q*ue* so*n* vsados en la guerra / e po$^{r}$ el mucho exe$^{r}$çiçio d*e*las a$^{r}$mas p*ar*eçen fue$^{r}$t*es* / la q*u*$^{a}$rta man*er*$^{a}$ de fo$^{r}$taleza es la q*ue* p*r*$^{o}$biene d*e*la yra / la q*ui*nta es de aq*ue*llos q*ue* po$^{r}$ las muchas bitorias q*ue* an abido / tenje*n*do esp*er*ança de se$^{r}$ bençedor*es* / p*ar*eçen fue$^{r}$t*es* en los pelig*r*$^{o}$s / p*er*o dize q*ue* todas estas man*era*[s] de fortaleza / no se puede*n* dezi$^{r}$ v*er*dadera fo$^{r}$taleza / los q*ue* v*er*dadera me*n*te se pued*e*n llama$^{r}$ fue$^{r}$t*e*s / dize q*ue* so*n* aq*ue*llos q*ue* pie*n*san q*ua*nd arduos e de q*ue* caljdad son las cosas q*ue* acomete*n* /o los peligr$^{o}$s q*ue* *e*sp*er*an / e po$^{r}$ sola v*ir*tud lo sostiene*n* co*n* fo$^{r}$taleza / y esp*era*[n] q*ue* la mue$^{r}$te q*ue* /obiere*n* sera digna de honrra // Cont*ra* las obejas coxas muestra todo su pode$^{r}$ // faze$^{r}$ jnjuria /o fue$^{r}$ça a las obejas coxas / co*n*biene a sabe$^{r}$ [*Inc*: Conuiene saber] a los onbres flaco[s] y syn anp*a*ro no se puede dezi$^{r}$ fue$^{r}$ça nj*n* fo$^{r}$taleza [*Inc*: ny avn fortaleza] // ant*e*s la diremos jnvmanjdad e crueldad // fue$^{r}$te y noble se puede dezi$^{r}$ / no po$^{r}$ çie$^{r}$to el q*ue* faze / mas el q*ue* defie*n*de la jnjuria / asy q*ue*sta copla q*ui*ere dezi$^{r}$ q*ue* la v*ir*tud d*e*la fortaleza nj tiene fue$^{r}$ça p$^{a}$*r*a Resisti$^{r}$ las te*n*taçion*e*s / nj*n* p*ar*a defende$^{r}$ las fue$^{r}$ças / y q*ue* muestra todo [*Inc*: muestra a todo] su pode$^{r}$ cont$^{r}$*a* los flacos &

*BNM*: ¶ azerilla / pone[1] aq*ui* por vocablo corronpido por la v*ir*tud ca$^{r}$dinal d*e*la[2] fortaleza y llamala aserilla q*ue* asy com*m*o el asero es mas fue$^{r}$te q*ue* otro metal e asy esta v*ir*tud en q*ui*en cabe es mas[3] fue$^{r}$te e costante[4] q*ue* ot*r*$^{o}$ / siete lobos denodados ./. siete viçios ca$^{r}$nal*e*s / o pecados mo$^{r}$tales / q*ue*[5] q*ua*ndo ella yase en *e*l varo*n* firme e costante a[6] rresistir los viçios mas fue$^{r}$te es q*ue* *e*l asero y nj*n*guno la mordio todos fuero*n* mo$^{r}$discados[7] fabla aq*ui* co*n*ujene sabe$^{r}$ de aq*ue*l q*ue* no sigue la se*n*sualidad e*n* la q*ua*l el om*n*e comunjca[8] co*n* los brutales e anjmales sensitiuos mas vsa d*e*l l*i*bero arbitrio et rraso*n*[9] de q*ue* es jnstituydo q*ue* es facultad de bie*n* /o mal obra$^{r}$[10] /o gr*aç*ia existe*n*te segu*n* ot*ra* opinjo*n* /. asy q*ue* no aujendo ellos loga$^{r}$[11] d*e*la mo$^{r}$der va*n* mordiscados / q*ue* no pueden enpeçerle mas son enpeçidos e mordiscados del tal costante[12] varo*n* e firme q*ue* d*e*sta v*ir*tud se g*u*$^{a}$rneçe rrape el djablo el saber / q*ue* ella ha de defender torna agora al[13] su cont*ra*rio que en da*n*do consentimjento a qual q*ui*er de los dichos[14] viçios y pecados çesa el saber e la defensio*n* y entrase la villa q*ue*[15] es el anjma delicada del om*n*e delicado no fuerte /a rresistir los viçios mas conin*qui*nado /& debile e[16] de façile inpresio*n* las rrodillas tiene floxas ./. los mouymje*n*tos ligeros e[17] de façile jnpresio*n* q*ue* Com*m*o no ay cosa mas neçesaria e vtile al om*n*e q*ue*l asufrimj*ent*$^{o}$ q*ue* so*n* las pie$^{r}$nas e rrodillas asi[18] d*e*sq*ue* falleçe hinoja todo el cuerpo[19] en t*ie*rra / cont*ra* las ouejas coxas ./. cont*r*$^{a}$ los viçios venjales e cosas ligeras de se$^{r}$ua$^{r}$ e g*u*$^{a}$rda$^{r}$ a rrespeto d*e* los viçios e pecados mo$^{r}$tales se falla poderosa /o en ot*ra* man*er*a q*ue*[20] fue$^{r}$te es ella esta v*ir*tud y poderosa en aq*ue*llos q*ue* so*n* poderosos expugnant*e*s cont*r*$^{a}$ sy mjsmos no dando gr*aç*ia$^{s}$ a los q*ue* mas no puede*n* po$^{r}$ q*ue* so*n* rresfriados po$^{r}$ hedad[21] modesta / muestra todo su pode$^{r}$[22] q*ui*ere d*e*s*i*$^{r}$ q*ue* allj es ella poderosa[23] /o se fase poderosa asy q*ue* no de grado mas de fue$^{r}$ça sera en los viçios te*n*plada / saluo en *e*l auariçia / q*ue* todos los viçios en *e*l viejo enuegeçe*n* saca*n*do el auariçia q*ue* sienp$^{r}$*e* joueneçe e resfue$^{r}$çase en*e*l /:-

*Variantes BNM/Gall*
1. pone por 2. de fortaleza que es dicha en latin *fortitudo*: llámala 3. muy 4. constante. [¶]"Siete 5. y 6. y resiste 7. mordiscados."—Trata de aquel que non sigue 8. convenia 9. razon que 10. obrar, asy que 11. logar van 12. constante y firme 13. al contrario y dize que han dado consentimiento 14. sobredichos 15. que [es] el alma [Corchetes de los redactores de *Gall*] 16. et deficile. [¶]"Las rodillas 17. y deficil 18. asy que desque falleçe et ynoja 19. cuerpo es en tierra contra los viçios 20. que luego es ella fuerte esta virtud et poderosa en aquellos que poco pueden ó non pueden mas ó son resfriados 21. hedades. [¶]"Muestra 22. poder."—Que allí 23. poderosa asy que non fuerte de grado será por fuerça saluo en la avariçia que en los viejos syempre mas se reconoçe et se esfuerça.

*RAH*: Glosa. 1. *Azezilla* [*sic*], llama â la virtud de la fortaleza, â semejanza del azero, que es metal fuerte. Y llamala *azezilla*, queriendo dezir: Que anssi como el azero es fuerte, y rompe en partes otros metales: anssi la fortaleza es un habito, y firmeza de animo virtuoso, que acomete, y sufre las cosas mui arduas, y dificultosas, y los grandes peligros. Y no rehusa, ni teme la muerte por la virtud. Y que esta virtud no aia miedo, ni espanto de los peligros y temores de la muerte, que es el ultimo, y mas terrible dolor de los males corporales de este mundo, segun el Philosopho en el 4. de las Ethic. Dizenlo el Philosopho en el 3. de las Ethic. y S$^{n}$. Agustín en el lib. de moribus Ecclesiae, y S$^{to}$. Thom. en la 2$^{a}$. 2$^{ae}$. en la Quest. 120. en el 4. art.[24] y en la quest. 2. en el art. 5. do dize: Que al objeto de la fortaleza propriamente pertenece sufrir los peligros de[25] muerte, y acometer[26] con peligro â los enemigos por el bien comun. Dize pues aqui el Revulgo: q*ue* esta virtud sufrio *siete lobos denodados*. Conviene â saber, sufrio las tentaciones de los siete pecados mortales, y las vencio, y sacudio de si sin que ningun pecado, ni tentacion la venciese. S$^{n}$. Ambrosio en el 1. de sus Officios: La fortaleza sola defiende la hermosura y atavios de todas las virtudes; y con expugnable[27] batalla contiende,[28] y pelea contra todos los vicios. Acerca de lo qual, es â saber que segun S$^{to}$. Thom. en la quest. 123. ya alegada en el 2. art. Este nombre fortaleza se puede tomar, y entender en una de dos maneras. Una manera es segun que absolutamente importa una firmeza de animo. Y segun esto, es general virtud, ô por mejor dezir: condicion de qualquiera virtud; porque segun el Philosopho en el 2. de las Ethic. a do pone las condiciones â toda virtud comunes: â el acto de virtud se requiere obrar firme, ê inmoblemente. Y de esta manera de fortaleza habla S$^{n}$. Ambros. y la copla aqui; Segun que entendida largamente es una firmeza de animo virtuoso, que ressiste â las impugnaciones de los vicios. Tomase de otra manera la fortaleza, segun que importa firmeza de animo en sufrir, y repeller aquellas cosas en que es mui dificultoso tener firmeza, conviene â saber en los grandes peligros, y graues: y anssi la fortaleza se pone especial virtud, que tiene peculiar y determinada materia. Y tambien segun que es especial virtud, y tiene determinada materia aiuda juntamente â ressistir â las impugnaciones de todos los vicios; porque el que puede estar firme en las cosas mui dificultosas de sufrir, es cierto, y bien se sigue que será suficiente para ressistir â las otras cosas que son menos dificultosas, segun S[to]. Thom. en el 2. art. ya alegado. Para mostrar aqui el estremo de los males (*Mingo Revulgo*)[29] a que la Republica es trahida, quexase, y dize: que esta virtud de fortaleza es ya venida en tanta pusilanimidad y flaqueza, que no se sabe ia defender

2. *Y que tiene las rodillas flojas.* Quiriendo dezir: que no solamente no acomete, y sufre los peligros grandes, y dificultosos de muerte; mas que aun no tiene firmeza de animo virtuoso para ressistir, y alanzar de si las tentaciones, e impugnaciones de los vicios en que ai menor[30] dificultad y trabajo. Y por señal de flaqueza de animo, y poca firmeza, dize: Que *tiene las rodillas flojas.* Conviene â saber, que estaba debil y flaca, segun aquello del 4. Cap. del lib. de Job, do dize: *Et genua trementia confortasti.* Que quiere dezir: esforzaste las rodillas flojas. esto es: Esforzaste â los que eran flacos, y q*ue* no tenian firmeza para sufrir las tentaciones, y tribulaciones. Da fin â la copla, y dize[31]

3. *Que contra las obejas cojas* (que son los flacos) *muestra todo su poder.* Y como esta virtud sea â cerca de los peligros dificiles, y graues; persiguen â los flacos, que ni offenden, ni se pueden defender. Demanera que se quexa el *Revulgo* en esta copla, y dize: que la virtud de fortaleza no tiene ia valor para defender las fuerzas, ni ressistir las tentaciones, y que muestra, y executa su poder en la republica contra los flacos. Siguese El Author.

*Variantes RAH/Ed. Sancha*

24. en el art. 4. 25. de la muerte 26. acometen 27. inexpugnable 28. contiene 29. [Sin paréntesis en *Ed. Sancha*] 30. mayor 31. dice: que 3. Contra

III. *Respuestas*

[*R-M*] Repuesta al Reuulgo.

xv ¶E[s]a* otra que paresçio
con los braços quebrantado[s]
de verdat te digo yo
que agora son mas esforçado[s]
donde fuerte deue ser
sy se dexa enflaquesçer
**
es la causa y la Razon
en que mas pueda fazer

[*BNM*] respuesta:-

¶fortaleza adoleçio
la q*ua*l los siete pecado[s]
esta virtud apremjo
y los touo sujusgados
pocos t*ien*pos quiso ser
fuerte p*ara* sostener/.
cont*ra* viçios y co*n*goxa[s]
las mexillas tiene rroxa[s]
de verguenças padeçer

*[Hueco en el manuscrito.]
**[Falta un verso, o v. 7 o v. 8.]

*Variantes de las Respuestas BNM/Gall*
2. L. q. l. tiene p. 5. Todos t. q. 9. D. verguença p.

IV. *Glosa a la Respuesta R-M* [falta]

I. [*R-M* Copla] xvj.

¶ La otra perrilla ventora
de lexos lo barruntaua
y por el Rastro sacaua
qualq*ui*er bestia Robadora
y las veredas sabja
donde el lobo ha codiçia
y las cueuas Raposeras
esta echada alla en las eras
de todo bjen amodorrida.

*Variantes de la Copla*

*BMus*: [Copla XVII] 1. perra ventosa 2. q*ue* d. l. [falta] b. 6. l. acudiria 8. allj 9. doljente de modorria

*SA*: [Copla XIX] 1. perra 2. que D. l. [falta] b. 6. l. acudia 8. allj 9. Doliente De modorria

*SB*: [Copla] xiij. 1. perra 2. q*ue* d. l. [falta] b. 6. l. acudiria 7. y avn l. 8. allj 9. doljente de modorria

*Inc*: [Copla] xiij. 1. perra 2. que d. l. [falta] b. 6. l. acudiria 7. y avn l. 8. ally 9. dolyente de modorria

*BNM*: [Copla XVII] 1. perra 2. que d. l. [falta] b. 6. l. acudia 9. doliente de modorria

*Gall*: [Copla XVII] 1. perra 2. Que d. l. [falta] b. 6. l. acudiria 9. Doliente de modorria

*Gl. Gall*: [Copla XVII] 1. [falta] perra v. 2. [falta] 3. [falta] 5. [falta] 6. [falta] 9. Doliente de modorria.

*Evora*: [Copla XIII] 1. perra 2. q*ue* d. l. [falta] borruntaua 3. y p. e. r. caçaua [una letra tachada entre la *a* y la *ç*] 6. l. acudia 7. y aun l. 8. alli 9. doliente de morrodilla

*RAH*: Estancia 13. 1. perra 2. Que d. l. [falta] b. 4. Qualquiera 6. l. acudiria [*sic*] 7. Y aun l. 8. e. [*ehhada*—luego una *c* sobrepuesta encima de la primera *h*] alli 9. Doliente de modorria

*Ed. Sancha*: Estancia XIII. 1. perra 2. que d. l. [falta] b. 6. l. acuderiá 7. y aun l. 8. allí 9. doliente de modorria

II. *Glosas a la Copla*

*SA*: ventora por pr[udençia]

*SB*: la ot*ra* perra bentora //

/ aq*ui* faze me*n*çio*n* d*e*la prude*n*çia / q*ue* es vn$^{a}$ de las q*ua*tro v*ir*tud*e*s ca$^{r}$dinales // y llamala perra bentora / po$^{r}$ q*ue* asy como ay perros q*ue* de su natu*r*a huelen / y siente*n* la caça de lexos / asi el ofiçio d*e*sta v*ir*tud es senti$^{r}$ y conoçe$^{r}$ las cosas q*ue* puede*n* acaeçe$^{r}$ p$^{a}$*r*a escusa$^{r}$ los de p*r*$^{o}$bee$^{r}$ las cosas e casos q*ue* acaeçen en la bida p*ara* bie*n* asegura$^{r}$ e bibj$^{r}$ / [*Inc*: bien E segura me*n*te beuir.] E p*ara* mejo$^{r}$ declaraçio*n* de todas estas q*ua*tro v*ir*tud*e*s ca$^{r}$dinales // es de sav*er* q*ue* toda v*ir*tud moral / segu*n*d los filosofos / [*Inc*: segund el filosofo] es vna costu*n*bre asentada / ya en el onbre por muchos avtos q*ue* d*e*lla fizo / los q*ua*les eligio su apetito / y q*ua*ndo la Razo*n* es v*er*dade[ra] [Letras guillotinadas suplidas según *Inc*] y el apetito Reto / la eleçio*n* q*ue* el onbre fizi[ere] de las cosas q*ue* se le Rep*r*$^{e}$senta*n* / de neçesario sera v*ir*tuoso [*Inc*: virtuosa] e q*ua*ndo el apetito esta dan[ado] [*Inc*: dañado] la Razo*n* e la costu*n*bre se p*er*bie$^{r}$te / y esto es q*ua*nto al ente*n*dimj*ent*$^{o}$ platico / cuyo bie*n* es sa[v*er*] la v*er*dad e aplica$^{r}$la al apetito Reto / torna*n*do agora a esta v*ir*tud d*e*la prude*n*çia / el filosofo dize q*ue* es vna eleçio*n* f*e*cha co*n* Reta Razo*n* de las cosas agibles / segu*n*d lo q*ua*l prudent*e*s sera*n* d*i*chos aq*ue*llos q*ue* consejan asi / e a los ot*r*$^{o}$s en las cosas b*ue*nas Ref[e]ridas al bie*n* bebj$^{r}$ / y esta v*ir*tud d*e*la prude*n*çia tiene tres p$^{a}$*r*t*e*s /. la p*r*im*er*a ente*n*di[mj*ent*$^{o}$] q*ue* dispone e ordena las cosas p$^{r}$*e*sent*e*s / abie*n*do R*e*speto a las cosas pasadas / la segu[*n*da] sabe$^{r}$ Refrena$^{r}$ la lengua / e se$^{r}$ modesto en sus palabr*a*s / y d*e*sta dize salomo*n* en sus p*r*$^{o}$be$^{r}$bios q*ue* aq*ue*l es prudente q*ue* sabe te*n*pla$^{r}$ su boca // la terçera es saber fuy$^{r}$ del mal y escoge$^{r}$ el bie*n* // q*ua*lq*ui*er bestia Robadora // dich*o* es arriba q*ue*l / ofiçio d*e*la prude*n*çia es conoçe$^{r}$ los ynco*n*benj*ent*es q*ue* so*n* figurados aq*ui* [*Inc*: aqua] po$^{r}$ bestias Robadoras // y las v*er*edas sabia // çie$^{r}$ta me*n*te la prude*n*çia muchas / beredas /o camjnos derechos sabe [*sabe* sobrescrita] / e no topa$^{r}$ [*Inc*: caminos ha de saber para yr camino derecho & no topar] con el lobo q*ue* es el pecado / q*ue* tie*n*ta todas las oras el anjma // esta echada aq*ui* co*n*cluye // q*ue*sta prude*n*çia esta echada y dolj*en*te de modorria // esta dolençia d*e*la modorria / asyenta en la cabeça e faze ta*n* gra*n*d tu$^{r}$baçio*n* / al apasionado d*e*lla /. q*ue* en tanto q*ue* le durare no puede disçe$^{r}$ne$^{r}$ nj da$^{r}$ juyzio çie$^{r}$to d*e*lo q*ue* le cu*n*ple / e po$^{r}$ eso dize aq*ui* [*Inc*: aqua] q*ue*sta v*ir*tud estaba ta*n* doljente en aq*ue*l t*ie*npo q*ue* no vsaba de su /ofiçio / asy q*ue*sta copla q*ui*ere dezi$^{r}$ q*ue* la v*ir*tud d*e*la prude*n*çia / cuyo ofiçio es conoçe$^{r}$ los ynco*n*benj*ent*es y engaños y dispone$^{r}$ Reta me*n*te las cosas q*ue* ocurre*n* en la bida // esta ta*n* mal dispuesta q*ue* a p*er*dido el v*er*dadero conoçimj*ent*$^{o}$ de las cosas &

*BNM*: ¶ aq*ui* pone la perra ventora por la[1] v*ir*tud d*e*la prudençia v*ir*tud ca$^{r}$dinal q*ue* asi co*mmo* la b*ue*na podenca vie*n*ta et barrunta las saluaginas e mo*n*tesas[2] Anjmalias e aues caçabl*e*s en*e*l mo*n*te /o mont*e*s donde[3] anda e avn q*ue* sea de lexos /o[4] q*ue* aya*n* pasado /o pase*n*[5] po$^{r}$ do ellas pasa*n* e fuella*n* asy esta v*ir*tud d*e*la prudençia[6] fase ca de lexos barrunta[7] e vee venjr[8] los viçios y pecados q*ue* le pueden enpeçer asy q*ue* d*e*lo pasado tomando / enxe*n*plo e lo p$^{r}$*e*sente[9] pe*n*sado e lo porvenjr[10] p*r*$^{o}$ueye*n*do e rremedia*n*do estas so*n* las veredas e camynos d*e*l sabio /o[11] prudente sabe$^{r}$ e[12] jmjta$^{r}$ los fin*e*s asy com*m*o dise vn d*i*cho /o doctrina vulga$^{r}$ q*ua*lq*uie*$^{r}$ cosa q*ue* fesier*e*s sabia me*n*te la[13] fas*er* acata el fin / co*n* jujsio[14] /& saber e discreçio*n* / y las cueuas rraposeras q*ue* so*n*[15] los lasos d*e*la humana vida e peligros d*e*lla esta echada alla en las eras[16] doliente de modorria es a saber q*ue* en tal forma adoleçio la humana co*n*diçio*n* t*ra*$^{s}$torrna*n*dose en ot*r*$^{a}$ desordenada susta*n*çia q*ue* apenas se falla prudent*e* nj*n* vsa$^{r}$ de prudençia Ca[17] nu*n*ca el pueblo d*e*sto fue mas dimynuydo del saber esp*irit*ual / pe*r*o d*e*l saber te*n*poral nu*n*ca fue mas njsio t*ien*po / del q*ua*l dise danyel exçitara los mayor*e*s /o los mu*n*chos e multiplica$^{r}$se ha el saber es a sabe$^{r}$ tenporal /. las eras no*n* synjfica al saluo loga$^{r}$ olujdado / apa$^{r}$tado desechado de la gent*e* q*ue* no*n* cura*n* d*e*llo[18] mas q*ue* d*e*las eras[19] de antaño en q*ue* no q*ue*do pa*n* / nj*n* d*e*la sabiduria se p$^{r}$*e*çia[20] nj*n* p$^{r}$*e*çia al q*ue* la vsa y[21] rresa e p$^{r}$*e*dica /a rrespecto d*e*las [el escriba comenzó la palabra siguiente, la tachó y la recomenzó] co*n*cupiçe*n*çias ca$^{r}$nal*e*s e deleyt*e*s mu*n*danos mediante los q*ua*les apetitos ha*n* çegado /ofuscado y esmjsçido su p*ar*te jntellectiua çe$^{r}$ca d*e*las cosas altas /. doliente de modorria esta es[22] co*n*paraçio*n* al leta$^{r}$gico sueño p*r*$^{o}$fundo daño[23] ta$^{r}$de /o nu*n*ca sanable /o en ot*r*$^{a}$ man*e*ra da a entender q*ue* los entendimje*n*tos d*e*los om*ne*s so*n* ofuscados en la vana gloria e cobdiçia d*e*l mu*n*do engañador q*ue* estorua el saber e cobdiçia esp*irit*ual e mediante materia sy*n* for*m*a todo su pensamje*n*to[24] es e su saber en las cosas te*n*porales mome*n*taneas[25] transitorias caducas & vanas &

*Variantes BNM/Gall* 1. la prudencia 2. monteses animales, y aventajales en el 3. do 4. ó ayan 5. pasen conoçe y barrunta por do ellas 6. prudençia de lexos 7. barrunta y conoçe, por el rastro saca á "qualquier bestia robadora" qualquier daño que venir 8. venir, ó viçio ó pecado que le pueda empeçer. 9. absente 10. porvenir remediando 11. y 12. y mirar los fines sabiamente lo faze: cata el fin con justiçia 13. lo faze; cata 14. justiçia saber y razon natural y dicrecion [*sic*] 15. son lazos 16. eras."—Es á saber 17. Ca el tienpo desto nunca fué, mas otro tienpo. Ca muchos saben agora beuir y avn pasan de regla. Las eras agora non es saluo lugar oluidado et apartado y desechado de las gentes que non curan 18. della 19. eras (antaño) [paréntesis de los redactores de *Gall*] nin de la 20. preçian nin preçian 21. y predica. [¶]"Doliente de modorria." 22. es cosa pesada fiebre ó litargía, sueño 23. daño pocas vezes curable 24. pensamiento y agudeza y saber es en las cosas 25. momentáneas y transitorias et caducas y vanas.

*RAH*: Glosa. 1. Haze aqui mencion Mingo Revulgo de la virtud de la

Prudencia, que llama *Perra ventora*; porque anssi como ai perros que de su naturaleza por el olor rastrean, y conocen la caza de lejos: anssi el oficio de esta virtud es conocer de lejos las cosas inciertas, que estan por venir, y pueden acaezer. Y anssi dize S$^{n}$. Agustin en el lib. 83. q.[26] Que la prudencia es un conocimiento de las cosas que se pueden desear, y seguir, y de las que deben huir. Y el Philosopho en el 1. de los Rethoricos, dize: Que la prudencia es virtud del Alma, que nos da bien â conocer los males, y los bienes, mediante los quales podemos alcanzar las felizidades. Y S$^{n}$. Ysidoro en el lib. de las Ethimologias, dize: Que prudente se dize *quasi procul*[27] *videns*. Que quiere dezir: Que prudente se dize anssi como el que vee lo que esta lejos de sus ojos; porque el prudente es prespicaz, y vee las cosas inciertas, que estan por venir, segun S$^{to}$. Thom. en la 2$^{a}$. 2$^{ae}$. en la quest. 47. en el 1. Art.[28] La prudencia dizen ser[29] mas principal de las virtudes Cardinales S$^{to}$. Thom. en el 3. de las Sent. en la dist. 33. en la quest. 8. y Gabriel, que le refiere en la misma dist. en la quest. unica. Y son dos partes subjetiuas, ô especies de esta virtud. Una es la prudencia por la qual uno rija â si mismo. Otra es la prudencia, por la qual alguno rige alguna muchedumbre. las quales difieren en especie. Anssi mismo, la prudencia, que rige â muchos, se divide en diversas especies de muchedumbre; que una es la muchedumbre, que es aiuntada en uno para algun especial negocio: como el Exercito q*ue* es iuntado para pelear: Y la prudencia que esta muchedumbre rije, y gouierna; se dize prudencia militar. Otra muchedumbre es la que es aiuntada para toda la vida: anssi como la muchedumbe [*sic*] de una casa ô familia. y la especia de prudencia, que esta muchedumbre rije, se dize prudencia economica. Otra muchedumbre es la de una Cibdad, o Reino. Y la prudencia, que esta muchedumbre rije, se dize prudencia regnatiua, y en los subditos prudencia politica, segun el Philosopho en el 6. de las Ethicas, y S$^{to}$. Thomas en la 2$^{a}$. 2$^{ae}$. en la quest. 48, y en la quest. 50. Anssimiso Tullio en el 2$^{o}$. de la Rethorica pone tres partes integrales de la virtud de prudencia, las quales se requieren para perfeccion de esta virtud. Conviene â saber, memoria de las cosas passadas, intelligencia ô conocimiento de las presentes, y providencia de las por venir, la qual es la mas principal de todas las partes de la virtud de [30] prudencia. Y annssi prudentia se dize de *providentia*, segun S$^{to}$. Thom. en la quest. 48. ya alegada con otras questiones siguientes, do pone otras muchas partes anssi integrales, como potenciales, y trata largamente de ellas, y de las partes subjetiuas, do me remito. Y al Tullio[31] refiere, y sigue tambien Gabriel en el lugar ya alegado. Esto presupuesto, para entendimiento de esta virtud, y declaracion de esta copla; quexase agora aqui el *Revulgo*[32] que la virtud de[33] prudencia faltaba en la Republica: y para dezir los defectos, y males, que por su falta avia en el Reino; quenta lo que es del oficio de esta virtud, y dize:

2. *Que de lejos barruntaba.* Esto es, que de lejos conocia,[34] *Y por el rastro sacaba.* Conviene â saber, *sacaba* por larga experiencia, y memoria de muchas cosas acaecidas. *Qualquiera*[35] *cosa robadora.* Los casos y acaecimientos, que estan por venir, y pueden acaecer, y empezer, proveiendo lo necessario al caso, paraque no empezcan, ô dañen menos, que se entienden aqui por bestia robadora. Prosigue, y dize: *Y las*[36] *veredas sabia.* Que quiere dezir: que conocia las trochas, y senderos, por do el lobo, que es el mal que nos priua del bien,[37] de cudicia, esto es, vendria y empezeria. Y dize *veredas.* quiriendo decir: Que solos[38] los prudentes son prexpicaces, y conocen lo que está por venir: anssi como no todos saben, y conocen las veredas, y senderos, que son menos usados, y conocidos, que los caminos, que â todos son comunes, y notorios: que segun dize el Philosopho en el 6. de las Ethicas: La prudencia es acerca de las cosas dubdosas, q*ue* estan por venir, de que[39] se sabe aver consejo: que de las manifiestas, y claras, cosa de liviandad y risa es aver consejo segun el mismo en el 3. de las Ethicas. Prosigue y dize

3. *Y aun las Cuebas raposeras.* Como las raposas sean animales astutos, y engañadores, y maliciosos segun S$^{n}$. Greg. en el lib. 19. en el 1. cap. de sus Mor. quiere dezir que tambien la prudencia conocia las fraudes y engaños de la astucia y falsa prudencia. Esta es comparada â los Demonios por el Ssal. [*sic*] 62. de la qual prudencia dize el Bienaventurado S$^{n}$. Greg. en el lib. 10. en el cap. 27. del mismo lib: El saber de este modo es cubrir el corazon con maquinaciones, y el sentido con palabras. Dar â entender las cosas que son falsas ser verdaderas, y las que son verdaderas mostrar ser falsas. Ciertamente esta prudencia es sabida de los manzebos con uso. Esta, por precio de los muchachos es aprehendida. Acerca de lo qual, es â saber, que prudencia se dize en una de tres maneras. Una es la prudencia falsa dicha por semejanza; porque como prudente se diga aquel que bien dispone las cosas, que se deben hazer por algun fin;[40] anssi aquel q*ue* por mal fin dispone algunas cosas convenientes para aquel fin, tiene falsa prudencia, en quanto aquello que toma por fin, no es verdaderamente bueno. Mas por semejanza, anssi como alguno es dicho buen ladron: de esta manera segun semejanza se puede dezir prudente ladron el que de nuevo halla vias convenientes para robar. Y de esta manera es la prudencia, de la qual dize el Apostol â los Romanos en el Cap. 8: la prudencia de la carne es muerte. Conviene â saber, la prudencia, que pone el ultimo fin en la delectacion de la carne. La segunda prudencia es verdadera; porque halla caminos convenientes para fin verdaderamente bueno: mas es imperfecta por dos razones. La una, porque aquel bien que toma por fin, no es comun de toda la vida humana, mas de algun especial negocio. Anssi como uno halla vias convenientes para negociar, ô para navegar, se dize prudente negociador, ô marinero. La otra, porque falta en el principal acto de la prudencia. Anssi

como quando alguno rectamente aconseja,[41] juzga bien de lo aconsejado tambien de aquellas cosas, que pertenecen â toda la vida: mas no aplica eficazmente â[42] la obra lo aconsejado, y juzgado. La terzera prudencia, es verdadera y perfecta, que es aquella que para buen fin de toda la vida, ciertamente aconseja, juzga, y aplica lo aconsejado y juzgado â la obra, y esta sola es perfecta prudencia. Que la primera prudencia es en simbolos. La segunda es comun â buenos y malos: maiormente aquella que es imperfecta por fin particular: y aquella que es imperfecta por defecto de principal acto, segun esta ya dicho: tambien está en solo los malos, segun S[to]. Thom. en la 2[a]. 2[ae]. en la quest. 46. en el Art. 13. Demanera que la verdadera y perfecta prudencia no está en los malos. Mas como el Philosopho dize en el 6. de las Ethic: en los tales aý,[43] y está demotica; esto es, natural industria para bien, ô para mal: ô astucia, que se endereza solamente[44] al mal, segun el Philosopho en el 6. de las Ethicas, la qual arriba diximos falsa prudencia, y prudencia de la carne, segun S[to]. Thom. en el art. 13. arriba alegado. Y de esta falsa prudencia dize aqui el *Revulgo*: que la conocia; porque segun está ia dicho, la prudencia es un conocimiento de las cosas, que se deben huir, y de las que se deben seguir. Anssi, que para huir lo malo, y seguir lo bueno, es necessario de lo uno, y de lo otro tener conocimiento. Demanera que se quexa aqui el *Revulgo*, que esta prudencia, que de lejos conocia las cosas, y acaecimientos por venir segun podian acaecer, y proveia paraque no empeziesen, y dañasen menos; *Estaba echada allá en las eras*. Esto es no moraba, ni se exercitaba en la Republica: mas estaba caida, y abatida fuera de lo poblado.

4. *Doliente de modorria*. Conviene â saber, estragada,[45] y corrupta por deleites y pasiones. Que segun el Philosopho en[46] el 6. de las Ethic, al qual refiere, y sigue S[to]. Thom. en la 22[ae].[47] en la quest. 47. en el art. final, y en la quest. 53. en el art. 6: Lo deleitable, y triste pervierte la estimacion de prudencia. Y anssi en el cap. 13. de Daniel, está escrito: La hermosura te engañó, y la concupiscencia trastornó tu corazon. Y el cap. 23. del Exodo, dize: No recibas dones, que ciegan tambien â los prudentes. Anssi, que dize, que faltaba ia en el Reino toda manera de prudencia; aun la prudencia, por la qual uno rige assi mismo, como la que rige muchedumbre, agora sea economica, ô regnatiua, ô politica, ô la militar, que rige, y gouierna en campo el exercito, que es juntado para pelear. Lo qual todo comprehende, y dize: pues de todo punto[48] dize: que estaba pervertida la estimacion de la prudencia. Siguese- El Author.

*Variantes RAH/Ed. Sancha*

26. 8. quest. 3. 27. [Escribió la palabra *plocul*; se corrigió a *procul*.] 28. Art. 1. 29. ser la mas 30. de la 31. Tulio sigue tambien 32. *Revulgo* de que 33. de la 34. [Una *g* tachada aquí]. 35. *qualquier bestia robadora*. 36. [Las

palabras *verdades sa* tachadas aquí]. 37. bien, *acudia*, esto es 38. solo 39. *que sabe* 40. [El copista de *RAH* escribió las seis palabras siguientes en la margen, indicando la inserción con el signo de una cruz doble en el texto.] 41. [Un circunflejo tachado sobre la *a*]. 42. á obra 43. hay 44. [El copista de *RAH* escribió las dos palabras siguientes en la margen; indicó la inserción con el signo de una cruz en el texto.] 45. [Escribió la palabra *estragada*; se corrigió a *extragada*.] 46. [*Ed. Sancha* abre paréntesis con la palabra *en* y cierra después de *art. 6.*] 47. $2^{a}$. $2^{ae}$. 48. punto estaba pervertida.

## III. *Respuestas*

[*R-M*] Respuesta al Revulgo.

xvj* ¶Esotra** barruntadora
que dormjda semejaua
es que lo que Reçelaua
lo vee cunplido agora
hanle matado vna espia
con la qual aperçebia
las cosas avenjderas
tal que ya por las carreras
no anda como solja

[*BNM*] resp*uesta*:.

¶la prudençia sabidora
u*ir*tud q*ue* prenosticaua.
y los males escusaua
rremediando de su ora.
lo presente comedia
lo por venjr p*ro*ueya.
con discreçiones entera$^{s}$
entre las bestias mas fiera$^{s}$
pereçio de litargia /.

*[El escriba trazo el número xvij; se corrigió a xvj.]
**[Esta palabra empieza con un calderón, con la *E* sobrepuesta.]

*Variantes de las Respuestas BNM/Gall*
7. C. direcçiones e.

## IV. *Glosa a la Respuesta R-M*

¶*Esta barruntadora*. esta es la / prudençia la qual es u*ir*tut q*ue* puede / prouer mucho de lo fucturo ¶E q*ue* sy / estaua modorrida es por q*ue* ya non / mjra*n* los señores con prudençia / mas fazen de fecho /& de voluntat / ¶Ca segu*n* prudençia bien se sabia q*ue* / avia*n* de venjr estas discordias ¶Mas / ya esta amodorrida q*ue* no*n* teme los / males pasados pues son venjdos

I. [*R-M* Copla xvij

¶ Tempera q*ui*ta pesares
q*ue* corria muy conçertado
Rebento por los jxares
del correr demasiado
ya no*n* muerda nj*n* escarmje*n*ta
a la gran loba hanbrienta
y los zorros y los osos
delante ella dan mjll cosos
p*er*o non por q*ue* la sienta

*Variantes de la Copla*

*BMus*: [Copla XVIII] 2. corrie 4. d. comer d. 5. muerde 8. çerca della 9. lo s.

*SA*: [Copla XX] 4. De comer d. 5. muerde 6. al g. lobo hanbriento 8. çerca della 9. lo ss.

*SB*: [Copla] xiiij°. 4. d. come[r] desordenado 5. mue[r]de 7. y avn l. 8. çe[r]ca d*e*lla 9. lo s.

*Inc*: [Copla] xiiij. 2 corrie 4. d. comer desordenado 5. muerde 7. y avn l. 8. çerca della 9. lo s.

*BNM*: [Copla XVIII] 2. corrie 3. del comer desordenado 4. rebento por los yjares 5. muerde 8. çerca della 9. los s.

*Gall*: [Copla XVIII] 2. corrie mas c. 3. Del comer desordenado 4. Rebentó por los hijares 5. muerde 8. Çerca della 9. los s.

*GL. Gall*: [Copla XVIII] 1.[falta] 2. corrie 3. [falta] 4. Rebentó por los hijares 5. muerde 8. Çerca della 9. los s.

*Evora*: [Copla XIV] 4. d. comer desordenado 5. muerde n. escramienta 7. y aun l. 8. serca della 9. q. ellas sienten [la *n* luego tachada]

*RAH*: Estancia 14. 2. corre 4. d. comer desordenado 5. muerde 7. Y aun l. 8. Cerca de e. 9. lo s.

*Ed. Sancha*: Estancia XIV. 2. corrie 4. d. comer desordenado 5. muerde 7. y aun l. 8. cerca de e. 9. lo s.

II. *Glosas a la Copla*

*SA*: tenpera. por tenpla[nça]

*SB*: tenpera

Esta es la v*ir*tud d*e*la te*n*pera*n*ça q*ue* sy bie*n* se mjra sy[r]be a las ot*ra*s tres v*ir*tud*e*s / ya d*ic*has lo q*ua*l se muest*ra* claro / por q*ue* sy la just*iç*ia no es te*n*prada / luego es Regurosa e se puede llamar seueridad / q*ue* es çerca de crueldad / y sy la fortaleza no se tie*n*pra / luego se llamara / temeridad e locura // la prude*n*çia menos sera v*ir*tud syn ella porq*ue*l onbre deste*n*plado no puede ser prudente / assi q*ue*sta v*ir*tud es neçesario // mesclarse co*n* todas las ot*ra*s pa*ra* q*ue* sea*n* p*er*fetas // llama [*Inc*: llamala] aq*ui* tenp*era* q*ui*ta pesar*e*s // e no syn cavsa por q*ue* todo onbre te*n*plado en sus avtos synple // [*Inc*: suple] los defetos y escusa los exçesos q*ue* turban la p*e*rsona e en *e*sta man*era* q*ui*ta los pesar*e*s e enge*n*dra plazer*e*s al q*ue* la tiene / aristotiles dize q*ue* la te*n*plança conserba la egualdad de la Razo*n* çerca d*e*la deletaçio*n* /o tristeza / y esta v*ir*tud tiene tres pa*rte*s contine*n*çia / abstine*n*çia // modestia // la co*n*tine*n*çia es v*ir*tud q*ue* faze al onbre Refrenar e medir sus apetitos co*n* la Razo*n* e sy la codiçia q*ue* se toma aq*ui* por loba fanbrie*n*ta / le pungiere pa*ra* abançar a cosas allje*n*de de lo q*ue* su p*e*rsona e abiljdad Req*ui*ere / que la sepa Refrenar // abstine*n*çia / tiene dos pa*rte*s / la vna abstenerse de no tomar yra / o sy la tomare no fazer nj dezir cosa ympeçible / la ot*ra* es abstenerse en el ma*n*tenjmj*ent*o demasiado // e en la luxuria q*ue* daña el cuerpo e altera la co*n*plisio*n* e cria enfermedad*e*s q*ue* traen a la muerte // la otra es modestia q*ue* es vna v*ir*tud q*ue* faze al onbre av*er* abtoridad / y dize q*ue*sta v*ir*tud de te*n*prança esta ta*n* p*er*dida q*ue* Rebento de comer demasiado // co*n*biene a saber [*Inc*: Conuiene saber] q*ue* en todos los abtos [*Inc*: actos] de su /ofiçio / fue eçesiba e demasiada de tal man*era* q*ue* no syntia los cosos d*e*los zorros y d*e*los osos // aristotiles dize q*ue* ay algu*n*os q*ue* son ynco*n*tine*n*t*e*s / ot*r*os ay q*ue* son d*e*stenplados / El ynco*n*tine*n*te es aq*ue*l q*ue* bee e conoçe el eçeso q*ue* faze / p*er*o tiene ta*n* flaca la Resiste*n*çia q*ue* no se puede co*n*tener d*e*lo fazer / El yntempetrado [*Inc*: El ynteperado es aquel] // jnte*n*perado es aq*ue*l q*ue* por su [Inc: la] gra*n*d continuaçio*n* de los biçios / tiene ya corruto el conoçimj*ent*o v*er*adero / de las cosas dañosas / de tal man*er*a q*ue* la v*ir*tud d*e*la te*n*p*er*ança no tiene bigor en el / pa*ra* las conoçer nj Resistir / y este tal por q*ue* pa*r*tiçipa co*n* bestial / dize aq*ui* q*ue*stas dos bestias / oso e zorro dan cosos çerca del / Conbiene saber / q*ue* par*t*içipa con ellas e q*ue* no lo sie*n*te asy q*ue*sta copla q*ui*ere dezir q*ue* la v*ir*tud d*e*la te*n*p*er*ança q*ue* es abenjdora d*e*la Razo*n* / co*n* el apetito esta corro*n*pida e dañada de tal man*era* q*ue* faze bestiales a los onbr*e*s q*ue* careçen d*e*lla &

Cerca d*e*lo q*ue* toca a est*a*s q*ua*tro v*ir*tud*e*s cardinales / alegado abemos brebe me*n*te algo d*e*lo q*ue*l filosofo e ot*r*os algu*n*os escrebiero*n* / p*er*o no todo lo q*ue* se podiera alegar // vna cosa se debe por çierto creer q*ue* q*ua*l q*ui*er q*ue* no*n* las gu*a*rda / no se puede dez*i*r [*Inc*: no puede ser] gu*a*rdado /. Ca [*Inc*: E] asy como el p*rin*çipe /o el gove*r*nador d*e*la çibdad ma*n*da p*re*gonar q*ue* todos gu*a*rden su estatuto / e ordenamj*ent*o / so çierta pena /a fin q*ue* su t*ie*rra sea bie*n* gove*r*nada / asy bie*n* la p*r*obidençia dibina pa*ra* sostene$^{r}$ el mu*n*do q*ue* sea bie*n* gove*r*nado / p*r*$^{e}$gona e ma*n*da q*ue* todos gu$^{a}$rde*n* estas q*ua*tro constituçione*s* q*ue* son estas q*ua*tro v*ir*tude*s* / e la pena q*ue* pone al q*ue* no*n* las gu$^{a}$rdare / po$^{r}$ esp*er*iençia bemos cada /ora como / avn aca en *e*sta bida se esecuta en el trasg*r*$^{e}$sor d*e*llas / po$^{r}$ q*ue* sy es justo [*Inc*: ynjusto] e flaco / luego cae / y sy es jnprude*n*te e deste*n*prado luego se pie$^{r}$de / e no crea njngu*n*d Rey nj p*rin*çipe q*ue*l poderio d*e*las huest*e*s / no*n* [*Inc*: Ny] la multitud d*e*los tesoros / nj menos la fo$^{r}$taleza de sus castillos e t*ie*rras le puede*n* conse$^{r}$ba$^{r}$ su ynp*er*io / sy no tiene est$^{a}$s q*ua*tro perras /o pilar*e*s q*ue* lo sostiene*n* gu$^{a}$rda*n* e acreçienta*n* // salustjo en la co*n*juraçio*n* de luçio cateljna / alega q*ue* en la p*r*$^{o}$pusicio*n* q*ue* Canto [*sic*] [*Inc*: caton] / fizo a los co*n*sules e senado [*Inc*: senadores] de Roma les dixo no q*ue*rays pe*n*sar q*ue* n*uestr*os mayor*e*s con a$^{r}$mas fiziero*n* / de peq*ue*ña g*ra*nde / n*uestr*a Repu*blica* / por q*ue* sy ello asi fuese mucho mas fe$^{r}$mosa seria la n*uestr*a pu*e*s tenemos mas çibdadanos / mas co*n*paña mas a$^{r}$mas / y mas caballos q*ue*llos tobiero*n* / p*er*o tenja*n* ellos ot*ra*s cosas q*ue* los feziero*n* g*ra*ndes / las q*ua*les nosot*r*$^{o}$s no tenemos / co*n*biene a sabe$^{r}$ [*Inc*: Conuiene saber] en casa jndustria / fuera justo ynp*er*io y el anjmo p$^{a}$*ra* co*n*seja$^{r}$ libre / no subjeto a pecado nj a deseo malo / y q*u*ien bien mjrare estas tres cosas q*ue* amonesta Caton / v*e*ra q*ue* todas las q*ua*tro v*ir*tud*e*s d*i*chas sente*n*dera*n* [*Inc*: se entendera*n*] en *e*llas media*n*te / las q*ua*les Roma creçio en luga$^{r}$ d*e*stas /. dize el tenemos el a$^{r}$ca d*e*la Repu*blica* pobre // la de cada vno Rica / loamos las Riq*ue*zas p*r*$^{o}$curamos la /oçiosidad / y no disce$^{r}$nemos los b*ue*nos d*e*los malos / por q*ue* todo el gala$^{r}$don d*e*la v*ir*tud posee la anbiçio*n* / y ente*n*die*n*do cada vno en su bie*n* p*ar*ticular e dexando syn gu$^{a}$rda el p*r*$^{o}$ comun / q*ua*l q*u*iera se ent*ra* en el e lo destruy[e] [Letra guillotinada suplida según *Inc*] segu*n*d q*ue* se q*ue*xa aq*ui* la Repu*blica* / q*ue*staria [*Inc*: estaua] todo p*er*dido en aq*ue*lla sazo*n* &

*BNM*: ¶ asi mismo pone[1] aq*ui* la ot*ra* perra et llamala tenpera por vocablo corro*n*pido[2] avn q*ue* se deriua de tenp*er*o tenp*er*as por la noble v*ir*tud ca$^{r}$dinal d*e*la[3] sobriedad /o te*n*pra*n*çia y dize q*ue* corrie muy coçe$^{r}$tado [*sic*] es a sabe$^{r}$ en come$^{r}$ po$^{r}$ medida beue$^{r}$ po$^{r}$ rregla e co*n*çierto de oras[4] asi com*m*o fase*n* los q*ue* son /. rreglados e d*e*sto[5] no q*u*iero des*i*$^{r}$ q*ue* tanta falta aya en *e*l estado d*e*los onbr*e*s[6] nj*n* menos a los q*ue* lo so*n* do mu*n*chas graç*ia*$^{s}$ nj*n* loor*e*s po$^{r}$ q*ue* los q*ue* fallaremos a la mayor p*ar*te / so*n* algu*n*$^{o}$s b*ue*n$^{o}$s rreligiosos orador*e*s e de orden sacra e d*e*stos poq*ui*tos y d*e*los defensor*e*s grand*e*s om*ne*s creo q*ue*stos q*ue*rie*n*do conserua$^{r}$ la humana vida danse algu*n*$^{a}$ abstine*n*çia leua*n*tandose d*e*la tabla co*n* algu*n* sabo$^{r}$ de come$^{r}$ / po$^{r}$ q*ue* rregla g*e*ne*r*al es segu*n* fisica q*ue* suma medicina est dieta ./. intenp*o*re sanjtat*is* ni[7] d*e*los ot*r*$^{o}$s comun*e*s pocos fallaremos. rrebento po$^{r}$ los yjar*e*s estos so*n* los gloton*e*s golosos q*ue* es vno d*e*los pecados mo$^{r}$tales[8] gula ya no mue$^{r}$de nj*n* esca$^{r}$mjenta a la gra*n* loba fa*n*brie*n*ta e[s a] [Letras guillotinadas suplidas según *Gall*] saber q*ue* q*ua*ndo el rreglado por co*n*pas come por biujr y no [una palabra tachada] bjue por comer[9] esto*n*çes no*n* da a la [10] gra*n* loba fa*n*brie*n*ta q*ue* es la gula todo lo q*ue* qu*i*ere muerdela[11] escarmjentala p*er*o sy la co*n*tenta[12] ella n[u*n*ca] a el en *e*l anyma e cuerpo e fasienda no*n* la [una letra tachada] muerde nj*n* la escarmjenta Com*mo*[13] dise la copla / y los sorros y los osos q*ue* so*n* los ya d*i*chos viçios y pecados mortal*e*s luxuria y ot*r*os[14] llegados a la se*n*[sualidad] çerca d*e*lla dan mjll cosos es a saber q*ue* se esfuerça[15] en *e*l cuerpo todos los viçios donde[16] ay tal fundame*n*to /&[17] asy dise salamo*n* / luxuriosa cosa es el vino e[18] rrensillosa la e*n*briagues / et[19] e[l] q*ue* en *e*stas se delettare no sera sabio p*er*o [la letra *p* tachada] no por q*ue* los sienta q*ue* tal puede estar el om*n*e q*ue* no sie*n*ta lo q*ue* fase[20] nj*n* lo q*ue* le fase*n* nj*n* los viçios d*e*llos obrando t*ur*bado e offuscado el seso[21] et asi com*mo* p*ri*uaçio*n* d*e*l por la delectaçio*n* e demasia /asi com*mo*[22] fiso a lod co*n* sus dos fijas yasie*n*do e no*n* lo syntie*n*do /& por[23] q*ue*l rreglado es desujado d*e*stas cosas tenplado llamola q*ui*ta pesar*e*s q*ue* tal se puede d*esi*r por q*ue* lo escusa d*e*la deso*n*rra e pesar e ygnomynja q*ue* al desordenado se sigue*n* &

*Variantes BNM/Gall*
1. pone la otra perra: llámala 2. corronpido, por la noble 3. de sobriedad y tenprança que dize 4. de ome 5. deste 6. omes, que avn algunos fallaremos reglados et conçertados en su comer et beuer. E destos son los malos [e] [Corchetes de los redactores de *Gall*] buenos religiosos oradores, et algunos ay perlados y de los otros grandes estados; mas estos queriendo mucho la vida danse al abstinençia y regla, porque segund la razon su mediçina es dieta; y de otros pocos fallaremos de los comunes quando pueden. [¶]"Rebentó 7. [Texto guillotinado. Cuadra lee: ni*n*.] 8. mortales, la gula. 9. comer, y entonces 10. á la loba 11. muérdela y 12. contenta nunca acaba; entonçes non la muerde ni 13. como aquí dice 14. otros pecados mortales llegados 15. esfuerçan 16. do 17. y por esto dice Salomon en sus prouerbios: "luxuriosa 18. y liena de contumelia [e] [Corchetes de los redactores de *Gall*] rencilla la 19. y el que en estas cosas se deleytare non 20. faze en los viçios, 21. seso por la tal delectaçion ó demasya 22. como lo fizo Lot 23. por esta demasya son las cuatro maneras que trae por figura de los embriagos, cada vno segund su calidad y conplisyon, sy triste por conparaçion al oso, et sy alegre al ximio, et sy soberbio al fuerte leon, et sy sucio ó hozador al puerco. Et asy que tornando á lo primero desta copla Quita-pesares se puede dezir esta virtud en el reglado, pues por reglado escusa pesares; los daños al desordenado se siguen del comer y beuer demas.

*RAH*: Glosa. 1. Trata aqui *Mingo Revulgo* de la virtud de la temperancia, que llama *tempera*. Es de saber, para entendimiento,[24] y declaracion de esta copla, y su materia; que segun Sto. Thom. en la 22. en la quest. 141. en el 2.

art: este nombre temperancia se toma en una de dos maneras. La una manera es segun su comun significado: y entonces es general virtud; porque este nombre temperancia Significa una templanza. Esto es: una moderacion que pone la razon en las obras, y pasiones humanas, lo qual es comun en toda virtud Moral. Otra manera es si considera y toma *anthonomaticé*, que es por excelencia, segun que la temperancia refrena al apetito de aquellas cosas, que maiormente atrahen al hombre: acerca de las quales es propriamente esta virtud: Y considerada anssi, es especial virtud, y tiene especial materia. Anssi mismo estos deleites, que principalmente atrahen al hombre, son en una de dos maneras. Que unos son acerca del comer, y beber: y otros quanto al deleite de la carne segun el Philosopho en el 3. de las Ethicas, y S$^{to}$. Thom. en el 4. art. de la quest. arriba alegada. Y anssi las partes sujetiuas, o especies de esta virtud, son la abstinencia, que refrena el comer, y la sobriedad, que pone medida al beber. Y del deleite de la carne quanto â la delectacion principal del mismo aiuntamiento, es la virtud de[25] castidad. Y quanto â los deleites circunstantes, q*ue* son tocamientos, o[26] otros semejantes es la prudencia. Ansi lo dize S$^{to}$. Thom. en la 22. en la quest. 143. y en la quest. 146. Pues llama aqui *Mingo Revulgo* â la temperancia *Quita pesares*; porque esta virtud retrahe, y quita los grandes detrimentos del cuerpo, y la turbacion de los sentidos con otros inconvenientes y males, que del desordenado comer, y beber, y del pecado de la lujuria se suelen seguir, y nacer, como por experiencia vemos. Y lo dizen el cap. 31. y el cap. 37. del Ecclesiastico, y el cap. nihil con los dos cap. siguientes de consideratione[27] en la dist. 5. Y dize que esta virtud

2. *Que corre*[28] *mui concertada*. Conviene â saber, que era tan concertada, y puesta â[29] refrenar, y apartar los desordenados deleites y deseos, los quales retrahe, y aparta esta virtud, como esta dicho, y lo dize Aristoteles en el 2. de las Ethi: *Rebentó por los ijares del comer desordenado*. Que quiere dezir, que fue vencida de los deleites, y concupiscencias.[30] Anssi, que fue en todos los actos de su officio excessiva y demasiada, no solamente en el demasiado comer y beber; mas aun en el desordenado deleite de la carne, que nace de la gula, segun el Bienaventurado S$^{n}$. Greg. en sus Mor. en el lib. 31. que segun dize S$^{n}$. Geronimo, y el principio en la dist. 44: El vientre, y los miembros de generacion son assi mismos mui vecinos: paraque de la vecindad de los miembros se entienda, y conozca la consideracion de los vicios. Donde el apostol S$^{n}$. Pablo â los de Ephessio en el cap. 5. dize: No querais embriagaros del vino, en el qual está la lujuria. Y anssi reprehendiendo el Propheta Ezechiel â Jerusalen en el cap. 16. al qual en este proposito refiere S$^{to}$. Thom. en el 22. en la quest. 148. en el 3. art. dize: *Haec fuit iniquitas*[31] *sororis tuae sodomae, saturitas panis et vini*. Que quiere dezir: Esta fue la iniquidad de tu hermana Sodoma, hazienda[32] de pan y vino. Porque del desordenado comer, y beber se enciende la luxuria. Y anssi se debe entender

aquí: pues acerca de estas concupiscencias, y deleites es la virtud de[33] temperancia, segun que es especial virtud.
3. *Loba ambrienta*, se toma, y entiende aquí por el pecado de la gula: que el lobo es animal comedor, y gloton; y dize aqui el Revulgo: que ia esta virtud por la abstinencia y sobriedad, *no muerde ni escarmienta.* Esto es, no punge, ni alanza de si *la gran loba ambrienta*, que es el pecado de la gula, que está en el desordenado comer y beber. Anssi mismo *loba ambrienta* se puede tomar y entender por la cobdicia, que no se harta segun el Philosopho en el 1. de las Politicas, y el cap. Scient. en la dist. 47. que segun dide [*sic*] S$^{n}$. Agustin en el lib. *de moribus* Ecclesiae: el officio de la temperancia entre otras cosas, es refrenar, y mitigar la cobdicia; lo qual se debe entender que haze la temperancia, no solamente en quanto es general virtud; mas aun en quanto es especial virtud; porque el que puede refrenar las concupiscencias y deleites, que mas atrahen assi al hombre, como son el demasiado comer y beber, y el deleite de la carne; con maior facilidad refrenará la cobdicia en que ai menor dificultad segun S$^{to}$. Thom. en la 22. en la quest. 141. en el art. 4. Y segun esto, quiere dezir aqui el *Revulgo* que no solamente[34] refrena ia la temperancia los deleites y concupiscencias en que ay maior dificultad: mas aun no templa[35] ni modera las concupiscencias y vicios, que mas facilmente podria moderar y templar.
4 *Los Zorros, y los Ossos*, se toman, y entienden aqui por los bestiales deleites. Y quiere dezir: que aunque los *Zorros* y *los Ossos*, que son los bestiales deleites y concupiscencias de los pecados de la gula, y luxuria; *cerca de ella dan mill cossos*, conviene a saber, participan de ella de contino, y la persiguen; *no lo siente.* esto es: no viene en conocimiento de si misma, y de su propria bondad:[36] ni de como entre los tales vicios y esta virtud, ai tanta repugnancia i contrariedad. Demanera, que dize en esta copla está en la Republica del Reino del todo corrompida, y dañada por los deleites y concupiscencias del desordenado comer y beber, y deleite de la carne. De tal manera, que los hombres viven sin ella como bestales, [*sic*] hechos semejantes â las bestias: lo qual repugna grandemente â la dignidad y excellencia del hombre, segun aquello del Psal. 48. que en este proposito refiere S$^{to}$. Thom. en la 22. en la quest. 142. en el final art. que dize: *Homo cum in honore esset non intellexit: et comparatus est jumentis insipientibus, et similis factus*[37] *est illis.* El hombre como fuesse en honrra, no entendio, y es comparado â las bestias insipientes, y fué echo semejante â ellas. Finalmente es â saber, que segun dize el Philosopho en[38] 6. de las Ethicas: Las Virtudes de tal suerte estan asidas, y corresponden las unas con las otras; que el que enteramente[39] tiene la una, las tiene todas. Demanera, que como dize el Bienaventurado S$^{n}$. Greg. en el lib. 22. en el cap. 1. de sus Mor: Una virtud sin las otras virtudes, ô es de todo punto ninguna, ô imperfecta. Anssi, que la prudencia, temperancia, fortaleza, y la justicia, tanto son

perfectas, quanto a vezes son aiuntadas assi[40] mismas. Mas divididas, y apartadas, en ninguna manera pueden ser perfectas; porque ni es verdadera prudencia aquella que no es justa, temperante, y fuerte: ni perfecta temperancia la que[41] fuerte, y justa, y prudente no es: ni es entera fortaleza la que no es prudente, temperante, y justa: ni verdadera justicia la que no es prudente, y fuerte, y temperante. De la qual conexion de virtudes trata Gabriel en el 3. de las Sentenc. en la dist. 36. en la quest. unica. Siguese—El Author.

*Variantes RAH/Ed. Sancha*
24. para entendimiento de esta copla, y su declaracion, que (segun Santo Thomas en la 2ª. 2ªᵉ. quest. 141. en el Art. II.) [El escriba de *RAH* emplea la abreviatura 22 por 2ª. 2ªᵉ. por toda la glosa de esta copla.] 25. de la 26. u 27. Consecratione 28. corrie 29. en [En *RAH*, la letra *â* sobrepuesta encima de otra letra ilegible.] 30. concupiscencia 31. [El copista de *RAH* escribió las dos palabras siguientes en la margen; indicó la inserción con el signo de una cruz en el texto.] 32. hartura 33. de la 34. no solamente no refrenaba 35. templaba ni moderaba 36. [El copista de *RAH* escribió la palabra *verdad*, luego la tachó y escribió *bondad*.] 37. [El copista escribió las palabras *et factus*, luego las tachó y escribió *et similis factus*.] 38. en el 39. [Las letras *te* escritas entre líneas.] 40. á sí 41. que fuere fuerte

## III. *Respuestas*

[*R-M*] Repuesta al Reuulgo.

xvij ¶alahe gil sy mjrares
las soldadas q*ue* he pagado
ya no*n* tengo valladares
en q*ue* traya mj ganado
y en el cabo no*n* conte*n*ta
esta maxada a la [c]uenta*
tanto son de codiçiosos
q*ue* do tengo mjs Reposos
cada vno se aposenta

*[Hueco en el manuscrito]

[*BNM*] respu*esta*

¶sobriedad en los manjares
com*m*o por co*n*pas reglado.
de tal virtud adornado
sy vno de mjll fallares
tal medida aumenta.
asi la gula acreçienta.
luxuria co*n* sus rrebossos
en los viejos y en escossos
viçios tachas alimenta.

*Variantes de las Respuestas BNM/Gall*
8. y e. los moços.

## IV. *Glosa a la Respuesta R-M*

¶*Alahe gil si mirares*. es q*ue* tanto el / Rey ha dado q*ue* adonde aposente los / q*ue* sirue*n* a su estado Real ya no*n* tiene ¶E avn esto no*n* basta mas los q*ue* el / fizo le q*ui*eren lançar del Reyno /& to/marle lo deujdo a la corona Real q*ue* / son las çibdades /& [Una letra tachada aquí] fortalezas

I. [*R-M* Copla] xviij° ¶ Vjenen los lobos Jnchados
las bocas se Relamjendo
los lombos traen ardiendo
los ojos encarnjçados
los pechos trahen sumjdos
y los jxares Regordidos
q*ue* non se pueden mouer
mas despues saben correr
ligeros a los Balidos

*Variantes de la Copla*

*BMus*: [Copla XIX] 2. y l. b. [falta] rr. 3. lomos 5. tiene*n* s. 6. [falta] l. 8. m. d. alos baljdos 9. ligero sabe*n* correr

*SA*: [Copla XIV] 2. y l. b. [falta] R. 3. lomos 5. tienen ss. 6. [falta] l. 8. m. D. alos balidos 9. lijero ssaben correr

*SB*: [Copla] xv. 2. e l. b. [falta] R. 3. lomos 5. tiene*n* s. 6. [falta] l. 8. mas q*ua*ndo oye*n* los baljdos 9. ligero saben corre[r]

*Inc*: [Copla] xv. 2. & l. b. [falta] rr. 3. lomos 5. tienen s. 6. [falta] l. 8. m. quando oyen los balidos 9. lygero saben correr

*BNM*: [Copla XIX] 2. y l. b. [falta] R. 3. lomos 4. y l. 5. p. tiene*n* comjdos 6. [falta] l. 8. m. d. alos baljdos 9. ligero Saben Correr

*Gall*: [Copla XIX] 2. Y l. b. [falta] r. 3. lomos 4. Y l. 5. tyenen s. 8. M. d. á los balidos 9. Ligero saben correr

*Gl. Gall*: [Copla XIX] 1. Lobos finchados [Falta el resto] 2. L. b. [falta] r. [Repetido en el texto]: y l. b. r. 3. lomos 4. Y l. 5. tienen s. 6. [falta] L. 8. M. d. á los balidos 9. Ligero saben correr

*Evora*: [Copla XV] 2. y l. b. [falta] r. 3. lomos 4. l. oyos encarnicados 5. tienen somidos 6. [falta] l. hiiales r. 8. m. quando oyen los balidos 9. ligero saben correr

*RAH*: Estancia 15. 2. Y l. b. [falta] relambiendo 3. lomos 5. tienen s. 6. [falta] L. 8. M. quando oien los balidos 9. Ligero saben correr

*Ed. Sancha*: Estancia XV. 2. y l. b. [falta] r. 3. lomos 5. tienen s. 6. [falta] l. 8. m. quando oyen los balidos 9. l. saben correr

II. *Glosas a la Copla*

*SA*: [falta]

*SB*: bienen los finchados

Cosa çie[r]ta es q*ua*ndo no ay perros en el hato q*ue* luego acude*n* los lobos / y q*ua*ndo estas q*ua*tro vi*r*tud*e*s no reyna*n* en el pueblo / luego entra*n* en el los tiranos / los q*ua*les dize aq*ui* la Repu*blica* q*ue* biene*n* aco*n*pañados de todos los siete pecados mo[r]tales co*n*tenjdos en *e*sta copla e figurados en *e*sta man*era* // biene*n* ynchados / co*n*biene saber del pecado d*e*la sov*er*bia / y las bocas Relamje*n*do / dize po[r] la gula / los lomos trae*n* a[r]die*n*do / entie*n*de [*Inc*: Entiendese] po[r] la luxuria los ojos enca[r]njçados dize po[r] la yra / los pechos traen [*Inc*: trae] sumjdos entie*n*de po[r] la jnbidia los yjar*e*s Rego[r]didos q*ue* no se puede*n* mov*er* / dize po[r] la açidia mas q*ua*ndo oye*n* los baljdos ligero sabe*n* corre[r] / esto sentye*n*de [*Inc*: se entiende] po[r] la codiçia // alljende d*e*sto es de sabe[r] q*ue* la sov*er*bia trae en su co*n*panja desobidie*n*çia / co*n*tie*n*da // banaglo*r*ia // p*er*tinaçia // discordia // p[r]*e*sunçio*n* // el segu*n*do pecado q*ue* pone es de gula / la q*ua*l es aco*n*pañada de deste*n*pramj*ent*[o] d*e*la lengua // de to[r]peza del ente*n*dimj*ent*[o] // de enbriagues // la luxuria es aco*n*pañada de çeguedad del ente*n*dimj*ent*[o] de jnesta*n*çia [*sic*] [*Inc*: ynconstançia] e poca fi[r]meza / de enfuziamj*ent*[o] e vileza e de pena e arrepe*n*timj*ent*[o] // la yra es aco*n*pañada de co*n*tie*n*da / de desonestad / jndinaçio*n* menospr[e]çio blasfemja /omyçidio // la enbidia biene aco*n*pañada de odio tristeze [*sic*] [*Inc*: tristeza] e afliçio*n* mu[r]muraçio*n* // la açidia t*ra*e co*n*sigo maliçia desesp*er*açio*n* flaq*ue*za d*e*l [*Inc*: de] coraçon to[r]pedad temo[r] // abariçia t*ra*e co*n*sigo fu[r]to Rapiña vsura x*i*monja me*n*tira p*er*juro e engaño // todos estos siete pecados mo[r]tales dize aq*ui* q*ue* Reynaba*n* en los lobos / aco*n*pañados cada vna d*e*las co*n*pañer*a*s q*ue* abemos d*i*cho / todo bue*n* juyzio debe conoçe[r] / q*ue* obra fara esta tal co*n*paña // donde q*ui*era q*ue* Reynare / y Reyna // syn duda en la t*ie*rra do el p*rin*çipe dexado el cuydado d*e*la gov*er*naçio*n* g*e*n*e*ral / entie*n*de sola me*n*te en sus plazer*e*s e deleyt*e*s /. dize po[r] la codiçia / q*ue* q*ua*ndo los lobos oye*n* los baljdos ligero sabe*n* corre[r] // çie[r]to es q*ue*l lobo es vn anjmal q*ue* se pone en asechanças e q*ua*ndo oye el baljdo d*e*las obejas p[r]*e*sto es con *e*llas a se çeba[r] / e no sola me*n*te se çeba en vna // mas mue[r]de tres e q*ua*tro e d*e*struye toda la manada // asy bie*n* los codiçiosos e abarie*n*tos q*ue* figura aq*ui* por lobos q*ua*ndo huelen e oye*n* la dibisio*n* /o disco[r]dia en las t*ie*rras luego corre*n* a *e*lla no p*ar*a la escusa[r] mas p*ar*a la cria[r] e sostene[r] /a fin de çeba[r] en ella / su codiçia // asy q*ue*sta copla dize q*ue* los tiranos q*ue* co*n*p*ar*a a los lobos / han loga[r] de faze[r] mal en los pueblos e biene*n* aco*n*pañados de todos los syete pecados mo[r]tales &

*BNM*: ¶ lobos hinchados segu*n* ente*n*dimj*ent*[o] mas comu*n* puede se[r1] ente*n*dedo [*sic*] po[r] los grand*e*s[2] e rricos e poderosos[3] de pote*n*çia mu*n*dana q*ue* se pueden adabta[r] e[4] co*n*para[r] /o aplica[r] a lobos jnsaçiables aq*ue*llos q*ue* po[r] obr*a*[s] so*n* dignos de tal no*n*bre[5] y las bocas rrelamjendo q*ui*so[6] desjr q*ue* les q*ue*da[7] mejo[r] sabor sobr*e* lo q*ue* ha*n* comjdo p*ara*[8] torrna[r] po[r] mas asi q*ue* lobos comedor*e*s /o[9] finchados de vanagloria[10] /o de anbiçio*n* llenos /o[11] las boca [*sic*] rrelamje*n*do co*n* mejor apetito d*e*l mundo q*ue* q*ua*nto mas tiene*n* mas q*ui*ere*n* / los lomos traen ardie*n*do[12] / dise po[r] las arduas ocupaçion*e*s mu*n*danas y estudio[13] d*e*llas p*ara* fase*r* lo q*ue* piensa*n* / y los ojos enca[r]niçados[14] / la cobdiçia bjua a las tenporalidad*e*s sobr*e* q*ui*en lo lleuara[15] q*ue* todo q*ua*nto vee*n* desea*n* po[r] suyo y destos so*n* mu*n*chos de aq*ue*llos q*ue* ysayas dize. guay de aq*ue*llos q*ue* allega*n* casa a casa[16] y canpo a canpo[17] / los pechos tiene*n* çomjdos el auariçia[18] la q*ua*l no*n* les dexa vs*a*[r] de magnanjmjdad[19] q*ue* la tiene çomjda por la dicha enferrmedad suya los yjares rregordidos[20] ./. pesados de la materia esspesa de la q*ua*l somos co*n*puestos q*ue* la co*n*diçio*n* humana mayor me*n*te es jncljnada al mal q*ue* no al bien e a las cosas terrestr*e*s y baxas q*ue* a las altas da a entend*e*[r] q*ue* po[r] esta materia pesada no*n*[21] los dexa moue[r] a v*ir*tud esp*irit*ual /o moue[r] de aq*ue*lla pesada en ot*r*[a] ligera djsposiçio*n* d*e*l anjma / mas d*e*spu*e*s a los balidos ligero saben corre[r] / balidos ./.[22] sonjdos / o p*ar*tidos de assonadas de g*ue*rra mediante las q*ua*les creçen sus estados po[r] las neçesidad*e*s en q*ue* ponen a los p*r*inçipes y otros grand*e*s y los vnos a los ot*r*[o]s / p*ara* lo q*ua*l todo ligeros se falla*n* po[r] se[r] d*e*la calidad d*e*lo po[r] ellos tanto buscado q*ue* les dan t*ie*rr*a*[s] e señorios y sienp[r]*e* les[23] añaden / de la ya dicha materia[24] &

*Variantes BNM/Gall*

1. ser dicho y entendido 2. grandes ricos 3. poderosos que se pueden 4. ó conparar á lobos ynsensybles, aquellos 5. nombre, non ofendiendo los virtuosos. [¶]"Las bocas 6. Quiere 7. da 8. para comer mas 9. ó robadores, finchados 10. vanagloria, de 11. "y 12. ardiendo."—Esto dizelo por 13. estados 14. encarnizados."—Es á saber la condiçion biua á las 15. leuaria 16. casa, canpo 17. canpo, et dizen comamos y beuamos solo, que venga donde quier que viniere". [¶]"Los pechos 18. avariçia que non les 19. magnidad (1) [Nota de los redactores de *Gall*: (1) Parece estar por "magnanimidad".] por la dicha 20. regordidos."—Y pesados 21. "non se pueden mover" 22. Balidos, partidos ó asonadas 23. [Las letras *and* tachadas después de *les*] 24. materia: y estos son de aquellos que mediante sus apetitos han escuresçido su parte intelectiua [para] las cosas altas. [Corchetes de los redactores de *Gall*]

*RAH*: Glosa. 1. *Vienen los lobos inchados*. Es cierto que faltando los perros del ganado, acuden luego los lobos: anssi faltando estas quatro virtudes en la Republica, acuden los tiranos, los quales dize aqui, que viene[25] acompañados de todos los siete[26] pecados mortales. Y dize: que *vienen los lobos*, que son los tiranos, que como lobos siguen su proprio apetito ê interes. *Ynchados*. Conviene â saber inchados del pecado de la soberbia, que incha segun el cap. 15. de Job, que de la soberbia dize: *Quid tumet*

*contra Deum spiritus tuus?* Que quiere dezir: Paraque ô soberbio se incha contra Dios tu espiritu? *Y las bocas relambiendo*. Esto dize por la gula, que es un desordenado apetito de comer y beber, de que esta ia dicho en la copla precedente. *Los lomos ardiendo*, dize, por la luxuria, que está en los lomos segun S$^{n}$. Greg. en el lib. 28. en el cap. 7. de sus Mor. *Los ojos encarnizados*, dize, por la ira, que es apetito de venganza segun la Glosa sobre el Cap. 19. del Levitico. Y dize *encarnizados*; porque la ira segun S$^{n}$. Greg. en el lib. 5. en el cap. 31. de sus Mor: enciende la cara, y encarniza los ojos del airado. *Los pechos tienen somidos*. Esto dize por el pecado de la embidia, de la qual dize el Damasceno en el segundo lib. que es tristeza de los bienes agenos. Y dize: que trahen los pechos somidos; porque la embidia haze andar al hombre encojido y descontento. Y el descontento, que este pecado trahe y los males que el pecado de la embidia al embidioso acarrea en lo interior i exterior, escriuelos S$^{n}$. Greg. en el lib. 5. en el cap. 33 de sus Mor. y en el cap. 34. del mismo lib.
2. *Los ijares regordidos. Que no se pueden mover*, dize,[27] por el pecado de la acidia,[28] que segun el Damasceno, es una tristeza, que assí agraba el animo del hombre; que ninguna cosa le agrada hazer. Y segun S$^{n}$. Agustin en el lib. de los vicios y virtudes: es una flaqueza de animo, que proviene por defecto de amor Divino.
3.[29] Concluie y dize: *Mas quando oien los balidos, ligeros saben correr*. Esto dize por la avaricia. Y quiere dezir: que aunque estos tiranos son anssi pesados, y llenos de acidia[30] para bien obrar, quando oien los balidos, que son las divisiones del Reino ligero saben correr. Esto es: acuden presto â cebar su cobdicia, y avaricia. Demanera que se quexa aqui la Republica, que por carecer el Reino de estas quatro virtudes, justicia, prudencia, fortaleza, y templanza; entren los tiranos acompañados de todos los siete pecados mortales, que son, soberbia, gula, luxuria, ira, embidia, acidia,[31] y avaricia, figurados segun visto avemos. Allende desto, es de saber, considerando mas en particular los accidentes, y mala naturaleza de estos pecados; que la soberbia se puede considerar en una de dos maneras segun S$^{to}$. Thom. en la 2$^{a}$ 2$^{ae}$. en la quest. 132. en el 4. art. y en el 4. art. de la quest. 134. y en la quest. 162. en el 2$^{o}$. y final art. Una manera es segun la redundancia y afluencia, que tiene en los otros pecados: Y segun esto, la soberbia tiene una generalidad en quanto de la soberbia pueden nacer todos los pecados. Y tomandola de esta manera S$^{n}$. Greg. en el lib. 31. en el cap. 31. de sus Mor, la pone por Reina, y madre de todos los vicios. Y dize: que de esta mala raiz salen siete pecados. Conviene â saber: vanagloria, embidia, ira, acidia, avaricia, Luxuria, gula. De otra manera se considera segun que es especial pecado, que tiene proprio objeto: que la soberbia es un desordenado apetito de propria excellencia. Y anssi, segun que es especial pecado, se quenta entre los siete pecados mortales: y entonces de la soberbia nace

inmediatamente la vanagloria: y de la vanagloria[32] desobediencia, jactancia, ypocresia, contenciones, pertinacia, discordia, y presumpcion. Anssimismo, de la embidia nace aborrecimiento, susurracion, detraccion, alegrarse de las adversidades del proximo, y pesarle de las prosperidades. De la ira, renzillas, inchazon, injurias, vozes, indignacion, y blasfemias. De la acidia,[33] (â quien Sⁿ. Greg. en el lugar alegado, llama tristeza segun Sto. Thom. en la 22.[34] en la quest. 35. en el art. final) nace malicia, rencor, cobardia de corazon, desesperacion, entorpecimiento acerca de los preceptos, vagar acerca de cosas illicitas. De la avaricia, trahicion, fraude, falacia, perjuros, desasosiego, violencias, durezas de corazon contra misericordia. De la gula, desordenada alegria, truaneria de gestos, suciedades, mucho hablar, escureza de entendimiento. De la luxuria, ceguedad del entendimiento, inconsideracion, inconstancia, precipitacion, amor de si, aborrecimiento de Dios, deseo de este presente siglo, y desesperacion del venidero. Qual seria el estrago, q*ue* tal compañia como esta haria donde entrase; todo hombre de buen seso, y juizio lo puede, y debe entender. Pues es cierto que quando los malos subieren â Principado, gemirá el Pueblo. Anssi, que dize *Revulgo*, y se quexa en esta copla, que por faltar en el Reino las virtudes de la justicia, prudencia, fortaleza, y temperancia; acudian los tiranos â tiranizar, y oprimir los Pueblos, los quales dize que venian acompañados de todos los siete pecados mortales, segun esta dicho. Siguese El Author.

*Variantes RAH/Ed. Sancha*

25. vienen 26. siete vicios, ó pecados 27. Lo dice por 28. decidia [El copista escribió la palabra *embidia*, luego la tachó y escribió *acidia*.] 29. [Falta el número] 30. decidia 31. decidia 32. vanagloria la 33. decidia 34. 2ª 2ae

## III. *Respuestas*

[*R-M*] Repuesta al Reuulgo.

xviijº ¶De siete en siete Bocados
quanto mas gelo defiendo
los veo sienp*re* comjendo
a los mas de mjs criados
y en cabo desanbridos
menos son [a]perçebidos*
sy los he demenester
por que son aborreçidos
de verguença y de saber

*[Hueco en el manuscrito]

[*BNM*] respu*esta*:-

¶de larga zazon vsados
sus rrayzes estendie*n*do
y discordias basteçie*n*do
por alcançar mas estadoˢ
de la cobdiçia vençidos
a auariçia sometidos
los questo piensa*n* faseʳ
y despues a los paʳtidos
ligeros so*n* de bolueʳ

*Variantes de las Respuestas BNM/Gall*
1. D. largo tiempo v. 3. Y discordia b. 6. Y á a. s.

IV. *Glosa a la Respuesta R-M*

*De siete en siete* / En todos siete pe/cados mortales ti/ene*n* parte los i*n*gr*a*/tos sob*er*ueçidos por co*n*pas lo qual pro/çede de poca u*er*gue*n*ça

I. [*R-M* Copla] xjx.

¶ Y vienen todos brama*n*do
con la sangre q*ue* han beujdo
los colmillos Reganando
co*mo* sy non oujesen comjdo
por lo q*ue* queda en el hatto
cada hora en gran Rebato
nos pone*n* co*n* sus Bramjdos
desque hartos mas tra*n*sidos
los veo q*ua*ndo non cato

*Variantes de la Copla*

*BMus*: [Copla XX] 1. abren las bocas Rauja*n*do 2. de l. 4. paresçe q*ue* n. ha*n* c. 9. paresçe*n* q.

*SA*: [Copla XV] 1. Abren las bocas Raujando 2. De l. 4. pareçe que n. han c. 9. pareçen q. me c.

*SB*: [Copla] xvj. 1. abren las bocas Rabia*n*do 2. de l. 7. pone

*Inc*: [Copla] xvj. 1. Abren las bocas rrauiando 2. dela 7. pone

*BNM*: [Copla XX] 1. Abren las bocas rrauia*n*do 2. dela 4. pareçe q*ue* n. han c. 5. p. l. [falta] q. 9. pareçen q. me c.

*Gall*: [Copla XX] 1. Abren las bocas rauiando 2. De l. 4. Paresçe que n. han c. 6. C. vez 9. Paresçen q. me c.

*Gl. Gall*: [Copla XX] 1. Abren las bocas rabiando 2. [falta] 4. paresçe que n. han c. 9. Paresçen q. me c.

*Evora*: [Copla XVI] 1. Abren las bocas rabiando 2. de l. 4. c. sino uuiesen c. 5. nel h. 7. pone

*RAH*: Estancia 16. 1. Abren las bocas rabiando 2. De l. 4. C. sino huviesen c.

*Ed. Sancha*: Estancia XVI. 1. Abren las bocas rabiando 2. de l. 4. parece que no han c.

II. *Glosas a la Copla*

*SA*: [falta]

*SB*: abren las bocas

Estos tiranos q*ue* abemos d*ic*ho dize q*ue* tiene*n* las bocas abie$^{r}$t$^{a}$s Rabia*n*do d*e*la sa*ngr*$^{e}$ q*ue* bebiero*n* / e po$^{r}$ çie$^{r}$to bie*n* se puede dezi$^{r}$ d*e*la sang*r*$^{e}$ // q*ua*ndo del sudo$^{r}$ e trabajo de los populare*s* allega*n* de Riq*ue*zas [*Inc*:

allegan rriquezas] los colmjllos Regañado co*n* Rabia de alca*n*çar / y çie$^{r}$to es q*ue* la codiçia es ta*n* ynsaçiable q*ue* nj co*n* mucho se ha$^{r}$ta / nj co*n* muy mucho se conte*n*[ta] [Letras guillotinadas suplidas según *Inc*] y por gra*n*d abu*n*da*n*çia q*ue* te*n*ga / sie*n*p*r*$^{e}$ le q*ue*da alg[o] q*ue* codiçia$^{r}$ / e p*ara* fenchi[r] este su deseo / no es menos q*ue* pone [*Inc*: ponen] gra*n*d Rebato e tu$^{r}$baçione*s* en los pueblos / e çe$^{r}$ca d*e*la gra*n*d fanbre de la codiçia e de como es Rays de todos los males / mucho esta es*cri*pto / y toda hora bemos los daños / q*ue* trae la jnsaçiabilidad d*e*los b*ie*ne*s* te*n*porales / los q*ua*les en la v*er*dad / no so*n* mas q*ue* p*ara* sostene$^{r}$ la bida / toda la demasia // da t*ra*bajos al q*ue* sobra y pena al q*ue* me*n*gua / po$^{r}$ q*ue* no puede goza$^{r}$ d*e*lo suyo el q*ue* p$^{e}$na po$^{r}$ lo ageno / leese en la sacra es*cri*ptu*r*a q*ue* dios p*r*$^{o}$beyo al pueblo de ysrrael / en el desie$^{r}$to co*n* mana [*Inc*: magna] cogida del Roçio del çielo / y ma*n*do q*ue* cada vno cogiese d*e*lla lo q*ue* le bastase p*ara* su mante*n*jmj*ent*$^{o}$ de solo vn dia // todo lo q*ue* mas se cogia se p$^{o}$dreçia e dañaba // tres cosas se puede*n* aq*ui* nota$^{r}$ amy v*er* [*Inc*: Tres cosas amy veer se pueden aquy notar] p$^{a}$*r*a enxie*n*plo de n*uest*ra bida / la p*rimer*a es q*ue* la dibina p*r*$^{o}$bidençia / tiene espe*ç*ial cuydado de p*r*$^{o}$beer a todos pue*s* enbia del çielo mante*n*jmj*ent*$^{o}$ comun // la segu*n*da nos amonesta q*ue* t*ra*bajemos debida me*n*te en *e*sta bida / p$^{a}$*r*a la sostene$^{r}$ // pue*s* dize q*ue* nos lebantemos e tomemos t*ra*bajo en coje$^{r}$ aq*ue*lla mana [*Inc*: magna] po$^{r}$ q*ue* no pie*n*se nj*ngun*$^{o}$ q*ue* le an de llov*er* en casa los b*ie*ne*s* esta*n*do viçioso // neçesario es q*ue* se leba*n*te e trabaje a lo busca$^{r}$ / a lo menos po$^{r}$ escusar la oçiosidad madre de muchos males / la te$^{r}$çera dize q*ue* se podreçia e dañaba / sy mas se cogia d*e*lo q*ue* basta[ua] p$^{a}$*r*a ma*n*tenjmj*ent*$^{o}$ de aq*ue*l dia / co*n*fo$^{r}$mase con *e*sto la oraçio*n* q*ue* fazemos del pate$^{r}$ noster / en la q*ua*l no pedimos a dios q*ue* nos de mante*n*jm*ent*$^{o}$ / p$^{a}$*r*a vno nj p*ara* dies años / ma[s] pedimos le / q*ue* el pa*n* de cada dia nos lo de oy //. po$^{r}$ q*ue*l q*ui*ere q*ue* pues cada dia nos da bida e ma*n*tenjmj*ent*$^{o}$ / cada dia alçemos los ojos a el // e ta*n*bie*n* no pedimos mas de p*ara* oy / po$^{r}$ q*ue* no somos çie$^{r}$tos d*e*la bida de cras // y q*ui*en bie*n* co*n*siderare esto y los t*ra*ba[jos] e peligr$^{o}$s q*ue* padeçe / el q*ue* coje mas b*ie*ne*s* te*n*porales / de los q*ue* le basta*n* / p$^{a}$*r*a la bida q*ue* es co*n*parada a vn dia // q*ue*rria sabe$^{r}$ como no bee q*ue* aq*ue*lla demasia podreçe esta*n*do g*u*$^{a}$rdada syn p*r*$^{o}$becho de nj*ngun*$^{o}$ y el q*ue* la g*u*$^{a}$rda pena / y avn padeçe [*Inc*: podrsçe [*sic*]] en la g*u*$^{a}$rda$^{r}$ / y da pena a lo[s] me*n*guados de aq*ue*llo q*ue*l tiene sobrado // e aq*ui*en debia se$^{r}$ comunjcado // d*e*la sal asy m*i*smo beemos q*ue* tomado lo neçesario / es ta*n*to sabrosa e p*r*$^{o}$bechosa // q*ua*nto desabrida e dañosa lo q*ue* mas d*e*lo q*ue* co*n*biene se toma // nj po$^{r}$ esto pe*n*samos cont*ra*dezi$^{r}$ los g*ra*nde*s* estados nj*n* los g*ra*ndes e difere*n*çias / q*ue* debe av*er* entre los onbre*s* segu*n*d la condiçio*n* de cada vno / por q*ue* avn en el çielo / dize el ebang*e*lio / q*ue* ay g*ra*ndes e muchas ma*n*sione*s* / q*ua*nto mas lo debe av*er* en la t*ie*rra / nj menos dezimos q*ue* se deseche*n* / [*Inc*: deseche] la abu*n*dançia de los b*ie*ne*s* abidos de b*ue*na p*ar*te

/ por q*ue* segu*n*d dize aristotiles en el p*ri*mero de las eticas / syn ellos nj*n*gu*na* cosa clara e v*ir*tuosa se puede faze$^{r}$ / p*er*o debe se mucho de Rep*r*$^{e}$hende$^{r}$ la abariçia / de aq*ue*llos q*ue* los dexa*n* de comunjca$^{r}$ / donde e q*ua*ndo e como deben / syn nj*n*gu*n*d fin nj*n* p*r*$^{o}$becho suyo nj de ot*r*$^{o}$ // po$^{r}$ q*ue*stos tales b*ie*n*e*s so*n* los q*ue* se podreçen [*Inc*: que podresçen] // ay algu*n*$^{o}$s q*ue* po$^{r}$ iguala$^{r}$ co*n* los mayor*e*s /o po$^{r}$ q*ue* no se les ygualen los menor*e*s trabaja*n* po$^{r}$ adq*ue*ri$^{r}$ b*ie*n*e*s / allje*n*de d*e*lo q*ue* an neçesario / y esta po$^{r}$ çie$^{r}$to es un$^{a}$ soliçitud bana / y el q*ue* la tiene se da asi m*i*smo tanta pena q*ue* nj*n*gu*n*$^{o}$ g*e*la puede da$^{r}$ mayo$^{r}$ / espeçial me*n*te sy tocado de anbiçion / p*r*$^{o}$cura de t*ra*er seq*ue*la de gente / e tene$^{r}$ se$^{r}$bidor*e*s demasiados d*e*los q*ue* p*ara* su p*r*$^{o}$bemj*ent*$^{o}$ /a men*e*st*e*r /. aq*ue*l menedemo terençiano beye*n*dose se$^{r}$bido de mucha famjlia / yncrepa*n*do asy m*i*smo dezia // tantos an d*e*star soliçitos p$^{a}$*ra* probee$^{r}$ la neçesidad de vno solo // tantos gastos te*n*go yo solo de faze$^{r}$ // como q*ui*en dize jndiscreta me*n*te lo fago // e syn duda no es bie*n* co*n*siderado tene$^{r}$ demasjados se$^{r}$bidor*e*s po$^{r}$ q*ue*l cuydado de lo q*ue* se Req*ui*ere p$^{a}$*ra* su p*r*$^{o}$beymj*emnt*$^{o}$ faze creçe$^{r}$ la codiçia e pone en t*ra*bajos d*e*sta bida e en p*er*diçio*n* d*e*la otra // e çe$^{r}$ca d*e*la dotrin$^{a}$ q*ue* se Req*ui*ere / p$^{a}$*ra* Refrena$^{r}$ la codiçia de b*ie*n*e*s demasiados / muchos escribiero*n* e cada dia bemos g*ra*nd*e*s p*r*$^{e}$dicador*e*s e Rep*r*$^{e}$hensor*e*s d*e*lla / p*er*o ta*n* bie*n* los dotrinador*e*s como los dotrin$^{a}$dos bemos muchas bezes yncurri$^{r}$ en *e*ste biçio q*ue* Rep*r*$^{e}$hende*n* / po$^{r}$ q*ue* la codiçia no*n* tiene çerraderos nj suelo // y fallamos muy pocos onbr*e*s q*ue* g*e*los po*n*gan // ta*n*to fue$^{r}$t*e*s q*ue* no les q*ue*de algo por codiçia$^{r}$ // p*er*o el q*ue* mejo$^{r}$ la podiere te*n*plar syn duda podra mejor bebj$^{r}$ // todo onbre q*ue* fuere v*er*dadero e delige*n*te puede se$^{r}$ seguro // q*ue* no le fallesca lo neçesario / p$^{a}$*ra* la bida / la q*ua*l ant*e*s nos falta p$^{a}$*ra* come$^{r}$ el ma*n*tenjmj*ent*$^{o}$ // q*ue* falta el ma*n*tenymj*ent*$^{o}$ p$^{a}$*ra* sostene$^{r}$ la bida // dios me Rige dezia dabid en el salmo // e nj*n*gu*n*$^{a}$ cosa me fallesçera / y no es duda q*ue* sy mjramos a dios / el nos Regira / y sy nos Rige no*n* nos falleçera // lo q*ue* obieremos m*e*nest*e*r // asi q*ue*sta copla dize q*ue*stos tiranos e todos los onbr*e*s muy codiçiosos no se fa$^{r}$ta*n* por mucha abu*n*dançia q*ue* te*n*ga*n* / e q*ue* su desordenada codiçia acarrea g*ra*nd*e*s daños en los pueblos &

*BNM*: ¶ abre*n* las bocas rraujando. bocas ./. volu*n*tad*e*s & apetitos deso$^{r}$denados rrepugnant*e*s toda forma /o medio en q*ue* la v*ir*tud co*n*siste / e rraujando[1] q*ui*ere d*esi*$^{r}$ la ynsaçiable sed de la sangre[2] e sudo$^{r}$ e trabajos e se$^{r}$ujçios d*e* los vasallos pueblos[3] comun*e*s e pa$^{r}$ticular*e*s q*ue* asi ordinaria com*mo* extraordinaria me*n*te lleuan e adq*uie*ren co*n* gran*d* sed e astuçia e agudesa / los colmjllos rregañando çierto ess q*ue* *e*l lobo syenp$^{r}$*e*[4] ha po$^{r}$ costu*n*bre q*ua*ndo come de rregañar /o mostra$^{r}$ los djent*e*s q*ue*[5] sienp$^{r}$*e* q*uie*re mas e es anjmal muy jnsaçiable y ca$^{r}$njçero y d*e*spu*e*s auariento q*ue* tiene po$^{r}$ p$^{r}$*o*piedad en comu*n* de ot*ro*$^{s}$[6] p*er*o esta q*ue* fase al cas$^{o}$ q*ue* sy entra entr*e* *e*l ganado allj vsa de auariçia mjsta[7] co*n* la maldad suya q*ue* es propia pasio*n* en *e*l jstinto nat*ur*al q*ue*[8] pe*n*sando aue$^{r}$le de falleçe$^{r}$ d*e*spu*e*s q*ue* es harto mata q*ua*ntas mas rreses puede disiendo q*ue* terrna allj ha$^{r}$ta ca$^{r}$ne p*ara* d*e*spu*e*s po$^{r}$ q*ue* no*n* le fallesca en la q*ua*l obra semejant*e*s so*n* /o paresçe$^{r}$ q*u*iere*n* los q*ue* so*n* llegados a la sensualjdad /o a los sensitiuos e anjmal*e*s brutos /obrando /o dando causas de daños e males[9] po$^{r}$ co*n*pljr sus apetitos e cobdiçias desorrdenadas e por esto dise par*e*sçe q*ue* no*n* han comjdo par*e*sçe q*ue* nu*n*ca tiene*n* nada mas sienp$^{r}$*e* esta*n*[10] me*n*guados q*ue* q*ua*nto mas adq*u*ieren e alcança*n* tanto mas q*u*iere*n*[11] e cobdiçia*n* e buscan e nu*n*ca el̃ fin d*e*llo falleran /. e d*e*stos dise salomo*n* el q*ue* ama plata nu*n*ca se farta de saña[12] / saña ./. cobdiçia y auariçia q*ue* tenje*n*dola q*u*iere d*e*lla mas q*ua*nto mas ha asy com*m*o saña ençendida q*ue* nunca se apaga /o[13] fuego ençendido q*ue* nu*n*ca dise abasta / el auariçia creçie*n*do el auer creçe[14] ella / dise seneca en *e*l libro de rremedijs fortituitor*um*[15] rriquesas p*er*diste el auariçia p*er*diste e de contr$^{a}$rio nota q*ue* po$^{r}$ el enrregnamj*ent*$^{o}$[16] q*ue*l auariçia enrregna en *e*ste n*uest*ro t*ien*po dise el apostol[17] ./ en los postr*i*meros djas sera*n* los omn*e*s amador*e*s de sy mjsmos y este[18] tal amo$^{r}$ q*ue* se torrna en aborresçimj*ent*$^{o}$ e[19] detrime*n*to d*e*l anjma rrasonable dise el eua*n*gellio el q*ue* ama su alma pie$^{r}$dela po$^{r}$ q*ua*nto este amo$^{r}$ tenporal[20] e jncljnaçio*n* es destruydor al[21] anjma / por lo q*ue* q*ue*da en *e*l hato q*u*iere desjr q*ue* no ay te$^{r}$mj*n*$^{o}$ nj*n* fin al cobdiçioso e ant*e*s a la ma$^{r}$ te$^{r}$mj*n*$^{o}$ e cabo falaremos asy[22] q*ue* po$^{r}$ lo q*ue* rresta q*ue* no apropia*n*[23] po$^{r}$ suyo estan[24] en grand cuydado y[25] ansia y pena media*n*te cobdiçia e auariçia[26] / Cada ora en gran*d* rrebato estas so*n* las man*eras*[27] cabtelosas en las g*ue*rras q*ue* a los menudos espanta*n* cada dj$^{a}$ e estos so*n* sus[28] bramydos las asonad*a*$^{s}$ q*ue* fase*n* p*ara* adqujrir lo q*ue* q*u*iere*n* d*e*sq*ue* ha$^{r}$tos mas transidos paresçen q*ua*ndo me cato[29] / q*u*iere d*e*s*i*$^{r}$ q*ue* nj*n*gun$^{o}$ nj*n* algun$^{o}$ d*e*l estado mayo$^{r}$[30] fasta el meno$^{r}$ es co*n*tento co*n* lo q*ue* tiene mas po$^{r}$ nada lo estima /a rr*e*speto de lo q*ue* busca nu*n*ca fallandose contento de aq*ue*llo nj*n* co*n* aq*ue*llo q*ue* busca / asy q*ue* pr$^{o}$pia me*n*te el tal[31] /o los tales pobr*e*s puede*n* se$^{r}$ d*ich*os pues no contentos / no pobr*e*s de esp*irit*u de aq*ue*llos q*ue*l eua*n*gelio[32] dise bie*n* auent*ur*ados so*n* los pobres de esp*irit*u q*ue* d*e*llos es el rreg*n*$^{o}$ d*e* los çielos /& pobr*e*s d*e* esp*irit*u no d*e* *e*stos transidos mas desechador*e*s d*e* las rriq*ue*sas tenporal*e*s / e asi mysmo dise el apostol[33] en los postr*i*meros djas sera rresfriada la caridad e abundara la[34] maliçia de mu*n*chos &

*Variantes BNM/Gall*

1. "rauiando" la insaçiable 2. sangre, sudor y 3. pueblos y comunes 4. sienpre acostunbra 5. y 6. otras mas esta que faze mas al caso 7. misto 8. que como sensytivo vsa; et matanlo et procuran de lo matar porque non dañe mas. Enpero en el ome instituydo de la razon son yerros contra franco

aluedrio, que es facultad de bien ó mal obrar quando aquello oluidado pareçe ó parecer quiere á los sensytiuos con racionales ó animales 9. males ó muertes ó escandalos por adquirir todo para sy, et por ello merecen grandes penas las quales non les dan, y por eso dice: 10. son 11. quieren et buscan, y destos dize Salamon: 12. saña, et saña cobdiçia y avariçia;'' y aviendola quiere mas della quanto 13. et 14. crece. Seneca dize 15. *De remedio fortuito*: 16. entregamiento que al avaricia reyna 17. apóstol san Pablo: 18. deste 19. et en 20. tenporal inclinaçion 21. del 22. asy por 23. apropia 24. está 25. et acucia et pena 26. avariçia, por la qual Geremías profeta dezia por Ierhusalem: ''et la tu moneda tornada escoria,'' que por la avariçia et cobdiçia desordenada de cada dia enpeoraua la ley de la moneda, verbigracia en nuestro tiempo, y avn mas dize: ''por ella la señora en las çibdades fué tornada pechera.'' [¶]''Cada hora 27. manos 28. los 29. cato.''—Que ninguno nin algunos 30. mayor al menor contento es con 31. tal puede ser dicho pobre pues non es contento, pero non pobre de espíritu 32. Euangelio pone donde dize: ''bien aventurados los pobres de espíritu que dellos es el reino de los cielos'', y pobres de espíritu non transydos como llama á los tales cobdiciosos, mas pobres de espíritu, conviene saber, desechadores 33. apóstol, por este medio tienpo; ''en los postrimeros 34. la maldad et maliçia

*RAH*: Glosa. 1. *Sangre*, se toma aqui por el dinero, ô hazienda, que se dize vida del hombre segun la Ley *Advocati de Advocat. Diversor.* Jud. C. Porque Anssi como el hombre no puede vivir sin sangre: anssi no puede vivir sin la hazienda, y dinero, conque se compra el comer, y beber, sin el qual es impossible vivir el hombre, como la experiencia lo enseña, y lo dize el Philosopho en el 1. de las Politicas, y el cap. nihil de consecratione en la dist. 5. Donde S$^{n}$. Agust. en el lib, *de Verbis Domini* en el trat. 35. dize: Que el que defrauda de lo necessario, y el que derrama sangre son semejantes. Anssi dize aqui *Mingo Revulgo*, que estos tiranos de quen[35] [*sic*] en la copla precedente ha tratado; *abren las bocas, rabiando de la sangre q(ue) an bebido*. Que quiere dezir: que tienen tan grande avaricia, que aunque han usurpado grandes averes, y riquezas del sudor y trabajo de los inocentes populares; no se hartan, y siempre les creze la sed y hambre de su cobdicia
2. *Los Colmillos regañando*. Esto es, mostrandose rabiosos, y crueles, y amenazando, *Como si no huviesen comido*. Conviene â saber: Como si no huviesen robado, y usurpado, tanto, que[36] con ello pudiesen hartar la hambre de su cobdicia. Y de tal manera dize que crece esta sed, y hambre de los tiranos, que[37] *lo que queda en el hato*, que es lo que queda en la Republica por robar, y tiranizar, *ponen cada ora en gran rebato con sus bramidos* esto es, ponen cada ora en gran revuelta con sus movimientos, y alborotos: que *fremitus* que[38] en latin quiere dezir bramido,[39] se toma aqui

por el alboroto, y movimiento: como se toma,[40] y entiende en el Ps. 2. que comienza: *fremuerunt gentes*, y Tertuliano alli. Da fin a la copla, y dize: 3. Que estos tiranos quando parece que estan *hartos* de riquezas, y bienes maladquiridos, estan hambrientos, y codiciosos, y deseosos de robar y tiranizar lo ageno. Tirano, segun el Philosopho en el 7. de las Politicas, y la Ley 10. en el tit. 1. de la 2ª. partida, es aquel que procura Señorio por fuerza, ô por engaño, y trahicion: el qual Señorio no dura mas que quanto puede durar la Fuerza, segun Medea dixo al Rei Creon: anssi como lo introduze Senea [*sic*][41] en la 2ª. tragedia. Estos tiranos aborrecen al[42] bien comun, la paz, y sosiego del Reino: aman su proprio y particular interes. Y para que mas seguramente puedan ser Señores, y poseer lo que tienen robado, y tiranizado; siembran sediciones, y discordias en el Pueblo, que tienen subjeto, segun el Philosopho en el 3. de las Politicas, y 8. de las Ethicas, y S^to^. Thom. en la 22.[43] en la quest. 42. en el 2. art.[44] y Bartulo en el trat. *de Tiranide*, y la Lei 10. arriba alegada, donde entre otras cosas dize la Ley que estos tiranos viven siempre con sospecha de perder lo que tienen tiranizado, y robado: como de Dionisio Siracusano lo quenta Boezio en el 3. lib. de consolacion, do dize que como este Dionisio de hombre pequeño y baxo; fue puesto, y subido en grande estado, y[45] un Amigo le diixese [*sic*] que le tenia por Bienaventurado por el grande poder y honrra, que avia alcanzado, Dionisio le combidó â comer: y el comer bien y âsaz esplendidamente aderezado. Dionisio hizo colgar de una delgada cuerda una mui aguda espada â la mesa sobre la cabeza del Amigo, el qual con el temor, que tuvo que la espada no caiese sobre su cabeza; huvo mala, y con grande sobresalto la comida: y todo el tiempo de comer estuvo con grande ansia y pena, y que acabada la comida, Dionisio le dixo: que si avia avido alegre comer? Al[46] qual respondio: que antes mui triste, por el grande temor que avia tenido que la espada no caiese sobre su cabeza. Al[47] qual dize: q*ue* Dionisio dixo:[48] pues sabe ciertamente que tal es la vida del tirano, como el comer que tu as avido: que su estado acrecienta ansia y pena; porque la prosperidad de los malos y las riquezas mal adquiridas no tienen, ni trahen consigo momento de seguridad: y pasan como sueño. Cuio acenso y[49] subida es para dar maior y mas graue caida segun el Claudiano, â quien refiere la Glosa en el cap. penultimo de penitentia, en la dist. 4. que dize: Los malos son leuantados en alto, para que con maior, y mas graue caida sean derribados. Y el Real Propheta David en el Psm. 75. do dize: Durmieron su sueño todos los varones de riquezas, y ninguna cosa hallaron en sus manos. Y en el Psm. 36. do dize: No querais aver embidia del malo, que prospera en sus hechos, ni del hombre que haze injusticias. Y mas adelante acerca[50] del fin del mismo Psm. dize: Vi al malo exaltado assi como los cedros del libano &c. Anssi, q*ue* dize esta copla: que estos tiranos estaban llenos de cobdicia y avaricia: que no se contentaban con lo mucho que en el Reino tenian tiranizado, y robado; mas que aun se querian alzar con lo que en el quedaba por tiranizar, y robar. Siguese El Author.

*Variantes RAH/Ed. Sancha*
35. de que 36. que pudiesen hartar con ello la hambre 37. que *por lo que* 38. *fremitus* en 39. bramido, y 40. tomo 41. Seneca 42. el 43. 2ª 2ᵃᵉ 44. en el Art. II. 45. [La *y* seguida por una palabra tachada: *amigae*[?]. Las palabras *y un Amigo* escritas en la margen de *RAH* con una cruz en el texto para indicar la inserción.] 46. A lo qual 47. *Idem* 48. respondió 49. ó 50. cerca

III. *Respuestas*

[*R-M*] Repuesta al Reuulgo.

[xj]x ¶Avn q*ue* vees q*ue* esto callando
como nescio modorrido
jura dios q*ue* esto pensando
de que talle es el vestido
por q*ue* son de tan mal grado
q*ue* pagado bjen el pato
q*ua*ndo se viesen perdidos
destroçados y corridos
los avre de bue*n* barato

[*BNM*] respu*esta*.

¶por tal via van cobra*n*do
de lo q*ue* mas han q*ue*rido
a mas tomar ocupa*n*do
do no ay dueño conoçido
y con tal estudio y trato
Cada ora y cada rrato
basteçen tantos rruydoˢ
tal q*ue* no basta*n* se*n*tidos
nj todo el saber del plato

*Variantes de las Respuestas BNM/Gall*
6. C. dia y 9. En t. / d. hato

IV. *Glosa a la Respuesta R-M* [falta]

I. [*R-M* Copla] xx.

¶ Alahe Reuulgo hermano
por los tus p[ecado]s* penas
sy no*n* fazes obras buenas
mayores te esta*n* a mano
q*ue* si tu huziado fueses
caliente t*ie*rra paçieses
y verdura todo el año
non avrias este dapño
en ganados nj*n* en mjeses

*[Hueco en el manuscrito]

*Variantes de la Copla*

*BMus*: [Copla XXI] 4. otro mal tienes de m. 5. enhuzjado 8. n. podrias av*er* [falta] d.

*SA*: [Copla XXI] 3. los tus males en cadenas 4. otros que t. 5. enviziado [Escribió *enxiziado*; se corrigió borrando la *x* y trazando la *v* entre líneas.] viztes [?] 8. n. podrias aver [falta] D. 9. e. ganado n. e. las m.

*SB*: [Copla] xjx. 4. ot*r*º mal tienes de m. 5. mas s. t. enfuziado 6. ardie*n*te t. 8. n. podrias av*er* daño 9. n. [falta] m.

*Inc*: Replicato del profeta. [Copla] xjx. 4. otro mal tienes de m. 5. mas s. t. enhuziado 6. ardiente t. 8. N. podrias auer [falta] d. 9. ganado

*BNM*: [Copla XXI] 4. otro mal tienes de m. 5. enfiuzado 8. n. podrias auer [falta] d.

*Gall*: [Copla XXI] 4. Otro mal tienes de m. 5. enhuciado 6. Y c. 8. N. podrias aver [falta] d.

*Gl. Gall*: [Copla XXI] 4. otro mal tyenes de m. 5. enhuciado 8. N. podrias aver [falta] d.

*Evora*: [Copla XIX] 3. sino azes 4. otro mal tienes de m. 5. mas s. t. enfotado 6. ardiente t. 8. n. podrias aver [falta] daño 9. ganado

*RAH*: Estancia 19. 3. Sino 4. Otro mal tienes de m. 5. Mas s. t. h. enfotado 6. Y ardiente t. 8. N. podrias aver [falta] daño 9. ganado

*Ed. Sancha*: Estancia XIX. 3. sino h. 4. otro mal tienes de m. 5. Mas s. t. enfotado 6. y ardiente t. 8. no podrias haber [falta] daño 9. e. el ganado

II. *Glosas a la Copla*

*SA*: ffe - Caridat - espe[rança]

*SB*: Replicato del p*r*$^{o}$feta //
a la he Rebulgo her*man*$^{o}$

El p*r*$^{o}$feta oydas las q*ue*xas del Rebulgo Replica agora e dizele q*ue* po$^{r}$ sus pecados pena // Job a los xxxiiij$^{o}$ capitulos / dize q*ue* dios faze Reyna$^{r}$ el onbre ypocrita po$^{r}$ los pecados del pueblo / y fundando su Replicato sobr*e*sta avtoridad / la culpa q*ue*l pueblo ynpone al Rey / torna el p*r*$^{o}$feta ynpone$^{r}$ al pueblo / dizie*n*dole q*ue* sus pecados acarrea*n* tene$^{r}$ gove*r*nador defetuoso / y avn le dize / mas q*ue* sy no faze obr*a*s b*ue*nas q*ue* te$^{r}$na peores males / y aq*ui* [*Inc*: Y a [*sic*] aqui] se nota*n* dos cosas // vna [*Inc*: La vna] es la culpa jnputada al pueblo /ot*ra* es vna amenaza e amonestaçio*n* q*ue* faze el p*r*$^{o}$feta al pueblo e q*ua*nto a la p*r*i*m*e*r*a çie$^{r}$to es q*ue* dado q*ue*l Rey te*n*ga algu*n*d defeto /o njglige*n*çia / sy los p*r*i*n*çipales del Reyno como leales a su Rey e amygos de su t*ie*rra los enco*n*brie*n* [*sic*] [*Inc*: encubriesen] co*n* lealtad e los supliesen co*n* prudençia // nj su Rey abria disfamja ny sus t*ra*bajos [*Inc*: su tierra trabajos] / pe*r*o acaeçe q*ue* aq*ue*llos cuyo ca$^{r}$go p*r*i*n*çipal es co*n*seja$^{r}$ al Rey e Ret*rae*$^{r}$le d*e*los exçesos e supljr sus defetos / estos mjsmos g*e*los cria*n* e faboreçe*n* algu*n*$^{o}$s por le co*n*plaze$^{r}$ [*Inc*: por complazer] /a fin de ave*r* me*r*çed*e*s / ot*r*$^{o}$s pe*n*sando muda$^{r}$ sus estados / a mayor*e*s cosas de las q*ue* tiene*n* // tu$^{r}$ban los Reynos e los pone*n* en guerras e esca*n*dalos publica*n*do los defetos del p*r*i*n*çipe / afeando su pe$^{r}$sona /a fin de se acreçenta$^{r}$ en Reyno tu$^{r}$bado // y co*n* estos semejant*e*s co*n*sejeros e gove*r*nador*e*s se cria*n* las desinsion*e*s / do p*r*$^{o}$çede*n* las destruyçion*e*s en los Reynos / cont*ra*rio mucho d*e*lo q*ue* los b*ue*nos Catolicos e onbr*e*s leales deben fase$^{r}$ / e d*e*lo q*ue* los adelantados del Rey nj no / avn q*ue* ba$^{r}$baros fiziero*n* en su Reyno / los q*ua*les como conoçiesen el defeto de su Rey le posiero*n* en tal g*u*$^{a}$rda / q*ue* nj*n*gu*n*$^{o}$ de su señorio lo sjntiese // e los ma*n*damj*ent*$^{o}$s e gove*r*naçio*n* justa q*ue*llos aco$^{r}$daban publicaban q*ue* hemanaban [*Inc*: emanaua] de su Rey / dando a el la gl*o*ria // en *e*sta [*Inc*: E en esta] man*e*ra tobiero*n* pas el t*ie*npo q*ue* aq*ue*lla lealtad ma*n*tobiero*n* // la ot*ra* pa*r*te es [*Inc*: otra es ] amonestaçio*n* q*ue* faze p$^{a}$*ra* q*ue* se co*n*bie$^{r}$ta e faga b*ue*nas /obras // el fundame*n*to d*e*las q*ua*les es tene$^{r}$ fe // esp*er*ança e caridad q*ue* so*n* las tres v*ir*tud*e*s teologales syn las q*ua*les nj*n*gu*n*$^{o}$ puede açe$^{r}$ta$^{r}$ en el camjno de la final p*r*$^{o}$sp*er*idad / e po$^{r}$ ffe dize enfotado / po$^{r}$ q*ue* los pastor*e*s a q*ua*l q*uie*r q*ue* tyene ffe en sy m*i*smo / dize [*Inc*: Dyzen] q*ue*s enhotado // ardie*n*te t*ie*rra dize po$^{r}$ la caridad por q*ue* todo aq*ue*l q*ue* tiene caridad a$^{r}$de en amo$^{r}$ de dios e del p*r*$^{o}$ximo // v*er*dura dize po$^{r}$ la esp*er*ança q*ue* synjfica lo v*er*de / y po$^{r}$ q*ue* abemos de se$^{r}$ costant*e*s en *e*st*a*s v*ir*tud*e*s e no falleçe$^{r}$ en nj*n*gu*na* d*e*llas / todo el t*ie*npo po$^{r}$ toda la bida [*Inc*: Todo el tiempo dela vida pone aqui todo el año por toda la vida.] / e q*ua*nto [*Inc*: E quanto toca] a la ffe q*ue* es la p*r*i*m*e*r*a v*ir*tud teologal // es de sabe$^{r}$ q*ue* san pablo dize q*ue* la ffe es un$^{a}$ lunbre esp*ir*itual // la q*ua*l dize san g*r*$^{e}$gorio q*ue* no tiene gala$^{r}$do*n* q*ua*ndo se prueba po$^{r}$ Razo*n* vmana // e san pablo a los hebreos dize / q*ue* jnposible es al [*Inc*: el] onbre syn ffe plaze$^{r}$ a dios // e co*n*fo$^{r}$me a esto s*an*to tomas en la segu*n*da secu*n*de / dize q*ue* la p*er*feçion d*e*l onbre // no sola me*n*te consiste en aq*ue*llo q*ue* por su natura le conpete / mas ta*n* bie*n* consiste en aq*ue*llo / q*ue* le es dado de vna p*er*feçio*n* sobre natural d*e*la bondad dibina q*ue* le faze abile p$^{a}$*r*a cree$^{r}$ la ffe / la q*ua*l fi$^{r}$me me*n*te creyda luego plaze a dios // donde le p*r*$^{o}$çedio el bie*n* y sjendo plazible a dios luego goza d*e*la v*er*dadera feliçidad // donde se prueba claro q*ue*l fu*n*damj*ent*$^{o}$ d*e*l bie*n* q*ue* deseamos es la ffe / la esp*er*ança es vn$^{a}$ v*ir*tud q*ue*l pe*n*samj*ent*$^{o}$ pone de alca*n*ça$^{r}$ / aq*ue*llo q*ue*l anjm$^{a}$ desea / media*n*te los b*ue*nos m*er*jtos / y esta es la v*er*dadera esp*er*ança // v*er*dad es q*ue*sto no puede esta$^{r}$ syn algu*na* mjstura de ffe p*er*o la ffe es en las cosas pasadas e en las cosas po$^{r}$ benj$^{r}$ / y la esp*er*ança sola me*n*te d*e*las futuras e çe$^{r}$ca d*e*sta v*ir*tud no ala$^{r}$guemos mas salbo q*ue* santagostin en *e*l enchirridion / dize q*ue* la esp*er*ança no es syno d*e*las cosas q*ue* p*er*teneçe*n* a dios El q*ua*l se muest*ra* tene$^{r}$ cuydado de aq*ue*llos q*ue* en el esp*er*an / con lo q*ua*l co*n*cue$^{r}$da el salmjsta en*e*l salmo xxvj do dize q*ue* dios faze salbo [*Inc*: saluos] a los q*ue* tiene*n* en*e*l esp*er*ança / la caridad es ot*ra* v*ir*tud teologal q*ue* no puede asenta$^{r}$ sy no en coraçion [*sic*] ljnpio / y en co*n*çiençia pura / y con*e*sta v*ir*tud tiene el onbre / a dios conte*n*to y sjn ella desconte*n*to y sy desconte*n*to / çerrad sobr*e* todo / y no pe*n*ses [*Inc*: penseys] av*er* bie*n* nj*n*gu*n*$^{o}$ aca / nj alla / fasta q*ue* media*n*te la caridad le to$^{r}$nes / aplaca$^{r}$ e tene$^{r}$ conte*n*to / E po$^{r}$ q*ue* d*e*sta [*Inc*: por que çerca desta] v*ir*tud esta mucho e po$^{r}$ muchos escrito / co*n*cluyamos sobr*e* lo q*ue* dize san pablo / co*n*biene sabe$^{r}$ q*ue* la mayo$^{r}$ d*e*las v*ir*tud*e*s / es la Caridad e q*ue* todos los b*ie*n*e*s [*Inc*: los otros bienes] ot*r*$^{o}$s q*ue* se faze*n* no valen nada sy ella no ynte$^{r}$biene / en los faze$^{r}$ / y el q*ue* careçie*n*do d*e*sta v*ir*tud / no obiere gl*o*ria en*e*sta bida / no esp*er*e d*e*la av*er* en la otra / asy q*ue* en*e*sta copla p*ar*eçe q*ue*l p*r*$^{o}$feta ynputa la culpa de sus males / a la Repu*blica* / y dizele q*ue* mayor*e*s los /a de padeçe$^{r}$ / syno tiene ffe e esp*er*ança [*Inc*: Fe. Esperança] y caridad q*ue* son las tres v*ir*tud*e*s teologales &

*BNM*: ¶ a la he rrebulgo hermano[1] et aq*ui* torrna gil arribato q*ue* ess el adeuyno[2] e rreplica cont*ra* mj*n*go rrebuelgo [*sic*] q*ue* es la rrepublica et dise por los tus pecados[3] pen*a*$^{s}$ es a saber q*ue* com*mo* q*ui*e$^{r}$ q*ue* mj*n*go rrebulgo se aya q*ue*xado e most*r*$^{a}$do q*ue* po$^{r}$ falta de b*ue*na goue$^{r}$naçio*n* sus daños sea*n*[4] venjdos /. gil arribato p*r*$^{o}$çede aq*ui* cont*ra* *e*l pueblo comu*n* q*ue* es la rrepublica [s]o[5] aq*ue*ste no*n*bre mj*n*go rrebulgo [m]ostrando q*ue* po$^{r}$ sus pecados [p]ena com*mo* sy dixiese q*ue* no [p]odia nj*n* pensase escusa$^{r}$ q*ue* po$^{r}$ mal pasto$^{r}$ /o goue$^{r}$nado$^{r}$ sola me*n*te estos daños le oujese*n* venjdo mas ta*n*bie*n* e mas p*rin*çipal me*n*te po$^{r}$ sus yerros e culpas[6] / onde salamo*n* dise po$^{r}$ los pecados d*e*l pueblo muchas[7] so*n* sus cabeçer*a*$^{s}$ e en ot*r*$^{o}$ loga$^{r}$[8] com*mo* es d*ic*ho arriba po$^{r}$ los pecados d*e*l pueblo dise Job fase djos rregna$^{r}$

al[9] ypocrita /. e seneca dise q*ue* tal da djos el cabdillo q*ua*l el pueblo lo meresçe e por esto[10] dise por los tus pecados penas e dise[11] sy no fases obr*a*s b*uena*s ot*r*o mal tien*e*s de mano / esto es notorio por muchas man*er*as de castigos q*ue* djos enbia en *e*l[12] pueblo q*ua*ndo no[13] se quieren emendar / asi com*m*o g*ue*rras dolençias pestilençias fanbr*e*s me*n*guas carestias esterilidad*e*s e ot*ra*s mu*n*chas tribulaçion*e*s[14] e dise q*ue* sy tu enfiusiado fueses eçr en *e*stos q*ua*tro pies d*e* *e*sta copla post*r*imeros jnclusiue tracto[15] este actor e puso[16] las tres v*ir*tud*e*s theologal*e*s fe caridad[17] e esp*e*rança lo p*ri*mero sy tu enfiusiado[18] fueses dize por la fe q*ue* trae d*e*riuaçio*n* de fiusia /o la fiusia [19] d*e*la fe asy q*ue* dise /o q*ui*ere d*e*s*i*r sy[20] tu fe toujeses /. caliente t*ie*rra paçieses es a saber caliente por[21] el arrdor d*e* la caridad q*ue* no[22] de rresfriamj*e*n*t*o nj*n* de p*ar*te d*e*l vjene mas de calor e ardor d*e* las entrañas naçe[23] e rresulta / onde Josep moujdo a caridad e piedad cont*ra* sus hermanos en egipto dise q*ue* se escale*n*taro*n* sus entrañas ./. sus piedad*e*s mouydo[24] a piedad e caridad ama*n*dolos segu*n*d el debdo e q*ue*rie*n*dolos honrrar e fas*e*r m*e*rçed e limosna /. & v*er*dura todo el año / es a saber la color v*er*de q*ue* trae[25] /o conpara a la esp*e*rança asy q*ue* dise sy tu enfiusado[26] fueses /./. fe toujeses e calient*e* t*ie*rra paçieses[27] q*ue* es la caridad e v*er*dura todo el año[28] ./. q*ue* es la esp*e*rança / lo q*ua*l todo esta[29] rresfriado en la espeçie humana rrasonable / no podrias auer daño en ganados nj*n* en mjeses es / a saber q*ue* en todo lo q*ue* los om*ne*s[30] humanos en q*ui*en est*a*s tres v*ir*tud*e*s theologal*e*s oujese[31] posiese*n* sus manos djos les[32] ap*r*oueçeria asy com*m*o se nota en la sacra[33] es*cri*ptura donde[34] dise q*ue* sy b*ue*nos fuese*n* bendito seria el fruto de su vientre e el fruto de sus[35] ganados e el fruto de su canpo e sus[36] greyes e mjeses e [la letra *g* tachada] bestias e manad*a*s eçr /et de cont*r*ario sy malos fuese*n*/

*Variantes BNM/Gall*
1. hermano."—Aqui 2. adeuinador 3. pecados" es á saber como quier que Rebulgo se ha 4. son 5. [Texto quillotinado, letras suplidas entre corchetes según los redactores de *Gall*] 6. culpas et pecados. 7. muchos y muchos 8. lugar Job dize: "por los pecados del pueblo faze 9. el ypócrita". Seneca 10. tanto 11. dice luego: "sy 12. enbia al 13. non se quiere 14. tribulaçiones. [¶]"Que sy tu enhuciado 15. tracta 16. et pone 17. caridad, esperança 18. enhuciado 19. huzia ó la huzia 20. "sy fé touieses" 21. por ardor de caridad 22. non de parte de resfriamiento, mas de 23. naçe. Onde 24. movido á caridad et piedad contra ellos, amandolos et queriéndolos honrar et fazer bien, et merçed et limosna, lo qual todo hoy se faze al contrario. [¶]"Y verdura 25. traen ó conparan 26. enhuziado fueses" et fe 27. pacieses", la caridad 28. año" esperanza: 29. está hoy asaz resfriado 30. omes en quien están estas 31. ouiesen ó poseyesen 32. lo 33. santa 34. en donde 35. su bestia 36. sus mieses et greyes y manadas et rebaños etc.

*RAH*: Glosa. 1. Aviendo oido *Gil Aribato* las quexas de *Mingo Revulgo*, replica agora contra el, y dize: que todos los trabajos y persecuciones que la Republica padece le an vanido por su culpa, y que por sus *pecados pena*. Funda su replica en aquella sentencia de Job a los 34. cap. do dize: que Dios haze reinar al hombre ypocrita por los pecados del Pueblo. Demanera, que la culpa que el Pueblo inpone al Rei *Gil Aribato*, la imputa al Pueblo, diziendo: que *por sus pecados* tiene gouernador defectuoso. Anssi, que el ser el Rey vicioso, y andarse tras sus placeres, y deleites, y no curar de la gouernacion del Reino, de do se siguen vicios, robos, fuerzas, muertes, tiranias, e injusticias; todos estos males dize, que vienen por los pecados del Pueblo. Pruebase tambien esto por el cap. 3. del lib. de Ysaias Propheta, do esta escrito: Que amenazando Dios â Jerusalen; porque el Pueblo andaba metido, y envuelto en vicios, y pecados:[37] que les daria Principes viciosos y defectuosos, muchachos en edad y costumbres, no fuertes ni guerreros, mas debiles y flacos, dados â mugeres, y semejantes â ellas;[38] le dize: *Et dabo pueros Principes eorum, et effeminati dominabuntur eis*. Que quiere dezir: Yo les dare Principes muchachos, y efeminados[39] los enseñorarian. Y aun dize mas *Gil Aribato*: Que si el Pueblo no *haze obras buenas, otro mal tiene de mano*. Que quiere dezir: Que si el Pueblo no viene en conocimiento de sus culpas y pecados, y haze penitencia de ellos,[40] y buenas obras; le estan aparejados peores males que estos, de que se quexa. Esto dize; porque suele Dios castigar â los que estan pertinaces en el pecado con augmento de temporal afliccion y pena: Como parece por el cap. 26. del Levitico. y el cap. 28. del Deuteronomio. Y tenemos exemplo de esto en el cap. 9. del 2. lib. de los Machabeos del Rei Antiocho, del qual[41] Rei Antiocho quenta la Historia: que como huviese hecho grandes[42] crueldades, y males en offensa de Dios, segun parece por los capitulos precedentes del mismo lib. Dios le hirio con insanable plaga, y que como aun con todo esto no cesase en su maldad y malos pensamientos; por momentos le crecian, y recibían augmento sus dolores y tormentos. Y aun porque â aquellos que entre las aflicciones, que Dios por su clemencia les embia paraque se enmienden; perseueran[43] en sus pecados, endurecidos como Pharaon; la temporal afliccion, les es hecha comienzo de su pena eterna, y perpetua condenacion, segun se contiene en el Cap. Nabucho Donosor en la causa 23. en la quest. 4. y en el cap. *Sunt plures* con el cap. siguiente *de penitentia* en la dist. 3. Siguese:

2.[44] *Mas si tu enfotado fueses*. Esta es una amonestacion, que haze *Gil Aribato* al Pueblo, paraque se convierta, y haga buenas obras de fundamento, de las quales es tener fee, esperanza, y charidad, que son las tres virtudes theologales, sin las quales ninguno puede alcanzar la final prosperidad, y bienaventuranza sin fin, paraq*ue* fuimos criados, y redimidos. Y dize primero de la fee, tomando aqui *enfotado* por el hombre q*ue* tiene fee. *Ardiente tierra* dize, por la charidad: q*ue* la charidad se compara al fuego segun S$^{to}$. Thom. en la 22.[45] en la quest. 24. en el art. 10. Y todo aquel que tiene charidad arde en el amor de Dios, y del proximo. Y la Yglesia canta: *Flamescat igne charitas.* Verdu*ra*[46] dize, por la esperanza: que lo verde significa esperanza. Y porque hemos de durar, y ser constantes en estas virtudes todo el tiempo de nuestra vida; dize *todo el año*, por toda la vida: que segun dize el Redemptor del mundo por S$^{n}$. Matheo â los 10. cap. No el que comenzare, mas el que perseuerare hasta la fin, sera salvo. Y dize *Gil Aribato* aquí: que si estas virtudes tuviese el Pueblo, y perseuarase, y durase en ellas *todo el año*, conviene â saber toda la vida hasta la fin; *no podria aver daño en ganados.* esto es, en las personas de los estados del Pueblo, que se entienden aqui por *ganados*, segun que otras vezes esta dicho, ni en las haziendas, y frutos de que se sostienen, y sustentan las gentes del Reino, que se entienden aqui por[47] *Mieses.* Y quanto â la fee, que es la primera virtud, es de saber, que segun S$^{n}$. Agustin sobre S$^{n}$. Juan la fee es una virtud, con la qual se creen las cosas que no se ven: que segun dize S$^{n}$. Pablos[48] â los Hebreos en el cap. 11. La fee, es de cosas no aparentes. Y de aqui dize S$^{n}$. Greg. en una Homilia, que la fee â la qual razon humana de experimento, no tiene merito. Quiere dezir, segun S$^{to}$. Thom. en la 22. en la quest. 3. en el 10. art. Que quando el hombre no está aparejado, ni tiene voluntad de creer las cosas, que son de fee, sino movido, e inducido por razon humana; no tiene merito de fee; por que la razon humana inducida para creer lo que es de fee, disminuie el merito de la fee: que creer debe el hombre las cosas, que son de fee, no por razon humana que le induzga â creer, mas por el Authoridad Divina. De esta virtud dize el Apostol en el lugar arriba alegado: Sin fee imposible es agradar â Dios. La esperanza segun el Maestro[49] en el 3. de las Sentencias en la Dist. 26. es una cierta esperanza de la bienaventuranza, que está por venir, que proviene de la gracia de Dios, y proprios meritos. Esta virtud obra grandes efectos, que libra de la tribulacion. Y anssi dize el Psm. 21. En ti, Señor, tuvieron esperanza nuestros Padres, y salvastelos. Exemplo en Susana y Daniel, como parece en el cap. 13. de Daniel. Otro si, la esperanza socorre â las necesidades temporales. Anssi lo dize el Psalm.[50] 144. que dize: Los ojos de todos esperan en ti Señor, y tu les das manjar en tiempo conveniente. Ytem, confunde confunde[51] los enemigos segun S$^{n}$. Juan en el 6. cap. que dize: Confusos son; porque tuve esperanza.[52] Ansimismo salva, y da gloria. Y ansi dize el Sabio en el cap. 16. de los Proverbios: El que espera en el Señor es bienaventurado. Y en el cap. 28. El que espera en el Señor, será salvo. Y S$^{n}$. Pablo â los Romanos en el cap. 9. dize: ciertamente con la esperanza somos hechos salvos. Y el Psalmo 26. dize: Que Dios haze saluos â los que tienen en el esperanza. La Charidad, segun S$^{n}$. Geronimo, es una virtud con la qual se ama a Dios y al proximo. Segun el Maestro de las Sentencias, se define asi: la charidad es un amor con el qual es amado Dios por si mismo, y el proximo por Dios y en Dios. Y que Dios se deba[53] amar y el proximo, dizelo nuestro Redentor por S$^{n}$. Math. â los 22. cap. do dize: amaras â tu Señor: y despues dize, y al proximo como â ti mismo. Y S$^{n}$. Juan en su 1. Epist. en el cap. 4. do dize: *Hoc mandatum habemos â Deo, ut qui diligit Deum, diligat et fratrem suum*. Que quiere dezir: el que ama â Dios ame â su hermano. Muestrase la excellencia de esta virtud en soportar los trabaxos, que segun dize S$^{n}$. Agustin: Todas las cosas graues, y grandes, el amor las haze livianas: y en su vigor y fortaleza, segun aquello de los Canticos en el cap. ultimo, que dize: *Fortis ut mors dilectio*. Que quiere dezir:[54] que el amor es fuerte como la muerte, que â todos los fuertes vence. Y es cierto anssi verdad, que no ai peligro ni trabaxo tan grande â que el hombre christiano no se ponga, y lo sufra y pase por el amor de Dios, si verdaderamente le ama: como consta claramente por la muchedumbre de tantos Martires bienaventurados, que tantos y tan grandes tormentos, y muertes padecierion. Finalmente por que es tanto lo que se podria dezir, y escriuir, y esta escrito de estas virtudes, que si aqui se huviera de referir de cada una de ellas; se haria un mui largo tratado. Demos fin, concluiendo con el Apostol en la 1$^{a}$. â los de Corintho en el cap. 13. y â los de Ephesio en el 3. cap. Que todas las virtudes, y buenas obras deben ir siempre acompañadas de charidad paraque sean verdaderas virtudes; porque verdadera virtud sin charidad[55] ser no puede: pues la charidad endereza y ordena los hechos de todas las otras virtudes al ultimo y principal fin del hombre, que es allegarse â Dios, y gozar del[56] segun S$^{to}$. Thom. en la 22. en la quest. 23. en el art. penult. y final. y en la quest. 58. en el 6. art. Demanera, que *Gil Aribato* en esta copla imputa la culpa de sus males al Pueblo, y dize: Que los ha de padecer maiores, si no haze *buenas obras* para librarse de ellos, y tiene fee, esperanza y charidad, q*ue* son las tres virtudes theologales. Siguese El Author.

*Variantes RAH/Ed. Sancha*

37. pecados, dice que le daria 38. ellas. *Et* 39. que los enseñorearán 40. ellas 41. qual cuenta 42. muchas 43. endureçidos en sus pecados como 44. [Falta el número.] 45. 2$^{a}$ 2$^{ae}$ [Se lee la variante por toda la copla.] 46. [*Verdu-* escrita al final de la línea sin subrayar, *-ra* comienza la nueva línea en letra cursiva] 47. por las 48. Pablo 49. [El copista de *RAH* escribió las dos palabras siguientes y el número 3 en la margen; indicó la inserción con el signo de una cruz en el texto] 50. [El número *1040* tachada aquí] 51. [Repitió la palabra *confunde* al comenzar la nueva página] 52. *Esperanza*. Y ansi dice 53. daba amar, el 54. decir: el amor 55. [Las seis palabras siguientes en la margen con una cruz en el texto que indicó la inserción] 56. de él

## III. *Respuestas*

[*R-M*] [falta]

[*BNM*] respu*est*a. &

¶adeujnador en vano
las orejas te*n*go llenas
q*ue* si so preso en cadenas
es por mj no beujr llano
sy del castigo q*ue* diesses
en mj fe syn jnteresses
sy*n* titubaçio*n* nj engaño
caridad en mj rrebaño
v*ir*tud de esp*er*ança viesse[s]

*Variantes de las Respuestas BNM/Gall*
7. S. turbacion 9. e. ouieses

## IV. *Glosa a la Respuesta R-M*

xx [Por error del copista, va enumerada esta glosa como si fuera una respuesta.] Agora Reuulgo Replica a lo q*ue* / el pastor ha dicho sacandole / de culpa conosciendo q*ue* el ca[r]/go ante puesto era jnjusto / Ot*r*[o]si Reprehende a los zaga/les /& guardadores del gana/do. ¶E algunos viçios del pu/eblo menudo.

[I. *R-M* Copla] xxj. ¶ Mas eres avisado
en fazer de tus prouechos
echaste a dormjr de pechos
siete oras amortiguado
torna tornate a bue*n* hauzo
y enfiesta ese corpaço
por q*ue* puedas Rebelir
sy no*n* mento que el morir
te verna de mal Relanco

*Variantes de la Copla*

*BMus*: [Copla XXII] 1. m. no*n* e. envisado 2. de hazer 3. e. [falta] d. 5. b. ha*n*ço 6. [falta] e. e. cospanço 7. Rebjujr 8. meto

*SA*: [Copla XXII] 1. M. no e. envissado 5. t. torna / hanço 6. [falta] e. e. cospanço 7. Rebibir 8. meto 9. Rebanço

*SB*: [Copla] xx. 1. m. no e. enbisado 3. echate 5. hanço 6. [falta] enhiestate e. co*n*spanço 7. Rebebjr 8. meto

*Inc*: [Copla] xx. 1. M. no e. enuisado 3. echate [falta] d. 4. amortigado 5. hanço 6. [falta] enyestate e. conspanço 7. rrebeuir 8. meto

*BNM*: [Copla XXII] 1. M. no e. [la palabra eras corregida por eres] enujsado 2. de f. 5. ha*n*ço 6. [falta] enhiestate e. cospa*n*ço 7. rrebeujr 8. meto

*Gall*: [Copla XXII] 1. M. non e. envisado 2. De f. 5. hanço 6. [falta] Enfuzia tu e. cospanço 7. rebeuir 8. meto

*Gl. Gall*: [Copla XXII] 1. M. non e. envisado 2. de f. 5. hanço 6. [falta] Enfuzia tu e. cospanço 7. rebeuir 8. meto

*Evora*: [Copla XX] 1. M. no e. inuisado 5. hanço 6. [falta] en hiestate e. cospanço 7. rebiuir 8. sino meto

*RAH*: Estancia 20. 1. M. no e. 5. banco [*sic*] 6.[falta] Enhiestate esse cospanco [*corpanco*, luego tachada la letra *r* y una *s* sobrepuesta] 6. revenir 8. Sino temo

*Ed. Sancha*: Estancia XX. 1. M. non e. envisado 5. hanzo 6. [falta] enhiestate e. corpanzo 7. revivir 8. sino teme

II. *Glosas a la Copla*

*SA*: [falta]

*SB*: mas no eres enbisado

/ toda t*ray*çio*n* todo pecado y toda maldad p*r*$^{o}$çede de neçedad / y q*ua*ndo algu*n*d onbre q*ue* nos p*a*reçe agudo / errare / creed q*ue* no es agudo e q*ue* fue neçio a lo menos en aq*ue*llo q*ue* erro // y el q*ue* p*a*reçe neçio sy açie$^{r}$ta creed q*ue* fue discreto en aq*ue*llo q*ue* açe$^{r}$to / asi q*ue*l neçio en q*ua*nto fuere neçio / nu*n*ca faze cosa q*ue* le cu*n*pla / y por eso dize no er*e*s abisado de faze$^{r}$ de tus p*r*$^{o}$bechos / y esto sentie*n*de [*Inc*: se entie*n*de] en las cosas v*ir*tuosas q*ue* sendereçan [*Inc*: se endereçan] al bie*n* bebj$^{r}$ e p$^{a}$*r*a [*Inc*: beuir para] alca*n*çar la feliçidad v*er*dadera Ca las ot*ra*s q*ue* p*a*reçen / agudezas vsadas en*e*stos trabucamj*ent*$^{o}$s mu*n*danos // cosas son q*ue* acaeçen po$^{r}$ casos fo$^{r}$tituytos / mjnjstros d*e*la p*r*$^{o}$bide*n*çia dibin$^{a}$ q*ue* se endereçan a ot*r*$^{o}$s fines Cuya declaraçio*n* no faze al p$^{r}$*e*sente caso / dize agora q*ue* se eche*n* [*Inc*: echa] a do$^{r}$mj$^{r}$ de pechos syete oras amo$^{r}$tiguado [*Inc*: amortigado] [Esta variante se halla por toda la copla] / entie*n*dese por q*ue* esta enbuelto en todos los siete pecados mo$^{r}$tales / y dize de pechos por q*ue* aq*ue*l q*ue*sta de pechos esta boca yuso myra*n*do la t*ie*rra e las [*Inc*: los] cosas d*e*lla q*ue* son banas e transitorias y no esta boca /arriba mjra*n*do el çielo y las cosas del q*ue* son sant*a*s e durables / dizele amo$^{r}$tiguado / po$^{r}$ q*ue* sy vn solo pecado mo$^{r}$tal tiene preso / a algu*n*$^{o}$ aq*ue*l tal se co*n*tara po$^{r}$ amo$^{r}$tiguado / mje*n*tra lo tobiere / q*ua*nto mas sy Reyna*n* en el todos [*Inc*: todos los] syete / segu*n*d dize aq*ui* el p*r*$^{o}$feta q*ue* Reynaba en el pueblo // to$^{r}$na [*Inc*: To$^{r}$nate abuen] to*r*nate a bue*n* hanço // dize*n* los labrador*e*s q*ue* esta de bue*n* hanço aq*ue*l q*ue*sta a su plaze$^{r}$ / y po$^{r}$ q*ue* nj*n*gu*n*$^{o}$ esta en pecado mo$^{r}$tal / q*ue* no este en pesa$^{r}$ / amonestale aq*ui* q*ue* to$^{r}$ne a bue*n* hanço co*n*biene a sabe$^{r}$ [Inc: Conuiene saber] q*ue* Ret*ra*yendose del mal q*ue* pone tristeza / se co*n*bie$^{r}$ta al bie*n* q*ue* da alegria / enhiesta ese cospanço // dizele q*ue* ande derecho como lo debe faze$^{r}$ y no enco$^{r}$bado como lo faze // po$^{r}$ q*ue* puedas Rebebjr // Rebibe y avn Renaçe todo aq*ue*l q*ue* sale de pecado mo$^{r}$tal e to$^{r}$na a estado de gr*a*ç*i*a // sy no sepas q*ue*l mori$^{r}$ / a q*ue* le amenaza co*n* la mue$^{r}$te p*er*petua // en [*Inc*: Que la] la v*er*na de mal Relanço // co*n*biene a saber [*Inc*: Conuiene saber] p$^{r}$*e*sta q*ua*ndo no pe*n*sare // asy q*ue* enesta copla le q*ui*ere dezi$^{r}$ q*ue* no sabe el pueblo lo q*ue* le cu*n*ple po$^{r}$ q*ue*sta adormjdo [*Inc*: adormimido [*sic*]] / y enbuelto en todos los syete pecados mortales mjrando las cosas terrestr*e*s / y amonestale q*ue* to$^{r}$ne a b*ue*na bia / sy no q*ue* l*e* esta p$^{r}$*e*sta la mue$^{r}$te p*er*petua q*ue* es la peor &

*BNM*: ¶ mas no eres aujsado.[1] aq*ui* amon*e*sta[2] avn mas arribato a mj*n*go rrebulgo es a saber el adeujno[3] a la rrepublica disie*n*do mas no er*e*s enujsado de fase$^{r}$ de tus p*r*$^{o}$uechos veyendo la rrepublica no*n* se aujsa$^{r}$ nj*n* eujta$^{r}$[4] nj*n* eme*n*da$^{r}$ vn dja mas q*ue* ot*r*$^{o}$ d*e* los malos f*e*chos cobdiçia e auariçia e[5] tod*a*$^{s}$ las otr*a*$^{s}$ obr*a*$^{s}$ dañadas e pecados mo$^{r}$tales e dise echaste a dormj$^{r}$ de pechos siete or*a*$^{s}$ amo$^{r}$tiguado / amortigu*a*do es aq*ue*l q*ue*[6] en pecado mo$^{r}$tal yase mayor me*n*te q*ue* *e*st*a*$^{s}$ siete oras pone aq*ui* po$^{r}$ los siete pecados mo$^{r}$tal*e*s en los q*ua*les[7] yasie*n*do es d*i*cho dormjdo de sueño p*r*$^{o}$fu*n*do / sueño es a sabe$^{r}$ mo$^{r}$tal pecado / torrna & to$^{r}$nate[8] a bue*n* ha*n*ço ./. a b*ue*na rreco$^{r}$daçio*n* /o fiusia[9] e enhiestate ese cospa*n*ço ./. mu*n*difica el anjma[10] e alinpia tu conçie*n*çia po$^{r}$ q*ue* puedas rrebeui$^{r}$ q*ue* no*n* ay otro bjuo esp*irit*ual me*n*te fablando saluo[11] aq*ue*l q*ue* *e*sta fu*e*$^{r}$a d*e*l[12] pecado mo$^{r}$tal / sy no meto q*ue*l morir te v*er*na de mal rrelanço[13] /e esta es lo q*ue* arriba declara / q*ue* no ay otro mue$^{r}$to saluo[14] aq*ue*l q*ue*[15] muere subito esta*n*do en pecado mo$^{r}$tal segu*n*d sacra theologia[16] / beuj$^{r}$ d*e* *e*ste biuj$^{r}$ dise el eua*n*gelio[17] / ego sum rresurrectio /& vita eç$^{r}$ /.

*Variantes BNM/Gall*
1. envisado,'' etc. Aquí 2. amonesta mas Gil Arribato 3. adeuinador 4. evitar mas que otro 5. y soberuia et todas las otras dañadas obras y pecados mortales. [¶]''Echaste 6. que por mortal yaze: 7. quales va diciendo el dicho: 8. torna, tornate 9. fuzia. [¶]''Enfuzia tu ese 10. ánimo, alynpia 11. syno 12. de pecado mortal, en estado de gracia. [¶]''Syno 13. relanço.''—Esto 14. synon 15. ques supito entrado en pecado 16. teología. Et deste beuir 17. Euangelio: ''Yo soy resuçitamiento et vida; el que cree en mi, tanbien sy muerto fuere biuira, et yo lo resuçitaré en el postrer dia'': es de saber, darle he vida perdurable, espiritualmente fablando.

*RAH*: Glosa. 1. Continuando su replica Gil Aribato, dize al Pueblo en esta copla: *Que no es avisado* Que se *echa â dormir de pechos*. Que quiere dezir: que se dá, ê inclina â los vicios, y cosas corruptibles, y perecederas de este mundo; porque el que está de *pechos* mira â la tierra, y cosas de ella. Siguese, y dize: *Siete oras amortiguado*. Conviene â saber, metido, y envuelto en todos los siete pecados mortales, *amortiguado* en[18] ellos. Y dize *amortiguado*, para dar â entender, que aunque el hombre q*ue* está en pecado, este muerto por el pecado; porque segun dize S$^{n}$. Pablo â los Romanos en cap. 6. el salario del pecado es la muerte. Puede si quiere el pecador mediante el socorro de la Divina gracia levantarse de la caida y muerte del pecado, y convertirse â buen[19] vivir: como sea verdad que el tiempo para poder hazer penitencia del pecado, dure hasta el postrero articulo de la vida del hombre: como parece por el Principio *de penitentia* en la dist. 7. y por el cap. *Ancillam*. Y la Glosa allí en la causa 32. en la quest. 2. Y queriendo *Gil Aribato* volver al Pueblo en su acuerdo, y ponerle en estado de verdadera vida y salud, sacandole de las tinieblas, y muerte del pecado; amonestale, y dize: *Que se torne â buen banco* [*sic*][20] Quiere dezir: que se aparte del mal, y se convierta al bien, haziendo obras virtuosas, por las quales se alcanza la bienaventuranza, y gloria sin fin.

2. Y que *enhieste el cospanco*.[21] Conviene â saber no se abaxe, ni dé â las cosas de la tierra, que son vanas, y transitorias. Mas que segun la dignidad y

ser de[22] hombre, endereze el cuerpo, y rostro al cielo, do todas[23] las cosas son durables, y santas, y está la gloria infinita: pues segun dize Ovidio: Los animales irracionales miran abaxados â la tierra: â solo el hombre dio Dios la cara alta, y le mandó que viese el cielo, y que alzase derecho al firmamento de las estrellas el gesto. Y dize: que *se enhieste* segun esta dicho; *porque puede revenir.*[24] Esto es: que pueda revivir, ô renacer saliendo del pecado. Finalmente amenaza *Gil Aribato* al Pueblo con la muerte eterna: y dize, que si no se enmienda, la vendra la muerte[25]. Y dize, que le *vendra de mal relanco*. esto es, que avrá mal fin, segun aquello del Psm. 33. que dize: Que la muerte de los pecadores es pessima. Demanera, que dize esta copla, que el Pueblo no haze lo que debe, y le conviene: y que esta metido, y envuelto en todos los siete pecados mortales: y que si no se enmienda; de mas de los trabajos corporales y muertes, que en este mundo padecera; le está aparejada la muerte perpetua, que es la peor. Siguese El Author.

*Variantes RAH/Ed. Sancha*
18. con 19. bien 20. *hanzo* 21. corpanzo 22. del 23. todos 24. *pueda revivir* 25. muerte *de mal relanzo*

## III. *Respuestas*

[*R-M*] Respuesta al Reuulgo.

xxj ¶Alahe luego de mano*
conosçiste n*uestr*as cenas
q*ue* tenemos negras çenas
en jnvierno y en verano
y sy bien lo conoçieses
fazemos tantos Reueses
q*ua*ndo somos en Rebaño
q*ue* sabido n*uestr*o engaño
mas peor de nos dixieses

[*BNM*] respuesta

¶del acto muy freq*ue*ntado
de todos mjs** malos f*e*cho^s
rresultan mal*e*s estrecho^s
de todo mortal pecado
/ en todos siete me lanço
pecados por q*ue* no alcanço
la p*e*rfecçio*n* del beujr.
con*e*l pasado dormjr.
jamas nu*n*ca bje*n* aua*n*ço

*[Este verso va en letra cursiva en el manuscrito]
**[El escriba corrigió *ms* sobreponiendo la letra *j* encima de una *s* y añadiendo otra *s*]

*Variantes de las Respuestas BNM/Gall*
1. D. alto m.

## IV. *Glosa a la Respuesta R-M*

*[A]lahe* luego*. aq*ui* el / [p]ueblo se culpa & diz^e / [gi]l aRebato q*ue* la mu/[c]hedu*n*bre syn capita*n* / [co*n*]vjene q*ue* faga mu/chos yerros q*ue* es co/mo ganado ovejuno / q*ue* por do guja vna to/das la sigue*n* & por / tanto ado*n*de es la / muchedu*n*bre es / gra*n* confusyon.

*[Palabras guillotinadas están suplidas entre corchetes.]

*Luego de mano*. los fechos de los Reys en espeçial / los de guerra an se de consultar antes q*ue* se faga*n* / por q*ue* despues de fechos venga*n* alg*un*°s males los q*ua*les / despues son malos de Reparar de lo qual dize el / ph*ilosoph*o cato*n*. Q'ujd q't [*sic* por quid] agas /&cr.

I. [*R-M* Copla] xxij. ¶ Si tu fueses sabidor
q*ue* entendieses la verda$^{t}$
verias q*ue* por tu Rujndat
has avido mal pastor
saca saca de tu seno
la maldat de q*ue* estas lleno
y veras como sera
q*ue* este se castigara
o dara dios otro bueno

*Variantes de la Copla*

*BMus*: [Copla XXIII] 2. y e. 3. vereys 6. l. Ruyndat d.
*SA*: [Copla XXIII] 2. y e. 3. t. maldad 6. l. Ruyndad d.
*SB*: [Copla] xxj. 2. y e. 6. l. Ruj*n*dad d.
*Inc*: [Copla] xxj 2. y e. 6. l. rruyndad d.
*BNM*: [Copla XXXI] 2. y e. 3. veries 6. l. Ruyndad d.
*Gall*: [Copla XXXI] 2. [falta] E. 6. L. royndad d.
*Gl. Gall*: [Copla XXXI] 2. y e. 6. [falta]
*Evora*: [Copla XXI] 2. y e. 6. l. ruindad / esta
*RAH*: Estancia 21. 2. Y e. 6. L. ruindad d.
*Ed. Sancha*: Estancia XXI. 2. y e. 6. l. ruindad / está

II. *Glosas a la Copla*

*SA*: [falta]

*SB*: sy tu fueses sabidor

En la copla xjx es declarado q*ue* po$^{r}$ los pecados del pueblo da dios p*rin*çipe defetuoso e ypocrita // aq*ui* [en e]sta [El texto obscurecido, o por una mancha, o por un hueco.] lo to$^{r}$na a rreferi$^{r}$ e lo dize ta*n* claro q*ue* no es me*n*est*er* declaraçio*n* // saca saca de tu seno // en el seno co*n*biene sabe$^{r}$ / en el pecho se conçiben las maldad*e*s e pecados q*ue* cometemos e po$^{r}$ esto q*ue* no [*Inc*: esto quando nos] nos punje la contriçio*n* de algu*n*d pecado / q*ue* cometimos natural me*n*te / bamos a da$^{r}$nos puñadas en el pecho / como q*ui*en castig$^{a}$ al q*ue* herro / leese en la p*rimer*a tragidia q*ue*l Rey teseo dezia a e$^{r}$coles po$^{r}$ q*ue* mato su muge$^{r}$ e fijos / fiere [*Inc*: fijos. Fierete bien] fierete bie*n* esos pechos / po$^{r}$ q*ue* pechos q*ue* tanto mal conçebiero*n* / no se debe*n* feri$^{r}$ co*n* peq*ue*ño golpe // asy q*ue* dize aq*ui* / saca de tu seno la Ruy*n*dad //

co*n*biene a sabe[r] [*Inc*: Conuine [*sic*] saber] los pecados q*ue* as co*n*cebido / purga*n*dote de*l*los e fazie*n*do penjte*n*çia / y esto fecho le segura q*ue* aq*ue*l gove*r*nador se castigara / beye*n*do el pueblo castig[a]do /o q*ue* dara dios ot*r*[o] bueno / y es de sabe[r] q*ue* po[r] cabsa de*l*a dibisio*n* q*ue* en el Reyno abia en aq*ue*lla sazo*n* / la t*ie*rra padeçia rrobos e ladronjçios / tantos [*Inc*: Tantos & tan] ta*n* g*ra*bes e ta*n*to comun*e*s q*ue* no abia p[a]*r*te del q*ue* careçiese de fue[r]ças e deljtos y esta*n*do aRaygados los males de tal man*era* q*ue* era el Remedio de*l*los / fuera de todo pe*n*samj*ent*[o] humano / dios Remediador en los estremos ynfortunjos / mobido mas po[r] [*Inc*: por su] mysericordia q*ue* por la hemje*n*da del pueblo le dio por su Reyn[a] e pastora a la Reyna doña ysabel fija del Rey don J*ua*n el segu*n*do / q*ue* Caso con el Rey don fe[r]na*n*do de arago*n* / po[r] cuya dilige*n*çia e gove*rn*açio*n* / en muy poco t*ien*po se conv*ir*tio toda la jnjust*iç*ia / en justiçia e toda la sove*r*bia en ma*n*sedu*n*bre e todas las guerr*a*s e disensiones q*ue* abia muchas e dive*r*sas calidad*e*s / se conv*ir*tiero*n* en pas e sosiego de tal man*era* q*ue* todo el Reyno gozo de seguridad e la just*iç*ia cobro tales fue[r]ças q*ue* aq*ue*llos q*ue* mas estaba*n* /abituados /a faze[r] sove*r*bias e deljtos bibia*n* ta*n* humjld*e*s e yguales q*ue* avn no /osaban dezi[r] palabra desonesta Cosa fue po[r] çie[r]to marabillosa / q*ue* lo q*ue* muchos onbr*e*s e g*ra*nd*e*s señor*e*s / no se aco[r]daro*n* a faze[r] en muchos años / sola vn[a] muge[r] co*n* su t*ra*bajo e b*ue*na gove*rn*açion lo fizo en poco t*ien*po e asi bimos po[r] /obra lo q*ue*ste pastor p*r*[o]feta / d*i*xo mucho t*ien*po ant*e*s / co*n*biene a sabe[r] [*Inc*: Conuiene saber] q*ue* daria dios ot*r*[o] bue*n* pastor / [*Inc*: pastor bueno] asy q*ue* enesta copla le dize q*ue* sy el pueblo mjrase lo q*ue* de rrazo*n* debia mjra[r] / conoçeria q*ue* po[r] su culpa / a abjdo mal pastor / y po[r] ta*n*to le amonesta q*ue* se q*ui*te de las males costu*n*br*e*s q*ue* tiene*n* co*n*çebidas e q*ue* luego v*er*a como aq*ue*l su Rey se castig*a*ra de las males costu*n*br*e*s q*ue* le ynpone /o q*ue* le daria dios ot*r*[o] bueno &

*BNM*: ¶ sy tu fueses sabido[r] eç[r1] d*e*ste sabe[r] se podria*n*[2] des*i*[r] asas glosas p*er*o pasa*n*do com*m*o gato po[r] brasas salamo*n* dise / El sabio tiene los[3] ojos en la[4] cabeça y el loco en tinjebras anda[5] es de nota[r] q*ue* no basta*n* los ojos ca[r]nal*e*s d*e* la visiua[6] potençia saluo los ojos esp*irit*ual*e*s del anyma en q*ua*nto dise q*ue*l sabio tiene los ojos en su cabeça q*ue* es[7] la v*ir*tud ymaginatiua[8] en la q*ua*l no po[r] modo de co*n*paraçio*n* d*e*l finjto al ynfinjto / mas semejamos a n*uest*ro fasedo[r] q*ua*ndo segujmos la rraso*n* / asi q*ue* tu sy fueses sabido[r] y entendjeses siguese q*ue* no*n* lo era nj tenja ojos esp*irit*ual*e*s p*er*o al fin amonestale [Una *p* tachada aquí] verias q*ue* po[r] tu rruy*n*dad ha[s] aujdo mal pasto[r] ./. mal goue[r]nado[r] /o rregido[r] de pueblos q*ue* es co*n*forme a lo sup*ra* alegado p*r*opt*er* pecc*a*ta [Las letras *pul* tachadas aquí] populj eç[r] // saca saca de tu seno ./. de la[9] co*n*çie*n*çia q*ue* tien*e*s dañada escudriñalo rruy*n*dad maldad e tiranja e rrobos et jnsultos en q*ue* todos ya entiende*n* e esta*n* llenos y veras com*m*o sera q*ue e*ste se castigara /o dara djos otro bueno[10] / çie[r]to es q*ue e*l pueblo torna*n*do en estado de gr*aç*ia no caresçeria de b*ue*na admjnystraçio*n* e goue[r]naçio*n* nj*n* de pas e justiçia e tra*nqui*lidad m*a*[s] com*m*o lo no*n* fase*n* /. va el p*r*[o]çeso ad*e*la*n*te fasta llega[r] al lymyte q*ue* djos tiene p*re*se[r]uado p*ara* sy q*ue* es dies judici ca de neçesario es de venj[r] a algu*n* dete[r]mjnado efecto eç[r] & asi com*m*o dise en *e*l eua*n*gelio eru*n*t p*ro*elia e sedicion*e*s e sig*na* mag*na* erant eç[r]

*Variantes BNM/Gall*

1. sabidor."—Deste 2. podria 3. sus 4. su 5. anda". Nota aquí que non bastan 6. vmana 7. es en la 8. ymaginatiua et la ystimatiua de diçerner lo malo de lo bueno, y el loco en tiniebras anda; asy que de la luz, es saber de la verdad, non es sabidor nin la entiende. Por esta dize David: "el ome torpe non sabe nin el loco non entiende". Asi que dize: "sy tu fueses sabidor—y entendieses la verdad" siguese que la non entiende nin tiene ojos spirituales, que son los del entendimiento; asi que con estas cosas amonesta mucho á la república deciendo: "verias que por tu royndad" por tus pecados et por tus malas maneras contra Dios et contra ty mesmo, "has auido mal pastor" regidor et gouernador; non fueste digno de lo aver bueno. [¶]"Saca 9. tu conciençia, escodriña la royndad, la maldad y tiranías et robos y otras maldades de que estas lleno. [¶]"Que este 10. bueno."—Pone aquí término en la cosa, lo cual es de neçesario, asy como dize el filósofo: "conuiene venir algunos determinados efectos, que en lo próspero mal regidos ni [en] [Corchetes de los redactores de *Gall*] lo malo, nin los daños ó penas por lo merescido, sy en el ynfierno no termino pone, haber de tener: por tanto, dize que este se castigará ó dará Dios otro bueno. Çierto es que en algund tienpo non caresçerán las gentes de buen regidor et administrador, et aquí se puede alegar lo que arriba dixe, que tal da Dios el cabdillo qual el pueblo lo meresçe, en tal manera que quando dignos fueren del, averlo han bueno, y á esto se allega aquella abtoridad que arriba traxe de Salamon: "quel corazon del rey es en las manos de Dios", quiere dezir que segund lo siruen, tal cabdillo les da como su coraçon sea en sus manos.

*RAH*: Glosa. 1.[11] *Si tu fueses sabidor*. En la copla 19 en orden ha dicho *Gil Aribato*, que Dios haze reinar al hombre defectuoso por los pecados del Pueblo. Vuelve agora a referirlo aqui: y que esto sea anssi verdad consta tambien por el Cap. 3. de Daniel. y por el cap. 19 del Lib. de Ysaias Propheta. y el cap. 13. del Propheta Oseas. Y Lira sobre el cap. 3. de Ysaias pone âsaz enxemplos. Por lo qual, segun el Bienaventurado S[n]. Gregorio en el lib. 25 en el cap. 20. de sus Mor. Mas debe el Pueblo acusar su propria culpa de sus malas obras, que la injusticia del que gouierna: aunque como el S[to]. Doctor allí dize: el que anssi mal gouierna no es ageno de culpa, ni será libre de pena. Demanera, que dize *Gil Aribato* en esta copla, que si el

Pueblo *fuesse sabio*, y prudente en conocer su propria culpa; *veria, que por su ruindad*: conviene â saber, veria que por sus culpas, y pecados *ha avido mal Pastor*. Que quiere dezir: ha avido Rei negligente, y vicioso. Prosigue, y dize:

2. *Saca saca de tu seno*. *Seno*, segun S$^{n}$. Gregorio en el lib. 22. en el cap. 14. de sus Mor; se entiende y toma por el secreto de la consciencia, y corazon del hombre. Y pruebase por el cap. 7. del Ecclesiastes, que dize: *Yra in sinu stultitiae quiescit*. Que quiere dezir: Que[12] la ira haze asiento, y se deleita en el seno del loco. esto es en el corazon del loco segun la Glosa âllí. Y anssi se entiende aquí; porque segun el Redentor del mundo lo dize por S$^{n}$. Math. â los 15. cap: Del corazon salen los malos pensamientos y obras. Y anssi amonesta aqui *Gil Aribato* al Pueblo que *saque de su seno*. Conviene â saber, que saque del corazon y secreto de la conciencia la *ruindad*. Esto es, la maldad de los vicios y pecados, de que *está lleno*. Y que esto[13] se siguirá, ô que el Rei se enmendara, ô que *Dios* por su clemencia *le dara otro Rei bueno*. Anssi, que dize esta copla, que si el Pueblo tuviese el saber, y conocimiento que debia tener; conoceria que por sus pecados ha avido Rei negligente y vicioso. Y por tanto le amonesta que se quite de mal vivir: y que esto hecho, verá como el Rey se enmendará, ô Dios por su infinita bondad y clemencia dará al Pueblo otro Rei bueno. Siguese El Author.

*Variantes RAH/Ed. Sancha*
12. [Falta el número] 13. decir: la Ira 14. que á esto

III. *Respuestas*

[*R-M*] Respuesta al Reuulgo.

xxij ¶Tanto soy de at*ri*bulado
y venjdo en los estrechos
q*ue* con Robos y cohechos
d[e]* la ley he Renegado
de todo q*ua*nto percanço
solamente non abanço
vn sayo q*ue* me vestir
y con este presumjr
andome todo vaganço

*[Hueco en el manuscrito]

[*BNM*] respue*sta*:-

¶por el pecado y error
del pueblo y de la çibdad
dios enbia Regidor
de la tal actoridad
por que enl [*sic*] t*ien*po sereno
por tal via espa*n*ta el trueno
y si mas delante va
syn q*ue* mas emje*n*da aura
los daños v*er*nan sy*n* freno

*Variantes de las Respuestas BNM/Gall*
3. De la tal abtoridad 4. Dios permita regidor 5. Y la causa por que peno 6. Nin veo tienpo sereno 7. Es por que en vso se va 8. Mi mal beuir y no da 9. Forma nin yo me refreno

IV. *Glosa a la Respuesta R-M*

*Tanto soy de atri* [*sic*] [D]ize* el pueblo / q*ue* ta*n*to lo Roba*n* & des/pecha*n* q*ue* ya no*n* q*ui*ere / trabaiar. E q*ue* mu*n*cho[s] / [d]e los menudos / [h]a*n* dexados sus ofi/[ç]ios lo qual es por / culpa de los q*ue* gouj/erna*n*

*[Página guillotinada]

I. [*R-M* Copla] xxiij. ¶ Los tus hatos a vna mano
son todos de mal chatino
lo merino y lo cabruno
y peor lo Castellano
mueuese muy de ligero
non aguarda tuo tuo [*sic*] çertero
do se suele apasçentar
Rebellado ala Priscar
y manso al trasqujladero

*Variantes de la Copla*

*BMus*: [Copla XXIV] 2. s. [falta] d. mucho m. chotuno 6. n. guarda tino ç. 8. al apriscar 9. [falta] m. a. tresquiladero

*SA*: [Copla XXIV] 2. ss. [falta] D. mucho m. chõtuno [La tilde en tinta roja: ¿cho*n*tuno?] 6. n. guarda tyno terçero 8. al apriscar 9. [falta] m. a. treSquiladero

*SB*: [Copla] xxij [Escribió el número xxiij, se corrigió a xxij.] 2. s. [falta] d. mucho m. chotuno 3. l. m. y [falta] c. 5. mueben se m. 6. n. q*u*ªrdan tino ç. 8. al ap*ri*sca^r 9. [falta] m.

*Inc*: [Copla] xxij. 2. s. [falta] d. mucho m. chotuno 6. n. guarda tino ç. 8. al apriscar 9. [falta] m.

*BNM*: 2. s. [falta] d. mucho m. chotuno 6. n. g*ua*rda tino ç. 8. al apriscar 9. [falta] m. t*re*sq*ui*ladero [resolución a base del texto de *Gall*]

*Gall*: 2. S. [falta] d. mucho m. chotuno 5. Mueuense m. 6. N. guarda tino ç. 8. al apriscar 9. [falta] M. a. tresquiladero

*Gl. Gall*: 2. [falta] [falta] D. mucho m. chotuno 5. Muévense m. 6. N. guarda tino c. 8. al apriscar 9. [falta] mansos a. tresquiladero

*Evora*: [Copla XXII] 2. s. [falta] d. mucho m. chotuno 6. n. guarda tino sertero 8. rebolando al apriscar 9. [falta] m.

*RAH*: Estancia 22. 2. S. [falta] d. mucho m. chotuno 6. N. guarda tino c. 8. al apriscar 9. [falta] M. a. tusquiladero [*sic*]

*Ed. Sancha*: Estancia XXII. 2. s. [falta] d. mucho m. chotuno 6. n. guarda tino c. 8. al apriscar 9. [falta] m. a. tresquiladero

II. *Glosas a la Copla*

*SA*: [falta]

*SB*: / los tus hatos

El p*r*$^{o}$feta Rep*r*$^{e}$hende en*e*sta copla a todos los despaña [*Inc:* de españa] en *gen*eral e a los de castilla en espeçial / y es de sabe$^{r}$ q*ue* ay la[na] [Las últimas letras obscurecidas] m*er*jna e cabrun$^{a}$ / y castellan$^{a}$ / dize agora aq*ui* / q*ue* todos los hatos / co*n*biene a sabe$^{r}$ [*Inc*: Conuiene saber] todos los Reynos despaña / son de mucho mal chotuno / mal chotuno dize*n* los pastor*e*s po$^{r}$ los co$^{r}$deros q*ue*sta*n* flacos e mal dispuestos / y por q*ue* en aq*ue*l t*ien*po abia dibisio*n* en castilla e en arago*n* / y en nabarra y avn en g*ra*nada / dize aq*ui* q*ue* todos los hatos co*n*biene a sav*er* [*Inc*: Conuiene saber] [Una *q* tachada aquí] todos los Reynos despaña son malos y peo$^{r}$ los castellanos // y da aq*ui* q*ua*tro Razones po$^{r}$ q*ue* so*n* peor*e*s q*ue* los ot*r*$^{o}$s la p*rim*e*r*a los Rep*r*$^{e}$hende de mobibles en q*ua*nto dize*n* [*Inc:* dize] / muebe*n*se muy de ligero // la segu*n*da po$^{r}$ q*ue* no gu$^{a}$rda*n* el amor nj*n* la lealtad q*ue* deben tene$^{r}$ los maturales [*Inc*: naturales] a su t*ie*rra p*r*$^{o}$pia q*ue* los cria e ma*n*tiene // en q*u*$^{a}$nto dize*n* gu$^{a}$rda*n* [*Inc*: dize. No guardan] tyno çe$^{r}$tero do se suelen [*Inc*: suele] apaçenta$^{r}$ / E por q*u*$^{a}$nto los pastor*e*s llama*n* ap*ri*sca$^{r}$ q*ua*ndo mete*n* el ganado en el corral /o en la Red Rep*r*$^{e}$hendelos aq*ui* po$^{r}$ q*ue* so*n* Rebellados al ap*ri*sca$^{r}$ / co*n*biene a sav*er* [*Inc*: Conuiene saber] po$^{r}$ q*ue* no esta*n* juntos en vnjo*n* nj se concue$^{r}$da*n* como debe*n* de se$^{r}$ [*Inc*: deuen seer] concordes [Tachada una *d* sobrante dentro de la palabra] a da$^{r}$ pas en la t*ie*rra / en la q*ua*rta los Rep*r*$^{e}$hende de caydos e syn bigor q*ua*ndo bee*n* algu*n*$^{a}$ fue$^{r}$ça y esto sentie*n*de [*Inc*: se entiende] do dize q*ue* son ma*n*sos al trasq*ui*ladero asy q*ue* en co*n*clusio*n* los Rep*r*$^{e}$hende q*ue* no se juntan al bien / y son obedient*e*s al mal &

*BNM*: ¶los tus hatos a vn$^{a}$ mano ./. los tus pueblos y naçion*e*s e estados de gent*e*s todos de co*n*suno /o la mayo$^{r}$ p*ar*te[1] so*n* de mu*n*cho mal chotuno ./. de malas cogitaçion*e*s e pensamj*en*tos pessimos e obras asy com*m*o dise en *e*l genesys e todo pensamj*ent*$^{o}$[2] d*e* los coraçon*e*s de mal en mal / esto fue q*ua*ndo al diluujo / dise mas lo merino e lo cabruno e peo$^{r}$ lo castellano es /a saber los tres estados d*e* la t*ie*rra orador*e*s[3] defensor*e*s labrador*e*s q*ue* sy mejo$^{r}$ bjujese*n* e mas caritatiuos fuese*n*[4] no pe$^{r}$deria*n* nada mueuese[5] muy de ligero es /a sabe$^{r}$ a las[6] malas cosas e dañosas e esca*n*dalosas e jnvtiles q*ue* desq*ue* la gent*e* va mal encamjnada /o abituada a peca$^{r}$[7] e fas*e*$^{r}$ delictos et no*n* b*ie*n vsa$^{r}$ d*e* lo q*ue* deue*n* teme$^{r}$ q*ue* *e*s djos / no*n* lo teme*n* e d*e* lo q*ue* no deue*n* teme$^{r}$ teme*n* q*ue* es la penyte*n*çia / pu*e*s el temo$^{r}$ de djos es el p*rim*er fu*n*dame*n*te[8] segu*n* daujd /el p*rin*çipio d*e*l sabe$^{r}$ es el temo$^{r}$ de djos / q*ue* sy este fu*n*dame*n*to /o çimj*ent*$^{o}$ fallesçe no*n* se puede fas*e*$^{r}$ buen[9] edefiçio po$^{r}$ eso dise mueuese muy de ligero / no gu$^{a}$rda tino çe$^{r}$tero q*ue* es la v*ir*tud donde se solia[10] apaçenta$^{r}$ d*e* las b*uena*$^{s}$ obr*a*$^{s}$ d*e* las q*ua*les mudado e abituado en malas es a sabe$^{r}$ en pecados seria graue torrna$^{r}$ e graue la muda*n*ça[11] / no gu$^{a}$rda tino çe$^{r}$tero es a sabe$^{r}$[12] et /a sabe$^{r}$ sabe$^{r}$se co*n*se$^{r}$ua$^{r}$

en v*ir*tud de b*uena*[s] obr*a*[s] segu*nd*[13] s*an*ta madre igl*es*ia e eua*n*gelica doctrina e avn segu*nd* estoria diujnal / nj*n* tanpoco se falla d*e*spu*e*s p*ar*a bolue[r] a ellas / rrebellado al aprisca[r] co*n*ujene sabe[r][14] rrebellde a vsa[r] de v*ir*tud de[15] justiçia e rraso*n* e fe e amo[r] e caridad[16] / en tal man*er*a q*ue* los co*n*para[17] al ganado rrebellado al aprisca[r][18] e malo de allega[r] / es a sabe[r] a torrna[r] en estado de gr*açi*a po[r] lo q*ua*l medjante est*a*[s] cosas / vjene*n* las t*ur*baçion*es*[19] e males e p*er*secuçion*es* e venjdos po[r] fue[r]ça d*e* los[20] pecados d*e*sta g*ui*sa so*n* mansos al t*re*sq*ui*ladero es / a sabe[r] tende[r] los pescueços a todo mal e daño q*ue* les venga[21] avn q*ue* les pesa / po[r] q*ue* asy com*m*o de su grado no q*ui*siero*n* vsa[r] de v*ir*tud[22] d*e*spu*e*s cont*r*[a23] aq*ue*l les da*n* la pena po[r] ello &

*Variantes BNM/Gall*
1. parte. [¶]"De mucho 2. pensamiento del coraçon malo este fué quando el diluvio." [¶]"Lo merino 3. oradores et defensores et labradores 4. carytatiuos non 5. Muévense 6. las cosas vanas, dañosas et invtiles 7. pecar, ó malas costumbres, de lo que deuen temer temen, pues 8. fundamiento, así como dize el Salmista: "el principio de la sabiduría 9. buenos ofiçios". [¶]"Non guarda 10. solian 11. mudança, segund el prouerbio de Ferrand Perez de Guzman 12. saber nin se saben conseruar en virtudes nin en buenas 13. segund estoria diuinal, nin tanpoco despues non se fallan para venir á ellas. 14. á saber, a 15. et 16. caridad que es coralario de virtudes et propio apriscadero del ganado de Dios, et católica gracia 17. conparan al ganado mal corregido et malo de apriscar, et por eso dize: "reuellado 18. apriscar" á tornar 19. novaçiones, robos et males 20. por los 21. venga, porque así 22. virtud et escoger lo mejor, despues 23. contra su grado les dan la pena por ello, et reçiben los daños que les vinieron.

*RAH*: Glosa. 1. *Los tus hatos a una mano*. Reprehende *Gil Aribato* en esta copla â todos los de España en general, y ã Castilla en particular y especial. Y dize: Que todos los *hatos ã una mano*. Esto es: todas las gentes de España en general *Son de mucho mal chotuno*. Conviene â saber, son malos, y de mala condicion: que *mal chotuno* dizen los Pastores ã la mala calidad y diposicion del ganado: lo qual entiende aqui,[24] y dize por la maldad de la gente del Reino. *Lo merino* dize por lo del Andalucia y Estremadura. *Lo cabruno* dize por lo de Vizcaia y Montañas. Y de todos dize que son peores los Castellanos. Lo pr[i]mero;[25] porque dize que son inconstantes, y mobibles, en quanto dize: *muevense mui de ligero*. Lo segundo, dize: *Que no guardan tino certero, do se suele apacentar*. Que quiere dezir: que no guardan el amor, y lealtad, que deben tener en aiudar, y defender â su Patria, y propria naturaleza, que los cria, y mantiene. Pues segun dize Tullio en el sueño de Scipion: â todos aquellos que aiudaren, y guardaren, y acrecentaren su Patria, les esta aparejado lugar cierto de gloria en el cielo, do gozaran con los bienaventurados del alegria, y gozo, que dura para

siempre. Y el Emperador Justiniano en la Ynstituta en el principio de Excusa. tutor. do dize: que los que mueren por la Republica, se debe entender que viven para siempre con gloriosa fama. Anssi mismo prosigue *Gil Aribato*, y dize:[26]
2. *Que son rebellados al apriscar*. Conviene â saber, que son rebeldes en se juntar â tomar consejo, y dar orden, como se tenga,[27] y guarde la paz en el Reyno. *Y mansos al trasquiladero*. Que quiere dezir: que quando se les haze alguna fuerza, se dexan caer, y abatir, sin tener fortaleza ni vigor para se defender[.][28] Demanera, que en esta copla reprehende de malos â los de España en general, y â los de Castilla en especial, que dize que eran mudables, y no tenian amor, ni lealtad â su tierra: y que no tomaban consejo, ni daban orden en lo que para la paz, y sosiego de la Republica, y bien general del Reino se debia hazer: y que no tienen vigor, ni esfuerzo para resistir las fuerzas. Siguese El Author.

*Variantes RAH/Ed. Sancha*
24. aquí dice 25. [Hueco en el manuscrito] 26. [Las letras *Qu* tachadas aquí] 27. [Una letra tachada aquí] 28. [Hueco en el manuscrito]

III. *Respuestas*

[*R-M*] Repuesta al Reuulgo.

xxiij ¶ay tanto de comedor
syn njnguna caridat
que de hato njn heredat
non lo siento guardador
cada qual de nos ageno
n*uest*ro mal es tanto lleno
q*ue* sy cobro no*n* se da
el ganado balira
qua*n*do no toujere heno

[*BNM*] respu*esta*

¶en el bie*n* beujr humano
no se fallan de co*n*suno
mas apenas solo vno
anda por Camjno llano
tres estados por entero
oradore*s* lo p*ri*mero
co*n* los q*ue* vsan labrar
ant*e*s morir q*ue* eme*n*da[r]
defensore*s* no rrefiero*

*[El copista escribió *defensor(e)s lo rref(i)ero*, luego tachó la palabra *lo* y sobrepuso *no* entre líneas; duplicó las palabras *no refiero* en la margen para mayor claridad.]

*Variantes de las Respuestas BNM/Gall*
8. enmendar

IV. *Glosa a la Respuesta R-M*

*Ay tanto de comedor* Aq*ui* fabla la Republi[ca] / descargando a su pastor de la culpa q*ue* antes le avj[a] / puesto ¶E dize q*ue* ella /& los caualleros q*ue* goujerna*n* / el Reyno son los culpantes ¶Ca con la poca cons/çiençia q*ue* tiene*n* de Robar a los menudos no*n* ay q*uien* / pueda tener heredat nj*n* otra cosa por q*ue* todo es / menester p*ar*a cohechos ¶E q*ue* si en ello p*re*seueraren / q*ue* con Rauja de su p*er*diçion q*ue* se leuantara el comu*n* / sobre los tales //

I. [*R-M* Copla] xxiiijº ¶ Cata q*ue* se Ronpe el çielo
deçerrumase la tierra
Cata que el nublo se çierra
Rebellado y no has Reçelo
Cata que verna pedrisco
que lleue todo abarrisco
q*ua*nto mjras de los oJos
hinca hinca los JnoJos
q*ua*nto yo todo me çisco

*Variantes de la Copla*

*BMus*: [Copla XXV] 4. R. [falta] n. 9. q*ua*ntis
*SA*: [Copla XXV] 4. R. [falta] n. 9. quantis
*SB*: [Copla] xxviijº. 3. [falta] [falta] e. n. todo s. 4. R. [falta] n. 5. v. el p. 6. q. lleba
*Inc*: [Copla] xxviij. 3. [falta] [falta] e. n. todo s. 4. rr. [falta] n. 5. v. el prendisco 6. q. lleua
*BNM*: [Copla XXXII] 4. rr. [falta] n. 5. v. el p.
*Gall*: [Copla XXXII] 4. R. [falta] n.
*Gl. Gall*: [Copla XXXII] 4. R. [falta] n. 6. [falta] Leuará todos a. 8. F. [falta] l.
*Evora*: [Copla XXVIII] 2. descemurrase 3. [falta] [falta] e. n. todo s. sierra 4. r. [falta] n. 5. uendra el p. 6. q. lleua 7. q. mires d. l. oyos 8. hinchahincha l. enojos
*RAH*: Estancia 28. 2. Descerrunase 3. [falta] [falta] E. n. todo s. 4. R. [falta] n. 5. v. el p. 6. Q. lleba t. â barrisco
*Ed. Sancha*: Estancia XXVIII. 3. [falta] [falta] e. n. todo s. 4. r. [falta] n. 5. vendrá el p. 6. q. lleva t. á barrisco 7. mires

II. *Glosas a la Copla*

*SA*: [falta]

*SB*: Cata q*ue* se Ro*n*pe el çielo

despues q*ue*l pr$^{o}$feta a d*icho* p$^{a}$*r*ticula$^{r}$ me*n*te las plagas q*ue* an de benj$^{r}$ al pueblo sy no se hemje*n*da / en*e*sta copla le q*ui*ere pr$^{o}$boca$^{r}$ a penjte*n*çia e amenaza*n*dole como padre q*ue* a boluntad de la correbçio*n* d*e*l fijo le dize // Cata q*ue* se Ronpe el çielo / q*ui*ere dezi$^{r}$ Cata q*ue*l çielo esta ayrado cont*ra* ty // desçerrumase la t*ie*rra // en la t*ie*rra do el abariçia e sov*er*bia Reyna / dize ysay[as] [Letras guillotinadas suplidas según *Inc*] q*ue* de sus mjsmos m[ora]dor*e*s [*Inc*: moradores] le biene la cor[rub]çion e d*e*struyçio*n* // R[e]bellado no as Reçelo [/] agora le jncrepa e di[ze /] Rebelde obstinado [no] as mjedo desta$^{r}$ en [tu] Rebeljo*n* / syn faze$^{r}$ penjte*n*çia // Cata q*ue* biene el pedrisco // como q*ui*en dize gu$^{a}$rda q*ue* biene tal tenpestad q*ue* de [*Inc*: del] todo pu*n*to lo lleba e destruye todo // e al fin como bue*n* denu*n*çiador [*Inc*: dotrinador] e co*n*sejero le co*n*seja // q*ue* finq*ue* los finojos / co*n*biene a sav*er* [*Inc*: Conuiene saber] q*ue* fag$^{a}$ /oraçio*n* / y en las ot*ra*s tres coplas segujent*e*s le amonesta q*ue* baya a la confesion y te*n*ga co*n*triçio*n* / y fag$^{a}$ sat*is*façio*n* [Sin signo de abreviatura sobre la *i*] po$^{r}$ q*ue* sane d*e*los pecados e sea Relebado d*e*los males p$^{r}$*e*sent*e*s / y escuse los por benj$^{r}$ // E çie$^{r}$ta me*n*te q*ui*en bie*n* mjrare la dotrina q*ue* n*ues*tra s$^{a}$*n*ta fe catolica po$^{r}$ estos sacram*ent*$^{o}$s d*e*la igl*esi*a nos muestra / p$^{a}$*r*a q*ue* media*n*te aq*ue*llos podamos conseguj$^{r}$ el fin bie*n* abenturado /. claro v*er*a q*ue* la ley syn macula / q*ue* dize dabjd q*ue* co*n*bie$^{r}$te las anjmas / es aq*ue*lla q*ue* xp̃o n*ues*tro Redento$^{r}$ ma*n*da por su ebang*e*lio / la ley q*ue* se dio a moysen en el mo*n*te de sion / sy puede av*er* ya [*Inc*: ya auer] no*n*bre de ley // dize el t*e*sto q*ue* se dio co*n* truenos e Relanpagos e fumos e ot*r*$^{o}$s g*r*and*e*s sonjdos / la q*ua*l se *e*ste*n*dio en fue$^{r}$ça de a$^{r}$mas segu*n*d leemos q*ue* moyse*n* e josue cavdjllos de aq*ue*l pueblo bençiero*n* los Reynos de canahan e echaro*n* po$^{r}$ fue$^{r}$ça de sus sillas e casas todas aq*ue*llas gent*e*s // mahomad asy m*i*smo muchas batallas bençio e muchas ge*n*t*e*s sojudgo e co*n* bigo$^{r}$ de a$^{r}$mas puso ley e la ma*n*do defende$^{r}$ // p*er*o la ley de xp̃o n*ues*tro Redentor nj*n* se dio co*n* truenos nj*n* se *e*ste*n*dio co*n* a$^{r}$mas / mas como ella es ley de gr*aç*ia / asi el po$^{r}$ su gr*aç*ia / jnfinjta ma*n*sa me*n*te nos dio po$^{r}$ ley la vmjldad / la /obede*n*çia la caridad / sufrimj*ent*$^{o}$ / benjnjdad / ma*n*sedu*n*bre / egualdad debuçio*n* e paçiençia / y caballero no en caballo mas en vn asna // y con est*a*s a$^{r}$mas q*ue* d*i*cho abemos se *e*ste*n*dio su ley en ta*n*ta multitud de pueblos / esto co*n*siderado q*ui*en sera ta*n* ynora*n*te q*ue* no conosca se$^{r}$ esta la v*er*dadera ley syn ma*n*zilla / q*ue* co*n*bie$^{r}$te las anjmas pu*e*s q*ue* p*r*$^{e}$dica*n*do la humjldad e ma*n*dando sufrimj*ent*$^{o}$ de jnjurias / creçio / en ta*n*t*a*s gent*e*s / leese en la sacra esc*ri*ptu*r*a q*ue* *e*stando el p$^{r}$feta heljas en el mo*n*te ante [*Inc*: delante] dios / vino vn bie*n*to terrible q*ue* trasto$^{r}$naba los mo*n*t*e*s / y q*ue*bra*n*taba las piedr*a*s // p*er*o dize q*ue* no estaba allj dios // despu*e*s de aq*ue*llo dize q*ue* bino vn gra*n*d terremoto q*ue* q*ue*ria [*Inc*: paresçia] trasto$^{r}$na$^{r}$lo todo // nj en aq*ue*l dize q*ue* *e*staba dios // pasado [*Inc*: E pasado] aq*ue*llo sobrebino vn gra*n*d fuego ençe*n*dido / tanpoco dize q*ue* *e*staba dios en el // pasado el fuego dize q*ue* le paso po$^{r}$ la oreja vn soplo delgado e suabe e en aq*ue*lla suabidad estaba dios // e po$^{r}$ çie$^{r}$to q*ui*en bie*n* co*n*siderare esta figura / tal se most*r*$^{o}$ n*ues*tro Rede*n*tor en el mu*n*do a las gent*e*s q*ua*l se most*r*$^{o}$ a heljas en el mo*n*te / po$^{r}$ q*ue* no vino / a da$^{r}$ su sag*ra*da ley co*n* truenos q*ue* asonbra nj co*n* humos q*ue* pasan // mas bino co*n* la vmjldad q*ue* aplaze e co*n* la caridad q*ue* salba // e asi como bemos [*Inc*: veemos que] despu*e*s de gra*n*d fo[r]tuna e tenpestad / da dios t*ien*po ma*n*so e seguro / bie*n* asi debria*n* ente*n*de[r] los jnfieles / q*ue* aq*ue*llos truenos e Relampagos f*e*chos / en el mo*n*te de sion q*ua*ndo moysen Reçebio la ley // synjficaba e era*n* me*n*sajeros çie[r]tos d*e*la ma*n*sedunbre e seguridad q*ue* xp̃o n*uest*ro Redento[r] nos dio po[r] su s[a]*n*ta ley // syn ma*n*zilla q*ue* conbie[r]te las anjmas / y q*ue* aq*ue*lla ley era p*r*[e]ñada del v*e*rdadero mexias // y p*a*rio q*ua*ndo el naçio del bie*n*te [*sic*] [*Inc*: vyentre] v*ir*ginal de n*uest*ra señora // dize agora el p*r*[o]feta q*ue* finq*ue* los finojos e fag[a] or*aç*ion / la q*ua*l a de se[r] f*e*cha co*n* vmjldad jnterior v*er*dadera y no fingida / y sy no es tal no vale nada el finca[r] d*e*los finojos // el Rey sedechias en la or*aç*ion q*ue* fazia esta*n*do [Una *p* tachada entre la *a* y la *d*] p*r*[e]so en babilonja / no fincaba los finojos del cue[r]po / mas hynco señor / dezia el // los finojos de mj coraçon delante ty / y estos son los q*ue* deben // y los q*ue* q*ui*ere dios q*ue* sea*n* jncljnados delante el en la or*aç*ion &

*BNM*: ¶ cata q*ue* se rronpe el çielo. aq*ui* le amon*e*sta con *e*stas cosas temerosas po[r] lo p*r*[o]uoca[r] a estimulo de v*ir*tud[1] en q*ua*nto dise aq*ue*llo q*ue* ysayas pone en *e*l ca*pitul*[o] q*ue* comjença por la mj volu*n*tad rronpieses los çielos y vjnjeses e ot*ra*[s] actoridad*e*s[2] d*e*l temerosas q*ue* mas fase*n* deste caso deçorrumase la t*ie*rra[3] ./. tenpesta[r] la q*ui*ere ca ay dise te*n*pesta[r] te*n*pestara el s*eñ*or la t*ie*rra po[r] la maliçia d*e* los pobladore*s* d*e*lla y en ot*r*[o] loga[r] baraja tiene el señor co*n* toda la t*ie*rra / cata q*ue*l nublo se çierra ./. la saña de djos se añade de[4] ensaña[r] en *e*l pueblo asi com*m*o dise en *e*l[5] libro de los rreyes[6] adu*enitur* furor domyny irasci c*ontra* ysrrael eç[r] & jncitaujt d*ominus* d*eus* ut numeraret populu*m* /. rrebellado no*n* has rreçelo ./. pecado[r] p*r*eseuerant*e* sy*n* emje*n*da[7] no*n* has mjedo de djos cata q*ue* ve*r*na[8] el pedrisco d*e* *e*ste pedrisco fallaras[9] po[r] daujd e avn ysayas e esechiel d*e*l dja d*e*l juysio q*ue*[10] aya de aue[r] pedrisco mjsto co*n* fuego[11] asy com*m*o lo[12] de egipto q*ue* fue vn[a] de las djes plagas sobre los malos[13] aq*ue*llos q*ue*l eua*n*gelio dise a q*ui*en sera d*i*cho ite male dicti p*at*ris mei jn jgne*m* et*er*nu*m* /. eç[r]. / q*ue* lleuara todo[14] abarrisco q*ua*nt[o] mjr*a*[s] d*e* los ojos[15] ./. toda la espeçia[16] /o g*en*ero d*e* los malos e y*n*humanos d*e*sconoçidos a djos po[r] ta*n*to dise finca finca los ynojos ./. fas rrogatiua q*ue* seas p*er*donado de tus pecados [q*ua*n]to[17] yo todo me çisco ./[. lleno ?] de mjedo[18] ta*n* espa*n*table so corro*n*pido /o [espacio en blanco] pie*n*so corro*n*pe[r] e trem*e*sco q*ui*ere mostra[r] aq*ui* de aq*ue*llo q*ue* los p*r*[o]fet*a*[s] pone*n* d*e*l dja d*e*l jujsio[19] e la igl*e*sia ca*n*ta[20] ne rrecorder*is* / pecc*at*a mea domyne du*m* vener*is* / judicare[21] biuos e mortuos /& seculu*m* p*er* ignem /&-

*Variantes BNM/Gall*

1. verdad 2. abtoridades suyas temerosas que mas al caso fazen.

[¶]"Deçorrumase 3. tierra."—Desmoronase, y tenpestarla quiere, como lo pone el mesmo Ysayas do dize: "tempestará de tempestad el Señor la tierra por las maldades de los moradores della". Et en otro lugar: "pleito ó baraja tyene el señor con los pobladores de la tierra". 4. á ensañar, asy 5. el vn libro 6. reyes: "añadió la saña de Dios á ensañarse ó arder contra Ysrrael". [¶]"Reuellado 7. emienda ninguna 8. verna pedrisco."—Deste 9. fabla Dauid et Ysayas et Ezechiel profetas, quel dia 10. juizio aya 11. fuego, et 12. aquel 13. malos et dañados. [¶]"Leuará 14. todos 15. ojos."—Es á saber toda 16. espeçie mala y vmana de los malos y pecadores et desconoçidos á Dios. [¶]"Finca 17. [Espacios en blanco en el manuscrito; letras suplidas entre corchetes según los redactores de *Gall*] 18. miedo de tan espantable caso me corrompo et tremezco; quiere dezir y mostrar aquellas cosas foturas de aquello 19. juizio final 20. canta diziendo 21. *judicare per igne.*

*RAH*: Glosa. 1. Leese en el Cap. 9. del Exodo, que entre otras plagas, que Dios embio sobre los Egipcios por la desobediencia del Rey Pharaon, y su pertinacia, y dureza; los hirio con grandes truenos y granizo de tal manera, que hizo grande estrago anssi en los hombres, como en los animales, y en la hierua, y arboles del campo. Y en el 1. de los Reyes en el cap. 7. como por la oracion, y suplicacion de Samuel, embio Dios grandes truenos sobre los Philisteos: y con grande espanto de ellos, fueron heridos, y muertos por los hijos de Ysrrael. Assi aqui *Gil Aribato*, para prouocar â penitencia al Pueblo; amenazale con estas persecuciones y plagas, con las quales suele Dios castigar â los que estan reveldes, y obstinados en sus pecados, y fuera de su servicio. Y dize:[22] Que *mire que se rompe el Cielo*. Que quiere dezir: que mire q*ue* el cielo está airado contra el, y que vienen grandes truenos y tempestades, con que *la tierra se descerruma*. Esto es, conque se[23] destruie. *Catala*, Y que *todo se cierra* de espantosa escuridad y *nublado*. Y diziendo esto, le increpa, y dize: *Revellado*. Esto es, revelde, y obstinado, *No has rezelo*. Quiere dezir, no has miedo de te estar en tu revelion y dureza, sin hazer penitencia de tus pecados? paraque Dios por su infinita bondad, y misericordia; alze de sobre ti su ira, y no vengan sobre ti estos males, que se te demuestran, que han de venir, y cessen los presentes?
2. *Cata, que vendra el pedrisco*. Como quien dize: guarda, que vendra tal tempestad y granizo. *Que lleba*[24] *todo â barrisco*. Conviene â saber, que lleue sin dexar cosa, *Quanto miras de los ojos*. Y representando todos estos males al Pueblo con tanta admiracion y espanto; como buen Maestro, y consejero con grande instancia le âconseja, y exhorta que con toda humildad y devocion *hinque los hinojos*. Quiere dezir, se postre, ê hinque de rodillas por el suelo, y se ponga en oracion suplicando â Dios le perdone sus pecados, y alze de sobre el su indignacion; porque por la oracion hecha

como se debe hazer se alcanza de Dios, segun el Redemptor del mundo lo dize por S$^{n}$. Marcos en el Cap. 11. do dize: que todas las cosas, que justamente se pidieren, por la oracion se alcanzaran, y vendran anssi. Enxemplo tenemos de esto en Moisen Siervo de Dios, el qual no con las armas, sino con la oracion vencio â Amalech, que estaba confiado en su esfuerzo, y poder, y en su exercito, carros, y caualleros, segun quenta en el cap. 4. del lib. de Judith. y en la Historia en el cap. 17. del Exodo, do se lee que quando Moysen oraba, entretanto que oraba, vencia el Pueblo â los Amalecitas, segun tambien lo refiere, y trahe el cap. final en la dist. 36; porque la oracion continua del justo, mucho vale, y puede delante de Dios. Anssi lo dize S$^{n}$.tiago en su Epist. en el Cap. 5. do tambien pone el Apostol admirable enxemplo en el Propheta Elias. Siguese El Author.

*Variantes RAH/Ed. Sancha*
22. dice: *Cata que se* 23. se deshace y destruye. *Cata que todo se cierra* 24. *lleve á barrisco*

III. *Respuestas*

[*R-M*] Repuesta al Reuulgo.

xxiiij° ¶Non basta consejo sano
a dapño tan jmportuno
que nos pela ** vno a vno
syn temor del soberano
tal que n*uest*ro mal entero
es culpa del cabañero
que nos ***
que no nos ***
en n*uest*ro Reholgadero

[*BNM*] Resp*uesta**

¶ysayas segu*n* velo
p*ara* mjent*e*s q*ue* no yerra
con tal amenaza afierra
cont*ra* *e*l pueblo co*n* gra*n* selo
rrebelldes a todo arrisco
ganado de mal aprisco
q*ue* fazie*n*do a dios enojos
estamos llenos dabrojo[s]
el oro se torna çisco.

*[Escrita encima de unas palabras tachadas al final del primer verso de la Copla.]
**[La letra *a* tachada aquí]
***[Hueco en el manuscrito]

*Variantes de las Respuestas BNM/Gall*
3. fierra 4. Con tal p. c. tal ç. 8. (1) [En nota (1) se lee: Falta un verso en el original.]

IV. *Glosa a la Respuesta R-M*

*Conseio sano* / es q*ue* no*n* basta q*ue* / los defienda / de los tales Ro/badores por q*ue* / por pelar /& cohe/char les leua*n*tan / Raujas /& no*n* les de/xar folgar en sus / casas

I. [*R-M* Copla xxv°. ¶ Non vees nesçio las Cabañas
los collados y las Calles
los çerros y los valles
como arden en bjuas llamas
non vees q*ue* ya desbaratado
esta todo lo senbrado
las oueJas esparçidas
y las mestas todas andidas
que no te sabes dar Recabdo

*Variantes de la Copla*

*BMus*: [Copla XIII] 2. y los çerros y los valles 3. los collados y las calles 4. arderse co*n* las mo*n*tañas 5. n. v. q*ua*nd [falta] d. 7. desparzidas 8. [falta] l. m. t. perdidas 9. q. n. [falta] sabe*n*

*SA*: [Copla XIII] 1. v. n. en l. 2. en los çerros y los valles 3. los collados y las calles 4. a. [falta] b. 5. n. v. quan [falta] D. 8. [falta] l. m. t. perdidas 9. q. n. [falta] ssabe

*SB*: [Copla] xvij. 2. e los çerros e balles 3. los collados e las calles 4. arde[r]se co*n* las mo*n*tañas 5. n. b. quand [falta] d. 8. [falta] l. m. t. p*er*didas 9. q. n. [falta] saben

*Inc*: [Copla] xvij. 2. & los çerros & los valles 3. los collados & las calles 4. arderse con las montañas 5. n. v. quan [falta] d. 8. [falta] l. m. t. perdidas 9. q. n. [falta] saben

*BNM*: [Copla XIII] 2. y los çerros y los valles 3. los collados y las calles 4. arderse con las mo*n*tañas 5. y n. v. [falta] [falta] d. 7. desparsjda[s] 8. [falta] l. m. t. paçida[s] 9. q. n. [falta] saben

*Gall*: [Copla XIII] 2. Y los çerros y los valles 3. Los collados y las calles 4. Arderse con las montañas 5. Y n. v. [falta] [falta] d. 6. Estar t. 7. desparcidas 8. [falta] L. m. t. pacidas 9. Q. n. [falta] saben

*Gl. Gall*: [Copla XIII] 1. Cabañas [Falta el resto] 2. Y los cerros y los valles 3. Los collados y las calles 4. Arderse con las montañas 5. Y n. v. [falta] [falta] d. 6. Estar t. 7. desparcidas 8. [falta] L. m. t. paçidas 9. Q. n. [falta] saben

*Evora*: [Copla XVII] 2. y los serros y los ualles 3. los collados i las calles 4. arderse con las montañas 5. n. u. quan [falta] d. 7. desparzidas 8. [falta] l. m. t. perdidas 9. q. n. [falta] saben d. recado

*RAH*: Estancia 17. 2. Y los zerros y los valles. 3. Los collados y las calles 4.

Arderse con las montañas 5. N. v. quan [falta] d. 8. [falta] L. m. t. perdidas 9. Q. n. [falta] saben

*Ed. Sancha*: Estancia XVII. 2. y los cerros, y los valles 3. los collados, y las calles 4. arderse con las montañas 5. N. v. quan [falta] d. 8. [falta] l. M. t. perdidas 9. q. n. [falta] saben d. recaudo

II. *Glosas a la Copla*

*SA*: [falta]

*SB*: no bees neçio

/. d*e*spu*e*s q*ue* la Repu*blica* a rr*e*spo*n*dido los males q*ue* po$^{r}$ defeto del gov*er*nador le biene*n* / dize agora // no bes neçio // como q*ui*en dize ta*n* jndiscreto er*e*s q*ue* no bees [*Inc*: vees que] q*ua*ndo careçemos de b*ue*na e debida gov*er*naçion / todo a$^{r}$de e se consume co*n*biene a sabe$^{r}$ [*Inc*: Conuiene saber] las cabañas e los çerros q*ue* entie*n*de po$^{r}$ lo poblado e despoblado // no bees q*ua*nd desbaratado esta todo lo se*n*brado // esto dize por q*ue* el bie*n* [*Inc*: por el bien] q*ue* onbre sienbra en Reyno debiso e desordenado nj naçe nj da fruto po$^{r}$ q*ue*l t*ien*po lo desbarata e no da luga$^{r}$ q*ue* la just*içi*a faga su /of[...][1] /ofiçio // las obejas espa$^{r}$zidas co*n*biene a sabe$^{r}$ [*Inc*: Conuiene saber] las gent*e*s q*ue* tiene *Inc*: tienen] derramadas e div*er*sas [*Inc*: diuersas las] /opynjon*e*s // las mest*a*s todas p*er*didas // los ayu*n*tamj*ent*$^{o}$s q*ue* faze*n* los pastor*e*s / se llama*n* mestas / donde an sus co*n*sejos e fazen sus ho$^{r}$dena*n*ças e da*n* p*r*$^{o}$beymj*ent*$^{o}$s p$^{a}$*r*a gov*er*naçio*n* de sus ganados / estas mestas co*n*biene a sabe$^{r}$ [*Inc*: Conuiene saber] / el consejo Real e las cong*r*$^{e}$gaçion*e*s e ayu*n*tamj*ent*$^{o}$s q*ue* se faze*n* po$^{r}$ los Regidor*e*s e just*içi*as en las çibdad*e*s / todo dize aq*ui* el Rebulgo q*ue* *e*sta p*er*dido // e q*ue* no sabe*n* da$^{r}$ Recabdo // como q*ui*en dize no*n* sabe*n* da$^{r}$ consejo / e çie$^{r}$ta me*n*te se bee por esp*er*iençia q*ue* en t*ien*po de dibisio*n* todo bue*n* consejo falleçe / en aq*ue*llos q*ue* lo debe*n* tene$^{r}$ / pu*e*s no lo tobiero*n* p$^{a}$*r*a la escusa$^{r}$ // asy q*ue* *e*sta copla q*ui*ere dezi$^{r}$ q*ue* po$^{r}$ falta d*e*la gov*er*naçio*n* del Rey e la osadia de los tiranos e codiçiosos / todo esta [*Inc*: todo esto esta] p*er*dido / e nj en*e*l co*n*sejo Real / nj menos en los ayu*n*tamj*ent*$^{o}$s [*Inc*: en ayuntamientos] d*e*los pueblos / se sabe [*Inc*: pueblos saber] da$^{r}$ Remedio a los males &

[1][El escriba empezó la palabra *oficio* pero la equivocó y borrándola, dejó las dos letras iniciales y un hueco en el manuscrito.]

*BNM*: ¶no ves neçio ec$^{r}$.[2] cabañas ./. çibdades /& pueblos.[3] y gent*e*s de altos e baxos[4] e avn[5] altos estados todos rrebueltos vnos co*n* otro[6] ardiendo[7] en biuas llamas e en g*ue*rras jnçe*n*dios q*ue*mas rrobos e furtos e fue$^{r}$ças e todo lo se*n*brado desbaratado es /a sabe$^{r}$ d*e*sf*e*cho e desatado[8] e desafermoseado e p*er*dido e destruydo[9] mu*n*cho d*e* lo poblado e lo rrestante en co*n*diçio*n* e lo se*n*brado deue se$^{r}$ entendido po$^{r}$ lo poblado en la espeçia humana las ouejas despa$^{r}$sid*a*$^{s}$ ./. gent*e*s echad*a*$^{s}$ de sus[10] domyçilios e casas e t*ie*rras po$^{r}$ sus pecados en la / p$^{r}$*e*sente discrime*n* / las mestas tod*a*$^{s}$ paçid*a*$^{s}$ /. mestas ./. ayuntamj*ent*$^{o}$[11] paçido e p*er*dido com*m*o no deue e avn asolado q*ue* no*n* sabe[12] da$^{r}$ rrecabdo ./. q*ue* no saben po$^{r}$ donde[13] les viene tanto daño e po$^{r}$ q*ue* no se maraujllen tod*a*$^{s}$[14] gent*e*s q*ua*ndo los rreyes no p*r*$^{o}$ueen /o no so*n* p*ar*a p*r*$^{o}$uee$^{r}$ en estas cosas nj*n* se ad*e*r*e*sça*n* po$^{r}$ sy mjsmos[15] a ellos es señal q*ue* vjene de p*ar*te de djos po$^{r}$ los[16] pueblos se$^{r}$ jng*r*$^{a}$tos e po$^{r}$ los pecados d*e*l pueblo e[17] dize salamo*n*[18] el coraço*n* d*e*l rrey es en las manos de djos[19] e ot*ra* actoridad suya dise por los pecados d*e*l pueblo mu*n*chas so*n* sus cabeçeras e job dise po$^{r}$ los pecados d*e*l pueblo fase djos rregna$^{r}$ al [Una *p* tachada aquí] ypocrita / çe$^{r}$ca d*e* lo q*ua*l se podria tracta$^{r}$[20] mas la$^{r}$game*n*te saluo po$^{r}$ no saljr d*e* la for*m*a d*e*l declara$^{r}$ e glosa$^{r}$ co*n*cluyente e po$^{r}$ q*ue* d*e* la breue oraçio*n* /o modo de declara*r*[21] /o glosa*r* los moderrnos se gosa*n*[22] &

*Variantes BNM/Gall*
2. [La glosa de *Gall* empieza con la palabra "Cabañas"] 3. pueblos çercados y por çercar. [¶]"Y los cerros y los valles,—Los collados y las calles."—Gentes 4. baxos estados destos reynos, todos 5. [La palabra *avn* sobrescrita] 6. otros. 7. [¶]"Arderse con las montañas."—Las guerras et inçendios et quemas et robos de pueblos y çibdades que de cada dia se fazen y cometen, que con su mesma yerua se queman. [¶]"Y no vees desbaratado—Estar todo lo sembrado."—Desfecho y 8. desbaratado y 9. destruydo todo lo poblado, que aqui es ó deue ser entendido lo poblado por lo que dize senbrado en la espeçie vmana. [¶]"Las 10. sus casas et tierras 11. ayuntamiento fermoso es tornado pasado et perdido y asolado. 12. saben 13. do 14. todas las 15. mismos á ello sepan que viene 16. los pecados 17. y desto 18. Salamon en los Prouerbios: 19. Dios"; çerca de lo qual 20. traer 21. orar 22. gozan saluo sola vna conclusion: que tal da Dios el rey quel pueblo lo meresce.

*RAH*: Glosa. 1.[23] Despues que la republica â dicho los males ê infortunios, que el Reino padece por falta de buena gouernacion, y por la cobdicia y avaricia de los tiranos, que se levantan en el, mostrando ser anssi verdad por evidentes señales y efectos; dize; *No vees necio*. Como quien dize: Tan indiscreto, y falto de saber eres, que no ves, que por falta de buena gouernacion *Las cabanas [sic]*, que son los poblados, *Y los Zerros, y los valles*, que se entiende por lo despoblado alto y baxo, montuoso y plano; todo se consume, y *arde*. Prosigue, y dize: *No vees quam desvaratado está todo lo sembrado*? Que quiere dezir: *No vees quan desbaratado* está todo buen consejo, y dotrina, para bien, y seguramente regir, y gouernar el Pueblo. Lo qual todo en el Reino diviso, no nace, ni da fruto: como la simiente, que cae en el camino, ô sobre la piedra, que no halla virtud, ni humor para nacer y fructificar, y se pierde. *Las obejas esparcidas.* Conviene â saber: las gentes del Reino, que estan discordes, y de diversas opiniones.

2. *Las mestas todas perdidas*, dize, por el Consejo Real, y las otras audiencias y congregaciones, y los Ayuntamientos, que hazen las Justicias, y Regidores en las Cibdades, Villas, y lugares del Reino, para dar orden en la gouernacion de el, y determinar lo que es de justicia. Lo qual todo se entiende aqui por las *mestas*, que son los aiuntamientos; que hazen los Pastores ante sus alcaldes, do se determinan sus negocios. Y dize aqui el Revulgo: que todo esto estaba perdido: *Que no sabian dar recabdo*. Que quiere dezir: que no sabian dar, ni tomar orden en lo que debian hazer, y proveher. Anssi, que esta copla dize, que por falta de la gouernacion del Reino, y por la ossadia de los tiranos, y cobdiciosos; el Reino está perdido: Que ia ni el Consejo Real, ni los aiuntamientos de los Pueblos sabian dar remedio a los males, y daños de el. Siguese El Author.

*Variantes RAH/Ed. Sancha*
23. [Faltan los números 1. y 2.]

III. *Respuestas*

[*R-M*] Respuesta al Reuulgo.

xxv$^{o}$ ¶Dexame ponte del duelo
non me des a tanta [g]uerra*
tris tras como çençerra
por el puto de su auuelo
fago jura a sant francisco
q*ue* por mucho q*ue* me arrisco
manparando mjs despojos
q*ue* me dan cient mjll enojos
**no tenj*e*ndome en vn p*ri*sco

[*BNM*] respu*esta*:-

¶por çibdad*e*s e co*n*pañas
dando bozes nu*n*ca calle$^{s}$
q*ua*n diuersos mal*e*s falle$^{s}$
q*ue* padeçen por las sañas
q*ue* pro tiene al ensordado
fablar alto nj callado
las gentes q*ue*stan p*er*dida$^{s}$
por sus culpas conoçidas
preçito / & predestinado

*[Hueco en el manuscrito; letras parcialmente legibles entre corchetes.]
**[Este verso escrito en la margen.]

*Variantes de las Respuestas BNM/Gall*
3. Que diuersos [son los] males [Corchetes de los redactores de *Gall*] 5. el e.
6. Que fablan alto en collado

IV. *Glosa a la Respuesta R-M*

*Dexame.* dize q*ue* / non ha*n* culpa los me/nudos en alçamj*ent*$^{o}$ de los / lugares ca no*n* es en / ellos mas en los / señores

I. [*R-M* Copla] xxvj

¶ Del collado* agujleño
vjene mal zarçaganjllo
muerto flaco & amarillo
p*ara* todo lo estremeño
mjra agora q*ue* fortuna
q*ue* hondea la laguna
sy q*ue* corren ventisq*ue*ros
Rebosa por los oteros
Roba de buena xotuna

*[Las dos primeras letras tachadas y *co* sobrescritas]

*Variantes de la Copla*

*BMus*: 3. m. f. [falta] a. 7. sin q. corran 8. R. pollos o. 9. no*n* va d. b. chotuna

*SA*: 3. m. f. [falta] amariello 6. honde a la 7. Syn q. corran 9. no va d. b. chõtuna [¿cho*n*tuna?]

*SB*: [Copla] xxiij. 1. aq*ui*leno 3. m. f. [falta] a. 5. m. ora 7. syn q. corra*n* los 9. no ba d. b. chotuna

*Inc*: [Copla] xxiij. 1. aqua leño 3. m. f. [falta] a. 5. m. ora 7. syn q. corran 9. no va d. b. de chotuna

*BNM*: [Copla XXXIV] 1. aq*ui*leño 3. m. f. [falta] a. 7. syn q. corran 9. no va d. b. chotuna

*Gall*: [Copla XXXIII] 1. aquileño 3. M. f. [falta] a. 7. Syn q. corran 9. Non va d. b. chotuna

*Gl. Gall*: [Copla XXXIII] 1. aquileño 2. [falta] m. z. 3. m. f. [falta] a. 4. P. [falta] l. e. 7. Syn q. corran 9. Non va d. b. chotuna

*Evora*: [Copla XXIII] 1. aqui lleno 2. sar zagalillo 3. m. f. [falta] a. 4. pera t. 5. ora q. furtuna 7. sin q. corran 9. no ua d. b. chotuna

*RAH*: Estancia 23. 1. aquileño 3. M. f. [falta] a. 5. ora 7. Sin q. corran 9. No va d. b. chotuna

*Ed. Sancha*: Estancia XXIII. 1. aquileño 3. m. f. [falta] a. 7. sin q. corran 9. no vá d. b. chotuna

II. *Glosas a la Copla*

*SA*: [falta]

*SB*: del collado ec[r]

Como los p*r*$^{o}$fet*a*s escribiero*n* Rep*r*$^{e}$he*n*die*n*do al pueblo de sus viçios e pecados e al fin los anu*n*çiaba*n* q*ue* les abia*n* de benj$^{r}$ ynfortunjos / sy no se heme*n*dase*n* e to$^{r}$nasen a dios / bie*n* asi este p*r*$^{o}$feta a rrep*r*$^{e}$hendido fasta aq*ui* los pecados del pueblo / e agora en*e*sta copla e en la ot*ra* seguje*n*te les anu*n*çia e dize q*ue* le an de benj$^{r}$ g*ra*nd*e*s males e ynfortunjos e po$^{r}$ q*ue* dixo dios a jeremjas p*r*$^{o}$feta q*ue* d*e*la p*ar*te de aq*ui*lon abia de benj$^{r}$ todo mal sobre los moradore*s* d*e*la t*ie*rra e po$^{r}$ ende dize q*ue* del collado aq*ui*leño biene mal za$^{r}$zagujnjllo co*n*biene a sabe$^{r}$ [*Inc*: Conuiene saber] gra*n*d jnfortunyo / tal q*ue* p$^{a}$*ra* [*Inc*: parara] mue$^{r}$to e flaco [*Inc*: Muerto flaco] /amarillo todo lo estremeño / el ganado q*ue* pasa a estremo [*Inc*: pasa estremo] / es lo mas go$^{r}$do e mas luzido e po$^{r}$ q*ue* los males g*e*n*e*rale*s* q*ue* biene*n* en las t*ie*rras syenpre fiere*n* mas a los q*ue* mas tiene*n* / po$^{r}$ q*ue* tiene*n* mas en q*ue* la fortuna les puede dañar / po$^{r}$ ende dize q*ue* p*ar*a flaco e amarillo lo estremeño / pone ot*ra* señal de [*Inc*: del] jnfortunyo q*ue* a de benj$^{r}$ e dize [*Inc*: dizen] q*ue* ondea la lagun$^{a}$ / es de sabe$^{r}$ q*ue* los marineros q*ua*ndo been q*ue* la ma$^{r}$ faze / ondas syn q*ue* aya bie*n*to fo$^{r}$çoso q*ue* las fag$^{a}$ /. luego creen q*ue* les esta p$^{r}$*e*sta la fo$^{r}$tun$^{a}$ d*e*l [*Inc*: de la] ma$^{r}$ / y avn dize*n* q*ue* pues no syente*n* el bie*n*to arriba / creen q*ue* *e*s yntri*n*syco debaxo d*e*l agu$^{a}$ q*ue* faze la tenpestad / mas pelig*r*$^{o}$sa / seneca en la tragedia de tieste*s* y atreo dize // la fiera tenpestad soliçita a los marineros / q*ua*ndo la ma$^{r}$ syn bie*n*to esta finchada // agora el p*r*$^{o}$feta pue*s* la lagun$^{a}$ q*ue* sentie*n*de [*Inc*: se entiende] po$^{r}$ la mar /ondea syn q*ue* aya bie*n*to / dize aq*ui* q*ue* a de av*er* te*n*pestad e males // y a esta synjficaçio*n* por q*ue* abia olas / y mobimj*ent*$^{o}$s dent*r*$^{o}$ del Reyno q*ue* so*n* los peore*s* po$^{r}$ se$^{r}$ yntrinsicos anu*n*çia q*ue* a de benj$^{r}$ gra*n*d te*n*pestad en el // e çie$^{r}$ta me*n*te asy se cu*n*plio / po$^{r}$ q*ue* luego ot*r*$^{o}$ año q*ue* *e*stas coplas se fezier*o*n /obo la dibisio*n* en*e*l Reyno / de q*ue* p*r*$^{e}$çedier*o*n [*Inc*: proçedieron] muchos daños e males / asy q*ue* en*e*sta copla dize q*ue* d*e*la p*ar*te de aq*ui*lon / an de benj$^{r}$ jnfortunjo g*ra*nde / a todos / y espeçial me*n*te a los mayore*s* / y este jnfortunjo g*e*n*e*ral çe$^{r}$tefica po$^{r}$ q*ue* bee q*ue* la ma$^{r}$ faze /olas syn q*ue* corra bie*n*to / lo q*ua*l es señal a los marineros de gra*n*d to$^{r}$me*n*ta &

*BNM*:[1] [¶][2] d*e*l collado aq*ui*leño ./. pa$^{r}$te de aq*ui*lon de q*ue* ysayas dise de aq*ui*lon [v*er*]na todo mal / es a sabe$^{r}$ fa*n*bre g*ue*rra pestile*n*çia este es el mal sa$^{r}$saganjllo / e lo flaco mue$^{r}$to e amarillo las tres d*i*chas pe$^{r}$se[c]uçione*s* / q*ue* ondea la laguna [?] aq*ui* fabla$^{r}$ sobr*e* las cosas naturales e dise q*ue* com*m*o el ayre es nat*ur*al me*n*te do es el agu$^{a}$ [a]sy corre$^{r}$ ventisq*ue*ros com*m*o se [p]uede fas*e*$^{r}$ ondea$^{r}$ la lagun$^{a}$ q*ui*ere [de]s*i*$^{r}$ q*ue* las gente*s* q*ue* so*n* la laguna [s]y*n* fas*e*$^{r}$les po$^{r}$q*ue* e sy*n* causa algu*n*$^{a}$ [s]e mueue*n* vnos cont*r*$^{a}$ ot*r*$^{o}$s en *e*l unjue$^{r}$so pueblo a toda maliçia ta*n*ta q*ue* rrebosa po$^{r}$ los oteros e creo q*ue* se finche los p*or*tone*s* / sobre puja la su maliçia no va de b*ue*na cochun$^{a}$ [*sic*] nj*n* de bue*n* arte nj*n* de bue*n* m*od*$^{o}$ nj*n* tal fin se esp*er*a

*Variantes BNM/Gall*

1. Tan extensa es la variación, que damos a continuación toda la glosa de *Gall*:

"Del collado aquileño."—Aquileño: por vocablo corronpido pone aquí por aquello que Ysayas dize: "de aquilon verna todo mal", es á saber fanbre et mortandad et estruymiento de espada; asy que aquileno es aquilon ó partida de aquilon "mal zarzaganillo" ayre corrupto de que se engendran malas dolencias; que por eso dice: "muerto, flaco, amarillo" la fanbre persecucion y miedo de espada.

"Para lo estremeño."—Ques el gentio vniversal que sigue los estremos que son viçiosos, non los medios en que la virtud consiste.

"Mira agora que fortuna—Que ondea la laguna—Syn que corran ventisqueros."—Fabla aquí sobre las cosas naturales, et dize que syn aver cavsas naturales para ello, que son los ayres et ventisqueros, la laguna ondea, que trae aquí por la gente comun, es á saber, aver fanbre et carestía auiendo pan que mediante avariçia (1) esconden, et podiendo aver et adquirir la paz por el franco aluedrio, con maldad et sobervia et cobdiçia et avariçia buscan la guerra et mouimientos et escandalos, y los otros daños et ynconvinientes, et en lugar de guarneçerse de virtudes para se evadir de los males et dolençias et pestilençias, corronpese por los pecados; et este es el ondear de la laguna, ó en otra manera que puesto por figura, la laguna por el pueblo comun, syn aver cosa porque naturalmente deuan padesçer padesçen los vnos por los otros, que es asy como ondear la laguna, sy corren los ayres ó ventisqueros, porque la laguna non se podria secar nin menos ondear sy non mediantes los ayres naturalmente.

"Rebosa por los oteros."—Sobrepuja maldad de las gentes á la mayor parte.

"Non va de buena chotuna."—Non va de buen pensamiento nin de buenas obras, nin pronostica venir por ello bienes algunos para adelante, saluo las ya dichas persecuçiones et males y daños et avn otra razon, que paresçe á esto aquella abtoridad de Salamon que dize: "faze Dios al ome derecho, y ellos se (2) en muchos cuentos;" questiones varias y diuersas cosas.

[Notas de los redactores de *Gall*:] (1) Un blanco en el original. (2) Un blanco; quizá "se entrometen".

2. [Página guillotinada por el encuadernador]

*RAH*: Glosa. 1. *Del collado aquileño*. Hasta aqui ha reprehendido *Gil Aribato* los pecados del Pueblo, diziendo: que por sus pecados tiene Rey defectuoso, y padece las miserias y fatigas de que se quexa: y aunque si no se enmienda le estan aparejados otros muchos males; agora en[3] esta copla y la siguiente comenzamas [*sic*][4] en particular á dezir:[5] que al Pueblo han[6] de venir si persevera en sus culpas, y pecados, y no haze penitencia de ellos. Y porque el Propheta Jeremias en el cap. 1. del lib. de su Prophecia anunciando los males, que avian de venir, dixo: Que de la parte del Aquilon vendria todo mal sobre[7] todos los moradores de la tierra; imitando al Propheta en aquellas palabras, dize: que *del collado aquileño* que es de la parte del Aquilon, *Viene mal zarzaganillo*. Conviene â saber, viene grande infortunio. El qual dize, que es tal, que *para muerto flaco y amarillo*. El ganado estremeño es lo mejor, y mas gordo. Y para significar y dar â entender que los males generales, que vienen en las tierras, aunque â todos alcanzan, siempre yeren mas â los que tienen mas que perder; comparando â los mas ricos, y poderosos al ganado estremeño, dize: que *para muerto, flaco, y amarillo todo lo estremeño*. Queriendo dezir: q*ue* este infortunio â todos empezera, y dañára, y mas â los que mas tienen. Y dize: que esta plaga, y mal viene *del collado aquileño*. Queriendo dezir: q*ue* viene por las culpas y pecados del Pueblo, de haverse dexado vencer de las sugestiones y tentaciones del Diablo, que se llama Aquilon, segun S$^{n}$. Greg. en el lib. 15. en el cap. 11. de sus Mor. y en el lib. 27. en el cap. 26. del mismo lib. Y muchas vezes por los pecados de las gentes permite Dios, y da poder â los Demonios que embien plagas y enfermedades, y corrompan el aire, segun S$^{n}$. Agustin en el lib. *de Natura Demonum*. y el cap. *Sciendum*. en la causa 26. en la quest. 40. Y trahelo Ripa en el tratado de peste en el principio. Y para dar â entender que los infortunios, y males, q*ue* se esperan; an de ser tan generales que hagan estrago por tierra y mar, pone tambien señales de la tormenta que ha de venir en la mar, y dize:

2. *Que ondea la laguna, sin que corran ventisqueros*. Que quiere dezir: que la mar, que llama la laguna en tiempo de bonanza sin que corran vientos yere con ondas la plaia: la qual señal ponen por señal de fortuna Plinio en el lib. 18. de la Historia natural, y Lucano en el 5. de la Pharsalia. *Rebosa por los oteros*. Quiere[8] tambien dezir que en tiempo de tranquilidad la mar se levanta en alto, que tambien dizen ser señal de fortuna, quando en tiempo que no parecen vientos que muevan la mar; se parecen lejos como montes de agua. Anssi lo dize Plihio [*sic*] en el sobre dicho lugar, y Tullio en el lib. de *Divinatione*. Y aun se dize que quando no se siente el viento arriba, creen que es intrinseco debajo del agua, que haze la tempestad mas peligrosa. Y anssi dize Seneca: la fiera tempestad solicita â los marineros, quando la mar sin viento está inchada. Concluie, y dize:

3. *No vá de buena chotuna*. Quiere dezir, que pues estas señales parecen y se muestran en la mar, la tempestad y fortuna es cierta y presta, y no ai seguridad de buena navegacion.[9] antes se esperan en la mar grandes peligros y males. Demanera, que dize en esta copla, que de la parte de aquilon ha de venir grande infortunio â todas las gentes del Reino, especialmente â las

maiores y mas principales de el. Y dize, que esta plaga sera general por tierra y por mar, si el Pueblo no se enmienda. Siguese— El Author.

*Variantes RAH/Ed. Sancha*
3. [Escribió la palabra *es*, se corrigió a *en*.] 4. comienza mas 5. decir lo que 6. ha 7. sobre los 8. quiere decir: 9. governacion

III. *Respuestas*

[*R-M*] Repuesta al Reuulgo.

xxvj ¶Sus* fatigas tan estrañas
ya non puedo conportalles
q*ue* me arman syn erralles
quatroçientas guadramañ*as*
y esto atan affrontado
q*ue* hartas de mj ganado
Recoñeço las manjdas
por q*ue* son tan Remoujdas
q*ue* estarias espantado

[*BNM* respuesta]

¶de aqujlo*n* mucho mal sueño
ysayas en dezillo /.
mortandad fanbre cuchillo
en el pueblo çahareño /
pues q*ue* syn causa nj*n*guna
natural nj oportuna /.
por los desiertos mas fiero[s]
la nao con sus aperos /
va p*er*dida de consuna.

*[Esta palabra empieza con un calderón, con la *S* sobrepuesta.]

*Variantes de las Respuestas BNM/Gall*
6. N. y aportuna 7. Con sus motiuos groseros 8. Buscan sus daños enteros 9. Peorando so la luna

IV. *Glosa a la Respuesta R-M*

*Sus fatigas* Dize el pastor q*ue* no*n* puede conportar ya tantos yerros com*mo* le / han fecho sus criados ¶Ca por le Robar /& tomar el hato le leuantaro*n* testimonjos / falsos /& mjntrosos. ¶E q*ua*ndo esto no*n* les basto se fezieron todos a vna deziendo q*ue* fue/sen todos en destruyrlo /& echarlo del hato /& q*ue* Repartiria*n* las Reses /& ganado entre si ¶Et asi / como se penso asi lo fezieron por lo qual sus veredas /& choças estan Rebelladas /& sus gana/dos alterados en tal gujsa q*ue* no*n* conosçe*n* q*ue* son suyas tanto son fuera desta obedjençia

I. [*R-M* Copla] xxvij. ¶ Otra cosa mas dapñosa
veo yo q*ue* no has mjrado
n*uest*ro carnero vezado
va a dar en la Reboltosa
y avn otra mas negrilla
q*ue* de falsa Rabadilla
muy ligero & Rebatado
se mete en lo senbrado
ala he as Ruyn orilla

*Variantes de la Copla*

*B.Mus*: 4. v. [falta] d. 6. quel d. 7. m. l. [falta] corredor 8. e. el senbrador 9. a. faze R.

*SA*: 2. v. [falta] q. 4. v. [falta] d. 6. ques D. f. Rabadiella 7. Mas fuerte que corredor 8. va dar en el Senbrador 9. a. haze R. oriella

*SB*: [falta]

*Inc*: [falta]

*BNM*: [Copla XXXIII] 3. c. el b. 4. v. [falta] d. 6. q*ue*l d. 7. m. l. [falta] corredor 8. metio e. *e*l senbrado$^{r}$ 9. haze rr.

*Gall*: [Copla XXXIV] 3. c. el B. 6. Quel d. 7. M. l. [falta] corredor 8. metió e. el senbrador 9. haze r.

*Gl. Gall*: [Copla XXXIV] 3. [falta] 4. [falta] 6. Quel d. 7. M. l. [falta] corredor 8. metió e. el senbrador 9. haze r.

*Evora*: [falta]

*RAH*: [falta]

*Ed. Sancha*: [falta]

II. *Glosas a la Copla*

*SA*: [falta]

*SB/Inc*: [falta]

*BNM*:[1] [¶ o]t*ra*[2] cosa mas dañosa / &ç$^{r}$ carnero besado [s]ygnifica el sygno de aries p*r*$^{o}$çede aq*ui* po*r* [art]e strologal /& paresçe d*esi*$^{r}$ q*ue* se metio en[3] aries [c]a$^{r}$nero la planeta de mars q*ue* pone po$^{r}$ la [rreb]oltosa po$^{r}$ q*ue e*s d*ic*ha d*e* esa d*e* las batallas [?] [o]t*ra* mas negrilla q*ue*l de falsa rrabadilla [? lige]ro corredor sygnjfica el signo de scorpio*n* [q*ue*] se ju*n*tase co*n* sat*ur*no / o q*ue* entrase en la casa [de s]at*ur*no y pone aq*ui* su no*n*bre de se*n*brado$^{r}$

[de] g*ue*rr*a*$^{s}$ e maldad*e*s e rrobos e ot*ro*$^{s}$ crime[n]es de uasall*o*$^{s}$ e toda deslealtad e [?]a fue$^{r}$ça los uasallos cont*r*$^{a}$ señ*ores* / [?to]do ot*r*$^{o}$ g*e*n*e*ro de maldad*e*s q*ua*les so*n* [?e]st*o*$^{s}$ ocurri$^{r}$ e se$^{r}$ enge*n*drad*o*$^{s}$ en los om*ne*s [?]os de se d*e*spe$^{r}$ta$^{r}$ en *e*llos las tales y*n*[te]nçion*e*s po$^{r}$ ende dise ha la he fase [rr]uyn orilla q*ue* tal se ha mostrado e muest*r*$^{a}$

*Variantes BNM/Gallardo*

1. [Por la extensión de las variantes damos a continuación toda la glosa de *Gall.*]

"Otra cosa mas dañosa."—Aqui proçede por terminos teologales, por figuras y vocablos corronpidos, et muestra, saluo mejor juicio, que aquel signo de Aries en los çielos, el Carnero, aya entrado en esta reuelaçion presente destos tienpos en la casa de la planeta de Mares, que es de las batallas, y esto aya fecho daño y cavsado guerras et disensiones et otras anovaçiones en estas partes.

"Y aun otra mas negrilla."—Et peor et mas peligrosa.

"Quel de falsa rabadilla."—El signo de Scurpio [*sic*] porque tyene á la mano el dragon.

"Muy ligero corredor—se metió en el senbrador."—Que por vocablo corronpido et figura pone por el Saturno que es vna planeta escura et turbia fria et seca, y senbrador et engendrador de males et daños et guerras et esterilidades; asy va diziendo porque, como dixe, los cuerpos baxos son regidos y mouidos por los altos, et que esto aya seydo et sea los daños presentes et foturos de nuestras gentes.

"Á la he haze royn orilla."—Ó royn et dañoso tienpo corre peligroso y malo por nuestros pecados.

2. [Página guillotinada por el encuadernador] 3. [Escrita entre líneas]

*RAH/Ed. Sancha*: [falta]

III. *Respuestas*

[*R-M*] Repuesta al Reuulgo

xxvij ¶por aq*ue*sta misma cosa
jura mj q*ue* he maginado
q*ue* padeçe todo el ganado
en t*ie*rra no prouechosa
mas esotra manganjlla
q*ue* se Ruge por la villa
del çagal y del pastor
dixolo vn Reboluedor
por ponellos en Rençilla

[*BNM*] respuestas arreo /

¶por obra maraujllosa
del gran*d* curso rrodeado
muestra q*ue* aries ha e*n*trado
en mars la batallosa
y ot*ra* gran*d* maraujlla
escorpio*n* / & su quadrilla
en aq*ue*l gran*d* mouedor
saturno mas causado$^{r}$
destos daños de castilla

*Variante de las Respuestas BNM/Gall*

3. q. antes h.

IV. *Glosa a la Respuesta R-M*

Dize *por aquesta misma cosa.* Responde al carnero bezado diziendo q*ue* este carnero q*ue* / puso p*ar*a camjnar el ganado q*ue* el lo Rebolujo /& altero de manera q*ue* se mordi$^{s}$casen vnos / a otros por quel pastor no*n* podiese fazer dellos lo q*ue* el titulo de señorio mayor Req*ui*ere ¶Jte*m* / mas aquello q*ue* dize del ligero corredor* que es el q*ue* era en el hato mayor mayoral /& p*ri*ma/do q*ue* non es v*er*dat que ello fazia ¶Mas q*ue* estos y gelo leua*n*taro*n* por poner Rujdo entre / amo /& *cri*ado deseando lo echar de la p*ri*uança q*ue* tenja por entrar ellos en el.

*[Esta palabra no aparece en el texto de la Copla R-M, v. 7, sino en las variantes.]

I. [*R-M* Copla xx]viijº. ¶ yo soñe esta madrugada
de que esto entremjlloroso
que njn Roso njn velloso
quedara desta vegada
echate echate a dormjr
que en lo que puedo sentir
segun andan estas cosas
asmo que las tres Raujosas
donas tienen de venjr

*Variantes de la Copla*

*BMus*: 2. estremuloso 5. echa e. 9. lobas t.

*SA*: 2. estremulosso 5. echatechata d. 6. Ca [falta] l. 7. assmo que las tres Raujosas 8. crueles y muy Dañosas 9. lobas t.

*SB*: [Copla] xxiiijº. 1. trasnochada 2. *e*stoy estremuloso 5. echa e. 9. lobas abra*n* d.

*Inc*: [Copla] xxiiij. 1. trasnochada 2. estoy estremuloso 5. echa e. 9. lobas abran d.

*BNM*: [Copla XXIV] 1. t*ra*snochada 2. estoy estremuloso 5. echa e. 9. lobas t.

*Gall*: [Copla XXIV] 1. trasnochada 2. estoy estremuloso 9. Lobas t.

*Gl. Gall*: [Copla XXIV] 1. trasnochada 2. estoy estremuloso 8. & 9. [En el texto:] Las lobas rauiosas

*Evora*: [Copla XXIV] 1. trasnochada 2. estoy estremuloso 5. echa e. 9. lobas aurão d.

*RAH*: Estancia 24. 1. trasnochada 2. estoi estremuloso 5. Echa e. 9. Lobas avran d.

*Ed. Sancha*: Estancia XXIV. 1. transnochada 2. estoy estremuloso 3. q. n. raso 5. Echa e. 9. lobas habran d.

II. *Glosas a la Copla*

*SA*: -hanbre-gue[rra]

*SB*: yo soñe esta trasnochada

/ No todos los p*r*ºfet*a*s tobiero*n* ygual p*r*ºfeçia / nj*n* la obiero*n* por vnª man*era* / nj menos p*r*ºfetaba*n* cada ves q*ue* q*ue*ria*n* / en la sacra es*cri*ptu*ra* se lee q*ue*l p*r*ºfeta eljseo Req*ue*rido por el Rey de gerusalen [*Inc*: ihrlm] q*ue* p*r*ºfetase el fin d*e*la guerra q*ue* el e ot*r*ºs dos Reys yban a fazer / dema*n*do vn tenedor [*Inc*: tañedor] p$^{a}$*ra* q*ue* le desp*er*tase el esp*irit*u de p*r*$^{o}$feçia / po$^{r}$ q*ue* no lo tenja de p$^{r}$*e*sente / ot*r*$^{o}$s p*r*$^{o}$fetas sabia*n* las cosas futuras / [*Inc*: futuras por] anu*n*çiaçio*n* de ang*e*les b*ue*nos / ot*r*$^{o}$s p*r*$^{o}$fetaba*n* po$^{r}$ q*ue* sub[ito] [Letras guillotinadas suplidas entre corchetes según *Inc*] les benja el esp*irit*u de p*r*$^{o}$feçia e dezia las cosa[s] futuras po$^{r}$ benj$^{r}$ [*Inc*: cosas por venir] / y a ot*r*$^{o}$s era*n* Rebeladas las cosas futur*a*s en sueños e en ot*ra*s mu[chas] man*er*as q*ue* p*ar*eçe po$^{r}$ la s[a]cra esc*ri*ptu*r*a e los p*r*$^{o}$fet[*as*] llamabanse / en ot*r*$^{o}$ t*ien*po beye*n*t*e*s / los q*ua*les n[o] sola me*n*te beya*n* mas ente*n*dia*n* lo q*ue* beya*n* // esto se dize por q*ue* algu*n*$^{o}$s beya*n* cosas q*ue* abi[a*n*] de acaeçe$^{r}$ e no las ente*n*dia*n* / asi como las espigas e bacas q*ue* bido faraon / e asi com[o] la bisio*n* q*ue* bio el Rey baltasar d*e*la mano q*ue* *e*screbia en la p*ar*ed / p*er*o nj el vn Rey nj e[l] ot*r*$^{o}$ ente*n*diero*n* lo q*ue* beya*n* / asi q*ue*l v*er*dadero p*r*$^{o}$feta / no sola me*n*te a de v*er* / mas a dente*n*de[r] [*Inc*: de ente*n*der] lo q*ue* bee / y dizese p*r*$^{o}$feta po$^{r}$ q*ue* dezie*n*do lo po$^{r}$ benj$^{r}$ declara lo encobie$^{r}$to / este p*r*$^{o}$feta finge aq*ui* q*ue* le fue Rebelado en sueño q*ue* nj Roso nj*n* belloso // [*Inc*: velloso. Quiere dezir q*ue* ny] q*ue* nj*n* los chicos nj*n* lo[s] g*ra*nd*e*s careçeria*n* d*e*l jnfo$^{r}$tunjo q*ue* se ap*ar*ejaba a todos comu*n* me*n*te // echa echate / a do$^{r}$mj$^{r}$ / fabla aq*ui* amenaza*n*do / como q*ui*en dize no fagas syno do$^{r}$mj$^{r}$ q*ue* yo te anu*n*çio q*ue* las tres lobas Rabiosas abra*n* de benj$^{r}$ // co*n*biene a sabe$^{r}$ [*Inc*: conuiene saber] hanbre guerra pestile[n]çia q*ue* se sygue*n* en *e*stas tres coplas adelante &

*BNM*: ¶ dize* aq*ui* avn mas gil arribato. / adeujnando /o profetizando yo[1] soñ*e* esta trasnochada fabla tratando de aq*ue*llas tres persecuçion*e*s q*ue* *e*l profeta ezechiel prometia de parte de dios al pueblo[2] ysrraelytico por los pecados es a saber hanbre[3] g*ue*rra pestilençia asy q*ue*[4] trasnochada[5] q*ui*ere / desjr tenporada soñe pe*n*se /o adeujne de q*ue* esto es tremuloso[6] q*ui*ere desjr temeroso q*ue* nj Roso nj velloso justo co*n* malo y malo co*n* b*ue*n$^{o}$ ca[7] sy se fasen[8] las pestilençias q*ue* todo va y a$^{r}$de ve$^{r}$de co*n* seco[9] q*ue*dara de esta vegada[10] q*ui*ere desjr en el mal tienpo e por El mal beujr echate echate de[11] dormjr q*ui*ere desjr despie$^{r}$tate del sueño profundo de la vmana vida engañosa q*ue* en lo q*ue* puedo sentir[12] eç$^{r}$ lobas rrabjosas q*ue* p$^{r}$*e*supone venyr son las ya d*ic*has fanbre g*ue*rra pestilençia q*ue* adelante declara &

*[Aquí empieza letra de otro escriba, que parece continuar por toda la próxima página del manuscrito: Coplas XXV, XXVI, XXVII, y la mitad de la Copla XXVIII.]

*Variantes BNM/Gall*

1. [La glosa de *Gall* empieza aquí. Faltan las primeras nueve palabras.] 2. pueblo de Ysrrael 3. fanbre, et guerra et pestilençia; 4. que [dize:] [corchetes de los redactores de *Gall*] 5. trasnochada, tenporada 6. estremuloso."—Temeroso. 7. que asi 8. faze en las pestilencias et persecuçiones; todo va 9. seco, pero cada uno en el siglo por venir avrá segund lo fiziere aquí. [¶]"Quedará 10. vegada."—Deste mal tienpo et

persecucion dél, por el mal beuir presente. [¶]"Echate 11. á dormir."—Sueño profundo de pecado de la vmana vida, que es conparada al sueño que trae los omes enbrutecidos et engañados. [¶]"Que en lo 12. sentir—Segund andan estas cosas, etc."—Las lobas rauiosas pone aqui por las ya dichas persecuciones suso nonbradas, fanbre, et guerra et pestilençia, que adelante mas declara.

*RAH*: Glosa. 1. Algunas vezes hablaba[13] Dios a[14] los Prophetas en sueños, como parece por el cap. 12. de los Numeros, de lo qual me[15] remito â S$^{to}$. Thom. en la 22.[16] en la quest. 95. en el 6. art. Anssi aqui como el Author finge â Gil Aribato Propheta finge, y dize: *Que soñó esta madrugada.* Esto es, que le fue revelado en sueño, *de que estaba estremuloso.* Que[17] quiere dezir, que estaba espantado, y temeroso. *Que ni roso,*[18] *ni velloso quedará de esta vegada.* Que quiere dezir, que si el Pueblo persevera en sus malas obras, de esta vez chichos [*sic*][19] y grandes pereceran con sus haziendas, sin que nada quede que de este infortunio se libre. Y por tanto amenaza al Pueblo, y dizele: *Echa, echate â dormir.* Quiriendo dezir: no hagas sino estar descuidado de lo que te conviene hazer paraque estos males no vengan. *Que en lo que puedo sentir, segun andan estas cosas; asmo.* esto es, creo, y tengo por cierto, y te anuncio, *que las tres rabiosas lobas avran de venir.* Conviene â saber: vendrian hambre, guerra,[20] pestilencia, de las quales trata en las tres coplas siguientes, con las quales plaga amenazaba Dios al Pueblo: que le afligiria, y castigaria, si perseverase en sus culpas, y pecados: como parece en el cap. 26. del Levitico, y el cap. 28. del Deuteronomio, y el cap. 16. de Jeremias Propheta. Demanera, que dize *Gil Aribato* en esta copla al Pueblo, que si no se enmienda de sus culpas y pecados, y haze penitencia de ellos, ha de ser destruido, y asolado, y tendran[21] sobre el hambre, guerra,[22] pestilencia. Siguese El Author.

*Variantes RAH/Ed. Sancha*
13. [Las letras *-ba* escritas encima de la línea.] 14. [La palabra *por* tachada y una *a* sobrepuesta.] 15. [Una *r* tachada al final de la palabra *me*] 16. 2ª. 2$^{ae}$. 17. [falta] 18. *raso* 19. chicos 20. guerra, y 21. vendrá 22. guerra y

III. *Respuestas*

[*R-M*] Repuesta al Reuulgo.

xxviij° ¶La Razon bien maginada
en el tiempo Reboltoso
sy el pastor es pereçoso
perder asy la su manada
pues deuemos le dezjr
q*ue* se qujera aperçebir
con las manos acuçiosas
por q*ue* todas tres dapñosas

[*BNM*] rrespu*esta*

¶te*n*go q*ue* muy açertada
la fin sea desjr oso
ap*r*$^{o}$ua*n*do el copioso
en bvcolica asonada
q*ue* lo puedo bie*n* desjr
vie*n*do n*uest*ro mal beujr ./
no*n* basta*n* metros ny*n* p*r*$^{o}$sas
fasta q*ue*stas tres dañosas

las podamos Resistir* nos vengan a corregir

*[Una letra tachada entre la *i* y la *r*.]

*Variantes de las Respuestas BNM/Gall*

2. Sea la fin, d. o. 8. Nin (1) [Nota de los redactores de *Gall*:] (1) Así en el original; falta parte del verso.

IV. *Glosa a la Respuesta R-M*

*La Razon bien maginada*. aq*ui* da consejo el Reuulgo a su pastor ¶E dize q*ue* en el t*ien*po· de la guerra / non deue ser pereçoso por que de las tardanças cuelga*n* los peligros. Mas q*ue* faga como varo*n* p*re*sto / cobrando coraçon /& manos por q*ue* con la osadia /& justiçiera vengança çesen las tres p*er*secuçiones / que con la guerra se causan que son ffanbre q*ue* los labradores no*n* osan senbrar ¶E discordia / entre los nat*ur*ales ¶E mu*n*chas muertes

I. [*R-M* Copla x]xjx. ¶ Tu conosçes la amarilla
q*ue* sienpre anda carleando
muerta flaca suspirando
q*ue* a todos pone manzilla
y avn q*ue* traga non se farta
njn los colmillos aparta
de morder nj*n* de mordicar
non puede mu*n*cho tardar
q*ue* ganado non desparta

*Variantes de la Copla*

*BMus*: 7. n. [falta] mordiscar 9. quel g.

*SA*: 5. [falta] a. cuna ora esta harta 6. el pensamjento la a. 7. D. lo que ha de tragar 8. tan terrible es ssu bramar 9. q. a todos hatos encanta

*SB*: [Copla] xxv. 5. [falta] a. 6. n. el pe*n*samj*ent*º a. 7. d. m. e [falta] mo[r]disca[r] 9. q. el g.

*Inc*: [Copla] xxv. 5. [falta] a. 6. n. el pensamiento a. 7. d. m. y [falta] mordiscar 9. q. el g.

*BNM*: [Copla XXV] 3. m. fla[*sic*] s. 5. que a. 7. d. m. y [falta] mordiscar 8. n. se p. 9. q*ue*l g. n. se d.

*Gall*: [Copla XXV] 5. Que a. 7. D. m. y [falta] mordiscar 8. N. se p. 9. Quel g. n. se d.

*Gl. Gall*: [Copla XXV] 3. M. et f. 5. [falta] A. 7. d. m. y [falta] mordiscar 8. [falta] 9. [falta].

*Evora*: [Copla XXV] 5. [falta] a. 6. n. el pensamiento se a. 7. d. m. y [falta] mordiscar 9. q. el g.

*RAH*: Estancia 25. 2. carliando 5. [falta] A. 6. N. el pensamiento a. 7. D. m. y [falta] mordiscar [*mordircar* luego una *s* sobrepuesta encima de la *r*] 9. Q. el g.

*Ed. Sancha*: Estancia XXV. 2. garleando 5. [falta] A. 6. n. el pensamiento se a. 7. d. m. y [falta] mordiscar 9. q. el g.

II. *Glosas a la Copla*

*SA*: -hanbr[e]

*SB*: tu conoçes la amarilla

p*rimer*a me*n*te dize agora este p*r*ºfeta q*ue* ve*r*na fanbre comu*n* en la t*ie*rra e co*n* Razo*n* la llam$^{a}$ amarilla po$^{r}$ q*ue*l onbre fanbrie*n*to esta amarillo y avn ma$^{r}$chito / y q*ui*ere dezi$^{r}$ aq*ui* lo q*ue* acaeçe en t*ien*po me*n*guado de pan e ma*n*tenjmj*ent*$^{o}$s / en *e*l q*ua*l avn q*ue* *e*stemos fa$^{r}$tos p*e*ro Reçelado [*Inc*: rreçelando] q*ue* a de falleçe$^{r}$ el pa*n* syenp*r*$^{e}$ estamos hanbrie*n*tos /ot*r*$^{o}$si el t*ien*po de hanbre es ta*n* cruel q*ue* faze no tene$^{r}$ vno co*n* ot*r*$^{o}$ / cada q*ua*l pie*n*sa de sy e muchas bezes se va*n* las gent*e*s a div*e*rsas p*ar*t*e*s do ay abu*n*dançia de ma*n*tenjmj*ent*$^{o}$s / po$^{r}$ sat*is*faze$^{r}$ a la neçesidad d*e*la bida e po$^{r}$ eso dize no puede mucho ta$^{r}$da$^{r}$ q*ue*l ganado no desp*ar*ta &

*BNM*: ¶ tu conoçes la amarilla[1] / conuyene a sabe$^{r}$ fa*n*bre q*ue* de esta color esta*n* los q*ue* pasan dieta[2] por fue$^{r}$ça /o por grado asy com*mo* fase*n* los ca$^{r}$tuxos q*ue* de su grado por no come$^{r}$ ca$^{r}$ne[3] nj*n* beue$^{r}$ vjno andan amarillos e dize q*ue* syenp*r*$^{e}$ anda ca$^{r}$leando ./. bostezando de flaq*ue*sa[4] y sospiro q*ue* esto se causa della /& ot*r*$^{o}$s males q*ue* a todos pone ma*n*sjlla espeçialme*n*te q*ui*en[5] tiene munchos fijos e poco pan y valiendo[6] muy caro avn q*ue* traga no*n* se fa$^{r}$ta[7] segu*n* dize en la Santa esc*ri*ptura en las maldiçion*e*s comera*n* /& no*n* se fa$^{r}$tara*n* por los malos /& por los buenos en *e*l q*ui*nto libro de moysen despu*e*s rreferido en *e*l eua*n*gelio dize q*ue* no por solo pa*n* biue El /onbre mas por toda la palabra q*ue* sale por la boca de dios biue El /onbre nj*n* los colmyllos ap*ar*ta esto es lo mysmo[8] declarado de la ynopia e mengua d*e* ello q*ue* della se causa de morder y mordisca$^{r}$ estos los açidentes q*ue* no*n* se puede mu*n*cho ta$^{r}$da$^{r}$ q*ue* asy la fase desparse e trae a los o*n*bres asy com*mo* p*r*$^{o}$fogos y vagos mouydos y esmouydos a busca$^{r}$ pa*n* q*ua*ndo aprieta la fanbre &

*Variantes BNM/Gall*

1. amarilla."—Fanbre: que desta 2. dietas ó abstinencia por fuerça 3. carne andan amarillos; et del contrario verás al hato de los glotones et enbriagos, colorados et frescos et gordos. [¶]"Que sienpre 4. fanbre. [¶]"Muerta et flaca sospirando."—Que todas estas tres cosas son causa de la flaqueza et sospiro et amarillura, et avn son causa de morir más presto. [¶]"Que á todos 5. á quien 6. valiendo á cxx. la fanega, et mas. [¶]"Aunque traga 7. farta.—Esta es la manera de la fanbre ó de la ynopia ó mengua, que nunca se farta, et desta decia en el Viejo Testamento al pueblo de Ysrrael: "comerán et non se fartarán, et comerán su pan por peso"; et de contrario estando en estado de guerra comerian et serian fartos, quando buenos fuesen, como dize el testo: "non 8. mismo susodicho, como el pan ni las viandas non tyene en abondo, mas en mengua y carestía, todo el dia está como fanbriento y nunca se farta de "morder y mordiscar" que estos son los açidentes deste mal, nin ay cosa que más faga la gente desparzir ni mouerse de tierra en tierra, que quando aprieta la fanbre, ó la pestilençia ó semejantes persecuciones. Et otros á buscar trigo, se destierran de sus

tierras et pueblos quando en los tenporales la luuia, por los pecados de los pueblos, alça.

*RAH*: Glosa. 1. Comienza *Gil Aribato* â tratar de las tres lobas rabiosas, que en la copla precedente dize, que han de venir, que son hambre, guerra, y peste. Y dize primeramente: que vendra la *amarilla*. Que quiere dezir: que vendra hambre general en la tierra. Y con razon la llama *amarilla*. por su efecto. Esto es; porque la hambre para al hombre amarillo. Anssi lo dize S$^{n}$. Geronimo en la Epistola *ad furiam viduam*. Y Virgilio en el 3. de la Eneida, donde dize de las Harpias: *Et palida semper ora fame*. Que quiere dezir: Que las Harpias trahiam [*sic*] siempre los rostros amarillos de hambre. Y tratando de lo que en tiempo de hambre acaece, dize: que de las ansias, flaqueza, y suspiros de las gentes necesitadas, y hambrientas *â todos pone manzilla*. Otro si dize que esta *amarilla, aunque traga,*[9] *no se arta*. Que quiere dezir: que en tiempo de hambre y necesidad, aunque las gentes se vean algunas vezes artos, con el temor, y cuidado, que tienen, que[10] les ha de faltar el mantenimiento; siempre parece que estan hambrientos. Concluye, y dize:

2. *Que no pueden mucho tardar, que el ganado no desparta*.

Que quiere dezir, que esta plaga de necissidad [*sic*] y hambre[11] tan grande como se espera, que ha de venir; no puede tardar mucho tiempo. *Que no desparta el ganado*. Conviene â saber, que no desparta las gentes del Reino, y la fuerze â que vaian â diversas partes, do ai abundancia de mantenimientos, para satisfacer la necessidad de la vida. Lo qual suele muchas vezes acontecer, segun está escrito averlo hecho Jacob y sus hijos, quando fueron de tierra de Canaan â tierra de Egipto. Como parece por el cap. 42. del Genesis con otros cap. siguientes, do podra ver la Historia largamente quien quisiere. Siguese El Author.

*Variantes RAH/Ed. Sancha*

9. [Escribió *trahíga*, luego tachó las letras *hi*] 10. de que 11. necesidad, y hambre general y grande

III. *Respuestas*

[*R-M*] Repuesta al Reuulgo.

xxjx ¶q*ua*ndo el anjma se omjlla
los pecados confesando
a la gula conportando
es muy leue de sofrilla
de codiçia que se parta
y de lo suyo Reparta
donde vjere q*ue* es de dar
por q*ue* pueda contrastar
la q*ue* los males ensarta

[*BNM*] rrespu*esta*

¶fanbre q*ue* por la famjlla
tal se viene demostrando
por culpas amenaza*n*do
de cada año no senzjlla
ni creo Jamas se parta
com*mo* vna de tres dep*ar*ta
el profeta ha de mostrar.
daq*ue*llas q*ue* ha de enbiar
de q*ue* asaz nos desenarta

*Variantes de las Respuestas BNM/Gall*
1. F. porque l. 6. C. v., [falta] t. d.

IV. *Glosa a la Respuesta R-M*

*quando el anjma* dize q*ue* si el pastor / entendido por el Rey conosçiere q*ue* es pe/ccador q*ue* confiese su peccado com*m*o fezi/eron los Reys daujd /& esechias & otros / muchos /& q*ue* dios por tal Razon le añada / piedat /& merçet. ¶E q*ue* si p*er*secucio*n* de ffa*n*br[e] / esta ordenada en su Regno. q*ue* co*n* *e*spi*rit*u humj/liado Rese*r*uara aquel dapño porq*ue* en tal / caso el ayuno es na*tura*l /& abstine*n*çia q*ue* dios / permjte en cuyo galardon es la ffartur[a] Ca la fambre es açote de gula //

I. [*R-M* Copla xx]x.

¶ La otra mala traydora
cruel & muy enemiga
de todos males amiga
de sy misma Robadora
q*ue* sabe bjen los cartiJos
njn dexa madre nj*n* fijos
y hased en sus albergadas
en los valles en majadas
sabe bien los ascondrijos

*Variantes de la Copla*

*BMus*: 5. cortijos 6. madres 7. [falta] yazer e. 8. v. y m. 9. s. [falta] l. escondredijos

*SA*: 2. c. [falta] m. 5. cortijos 7. [falta] yazer e. 8. v. y m. 9. ssus escondrijos

*SB*: [Copla] xxvj. 5. s. [falta] l. cortijos 6. no d. madr*e*s 7. [falta]yaze[r] e. 8. b. e m. 9. s. [falta] l. esco*n*dedijos

*Inc*: [Copla] xxvj. 5. s. [falta] l. cortijos 6. no d. madres 7. [falta] yazer e. 8. v. & m. 9. s. [falta] l. escondredijos

*BNM*: [Copla XXVI] 5. cortijo[s] 6. d. padres n. 7. [falta] yazen e. las a. 8. v. y m. 9. s. [falta] l. escondedijos

*Gall*: [Copla XXVI] 5. cortijos 7. [falta] Yazer e. 8. v. y m. 9. S. [falta] l. escondedijos

*Gl. Gall*: [Copla XXVI] 4. m. es r. 5. cortijos 7. [Falta. En el texto]: albergadas 8. v. et m. 9. S. [falta] l. escondedijos

*Evora*: [Copla XXVI] 5. cortijos 6. [falta el verso] 7. y azer e. 8. u. y maiadas 9. s. [falta] l. escondredijos

*RAH*: Estancia 26. 3. D. t. [la palabra *los* tachada aquí] m. 5. Q. s. ya [*ya* insertada entre líneas] l. cortijos 6. No d. madres 7. [falta] Yazer e. 8. v. y m. 9. S. [falta] l. escondredijos

*Ed. Sancha*: Estancia XXVI. 5. Q. s. ya l. cortijos 6. no d. madres 7. [falta] yacer e. 8. v. y m. 9. s. [falta] l. escondredijos

II. *Glosas a la Copla*

*SA*: -guerra

*SB*: la ot*ra* mala t*ra*ydora

/ aq*ui* dize q*ue* ve*r*na asi m*is*mo guerra a la q*ua*l co*n* Razo*n* llama t*ra*ydora / en espeçial sy es dent*r*$^{o}$ del Rey no por q*ue* aq*ue*lla tal no puede careçe$^{r}$ de algu*na* macula / y ta*n* bie*n* po$^{r}$ q*ue* en [La palabra *en* insertada entre líneas] las guerr*as* sie*n*p*r*$^{e}$ ay ot*r*$^{o}$s muchos engaños / tales q*ue* toca*n* en espeçie de trayçio*n* / dize asi m*is*mo q*ue* e[s] [Letras guillotinadas suplidas según *Inc*] de todos males amyga e syn duda es ve*r*dad por q*ue* las guerr*as* espeçial me*n*te las yntrynsicas llenas esta*n* de males dent*r*$^{o}$ e de fuera e no se g*u*$^{a}$rda en ellas amjstad a q*ui*en debe se$^{r}$ g*u*$^{a}$rdada / beese en las discordiass Romanas el planto grande q*ue* feziero*n* vnos Romanos q*ue* bençiero*n* / en batalla a ot*r*$^{o}$s Romanos / po$^{r}$ q*ue* q*ua*ndo fuero*n* al despojo / vno fallaba su h*e*r*man*$^{o}$ mue$^{r}$to / ot*r*$^{o}$ su primo e ot*r*$^{o}$ su fijo e su amjgo e asi se les conv*ir*tio el plaze$^{r}$ / q*ue* da la bitoria en planto e tristeza / beye*n*dose /omeçidas de su p*r*$^{o}$pia sang*r*$^{e}$ / do podemos cree$^{r}$ / q*ue* gan$^{a}$ mas el caritatibo co*n* la co*n*co$^{r}$dia q*ue* le da su caridad // q*ue* alca*n*ça el guerrero co*n* la disco$^{r}$dia en q*ue* le pone su codiçia // sabe los cortijos / esto dize po$^{r}$ q*ue* la guerra entri*n*sica en todas p$^{a}$*r*t*e*s sestie*n*de [*Inc*: se estiende] / co*n*biene a sabe$^{r}$ [*Inc*: Conuiene saber] en el ca*n*po en las çibdad*e*s en las casas / y avn dent*r*$^{o}$ de sy m*is*mo tiene*n* los onbr*e*s guerra en t*ie*npo de dibisio*n* / la q*ua*l p*e*rmjte dios en las t*ie*rras po$^{r}$ los pecados q*ue* de dive*r*sas calidad*e*s Reyna*n* comu*n* me*n*te en los pueblos / santagostin en el libro d*e*la çibdad de dios / dize q*ue* po$^{r}$ corregi$^{r}$ las costu*n*br*e*s corro*n*pidas / suele dios p*e*rmjti$^{r}$ las guerras en los Reynos &

*BNM*: ¶ la ot*r*$^{a}$ mala traydora[1] co*n*ujen*e* a sabe$^{r}$ g*ue*rra cruel e muy enemyga q*ue* tal es ella[2] de todos males amygas[3] q*ue* todo mal se ençierra en ella e todo pecado[4] de sobe$^{r}$uya e la g*ue*rra de sy mjsma es rrobadora q*ue* ella no[5] come sy no cauallos e o*n*bres p*or* despo[j]os[6] y[7] desata toda fe$^{r}$mosura [d]e Reyno q*ue* sabe bie*n* los [c]ortijos estos[8] son los pu[e]blos çe$^{r}$cados por lexos q*ue* [e]ste*n*[9] ny dexa madr*e*s ny [f]ijos esto es a sabe$^{r}$ las gentes menudas en sus casas q*ue* son sus alue$^{r}$gadas e[10] los valles e maJadas q*ue* todo lo turba /& corronpe /& toda la [c]osa publica e los vandos de ay naçiero*n* por eso dize q*ue* sabe los escondedijos q*ue* son los Robos /& saco manos d*e* los lugares &

*Variantes BNM/Gall*
1. traydora."—Guerra, "cruel et 2. ella por çierto. [¶]"De todos 3. amiga 4. pecado. Et la guerra 5. non conoze otra cosa synon cauallos 6. [Página guillotinada por el encuadernador, letras suplidas entre corchetes.] 7. et desear fermosura de regnos. 8. Que son 9. están allá les cabe su ramarazo. [¶]"Nin deja madre nin fijos."—Es á saber, gentes menudas et granadas estar en sus casas, que son dichas albergadas. 10. "En los valles et majadas."—Donde quier que gentes ay, que todo lo daña la guerra et non se le esconde cosa donde bien entra, et trae turbada toda la cosa pública. Et

avn los vandos de alli naçieron en los pueblos. [¶]"Sabe los escondedijos."—Et mouidos, por los altos: por manera que con sus mouimientos face diuersas inpresiones et daños en la tierra mediante el querer de aquel que los mueve.

*RAH*: Glosa. 1. Dize aqui *Gil Aribato*, que vendra anssi mismo guerra, â la qual con razon llama *traidora*; porque en las guerras no ai cierta seguridad de victoria: que los acaecimientos de la batalla son dudosos, y unas vezes aquesta la mejoria y vitoria de la batalla a una parte, y otras vezes â la otra[11], segun se dize en el 2. lib. de los Reies en el cap. 11. Y tambien porque las guerras[12] civiles, que se levantan en el Reino dentro de el; no pueden carecer de macula de traicion, pues van contra su Rei, y contra su tierra. *Cruel, y mui enemiga*, dize â la guerra por las crueldades de que[13] se deben usar en las guerras los vencedores contra los vencidos, matando y robando quantos de ellos pueden, sin piedad, ni composicion[14] alguna. *De todos males amiga*, dize por los muchos[15] y grandes males, que nacen de la guerra, como parece por el authentico *de armis* en el principio, y la Glosa allí en la Collacion. Dize anssimismo: Que es *de si misma robadora*. Quiere dezir, que las guerras civiles suelen dividir en diversas opiniones los deudos y amigos, y parientes. Anssi que unos â otros se roban, y causan derramiento de su misma sangre, y muertes, segun se lee aver acaecido muchas vezes en las discordias romanas, que entre los Romanos huvo muchas discordias y guerras civiles. Y dejando âparte las mui antiguas, las quales quasi se acabaron sin sangre, ô solamente con las muertes de algunos, que levantaron las mismas discordias como fueron los Graccos[,] Saturnino, y Sulpicio, las que fueron de maior importancia: donde pelearon entre si los exercitos romanos, fueron las de entre Silla y Mario y otros Capitanes, assi de una, como de otra parte. Y despues sucedieron las de Cesar, y Pompeio, en las quales reziamente se peleo en Pharsalia, y en Africa, y en España. Despues de estas, y muerto Julio Cesar, huvo otras en Modena entre Marco Antonio, Decio Bruto, y Octaviano. Y despues otras entre Bruto, y Casto [*sic*][16] de la una parte: y Octaviano, y Marco Antonio de la otra. Y despues entre los mismos Octaviano, y Marco Antonio: y entre Octaviano, y Sexto Pompeio. En las quales batallas murieron infinitas gentes de los Romanos, y muchas vezes acertó que murieron hermanos y primos, y deudos de la una parte y de la otra. Todo lo qual consta mui claramente por lo que escriven Lucio Floro[17] en los Epithomes sobre las decadas de Titolinio [*sic*][18], y el mismo Floro en los compendios de las guerras, que huvieron los Romanos. Y largamente lo escrivio todo Apiano Alexandrino en su obra intitulada de las guerras civiles de los Romanos. Y Plutarco en las vidas de los varones yllustres, que fueron cabdillos, y principales Capitanes de las dichas discordias, o guerras. Prosigue, y dize:

2. *Que sabe los cortijos*. Quiere dezir, que las guerras principalmente las civiles, que se levantan en el Reino, â todas partes se estienden, y en todas partes mueven sediciones, y alborotos, y males. Conviene â saber, en los campos, en los Pueblos, y Civdades del Reino hasta entrar en las Cortes de los Reies, que llama aqui *cortijos*, y en las casas, que llama *arvergadas*.[19] Da fin, y dize: Que *en*[20] *los valles, y majadas, sabe los escondridijos*. Que quiere dezir: que en los tiempos de estas divisiones y discordias no ay lugar tan apartado ni escondido en el Reino, que en el se pueda tener seguridad ni reposo; porque los males generales â todos comprehenden. Anssi que dize aqui *Gil Aribato*, que vendran guerras en el Reino para afligir al Pueblo por sus pecados: que segun dize S$^{n}$. Agustin en el lib. de la Civdad de Dios: para corregir, y castigar las costumbres corrompidas, suele Dios permitir las guerras en los Reinos. Siguese El Author.

*Variantes RAH/Ed. Sancha*
11. á otra 12. [Escribió la palabra *gentes*, luego la tachó y la corrigió a *guerras*] 13. que deben usar los vencedores en las guerras contra 14. compasion 15. por muchos 16. Casio 17. [El escriba corrigió *Floro* en el texto, obscureciendo las letras, luego repitió la palabra en la margen indicando con una cruz la inserción.] 18. Tito Libio 19. [*Arver-* en una línea, *-gadas* en la siguiente sin continuar subrayándola] 20. [El copista escribió *entre*, luego tachó las letras *-tre*]

III. *Respuestas*

| [*R-M*] Repuesta al Reuulgo. | [*BNM*] respu*esta* |
|---|---|
| xxx* ¶A la gran Reboluedora | ¶la guerra mas causadora |
| la Razon la contradiga | de toda triste fatiga |
| pues q*ue* tanto mal mjtiga | la q*ue* tanto nos hostiga |
| q*ua*ndo ella es la causadora | cada rrato y cada ora |
| ............ | q*ue* no valen co*n*desijos |
| ............ | nj dexa trigos nj mjJo$^{s}$ |
| ............ | sabe todas las mesnada$^{s}$ |
| ............ | de las tr*e*s prenosticadas |
| ............ | da malos surcos da mjJos |

*[La redondilla aparece al final de una columna, la quintilla al comienzo de otra, numeradas xxx y xxxj respectivamente. *Véase* la Respuesta a la Copla xxxj.]

*Variante de las Respuestas BNM/Gall*
6. trigo 9. D. m. sustos á viejos

IV. *Glosa a la Respuesta R-M*

¶*A la gran Reboluedora*. Esta $^{e}$s la gran dis / cordia a la qual ha de Reffrenar la Razon / Ca nu*n*ca pelearon dos Razonables nj*n* / vn Razonable mas dos males o Jnjusto$^{s}$ / Pues en *e*sta guerra Justiffiquese cada vn$^{o}$ / /&

çesaran las discordias /& los labradores / daran el campo labrado /& los ganados bj/ujran asosegados.

I. [*R-M* Copla xx]xj ¶ y tanbien la Redentuda
q*ue* come los Reçcentales
y non dexa los annales
q*ua*nto vn poco esta sañuda
mento q*ue* non olujdara
de venjr y avn tragara
y tan bien su partezilla
djme aquesta quadrilla
y aqujen non espantara

*Variantes de la Copla*

*BMus*: 1. y avn t. l. tredentuda 4. q*ua*ndo 5. meto 7. ata*n*bie*n* 8. a. tal q. 9. [falta] a.

*SA*: 1. tryndentuda 2. Rezantales 4. q*ua*ndo 5. meto nolujdara 6. y [falta] t. 8. a. tal q. 9. [falta] A.

*SB*: [Copla] xxvij. 1. tredentuda 4. q*ua*ndo 5. cudo q. n. ta[r]dara 7. ata*n* b. 8. a. tal q. 9. [falta] a. n. despa*n*tara

*Inc*: [Copla] xxvij. 1. tredentuda 4. quando 5. cudo q. n. tardara 7. atan b. 8. a. tal q. 9. [falta] a. n. despantara

*BNM*: [Copla XXVII] 1. [falta] avn t. l. tredentuda 4. q*ua*ndo 5. meto 7. atan b. 8. a. tal c. 9. [falta] a.

*Gall*: [Copla XXVII] 1. Et avn t. l. tredentuda 4. Quando 5. Meto (1) [Nota de los redactores de *Gall*: (1) Temo?] 7. Atanbien 8. a. tal q. 9. [falta] A.

*Gl. Gall*: [Copla XXVII] 1. [falta] Avn t. l. tredentuda 4. Quando 5. Meto 7. atanbien 8. a. tal q. 9. [falta] A.

*Evora*: [Copla XXVII] 1. Es tambien tredentuda 4. quando u. 5. cuido q. n. tardara 8. a. tal q. 9. [falta] a. n. despantara

*RAH*: Estancia 27. 1. tredentuda 4. Quando 5. Cudo q. n. tardará 7. A tambien 8. a. tal q. 9. [falta] A q. n. despantara

*Ed. Sancha*: Estancia XXVII. 1. Tredentuda 4. quando 5. Cuido q. n. tardará 7. [falta] tambien la s. p. 8. a. tal q. 9. [falta] á q. n. despantára

II. *Glosas a la Copla*

*SA*: [p]estilençia

*SB*: y ta*n*bie*n* la trede*n*tuda

¶ pr^o^fetiza agora *que* *ver*na asy m*is*mo pestile*n*çia a la q*ua*l llam[a] trede*n*tuda por q*ue* mue[r]de co*n* tress dient*es* / co*n*biene a sabe[r] [*Inc*: Conuiene saber] q*ue* biene po[r] tres man*er*as /o po[r] la mala disposiçio*n* d*e*l ayre /o del agua /o d*e*la t*ie*rra // beemos [*Inc*]: Y veemos] q*ue* la pestilençi[a] [Letras guillotinadas suplidas según *Inc*] faze jnpr[e]syon en [los] [palabra ilegible: *Inc*: los] moços q*ue* dize aq*ui* por los Reze*n*tales / ma[s] q*ue* en los ma*n*çebos nj e[n] los biejos // por q*ue* en [los] moços esta mas el f[er]bor d*e*la sangr[e] p*er*o q*ua*nd[o] esta sañuda q*ue* q*ui*e[re] dezi[r] [*Inc*: dezir. Quando se encrueleçe no dexa los añales. Quyere dezir q*ue*] q*ue* nj p*er*don[a] biejos nj ma*n*çebos [*Inc*: ma*n*cebos. Todo] q*ue* todo lo llyeba—

*BNM*: ¶ /&[1] avn ta*n*bie*n* la tredentuda desta tredentuda pone danjel profeta en vna[2] yntr^o^duçion profetizando q*ue* aq*ue*lla bestia vido q*ue* era entre /otras com*m*o figura de /oso /& tenya tr*es* hordenes de dientes a la q*ua*l era [d]*i*cho[3] leuantate y come ca[r]ne mu*n*cha co*n*uyene [sin signo de abreviatura] a[4] sabe[r] ma[ta] munchas gentes q*ue* esta [es] la pestilençia aguda /&[5] [m]atadora[6] la q*ua*l come los [rre]sentales[7] q*ue* son los njños /& de [ju]uenyl hedad /& no dexa*n*[8] los añales q*ue* son los o*n*bres ma*n*çebos y avn los vjejos q*ua*ndo vn poco esta sañuda /&[9] q*ua*ndo la pestilençia es fue[r]te[10] meto q*ue* no *o*lujdara[11] [a]deujnaria q*ue* prosto *sic* ternya a traga[r] su pa[r]te de las q*ua*les cosas todas /& de cada vna de ellas q*ui*en no temera de tal cuadrilla ca todas son enpeçibles [ca]da vna de su manera &

*Variantes BNM/Gall*
1. [falta] 2. su introduçion et profeçia de aquella bestia, que vido que era como figura 3. [Página guillotinada por el encuadernador] 4. [falta] 5. [falta] 6. matadora. [¶]"Que come 7. recentales."—Et los niños de 8. dexa los añales."—Omes, mátalos, et avn viejos, que todos se los come et lieua. [¶]"Quando 9. [falta] 10. fuerte et se corronpen los ayres. [¶]"Meto 11. oluidará."—No tardará de venir, avn tragará "atanbien su partezilla" que es eso mesmo susodicho, que come et traga de toda ralea. [¶]"Dime aquesta tal quadrilla—Á quien non espantára."—Que non siendo quien non aya temor, quando la pestilençia comienza arreziar fuyen los omes, et fuyr deuen de allí, de la yra de nuestro señor. Esta es en dos maneras: la vna de foyr de pecar, et obrar santamente: et la otra foyr de logar pestilençial, non menos de la fanbre, non menos de la guerra quando son terribles.

*RAH*: Glosa. 1. Dize anssi mismo, que vendra pestilencia â la qual llama *tredentuda*. Que quiere dezir: que muerde con tres dientes. Conviene â saber que su corrupcion viene por una de tres causas, ô maneras. ô por la mala[12] disposicion del aire, ô del agua, ô de la tierra. La qual dize, *que come los recentales*. Que quiere dezir: que haze mas impresion en los mozos, que no en los mancebos, ni en los viejos; porque en los mozos es maior el calor y hervor de la sangre. Mas, dize: Que quando la pestilencia está *sañuda*: Esto es, quando se encruelece. *No dexa los añales*. Que quiere dezir: no dexa viejos, ni mancebos, que â todos los lleba. Demanera, que amenaza en estas tres coplas *Gil Aribato* al Pueblo, y dize: que si no se enmienda, por sus culpas y pecados, le vendran las tres lobas rabiosas, que son hambre, guerra y pestilencia. Y como se cause la pestilencia[13], trahelo Ripa en el tratado de peste en el principio. Mejor Galeno en el Trat. *de differentijs febrium* en el 4. Cap. Siguese El Author.

*Variantes RAH/ED. Sancha*
12. por mala 13. causa la peste

III. *Respuestas*

[*R-M*] Repuesta al Reuulgo.

....................
....................
....................
....................
xxxj* ¶Çessaran los Regorçijos
y los panes y los mjjos
çessaran en las senbradas
las ovejas sosegadas
en los sus abrigadijos

*[*Véase* la Respuesta a la Copla xxx.]

[*BNM*] rep*uesta*.

¶de tres hordenes muy cruda
de dientes fieros mortales
danjel nos muestra tales
pestilençia mas aguda
esta dize q*ue* verna
presto q*ue* no tardara
fallase q*ui*ero dezjlla
q*ue* sera gran*d* maraujlla
muncho carne comera

*Variantes de las Respuestas BNM/Gall*
5. E. dizen q. 7. Fallóse quiere d.

IV. *Glosa a la Respuesta R-M* [falta]

I. [*R-M* Copla] xxxij. ¶ Si non tomas mj co*n*sejo
mjngo de aq*ue*sta vegada
avras tal prestorejada
q*ue* te escueza el pestorejo
vete si qujeres hermano
al pastor de zerrufano
& dile toda esta conseja
espulgarte ha la peleja
podra ser q*ue* bueluas sano

*Variantes de la Copla*

*BMus*: 2. daq*ue*sta 3. pestorejada 4. escuega 6. del çerro fano 7. [falta] d. t. tu c. 8. espulgartea l. pelleja

*SA*: Dotrina y conssejo 2. Daquesta 3. pestorejada 4. tescuega 6. [*pasto* corregida a *pastor* por una *r* en tinta roja] del çerro fano. 7. [falta] d. l. t. tu c. 8. espulgarta l. pelleja

*SB*: [Copla] xxjx. 3. pestorejada 4. escuega 6. d*e*l çerro fano 7. [falta] d. t. tu c.

*Inc*: [Copla] xxjx. 3. pestorejada 4. escuega 6. del çerro fano 7. [falta] d. t. tu c. 8. espulgarta l.

*BNM*: [Copla XXVIII] 3. pestoreJada 4. escuega e. pastoreJo 6. çerrofano 7. [falta] d. t. tu c. 8. espulgartea l. pelleJa

*Gall*: [Copla XXVIII] 2. daquesta 3. pastorejada 4. escuega e. pastorejo 6. çerro fano 7. [falta] D. t. tu c. 8. Y e.

*Gl. Gall*: [Copla XXVIII] 3. pastorejada 4. escuega e. pastorejo 6. çerro fano 7. [falta] D. t. tu c.

*Evora*: [Copla XXIX] 2. daquesta 3. pestorejada 4. escuega 5. u. se q. 6. des sirro fano 7. [falta] d. t tu c. 8. espurgarte 9. buelues

*RAH*: Estancia 29. 4. escuezga e. postorejo 6. del zerrofano 7. [falta] D. t. tu c.

*Ed. Sancha*: Estancia XXIX. 3. pestorejada 6. del cerro fano 7. [falta] d. t. tu c.

II. *Glosas a la Copla*

*SA*: [c]onfessor

*SB*: sy no tomas my co*n*sejo

¶ aq*ui* amonesta al pueblo q*ue* faga co*n*fesio*n* y dizele q*ue* syno toma su co*n*sejo // q*ue* abra ynfo$^{r}$tunjos / y en co*n*clusio*n* le dize q*ue* baya al pasto$^{r}$ de çerro fano co*n*biene a sav*er* [*Inc*: Conuiene saber] al saçe$^{r}$dote del te*n*plo / po$^{r}$ q*ue* fano q*ui*ere dezi$^{r}$ te*n*plo y q*ue* le diga toda su co*n*seja co*n*biene a sav*er* [*Inc*: Co*n*uyene saber] q*ue* declare todos sus pecados y co*n* la enti*n*çio*n* q*ue* se mobio a los comete$^{r}$ e todas las ot*ra*s çircu*n*sta*n*çias del peca$^{r}$ // *san*to tomas dize q*ue* la co*n*fesio*n* ha de se$^{r}$ pura v*er*dadera [*Inc*: Verdadera. E perfecta] entera p*er*feta declara*n*do el loga$^{r}$ el t*ien*po delante q*ui*en se fizo q*ua*nto t*ien*po p*er*sebero en el pecado / q*ua*nt*a*s bezes lo cometio // espulga$^{r}$tea la pelleja // despu*e*s q*ue* dize lo q*ue*l pecador /a de co*n*pljr co*n*fesando / dize agora lo q*ue*l saçe$^{r}$dote debe fase$^{r}$ p*r*$^{e}$gu*n*tando // y syn duda el co*n*fesor debe se$^{r}$ vn gra*n*d ynq*ui*sidor tal q*ue* sy el penjte*n*te /o por v*er*guen*ç*a /o po$^{r}$ /olbido /o po$^{r}$ ynora*n*çia / dexare de dezi$^{r}$ algu*n*$^{a}$ macula // el co*n*feso$^{r}$ co*n* sus ynterrogaçion*e*s / le debe espulga$^{r}$ la pelleja / de tal man*era* q*ue* lo faga todo declara$^{r}$ // podra se$^{r}$ q*ue* buelbas sano / no dize q*ue* sera sano co*n* sola la co*n*fesio*n* mas dize q*ue* podra se$^{r}$ q*ue* lo sea / y aq*ui* podemos ente*n*de$^{r}$ q*ue* sy la co*n*fesjo*n* no es conplida segu*n*d aq*ui* [*Inc*: segu*n*d que] abemos d*ic*ho // y sy no jnte$^{r}$biene en ella la v*er*dadera co*n*triçio*n* no puede se$^{r}$ el onbre salbo &

*BNM*: [¶][1]aq*ui*[2] torna gil arribato q*ue* es [e]l adeujno[3] a fablar co*n*[4] mjngo [rr]ebulgo q*ue* es la Republica amonestale catolicame*n*te [di]zjendo sy no tomas mj co*n*seJo[5] [mj]ngo de aq*ue*sta vegada abras [ta]l pastoreJado[6] q*ui*ere dezjr [n]o q*ue*dara Ramo nj foJa [ve]te sy q*ui*eres h*erman*$^{o}$ al pastor [de] çerrofano./ aq*ui* comjença [a p*r*]oçeder por[7] los rremedios [d]estos daños et p*r*$^{o}$uoca[8] a la rrepublica et amonesta[9] co*n* aq*ue*llas tres melesinabl*e*s e catolicas cosas q*ue* so*n*[10] / oris c*o*nfesio cordis c*o*ntricio operi satisfacio / lo p*ri*mero po$^{r}$ q*ue* es d*ic*h$^{o}$ pastor de çerro fano.[11] fano ./. çielo jnperio e fano ./. alto çerro ./. çielo pastor[12] ./. el señor djos n*uestr*o q*ue* jn alt*is* h*ab*itat /& vmylia respicit jn celo e jn t*e*rra / e pasto$^{r}$ ./. confesor ./. cl*e*rigo de b*ue*na vida pastor de su igl*es*ia q*ue* es cura de anymas pu*e*sto p*ar*a oy$^{r}$ de penjte*n*çia e absolue$^{r}$ d*e* los pecados dile toda tu co*n*seja es a sabe$^{r}$ co*n*fiesale todos tus pecados espulga$^{r}$te ha la pelleJa ./. alinpia$^{r}$te ha media*n*te la[13] penjte*n*çia / podra se$^{r}$ q*ue* bueluas sano ./. absuelto e q*ui*to de[14] pecados cu*n*pli*e*ndo la penjte*n*çia q*ue* te ma*n*dare asy[15] dise sa*n* jua*n* apostol e eua*n*gelista fase$^{r}$[16] penjte*n*çia açe$^{r}$ca$^{r}$se uos ha el rregno d*e* los çielos /&.

*Variantes BNM/Gall*
1. [Página guillotinada por el encuadernador.] 2. Avn 3. adeuinador 4. con el Rebulgo repúblico, y amonéstale 5. consejo—Avrás tal 6. pastorejada—Que te escuega el pastorejo."—Avrás tal persecuçion, que apenas quede ramo nin foja. 7. á 8. produce 9. amonéstala 10. son

confesion de la boca, contriçion del coraçon, satisfaçion de la obra. Lo 11. fano'' es por nuestro señor todo poderoso, pastor et administrador de todas sus ouejas, el qual está en aquel cerro fano, que es el çielo ynpírio: 12. pastor, conuiene á saber confesor, aquel que es buen xptiano, á su clérigo 13. [falta] 14. de los 15. asy como 16. ''penitençia fazed

*RAH*: Glosa. 1. Los Prophetas quando departe de Dios reprehendian las culpas y pecados del Pueblo, y les predicaban los males, que por ellos avian de venir; exortabanlos â que hiziesen penitencia, y se apartasen del mal vivir, y se convirtiessen â Dios, paraque por su infinita misericordia y clemencia los perdonase, y alzase de ellos su indignacion, y no fuessen subvertidos y destruidos, como parece por el Cap. 18. con otros muchos hasta el cap. 26. del lib. de Jeremias Propheta, y en otros lugares. Ansi aqui imitando esto *Gil Aribato* amonesta al Pueblo â que se convierta â Dios por el Sacramento de la Penitencia y confession, amenazandole que si anssi no lo haze; Dios herira con graue plaga la dureza de su cerviz, y pertinacia en el pecado. Y para mostrar, y dar â entender que la confession ha de ser voluntaria, y no forzosa; dize: *Vaia si quiere*. Esto es, que vaia de su voluntad *al Pastor* (que es el Cura) *del zerro fano*. Conviene â saber, de su propria Parroquia y templo: que *fano*, quiere dezir templo. Al qual Cura es dada facultad por la Ley de oir de confession y absolver, por el Cap. *Omnis utriusque sexus de penitentijs et remissionibus*. Al qual Cura dize: que *diga toda su conseja*. Que quiere dezir: que confiesse todos sus pecados, sin que ninguno de ellos deje de confesar; porque de otra manera no es verdadera, nin perfecta[17] la confesion: que Dios no quiere que las cosas sean imperfectas por el Cap. *Sunt plures de penitentia* en la dist. 3. Anssi, que la penitencia ô confesion debe ser entera, anssi quanto â confesar todos los pecados, como en que tambien confiese las qualidades, y circunstancias de ellos, declarando el lugar, el tiempo en que cometio el pecado y quantas vezes le cometio, y quanto tiempo perseveró en el segun s$^{n}$. Agustin en el lib. *de penitentia*,[18] y el Cap. *Consideret de penitentia* en la dist. 5. Y trahelo Ripa en el sobredicho lugar. Y tratando[19] mejor que Ripa[20] el Maestro de las Sentencias en el 4. en la dist. 16. en el principio. Y Gabriel sobre el mismo 4. de las Sentencias en la dist. 17. en la quest. 1. en el 2. Art. en la Conclusion 4, y dize:

2. Que el Confesor *le espulgará la pelleja*. Que quiere dezir: que tambien paraque quede mejor examinada, y satisfecha su conciencia; el Confesor le hara las exhortaciones, ê interrogaciones, que de su parte debe hazer. Las quales pone el Benaventano en[21] el Tratado *de Confesione, et penitentia* en la 3. parte en la oja penultima, y final. Con la qual confesion y penitencia de sus pecados dize:[22]

3. *Que podra ser que vuelva sano*. Quiere dezir: que sea libre de las llamas, y

pena eterna del infierno. Lo qual sin el Sacramento de la Confesion no se puede alcanzar, como se prueba por el cap. 11. y el cap. *Non potest*, con otros muchos capitulos *de penitentia* en la dist. 1. Y que anssimismo sea libre de las penalidades, y males temporales. Lo qual tambien muchas vezes se alcanza con la confesion y penitencia de los pecados, como parece por el cap. *cum infirmitas de*[23] *penitentijs et remisionibus*. Y tenemos de esto enxemplo del Rei Manasses en el 2. del Paralipomenon en el cap. 33. el qual Rei como por sus maldades fuesse llebado cautivo â Babilonia, y en su afliccion se convirtiesse â Dios; fue restituido en su dignidad, y estado. Y de los Ninivitas en el cap. 3. de Jonas Propheta, de los quales dize la Historia: que como de parte de Dios el Propheta les huviesse predicado q*ue* dentro de quarenta dias la Civdad de Ninive avia de ser destruida: por la gran penitencia q*ue* de sus pecados hizieron; Dios huvo misericordia de ellos, y la Civdad no fue destruida, y los perdonó. Y por otros muchos enxemplos, que se traen en el cap. *Voluissem*. Y en el cap. *Quam obrem de penitentia* en la dist. 1. Y dize aqui: *que podra ser que vuelva sano*. Y no afirma que lo será, ô porque les puede faltar la contricion, que para ello deben tener: ô por otras causas, que se notan, y trahen por el Texto, y la Glosa en el cap. *Quam obrem* ia alegado, y en el cap. *Disciplina* en la dist. 45. y en el cap. *Si peccatum de penitentia* en la dist. 1. Y parece quiso imitar aqui *Gil Aribato* en estas palabras â el Propheta Daniel en el Cap. 4. Siguese El Author.

*Variantes RAH/Ed. Sancha*
17. perfecta Confesion 18. [La palabra *peniten-* escrita al final de una línea y las letras *-tia* al comienzo de la próxima, sin subrayar.] 19. tratanlo 20. [Las palabras *en el sobredicho lugar* escritas después de *Ripa* y luego tachadas.] 21. en la 3. parte 22. dice: que [¶] 3. Podrá 23. *De Remisionibus et Paenitentiis*.

III. *Respuestas*

[*R-M*] Repuesta al Reuulgo.

xxxij ¶aquesotra mucho cruda
que da fin a todos males
pues nos fazes ser iguales
mucho deue ser sesuda
q*ua*ndo qujer que venjra
primero nos lo dira
que nos ponga la ma*n*zilla
y sabiendo Resçebilla
a gloria nos leuara

[*BNM*] repu*esta*

¶en cada pueblo y conçeJo
*la conçiençia es pregonada
com*m*o la dueña afeytada
q*ue* se mjra en el espeJo
a dios alto soberano
syn ynfimas nj a lo llano
de las culpas nueua / & vieja
confisyon syenpre se añeJa
dexan p*er*don por su mano /

*[La letra *d* tachada aquí.]

*Variantes de las Respuestas BNM/Gall*
2. e. personada 3. C. [falta] d. 6. Son ynfintas [falta] á 8. s. es a. 9. Dexar p.

IV. *Glosa a la Respuesta R-M*

*Aquesotra mucho cruda.* esta es la mue*r*te / la qual njnguno puede escusar por lo qual / es locura temerla ¶Por esto es la mejor cosa / de humanjdat ¶Porq*ue* por causa de la muerte / de la carne el anjma ha salida p*ara* el çielo // la qual es sabia /& justiçiera que no*n* p*er*dona / a njnguno ¶E todos son iguales en morir /& / nasçer ¶E avn la muerte es leal q*ue* p*ri*mero q*ue* / venga faze señales asi com*mo* dolores o otros / moujmjentos ¶Esto ordeno dios porq*ue* el peca/dor non fuese aRebatado syn le fazer mensa/Je del tal camj*n*º porq*ue* bastezca de lo neçcesario / que es conffession cont*ri*cion. satisffaçion / ¶E despues destas es de amar /& no*n* temer por / que aquella nos lleuara a la gloria

I. [*R-M* Copla] xxxiij. ¶ Mas Reuulgo p*ar*a mjetes
q*ue* non vayas por atajos
faras vna salsa de ajos
por amor de las s*er*pientes
sera morterada cruda
mazacada muy aguda
q*ue* te faga estorzijar
q*ue* non puede peligrar
quje*n* con esta salsa suda

*Variantes de la Copla*

*BMus*: 1. mje*n*tes 3. s. dajos 4. p. temor 5. sea m. 6. machacada

*SA*: 1. [falta] [Las letras *Cas* tachadas] R. p. mjentes 3. S. dajos 4. p. themor d. l. ssirpientes 5. Sea m. 6. machacada

*SB*: [Copla] xxx. 1. mje*nte*s 3. salga d. agios 4. p. mjedo 5. sea m. 6. machacada bie*n* a.

*Inc*: [Copla] xxx. 1. mientes 3. Earas [*sic*] v. s. dagios 4. p. myedo 5. sea m. 6. machada byen a.

*BNM*: [Copla XXIX] 1. mjentes 4. p. temor 5. sea m. 6. machacada 8. Ca n.

*Gall*: [Copla XXIX] 1. mientes 4. P. temor 5. Sea m. 6. Machucada 8. Ca n.

*Gl. Gall*: [Copla XXIX] 1. [falta] 5. Sea m. 6. Machucada 8. Ca n.

*Evora*: [Copla XXX] 1. mientes 3. falça deaios 4. p. medio 5. sea m. 6. mascada y bien a. 7. estortijar 9. e. salca s.

*RAH*: Estancia 30. 1. mientes 3. s. d. agios 4. P. miedo 5. Sea m. 6. Machacada bien a.

*Ed. Sancha*: Estancia XXX. 1. mientes 3. s. d. agios 4. p. miedo 5. Sea m. 6. machacada y bien a. 7. estortijar

II. *Glosas de la Copla*

*SA*: [falta]

*SB*: mas Rebulgo

/ muestra agora el p*r*$^{o}$feta la fo$^{r}$m$^{a}$ q*ue* a de tene$^{r}$ el q*ue* se co*n*fiesa en la co*n*fesio*n* q*ue* ha de faser y dize q*ue* no vaya alla po$^{r}$ atajos // co*n*biene a sabe$^{r}$ [*Inc*: Conuyene saber] q*ue* la faga pura v*er*dadera segu*n*d en la copla ant[e] [Letras guillotinadas suplidas según *Inc*] d*e*sta deximos y por q*ue* la p*r*inçpal cosa d*e* la co*n*fesio*n* / es la contr[i]çion / dize q*ue* le faga vna salsa de agio[s] / agios q*u*iere dezir ¶en g*r*iego cosa s[a]*n*ta [*Inc*: sancta o] dibina / y d*e* *e*sta tal le co*n*seja q*ue* faga la salsa / po[r] mjedo d*e*las se[r]pie*n*t*e*s // co*n*biene sabe[r] po[r] mjedo d*e*las tentaçione*s* / a synficaçio*n* d*e*la se[r]pie*n*te q*ue* tento a n*uestr*a madre heba / y po[r] q*ue* contriçio*n* q*u*iere dezi[r] q*ue*brantamj*ent*[o] // dize q*ue*sta salsa sea mo[r]terada cruda machada eç[r] / q*u*iere dezi[r] q*ue* de tal man*era* sea machada / q*ue* q*ue*bra*n*te la dureza d*e*l pecado // q*ue* te faga esto[r]çijar // con el gra*n*d dolo[r] d*e*l arrepe*n*timj*ent*[o] q*ue* se debe tene[r] en *e*lla // q*ue* no puede peligra[r] q*u*ien con *e*sta salsa suda // aq*ui* le da el Remedio co*n*plido p[a]*r*a la salud del anjm[a] / y dize q*ue* sy suda con *e*sta salsa // co*n*biene a sabe[r] [*Inc*: Conuyene saber] sy llora [*Inc*: llora con el arrepentimiento] el coraçon /arrepe*n*timj*ent*[o] e dolor d*e*lo q*ue* peco la co*n*triçion sera ende [*Inc*: entera] // y el co*n*trito sera salbo / abie*n*do f*e*cho co*n*fesio*n* /o fazie*n*dola sy podiere &

*BNM*: ¶ q*ue* no vayas por atajos q*u*iere desjr q*ue* no encubras los pecados po[r] temor nj por v*e*rguen*ç*ia nj*n* los atajes dexa*n*dolos de manyfesta[r] e[1] far*a*[s] vna salsa dajos esta es la contriçio*n* d*e*l coraçon q*ue* conpara / a salsa de ajos[2] fue[r]te q*ue* come*n* los camyna*nt*e*s*[3] e rrecueros de noche po[r] q*ue* du[r]mjendo en *e*l canpo no*n* se les llegue[4] algu*n*[a] culebra /o bjuora nj*n* ot*ra* s*e*[r]pe*n*çia enpeçible Ca fuyen[5] tod*o*[s] de los ajos po[r] ta*n*to q*u*iso des*i*[r] aq*ui* po[r] temo[r] d*e* las se[r]pient*e*s[6] e q*u*ien so*n* estas se[r]pient*e*s so*n* los siete pecados mortales q*ue* so*n* muy malas se[r]pient*e*s p*ara* *e*l cue[r]po e p*ara* *e*l anyma sea mo[r]terada cruda machacada muy aguda / q*ue* te faga estorçija[r] / es a sabe[r7] la contriçio*n* q*ue* sea fue[r]te e llorosa e mu*n*cho nacida d*e*las entrañas e d*e*l[8] coraço*n* de aq*ue*lla[9] q*ue* *e*l salmjsta desia sacrifiçio / a dios es el esp*irit*u contribulado el[10] coraço*n* cont*r*icto e vmjllado djos no*n* dep[r]*e*çiara esta es b*ue*na salsa de ajos la b*ue*na co*n*triçio*n* e com*m*o aq*ue*lla contriçio*n* e arrepe*n*timj*ent*[o11] de ezechias q*ua*ndo lloro cont*r*ito to[r]nado a la pared e sano e le añadio djos q*u*inse años e com*m*o aq*ue*lla cont*r*i*ç*io*n* e lloro ama[r]goso de señor sa*n* pedro d*e*spue*s* q*ue* ouo negado a Jhu xp̄o / Ca no*n* puede peligra[r12] es a saber morir en pecado mortal q*u*ien co*n* *e*sta salsa suda ./. q*u*ien co*n* v*e*rdadera co*n*triçio*n* to[r]nare[13] a n*uestr*o señ*o*r fasie*n*do emje*n*da e penjte*n*çia de sus pecados &

*Variantes BNM/Gall*
1. [falta] 2. dajos, que 3. camineros et 4. llegue culebra nin otro serpiente 5. fuyen dellos las serpientes, por tanto dize aquí: "por amor de 6. serpientes" estos son los siete pecados que son malas 7. saber que la contriçion sea grande y fuerte et 8. de 9. aquellos 10. [falta] 11. arrepentimiento que San Pedro lloró despues que ovo 12. peligrar—Quien 13. se torna á nuestro Señor faziendo emienda de sus pecados non puede yr á logar dañado.

*RAH*: Glosa. 1. Va continuando *Gil Aribato* la manera que el Pueblo ha de tener[14] la confesion, que debe hazer: y avisale *que no vaia por atajos*. Que quiere dezir: que se confiese clara y abiertamente: demanera que el confesor[15] todo y cada cosa[16] por si lo entienda, segun el cap. *Quis aliquando de penitentia* en la dist. 1. â cerca del fin. Y que conozco[17] su pecado, y le confiese, sin poner excusacion en el: que dar escusaciones del pecado, haze mas graue el pecado, segun S^n^. Greg. en sus Morales en el lib. 31. en el cap. 13. Y pruebase en el Psalmo. Y porque la confesion es una de las partes integrales de la penitencia, que son: contricion de corazon, confesion de boca, y satisfacion de obra, segun el Cap. *Perfecta de penitentia* en la dist. 1. y el cap. *Perfecta de penitentia* en la dist. 3; por la contricion dize: *Que haga una salsa de agios*. Que quiere dezir:[18] haga una *salsa* ô manjar santa: que *agios*, segun S^to^. Thom. en la 22.[19] en la quest. 81. en el 8. art. quiere dezir cosa santa. Y dize: Que haga esta *salsa por miedo de las serpientes* Esto es, por miedo de los pecados, y tentaciones del Diablo, que se dize serpiente por el cap. 3. del Genesis, y el cap. *Serpens de penitentia* en la dist. 1. Y porque contricion, quiere dezir quebrantamiento, segun el Benauentano en el trat. de confesion y penitencia en la 1. parte en la oja 3; dize:[20]

2. Que esta *salsa* sea *morterada machacada bien aguda*. Que[21] quiere dezir; que sea aspera, y tal q*ue* quebrante, y deshaga la dureza[22] del pecado: *Que te haga estorcijar*. Quiere dezir: que te haga gemir, y llorar con el grande dolor y ârepentimiento del pecado; porque la verdadera penitencia y contricion, es, segun S^n^. Ambrosio, â quien refiere el Maestro en el 4. de las Sentencias en la dist. 14. al principio: llorar los males pasados, y tener proposito de no los cometer mas. Y anssi lo dizen el Cap. *Lacrymae*, y el cap. *Quem penitet de penitentia*, y el Cap. *Ille* con otros muchos de *penit*. en la dist. 3. Y sin la contricion del corazon, no se remite, ni perdona el pecado, por el cap. *Quis aliquando* con otros muchos derechos aqui alegados. Concluie, y dize:

3. *Que no puede peligrar quien con esta salsa suda*. Que quiere dezir: que si llora con el arrepentimiento y dolor que debe de aver[23] pecado; la contricion será entera, y el contrito libre, y salvo; por que librar se haze de la muerte eterna el que con lagrimas se limpia del pecado. Anssi lo dize el cap. *Baptizantur de penit*. en la dist. 3. Y no solamente las lagrimas libran del mal presente: mas aun preseruan del que esta por venir, como del Rei Achab se dize en el 3. de los Reies en el cap. 21. segun la exposicion del Texto en el Cap. *Talis de penit*. en la dist. 3. en el fin. Siguese El Author.

*Variantes RAH/Ed. Sancha*

14. tener en 15. confesor clara y abiertamente todo 16. cosa de por 17. conozca 18. decir que 19. 2ª 2^ae^ 20. dice: que esta [¶] 2. Salsa sea 21. [falta] 22. dureza: *Que te haga estortijar*: 23. haber del

## III. *Respuestas*

[*R-M*] Repuesta al Reuulgo.

xxxiij ¶qujera djos llegar a vieJo
al pastor de la manada
que la otra çanganada
non la tengo en vn coneJo
que pasado este verano
dios mediante con su mano
los barrancos por pareja
Remolidos con la Reja
quedara del todo llano

*[La letra *n* tachada aquí.]

[*BNM*] respu*esta*

¶con solo rrezar ent*re* los dj*entes*
com*mo* quien toma destajos
de culpas penas trabajos
piensan ser libres las ge*n*te[s]
penjtençia no se cuda.
a contriçio*n* no se muda.
del cuerpo piensa*n* curar
al alma bien da*n* logar.
qualq*uie*[r]* daño q*ue* rrecuda.

*Variantes de las Respuestas BNM/Gall*

1. C. s. rozar sy sientes 2. Son ponçoña sus breuajos 3. Por lo qual de sus t. 4. Dubdo s. 7. piensa 8. da

## IV. *Glosa a la Respuesta R-M*

*Quiera dios llegar a vieJo al pastor de* / Aquj el Reuulgo affirma su p*ro*posito con el pas / tor conosçido. Por que bueno es al ganado / apaçentarse con pastor que conosçe ya las / veredas /& apacentaderos. ¶Ca el pastor nueu[o] / nj*n* sabe bien gujarlo mas lieualo adonde esta*n* los / lobos o ladrones E por eso dize q*ui*era dios guardar / al pastor ¶Por q*ue* es mejor *ser* de vno q*ue* no*n* de ta*n*ta ça*n*/ganada Ca la oueja de muchos lobos la comen.

¶ffeneçe la repuesta al Reuulgo /& Re /
ppublica /& Bucolica del monaçillo

I. [*R-M* Copla] xxxiiij° ¶ En el lugar de pasqual
asienta el paçentadero
por q*ue* en el sesteadero
pueda bjen lamer la sal
en *e*l qual syno ha Rendido
la grama y lo mal paçido
luego la q*ue*rra gromar
y podra bjen sosegar
del Rebello q*ue* ha tenjdo

ffenece el tratado llamado /
Mjngo Remingo hao.

*Variantes de la Copla*

*BMus*: 2. apaçe*n*tadero 5. co*n* la q. / ha*n* R. 7. l. lo q*ue*rran gormar 8. podran 9. han

*SA*: 2. asiental 4. puedan 5. conla q. / ha*n* R. 7. l. lo q*ue*rran gormar 8. podran 9. quean

*SB*: [Copla] xxxj. 2. faras tu p. 4. pueda*n* 5. co*n* la q. / an Remedio 7. l. lo q*ue*rra*n* go[r]ma[r] 8. podra*n* s. n. 9. an

*Inc*: [Copla] xxxj. 2. faras tu p. 4. puedan 5. con la q. / han rr. 7. l. lo querran gormar 8. podran 9. han

*BNM*: [Copla XXX] 4. puedan 5. con la q. / ha*n* rr. 7. l. lo querra*n* gormar 8. podran 9. ha*n*

*Gall*: [Copla XXX] 4. Puedan 5. Con la q. / han r. 7. L. lo querrán gormar 8. podrán 9. han

*Gl. Gall*: [Copla XXX] 1. Este l. 2. de asentar e. 4. puedan 5. [falta] [falta] [falta] s. n. ouiese r. 7. l. lo podrá gormar 8. [En el texto:] bien pueda sosegar 9. han

*Evora*: [Copla XXXI] 2. haras tu pacientadero 4. puedan 5. Con la q. 7. L. lo querran 8. podran 9. an

*RAH*: Estancia 31. 2. faras tu apacentadero 4. Puedan 5. Con la q. / han r. 7. L. lo querran gormar 8. podran 9. han

*Ed. Sancha*: Estancia XXXI. 2. harás tu apacentadero 4. puedan 5. Con la q. / han r. 7. l. lo querran gormar 8. podran 9. han

II. *Glosas a la Copla*

*SA*: [falta]

*SB*: en el lugar de pascual

/ despues quel profeta a consejado al pueblo en estas tres coplas preçedientes / que faga oraçion e confesjon e que aya contriçion // en esta le dize que faga Restituçion // [*Inc*: restituçion que La] la yntençion del abtor fue fundar esta Restituçion sobre las primeras palabras / de vn salmo del salterio / que comjença asi // el señor me Rije [*Inc*: rrige y] njnguna cosa me falleçera en el logar de la Refeçion me asyento // en el latin [*Inc*: En latyn] dize [Aquí el escriba tachó las letras *dñs*] dominus regit me ecr / [*Inc*: rregit me & nichil michi de erit. In loco pascue bibi me colocauit. Y] y tomadas deste verso estas dos palabras // jn loco pascue se fizo el comjenço desta copla // y dixo en el logar de pascual faras tu apaçentadero // y es de saber que [La *q̃* entre líneas] este bocablo pascua en latyn segund dize el papias / quiere dezir Refecçion espiritual e perdurable / y por questa tal Refeçion / se alcança Restituyendo lo mal ganado / consejale aqui que en aquel logar de pascual // conbiene saber [*Inc*: saber que en] en aquella Refeçion espiritual / faga su paçentadero / quiere dezir que se çebe en ella // en la qual todo aquel que se çebare puede tener confiança çierta que njnguna cosa le falleçera // y avn con esa mjsma confiança // dezia dabjd en este salmo pues dios me Rige njnguna cosa me falleçera // y çierta mente el que Restituye lo mal ganado señal es de tener contriçion // y si la tiene señal es questa bien con dios / y sj con el esta bien / segura mente puede dezir // dios me Rige no he mjedo que njnguna cosa me fallesca [Escrita la palabra *fallesçera*, el escriba tachó las letras *çera* y añadió *ca*] // avn que todo quanto tiene Restituya sy mal ganado es // por que en el sesteadero puedan bien lamer la sal // la syesta es al medio dia // y la sal entiende por la sal de sabiduria // la yntençion del que fizo esta obra // fue tomar este sesteadero /o syesta ques al medio dia / por la media hedad del onbre / en la qual ya de Razon debe lamer la sal / conbiene a saber [*Inc*: Conuiene saber] debe tener su juyzio entero para saber lo que cunple a su anjma / prinçipal mente / lo qual no puede saber aquel que no conoçe quanto daño le trae lo ageno [*Inc*: trae la rretençion delo ageno] por que no lame la sal de verdadera sabiduria / sy no lo Restituye // lo qual declara bien // quando dize con la qual sal / que tiene el verdadero saber / sy no /a Rendido la grama mal paçido // [*Inc*: La grama & lo mal paçido] grama es vna yerba dulçe / y dañosa a los ganados / dela qual comen tanto que engordan tanto que mueren [*Inc*: engordan y mueren] // conparase aqui a los bienes que se ganan no debida mente / por que avn que pareçen / enrriqueçer los onbres con ellos / . pero dexando las penas dela otra bida avn en esta bemos muchas bezes que dañan a su dueño / la grand puja delo mal adquirido //

luego lo q*ue*rra*n* go$^{r}$ma$^{r}$ // çie$^{r}$to es q*ue* sy tiene v*er*dadero sabe$^{r}$ luego R*e*stituyra e no*n* dexara la R*e*stituçio*n* p$^{a}$*r*a despu*e*s encome*n*dada a sus herederos / po$^{r}$ q*ue* la codiçia q*ue* al onbre faze no R*e*stituy$^{r}$ en su vida / esa mjsma abemos p*re*bisto [*Inc*: visto] tene$^{r}$ a los herederos p$^{a}$*r*a q*ue* /o no la faga*n* /o sy la feziere*n* // no sea ta*n* co*n*plida como debe // y podra*n* bie*n* sosega$^{r}$ // f*e*cha la R*e*stituçio*n* çie$^{r}$to es q*ue* fuelg$^{a}$ el esp*iri*tu en av*er* f*e*cho lo q*ue* debe // del Rebello q*ue* a tenjdo // co*n*biene a sav*er* [*Inc*: Conuiene saber] d*e*la Rebeljon e dureza q*ue* a tenjdo en po$^{r}$fia$^{r}$ de tene$^{r}$ lo ageno &

*BNM*: ¶ en *e*l[1] logar de pascual en *e*sta copla fabla[2] por fig*u*ra d*e*la sat*is*façion[3] de la obra q*ue* es la t*er*çera pia causa logar de pascual. por vocablo corronpido /o en[4] fig*u*ra ./. loga$^{r}$ s*an*to /o medio de v*ir*tud de ygualdad q*ue*re$^{r}$ om*ne* p*ar*a /otro[5] e p*ar*a su p*r*$^{o}$ximo lo q*ue* p*ar*a sy mjsmo / com*mo* dise q*u*$^{o}$d tibi no bis alt*er*i no*n* facias e diliges domjnu*m* deu*m* tuu*m* et p*r*oximu*m* sicut te ip*su*m /o[6] en ot*ra* man*er*a de ase*n*ta$^{r}$ el paçe*n*tadero ess /a sabe$^{r}$ co*n*tinua$^{r}$ la[7] igl*e*sia e en las pascuas e d*omin*gos e fiest*a*$^{s}$ sat*is*f*a*se$^{r}$ e rresçibjr los sacrame*n*tos[8] /o allj los q*ue* deue*n* po$^{r}$ exortaçion predicatoria[9] q*ua*nto a ello bastara te demostrara*n* q*ua*l es el paçentadero[10] asy q*ue* loga$^{r}$ de pascual ./. loga$^{r}$ de çelebraçio*n* festiual. los theologos e om*ne*s letrados exortador*e*s d*e*l v*er*bo diujno po$^{r}$ q*ue* en *e*l sesteadero q*ue* es el d*i*cho loga$^{r}$ sacro[11] pueda*n* bie*n* lame$^{r}$ la sal q*ue* es co*n*parada a la sabiduria com*mo* dise[12] en *e*l sacrame*n*to d*e*l lauatjo bautismal accipe sal sapiencie q*ue* oyendo d*e* *e*lla e sus doctrinas en[13] *e*l d*i*cho loga$^{r}$ sacro sy no oujere*n*[14] / rrendido la grama e lo mal paçido[15] q*ue* es rrestituydo lo rrobado e mal aujdo e tomado e adq*ui*rido luego lo podra*n* gorrma$^{r}$ ./. to$^{r}$na$^{r}$ e[16] rrestituy$^{r}$ en tal form$^{a}$ q*ue* *e*l gan$^{a}$do rrasonable pueda*n*[17] bie*n* sosega$^{r}$ d*e*l rrebello q*ue* ha*n* tenjdo[18] es a sabe$^{r}$ d*e*las p*er*secuçion*e*s q*ue* po$^{r}$ lo no fas*e*$^{r}$ asy les vjene*n* & avn he mjedo q*ue* mas v*er*na*n* segu*n*d sus endureçimj*e*ntos e rrebellio*n* e p*er*tinaçias / e sal fallaras po$^{r}$ s*an*t$^{o}$. matheo[19] vj$^{o}$ *capitul*$^{o}$. po$^{r}$ los diçipulos q*ue* dise vos est*i*s salterre q*u*$^{o}$d si sal euanuerit jn q*u*$^{o}$ saliet*ur* asy q*ue* sal sapie*n*çia d*e*los sabios justos e buenos & e rrebello alit*er* es el peor po$^{r}$ q*u*$^{a}$nt$^{o}$ so*n* tres man*er*as del pecado / pecado delicto e rrebelio*n* / el q*ua*l muestra sobre f*e*cho delibrado pe$^{r}$seuera$^{r}$ q*ue* humanu*m* est pecare s*ed* diabolicu*m* est p*re*seuerare esta es la rrebelio*n* pe$^{r}$seuera$^{r}$ en *e*l pecado e no*n* se arrepenti$^{r}$ d*e*llo &

*Variantes BNM/Gall*

1. "Este logar 2. fabla de la 3. [En esta copla el escriba no incluyó ningún signo de abreviatura entre *ts* y *rrs*, omisión que resolvemos según el estilo de las otras coplas.] 4. [falta] 5. otro lo que quiere para sy, asy como dize el testo *quod tibi non vis*, etc. Et el Euangelio dize: *dilige* 6. Et 7. la santa iglesia, et asy mesmo en las fiestas et 8. sacramentos, et ir alli 9. predicatoria: et dello quanto baste te mostrará quál 10. paçentadero, y el

logar 11. sacro santo "puedan 12. dize como sal de sapiençia 13. del 14. ouiese rendido" restitiydo, "la grama 15. pasçido" lo robado y por mal arte adquirido et avido et ganado: "luego 16. á 17. bien pueda 18. tenido." Et sal, fallarás 19. Mateo: "vos soys sal de la tierra, que sy la sal evaneçiere, en que se salgara"; asi que sal [es] [corchetes de los redactores de *Gall*] sapiençia et dotrina de sabios et prudentes. Et dize "el rebello", nota que es el peor de los pecados, porque ay tres maneras de nonbres: la vna es pecado, la otra es dicha delito, et la terçera es dicha rebello. Pecado se conprehende en vn syno por toda manera de pecar universalmente: delito es mas criminal manera de pecar ó errar: rebello es la peor, porque muestra sobre fecho delibrado yazer en el pecado, et permaneçer en él perseuerando, por eso dize "el rebello que han tenido" de la contumaçia et rebelion que han fecho de non se repentyr de sus pecados.

*RAH*: Glosa. 1. *En el lugar de Pasqual.* Despues que en las tres coplas precedentes *Gil Aribato* â aconsejado[20] y amonestado al Pueblo que haga oracion â Dios, y confiesse sus culpas y pecados, y haia contricion verdadera de todos ellos; en esta les exhorta, y avisa que haga restitucion de todo aquello en que huviese damnificado al proximo: pues segun S$^{n}$. Agustin en la Epist. a Macedoniano, y la Regla del Dereho [*sic*] en el 6. de las Decretales; no se remite el pecado, si no se restituie lo mal tomado. Y para atraherle a que restituia, y no prefiera el mundano interes al fin de las cosas Divinas; dize: Que *en el lugar de Pasqual haga su apacentadero*. Que quiere dezir: que no ponga su aficion y cuidado en los bienes y riquezas de este mundo, que se pierden, gastan, y consumen. Mas que su principal manjar y mantenimiento sea la refeccion espiritual, y santa doctrina de la santa Yglesia: pues â los que esta refeccion principalmente procuran; la temporal y necessaria para sustentar esta vida nunca les falta: anssi como el Redemptor del mundo lo dize por S$^{n}$. Matheo â los 6. Cap. do dize: no querais ser solicitos diziendo que comeremos, ô que beberemos, ô de que nos cubriremos? Porque todas estas cosas inquiren las gentes. Y ciertamente sabe vuestro Padre que de todas ellas teneis necessidad. Buscad pues el Reino de Dios y su justicia, y todas estas cosas os seran dadas. Y toma aqui *Gil Aribato* el principio, y entrada de esta copla del principio del Psalmo 22, que dize: *Dominus regit me, et nihil mihi deerit: in loco pascuae ibi me collocavit*. Que quiere dezir: el Señor me rige, y ninguna cosa me fallescerá, alli en el lugar de la refeccion me asentó. Conviene â saber, asentome alli en el lugar de la refeccion, y mantenimiento espiritual y santo doctrina de la union y cuerpo de su santa Yglesia. Y por aquellas palabras *in loco pascuae*, que el Psalmista alli dize por el lugar de la refeccion espiritual; dize aqui el Author *el lugar de Pasqual*.

2.[21] *Sesteadero*, dize por la charidad, la qual se entiende aqui por *sesteadero*, que aqui llama â el[22] calor, y ardor del fuego. Ansi porque la charidad se compara al fuego segun S. Thom. en la 22.[23] en la quest. 24. en el 10. art. Como porque todo aquel que esta en charidad, arde en el amor de Dios, y del proximo: que la charidad segun S. Geron. y el Maest. en el 3. de las Sent. en la dist. 27. al principio, es un amor con el qual es amado Dios por si mismo, y el proximo por Dios. *Sal*, significa[24] la sabiduria por el cap. Sal. de Consecratione en la dist. 4. y el cap. Sit rector en la dist. 43. Demanera que dize *Gil Aribato* al Pueblo, que tome, y se cebe de esta refeccion y mantenimiento espiritual, para que en el *sesteadero*, esto es; en el hervor, y fuego de la charidad, que es el amor de Dios y del proximo; puedan bien lamer la *sal*. Conviene â saber gustar y gozar del Don de la verdadera sabiduria, reglando y ordenando los hechos y obras humanas, demanera que se aparte de todo mal y corruptela de pecado. Lo qual se obra, y haze por la sabiduria segun S$^{to}$. Thom. en la 22. en la quest. 45. en el 3. y 5. y 6. art. Con la qual sal, que es la Sabiduria, dize: Que si *no han rendido*. Que quiere dezir: si no han restituido como deben. *La grama*. Esto es, los bienes mal adquiridos, que se entienden aqui por la *grama*. Lo qual dize, porque ansi como la grama es ierva dulce, de la qual comen tanto los ganados, que a vezes rebientan de lo mucho que han comido, ô mueren de la mucha gordura, y sangre, que con ella crian; anssi los bienes, que se adquieren, y ganan indevidamente, aunque parece que los hombres enrriquezen, y prosperan con ellos, y que trahen dulzor y contentamiento; siempre trahen consigo ansia, y pena. Anssi porque en adquirirlos se pasan grandes trabajos y peligros; como porque entre tanto que los que los [*sic*] usurpan, y toman; los poseen siempre con temor, y rezelo de perderlos: como de si mismo dezia â aquel su amigo Dionisio tirano de Sicilia. Y demas de que el premio del pecado de la usurpacion y retencion de lo ageno es muerte y condenacion de pena eterna. Y cierto que toda prosperidad y riqueza mundana dura poco, y pasa como sueño: quanto mas lo mal adquirido y ganado. Por lo qual dezia el Propheta en el Psalmo 75. Dormieron su sueño todos los varones de riquezas,[25] y ninguna cosa hallaron en sus manos. Y en el Psalmo 36. dize: No querais haver embidia del malo, que prospera en sus hechos: ni del hombre, que haze injusticias. Y mas adelante acerca del fin del mismo Psalmo, dize: Vi al malo ensalzado, y elevado anssi como los cedros del libano busquele, y no se halló su lugar. Prosigue, y dize:

3.[26] *Lo mal pacido*, que dize por otras maneras de ofensas y daños, de que para sanar, y asegurar las conciencias, y estar en charidad y amor con Dios, y con el proximo es necessario que se haga entera satisfacion y restitucion. *Luego lo querran gormar*. Quiere dezir: luego lo querran echar de si, y satisfacer, y restituir: que segun el S$^{to}$. Job en el cap. 28. de su Historia: *Timor Domini ipsa est sapientia, et recedere â malo intelligentia*. Que

quiere dezir: que el temor de Dios, esto es, temer, y obedecer, y reverenciar â Dios con amor, essa es la sabiduria: y apartarse de lo malo el buen entendimiento. Concluie, y dize:
4. Que hecha la satisfacion y restitucion como, y aquien se debe; *Podran bien sosegar del rebello que han comido.*[27] Conviene â saber: Podran tener bien segura, y pacifica la conciencia del rebelion, y tiranía en que por codicia y avaricia de usurpar, y retener lo ageno, han incurrido. Ô puedese dezir del rebelion y dureza, que an tenido en querer retener, y no restituir lo ageno. Y para maior declaracion de la copla, es â saber, que en una de dos maneras puede damnificar una persona â otra. Conviene â saber: ô en la fama y reputacion de la persona: ô en el interes y hazienda. Y quanto al interes y hazienda, el daño se puede hazer en una de tres maneras. La una, es tomando, ó retiniendo lo ageno en qualquier manera. Lo qual es contra charidad, y pecado mortal, que se comete contra el precepto, y mandamiento, que dize: No hurtaras. Y contra el que dize: No codiciaras las cosas agenas. Y debese restituir lo que anssi se toma, y retiene, si se puede hazer lo mismo, que se tomó, ô en la misma especie. Anssi como dinero en dinero, vino en vino, i trigo en trigo, tanto y tan bueno: y anssi de cosas semejantes, paraque el daño igualmente se repare, y segun q*ue* de derecho se debe hazer la paga por la Lei *Vinu(m) si certum pettatur* ff. y lo que alli se nota y trahen los Doctores. Anssimesmo, si lo que se toma, ô retiene fuere campo ô viña, ô[28] otra heredad la misma herededad; [*sic*][29] la misma heredad se debe restituir, si se puede hazer: que no puede el deudor contra la voluntad del acrehedor pagar dando una cosa por otra por la Lei 2. en el ¶primero ff. *Si certum petatur.* Y con esto concuerda Gabriel en el 4. de las Sent. en la dist. 15. en la quest. 2. en el 3. art. conclusion 1. De otra manera puede damnificar una persona â otra. El qual daño es obligado â satisfacer y restituir el que le haze, aunque aquello con que hizo el daño no lo tome para si, ni passe â su poder. Y esto puede ser en una de dos maneras. La una es quitandole aquello que tiene en acto. Ansi como[30] quando uno derriba â otro su casa. El qual daño es obligado â restituir y compensar, dando al Señor el entero valor y precio de su casa. La otra manera es, impidiendo uno â otro su justa causa, que no aia, ni alcanze aquello, que estaba en potencia, y camino de haver: assi como oficio, prebenda, ô Dignidad. Y en tal caso el que causa este daño será obligado â hazer alguna compensacion segun la condicion de las personas y negocios. Mas no seria necesario satisfacer el daño enteramente: ansi como si le quitase el tal oficio, prevenda, ô dignidad, tiniendola ya en acto: que menos es tener alguna cosa en potencia, y camino de poderla aver, que tenerla en acto, esto es, averla ya avido, y alcanzado, y ser suia; porque lo que alguno tiene en potencia solamente en[31] potencia y camino de poderla aver, como aun no la tenga, y[32] aia avido; de muchas maneras se le puede impedir y ofrezer, como no lo

aya, segun S. Thom. en la 22. en la quest. 62. en el 2. y 4. art. Mas si estando ia acordado y determinado que el tal oficio, prevenda, ô dignidad se diese â alguno, y otro sin justa causa procurase que se revocase; seria lo mismo como si ya la cosa avida se la quitase: pues estaba cerca de la aver en acto: q*ue* segun el Philosopho en el 2. de los Phisicos: la poca falta es avida por no falta. Y anssi sera obligado â hazer tan entera satisfacion ô restitucion al que hizo el daño como si tiniendo la tal cosa en acto se la quitase, esto segun su facultad, segun S. Thom. en la 22. en la quest. 62. en el 2. art. La tercera y final manera en que uno puede damnificar â otro es quando uno hiere â otro, y le corta algun miembro, ô le quita la vida. En el tal[33] caso, como no se pueda restituir lo que se quita, debese recompensar el daño ô en dinero, ô en algun oficio, considerada la condicion de la una y otra persona,[34] segun albedrio de buen varon; porque quando lo que se quita no se puede restituir por cosa igual, debese hazer la recompensacion qual sea possible, segun S. Thom. en el 2. art. ya alegado.

5. Quanto â la honrra y fama, es de saber, q*ue* la honrra y buena fama del hombre es el maior bien de todos los bienes exteriores segun el Philosopho en el 4. de las Ethic. Y mucho mas gravemente sufre y lleba alguno serle quitada su honrra, que si le fuesen quitados sus bienes. Ansi lo dize el Philosopho en su yconomica, y el Sabio en el cap. 22. de sus Proverb. dize: Que es mejor la buena fama, que muchas riquezas. Y anssi la restitucion de fama es de maior momento, ê importancia, que la restitucion de hazienda ô dinero. Y puede quitar la honrra y fama uno â otro en una de dos maneras. La una es, levantandole falso testimonio. Y entonces es obligado â restituir su fama, confesando aver dicho mentira, y levantandole falso testimonio. La otra manera es, diziendo verdad: anssi como quando alguno sin justa causa manifiesta y descubre el pecado de otro: y entonces es obligado tambien â restituirle su fama en quanto pudiere, sin dezir mentira: anssi como que diga aver dicho mal, ô que injustamente le disfamó. Ô si no le puede restituir su[35] fama, debele hazer recompensacion de otra manera: ansi como en otros casos está dicho, segun S. Thom. en la 22. en la quest. 62. en el 2. art. ia alegado. Y concuerdan en esto el Escoto en el 4. de las Sent. en la dist. 15. en la quest. 3. Y alli Gabriel en la misma dist. en la quest. 16. en la conclus. 3. De otros[36] muchas cosas en materia de restitucion, remitome â S. Thom. en el lugar ia alegado, y â los Señores Theologos en el 4. de las Sent. en la dist. 15. Y alli Gabriel por 16. quest. copiossisimamente, y al Doctor Medina en su trat. en el Codice *de restit.* Anssi que dize *Gil Aribato* en esta copla al Pueblo: que no ponga su aficion, y cuidado en los bienes y cosas de este mundo. Mas que procure la refeccion espiritual: paraque en charidad y amor de Dios y del proximo, gustando de la verdadera Sabiduria, y obrando segun ella; haga verdadera[37] restitucion, y satisfacion de todo aquello en que huviere damnificado al proximo:

paraque tenga segura la conciencia, y pueda bien sosegar del rebelion y dureza, que de no restituir, y retener, y tomar lo ageno ha tenido. Siguese El Author.

*Variantes RAH/Ed. Sancha*
20. [El copista de *RAH* empezó a escribir *co*; luego añadió la *a-* y corrigió la palabra a *aconsejado*.] 21. Porque en el sesteadero 22. al 23. 2ª 2ae [Se lee la variante por toda la glosa.] 24. significa aquí la 25. riquezas, ninguna 26. 3. La grama y lo mal 27. tenido 28. ú 29. heredad o la misma viña se debe restituir 30. [La palabra *uno* tachada aquí.] 31. es 32. ni 33. En tal 34. parte 35. la 36. otras 37. [La palabra *penitencia* tachada aquí.]

III. *Respuestas*

[*R-M*] [falta]

[*BNM*] respu*esta*

¶en la virtud mas ygual
del beujr mas v*er*dadero.
tal a ti qual a mj q*ui*ero
es el amor fraternal
lo q*ue* mal has acq*ue*rido
lo mal ganado y creçido
satisfazer y torrnar
propio es p*ara* sanar /.
de los males q*ue* has aujdo

*Variantes de las Respuestas BNM/Gall*
5. adquirido 9. q. a. benido

IV. *Glosa a la Respuesta R-M* [falta]

I. [Copla xxxv: *R-M* falta]

[*Bmus*] ¶ cudo q*ue* es menos dañoso
el paçer por lo costero
que lo alto y ho*n*donero
jura mj q*ue e*s peligroso
para mje*n*tes q*ue* te cale
poner firme no*n* Resuale
la pata donde pusieres
pues ay tantos de pesares
inhac lacrimar*um* vale /

*Variantes de la Copla*

*SA*: 1. Cuydo 2. Al p. 7. l. patada do pisares 8. Despesares 9. lacrimara
*SB*: [Copla] xxxij. [El número xxxiij escrito, luego la primera *i* tachada.] 2. [falta] paçenta$^{r}$ p. 5. p*er*o cata q. 7. pisares
*Inc*: [Copla] xxxij. 2. [falta] paçentar p. 5. pero cata q. 7. pisares
*BNM*: [Copla XXXV] 1. si tu bien atalayado 2. has rreuulgo mj rrazo[n*e*s]* 3. de dolençia[s] y ocasio*n*[nes] 4. q*ui*ça sanara el ganado 7. pisares
*[Las letras entre corchetes fueron añadidas por otra mano.]
*Gall*: 1. Cuydo 2. E. andar p. 4. Juro á m. 7. pisares
*Gl. Gall*: 1. [falta] 2. [falta] 3. [En el texto:] et l. a. 4. [falta] 7. pisares
*Evora*: [Copla XXXII] 1. Cuido 2. [falta] pacentar p. 4. yuro amy 5. pero cata q. 6. f. y n. 7. pizares
*RAH*: Estancia 32. 2. [falta] Pacentar p. 5. Pero cata q. 7. pisares
*Ed. Sancha*: Estancia XXXII. 1. Cuido 2. [falta] pacentar p. 4. juro á m. 5. Pero cata q. 7. pisares

II. *Glosas a la Copla*

*SA*: estado medi[ano]

*SB*: Cudo q*ue* es menos

Acabada la ynbençio*n* en la man*era* d*i*cha po$^{r}$ estas xxxj coplas pasadas / en *e*sta copla [*Inc*: esta postrimera] postrim*era* / q*ui*ere encome*n*da$^{r}$ la bida mediana / y dize q*ue* nj debe se$^{r}$ en muy alto / nj menos en [*Inc*: menos ynfyma en] lo muy baxo / po$^{r}$ el peligr$^{o}$ q*ue* de amas cosas se puede Recreçe$^{r}$ / salomo*n* en los p*r*$^{o}$ver*b*ios a los xxx capitulos / dize a dios señor / nj me des pobreza nj mucha Riq*ue*za / po$^{r}$ q*ue* las Riq*ue*zas no crie*n* en mj sov*er*bia e la pobreza no me costrenga / a fazer cosa vil e fea // dame señor lo neçesario / a mj ma*n*tenjmj*ent*o / y co*n*forme a esto dize aq*ui* el p*r*ofeta / pie*n*so q*ue* es menos dañoso paçentar por lo costero q*ui*ere dezir tener el estado e man*er*a de bebjr mediano // por q*ue* lo alto e fondonero // conbiene a saber estado [*Inc*: Conuiene saber el estado] alto y el mucho baxo / es pelig*r*oso por la Razo*n* q*ue* dize salomo*n* // y es de notar q*ue* avn no dize el estado mediano ser bueno // mas dize ser menos dañoso / donde se nota q*ue* todos los estados en *e*sta bida son t*ra*bajosos / y luego lo declara / donde amonesta dizie*n*dole / p*er*o cata q*ue* te cale poner firme ec*r* / q*ui*ere dezir q*ue* le cu*n*ple andar camjno d*e*rech*o* // e no*n* co*n* cavtelas e malas art*e*s de bebjr // por q*ue* no Resbale y caya / como caen tan byen en *e*sta bida como en la otra // los q*ue* anda*n* co*n* malas art*e*s de bebjr // En este lacrimarun vale // en el q*ua*l plega a dios q*ue* bibamos por gr*açi*a y en el ot*r*o por gl*ori*a ame*n* /. // Crea v*uest*ra señoria / sy esta glosa tomara ent*r*e manos vn bue*n* maest*r*o q*ue* feziera g*ra*nde e p*r*obechosa /obra // por q*ue* toca en g*ra*nd*e*s e div*er*sas materias / en q*ue* podiera estender [*Inc*: pudiera byn [*sic*] estender] la pe*n*dola // a las q*ua*les yo no puedo alca*n*çar p*er*o fize la declaraçio*n* pa*r*a q*ue* se entie*n*da*n* // q*ui*era dios q*ue* el deseo q*ue* ant*e*s se avia / d*e*las ente*n*der / se aya agora q*ue* so*n* ente*n*didas / pa*r*a las co*n*plir // dias ha q*ue* v*uest*ra señoria ma*n*do [*Inc*: me mando] q*ue* os las enbiase // e no he abido logar fasta agora &

*BNM*:[1] ¶ en *e*sta postr*i*mera copla dise [m]as[2] gil arribato a mj*n*go rreuul[g]o e p*r*ouocalo a v*ir*tud de bie*n* beujr rrecorda*n*dole lo d*ic*ho e p*r*o[te]sta*n*do por q*ue* *e*l comu*n* pueblo [u]sa*n*do d*e*llo sane*n* de sus [m]ales venjdos e por uenjr esp*irit*ual [e t]e*n*poral me*n*te por eso dise quiça[3] q*ue* sanara el ganado e p*r*ouocale m*a*s a [usar] de firmesa e costa*n*çia q*ue* po*n*ga los pies c*o*nujene saber el esp*irit*u e me*n*te [a] las ya d*ic*has cosas e melesinabl*e*s doctrinas por q*ue* no rresuale [e no] aya*n* logar de aq*ue*llo q*ue* dixo daujd q[uid?] &[est?] jn et*er*nu*m* no*n* conmouebit*ur* pu*e*s [ha]y [tantos] depesares en *e*ste mu*n*do q*ue* *e*s co*n*parado al valle de lagrimas ...[4]

*Variantes BNM/Gall*

1. [Por la extensión de las variantes, damos a continuación toda la glosa de *Gall*]:

En esta copla postrimera Gil Arribato concluyendo con Mingo Rebulgo paresçe que le da por manera de consejo que tome los medios en los quales consyste et yaze la virtud, et los estremos que son viçiosos et peligrosos fuya, dando á entender que los cabos son "lo alto et hondonero" quiere mostrar quel mediano estado sea el mas seguro "et lo alto et fondonero" ser cosas peligrosas.

"Para mientes que te cale—Poner firme non resvale—La pata donde pisares."—Es á saber asentar sobre la verdad et sobre aquello que pusyeres et prometyeres de fazer: los votos á Dios, la verdad á los omes: pagalo syn resualar, non lo permutes, que este es el asentar de la pata seguramente en la vida actyua, non dexando la contenplatiua et obras meritorias, que son los buenos pasos para pisar seguro, et yr quando á Dios ploguiere, á ser trasmigrado en la gloria çelestial, pues hay tantos de pesares, peligros et enojos et angustias et pecados.

"*In ac lacrimarum valle.*"—Aquesta vida triste vmanal que es conparada al valle de lágrimas, et asy la nonbra en la *Salue-regina: gimentes, inflentes in hac lacrymarum vale*, etc.

2. [Página guillotinada por el encuadernador.] 3. [Esta palabra sobrescrita entre líneas] 4. [Las palabras finales son ilegibles.]

*RAH*: Glosa. 1. *Cudo que es menos dañoso.* Acabada ya la intencion del Author, que principalmente ha sido ([5]como se ha visto en las coplas precedentes) retraher, y apartar al Pueblo de sus vicios y pecados, por los quales muchas vezes permite Dios que vengan guerras y alteraciones, y divisiones y otros infortunios y males en los Reinos. Y como todos los estados de las gentes maiores, y menores y medianos esten aparejados y prontos al mal y acaer en los peligros de este mundo; despues de aver dado para todo asaz suficientes y bastantes remedios: en esta copla final encomienda el estado mediano por mas seguro, y menos dañoso y peligroso: y dize: Que no debemos apetecer grandes estados, ni riquezas, ni querer[6] venir en infima pobreza y bajeza por los grandes y graues peligros que de estos dos estremos se nos pueden rescrecer. Mas que se ame el medio, que aqui lla [*sic*][7] *costero*,[8] el qual medio dize ser el mejor el Philosopho en el 4. de las Politicas, do dize, que en toda Civdad ay tres especies de hombres: unos ricos, y otros pobres, y otros mendicantes.[9] Entre los quales dize ser mejor el estado mediano, que es el de aquellos que ni son mui ricos, ni mendicantes; porque el medio dize ser siempre el mejor. Y anssi dize aqui, que cree *ser menos dañoso pacentar por lo costero*: Que quiere dezir: que cree ser menos dañoso vivir en el estado mediano, *que lo alto, y ondonero*. Conviene â saber el estado mui alto, ô mui bajo es peligroso. Esto se prueba bien ser anssi verdad por el Sabio en el cap. 30. de sus Proverbios, â do hablando de la vida mediana, y de los peligros que de ser los hombres mui ricos, ô mui pobres se les pueden seguir, dize â Dios: *Mendicitatem et divitias ne dederis mihi, tribue tantum victui meo necessaria &.* Qui quiere dezir: No me des Señor mendigez[*sic*], ni riquezas: dame tan solamente lo necessario para mi mantenimiento; porque acaso abastado con las muchas riquezas no sea movido, ê inducido â negarte, y dezir quien es el Señor? ô compelido con necessidad hurte, y jure falso el nombre de mi Dios. Y por el Apostol en la 1. â Thimotheo en el 6. Cap. do dize: *Habentes*[10] *alimenta, et quibus tegamur, his contenti sumus*. Que quiere dezir: Que era contento con tener un mediano mantenimiento, y conque se cubrir. Y aunque es verdad que el estado mediano es el mas seguro, y el menos peligroso; dize aqui: que este estado aun no es seguro: q*ue* todos los estados en esta vida son trabajosos. Y que conviene mucho â el que estuviere puesto aun en este medio, y viviere en el: que paraque no caiga, y *resbale* en los casos y peligros, que ô por mal vivir, ô por falta de providencia puede caer: Que ponga *firme el*[11] *pie do pisare*. Esto es: ande camino derecho sin engaños, ni cautelas, ni malas artes de vivir, y que huia las ocasiones y caminos de los males. Pues ai tantos de pesares *in hac lacrimarum valle*. Que quiere dezir: que pues en este mundo, que es valle de lagrimas ai tantos peligros, y trabajos para todos los estados, y suertes de gentes, que como el Apostol S[n]. Pablo dize en la 2. â los de Corinthio en el cap. 11. No ai parte por tierra, ni por mar, do no cerquen, y se puedan ofrezer peligros â los hombres en esta vida, en la qual Jesu Christo Nuestro Redentor, y Señor nos tenga de su mano, y aiude: paraque viviendo en ella por gracia, quando su Divina Magestad sea servido; alcanzemos, y gozemos la suma felicidad, y gloria sin fin paraque fuimos criados y redimidos. Amen.

Acabose esta Glosa por Juan
Martinez de Barros, Vecino
de la Yllustre Villa de Ma-
drid, y natural de la Vi-
lla de Manzanares [d]el
Real â 8. dias del mes
de febrero del año
del Nacimiento de
nuestro Redentor
Jesu Christo, y Se-
ñor nuestro
de 1564 a*ños*

DEO GRACIAS

*Variantes RAH/Ed. Sancha*

5. [Sin paréntesis] 6. [La palabra *vivir* tachada aquí.] 7. llama 8. [Escribió *coste-* al final de una línea y *-ro* al principio de la próxima sin subrayar.] 9. medianos 10. [*Ha-* escrita al final de la línea sin subrayar.] 11. al

III. *Respuestas*

[*R-M* falta]

[*BNM*] ¶en gastando tu pecado
co*n*segujrse ha*n* tus p*er*dones
p*ar*a los buenos s*er*mones
aprouechan al culpado.
¶la virtud que desto sale

el assiento *que* mas vale
en lo bueno si mjrares
y despu*e*s si deliberares
prudenter /& sine male/

*Variantes de las Respuestas BNM/Gall*
1. Por techo mas prouechoso 2. Nos muestra muy verdadero 3. El filósofo terçero 4. Todo medio virtuoso. 8. Y al fin sy d. 9. Pendente et s. m.

IV. *Glosa a al Respuesta R-M* [falta]

# Capítulo VIII

## Apéndice

El manuscrito de la Biblioteca del Palacio de Oriente, núm. 617, que designamos con la sigla BPO.

*Descripción general*

Letra: Fines del siglo XVI
Tamaño: 4º pequeño
Sobre: Papel

*Título*

[Sin título. El nombre *Mingo Revulgo* escrito a la cabeza de los folios 189r., 189v. y 190v.]

*Características*

Las *Coplas de Mingo Revulgo* ocupan los folios 189r. a 191r. de un cancionero de *Poesias varias* de dos páginas y 341 folios: entre "Vna copla de deuoçion que hizo vn cauallero de Cordoua" y un "Villancico." De dos columnas cada folio, en fol. 189r., segunda columna, se halla escrito encima del número 189 un 202 en tinta y tachado, en fol. 190v. un 203 tachado y en fol. 191r un 204 tachado. Los fols. 189v., 190v. y 191v. van sin numeración. El orden de las *Coplas* sigue el del Incunable.

Las glosas: Los fols. 190v., 191r. y 191v. llevan glosas insertadas entre las dos columnas; en los fols. 190v., 191r. y 191v. van las glosas al margen cerca de la copla con que hacen cotejo, todas en letra de imprenta muy pequeña.

El copista abre paréntesis al final de cada glosa para indicar el silabeo; termina casi cada verso con un punto, lo cual no transcribimos a menos que no sea al final de una copla o una glosa; también separa el prefijo *des-* de la palabra a la que pertenece. Además, dado la falta de espacio, utiliza un cierra paréntesis para marcar la división entre la glosa y la copla comentada, signo que tampoco transcribimos. Por todo el manuscrito hay pequeños dibujitos que se encuentran debajo de una copla o una glosa.

*Las variantes*

Las glosas, hasta ahora inéditas, no ofrecen novedad ninguna. Indicamos a continuación las variantes de las *Coplas* que tienen un interés suficiente para ser destacadas dando énfasis a las palabras pertinentes.

| *R-M* | *BPO* | |
|---|---|---|
| II | II | 2. el *corpanço Regiuado* |
| III | III | 2. *aca hechamos* |
| IV | V | 5. *guardamañas* |
| V | VI | 6. que *presume* de çertero |
| VI | VII | 8. *sino es çincho con techones* |
| VII | IV | 5. *sanctos* 8. *ouexas* |
| XI | IX | 1. *holgaçan* 7. *heres* |
| XII | X | [Falta el verso núm. 1.] |
| XIII | XI | 2. *uiste* 8. *aora* |
| XV | XII | 5. *ora no tiene ualor* 6. *de poderse defender* |
| XXIV | XXVIII | [Falta el verso núm. 3.] |
| XXXI | XXVII | 1. *Esa tambien tredentuda* |
| XXXII | XXIX | 4. *escueça* 6. *çerro ufano* |
| XXXV | XXXII | 4. *juriami* |

*Procedencia*

Madrid: Biblioteca del Palacio de Oriente, MS 617.

*Bibliografía*

Blecua, Luis Alberto. "'A su albedrío y sin orden alguna.' Nota al Quijote," *BRAE*, 47 (1967), 511-520.

Blecua fecha el manuscrito hacia 1580 y añade:

> Se trata de un cancionero de finales del siglo XVI, ya manejado por Milá y Fontanals, A. Paz y Meliá y R. Menéndez Pidal. Contiene poesía del siglo XV y varias glosas y romances de Burguillos y de otros autores del siglo XVI. (pág. 515, nota núm. 26)

Bourland, Caroline B. "La dotrina que dieron a Sarra: poema de Fernán Pérez de Guzmán," *RH*, 22 (1910), 648-686

Al hacer una edición del poema de Pérez de Guzmán, Bourland saca las variantes del manuscrito, lo describe con su sigla anciana, 2-F-5, mide el tamaño en 295 × 213 mm. y hace la siguiente observación sobre el contenido:

> Contiene poesías de Fernán Pérez de Guzmán, de los dos Manriques, Garci Sánchez de Badajoz, Diego de Mendoza y otros. (pág. 648)

Labrador, José J., Zorita, C. Angel y DiFranco, Ralph A. *Cancionero de poesías varias Biblioteca de Palacio, Ms. No. 617 (siglos XV y XVI).* Ohio: Cleveland State University; Colorado: University of Denver, 1984.

# MINGO REVULGO

las coplas de mingo Re
uulgo a manera de dia
lago con otro pastor lla
mado Gil Arriuato he
chas por Hernando del
pulgar y el pastor gil A
rriuato es adeuino y el
mingo reuulgo se toma por
el Pueblo y el gil Arriuato
pregunta como esta el Pue
blo y esto se contiene
en estas dos co
plas pri
meras.

Gil Arriuato

[I] Mingo Reuulgo mingo
a Mingo rreuulgo hao
ques de tu sayo de blao
no le vistes en domingo
ques de tu jubon bermejo
porque traes tal sobreçejo
andas esta madrugada
la cabeça desgreñada
no te llotras de buen Rejo.

[II] La color tienes marrida
el corpanço Regiuado
andas de balle en collado
como rres que ua perdida
y no oteas si te uas
adelante o cara atras
çanqueando con los pies
dando trancos al traues
que no sabes do te estas.

Mingo Reuulgo en nom
bre del Pueblo se quexa
de la mala gouernaçion
y que el que los gouierna
no tiene quenta con
otra cosa sino con
sus placeres
y deleites.

[III] Alae gil arriuato
se que en fuerte ora aca
hechamos
quando a caudalo cobramos
por pastor de n*uest*ro hato
andase tras los Zagales
por estos andurriales
todo el dia enbeueçido
holgazando sin sentido
que no mira n*uest*ros males

[IV] Hoja oja los ganados

[IV] y la burra con los perros
quales andan por los çerros
perdidos descarriados
por los sanctos te prometo
que este dañado Valtrueto
que no le medre Dios las çejas
ha dexado las ouexas
por holgar tras cada seto.

[V] Sabes sabes el modorro
alla donde anda a grillos
burlanle los moçaluillos
quedan con el en el corro
armanle mill guardamañas
Vno le saca las pestañas
Otro le pela los cabellos
anssi se pierde tras ellos
metido por las cauañas

Quexase que los que el
Rey tiene cabe si se apro
uechan mucho de
su hacienda y
le hazian
esquiuo
a la ge*n*
te.

[VI] Vno le quiebra el cayado
otro le toma el zurron
otro le quita el çamarron
y el tras ellos desbauado
y aun el torpe majadero
que presume de çertero
hasta aquella Zagalexa
la de naua lusiteja
se ha traido al rretortero

Quexase que las Rentas
Reales no se gastan en
prouecho del Reyno
sino en cosas que son
grandes ta
chas.

[VII] La soldada que le damos
y aun el pan de los mastines
comeselo con los rruines
guai de nos que lo pagamos
y de quanto a lleuado
yo no le ueo que a medrado
otros hatos ni jubones
sino es çincho con techones
de que anda rrodeado.

[VIII] O mate mala ponçoña
a pastor de tal manera
que tiene cuerno con miera
y no les unta la Roña

[VIII] Vee los lobos entrar
y los ganados balar
el Risados en oyllos
ni por esso el caramillo
nunca dexa de tocar.

[IX] Apaçienta el holgaçan
las ouejas por do quieren
comen yerua con que mueren.
mas cuidado no le dan
no ui tal desque hombre so
y aun mas te digo yo
aunque heres embissado
que no atines del ganado
cuyo es o cuyo no.

[X] [Falta el primer verso]
No lo cura de almagrar
por que no entiende de dar
cuenta dello a ningun dueño
quanto yo no amoldaria
lo de Cristoual Mexia
ni del otro tartamudo[1]
ni del moço moro agudo
todo ua por una uia.

Dize que la justiçia esta
desfaboreçida por ser
los ministros gen
te baxa.

[XI] Esta la perra justilla
que uista tan denodada
muerta flaca trasijada

La uirtud de
la fortaleça
no tiene fuer
ça ni valor *con*
tra los podero
sos sino con
tra los flacos

La uirtud de
la prudençia
esta tan perdi
da que no tie
ne conoçimi
ento de las
cosas.

Dize que la vir
tud de la Tem
plança esta per
dida porque
toda la hazien
da y el tiempo
se gasta en comer
y otros viçios.

juro a diez que auras mançilla
con su fuerça y coraçon
cometie al brauo leon
y mataua al lobo viejo
aora vn triste de un conejo
te la mete en un rrincon.

[XII] Hazerilla que sufrio
siete lobos denodados
y ninguno la mordio
todos fueron mordiscados
ora no tiene ualor
de poderse defender
las rrodillas tiene floxas
contra las ouejas coxas
muestra todo su poder.

[XIII] La otra perra uentora
que de lexos barruntaua
y por el Rastro sacaua
qualquier bestia rrobadora
y las ueredas sabia
donde el lobo acudia
y aun las cueuas Raposeras
esta echada alli en las heras
doliente de modorria.

[XIV] Tempera quita pessares
que corrie muy conçertado
Rebento por los yjares
de comer desordenado
ya no muerde ni escarmienta
a la gran loba hambrienta
y aun los Zorros y los ossos
cerca della dan mill cossos
pero no porque lo sienta.

Dize que los lobos son los tiranos y que [?][2]eles con sien [t]e hazer da ño.

En esta co pla dize que los Ti ranos qua*n* to mas mal hazen mas [c]obdiçia tienen

Quiere dezir / esta copla que / el desauido / del Rey y no / tener quen / ta con lo q*ue* / hazen sus / ministros / esta el Reyno perdido.

En esta copla quiso dezir que [?]el estado se [g]lar i eclesiasti co se quexan de [l]os daños que [r]reçiue todo el pueblo y que es [t]an perdidas las [???][4]

[XV] Vienen los lobos hinchados
y las bocas rrelamiendo
los lomos traen ardiendo
los ojos encarniçados
los pechos tienen sumidos
los hijares Regordidos
que no se pueden mouer
mas quando oyen los balidos
ligeros saben correr

[XVI] Abren las bocas rrauiando
de la sangre que an beuido
los comillos Regañando
como si no ubiessen comido
por lo que queda en el hato
cada hora en gran rrebato
nos ponen con sus bramidos
desque harto mas transidos
los veo quando no cato.

[XVII] No ues neçio las cauañas
y los çerros y las balles
los collados y las calles
arderse con las montañas
no ves quan desbaratado
esta todo lo sembrado
las ouejas esparçidas
las mestas todas perdidas
que no saben dar Recado

[XVIII] Alla por essas quebradas[3]
beras balando corderos
por aca muertos carneros

En esta copla carga la culpa de los males a la rrepubli ca y amena zala para o tros mayores pues le falta Fe Esperança i Charidad.

En esta copla quiere dezir q*ue* por estar el pue blo tan acostu*m* brado a uiçios no ve lo que le cumple y amo nestale pa*ra* adelan te.

En esta copla dize lo mesmo que en la de a Riba.

[XVIII] ouejas abarrancadas
los panes todos comidos
y los vedados paçidos
y aun las huertas de la v*ill*ª
tal Estrago en Esperilla
nunca uieron los naçidos.

Gil ARiuato

[XIX] A la he Reuulgo hermano
por los tus pecados penas
si no lo hazes obras buenas
otro mal tienes de mano
mas si tu enfotado fueses
y ardiente tierra paçieses
y Verdura todo el año
no podrias auer daño
en ganado ni en miesses.

[XX] Mas no eres enuissado
en hazer de tus prouechos
echaste a dormir de pechos
siete oras amortiguado
torna tornate a buen hanço
enhiestate esse cospanço
porque puedes rrebiuir
sino meto quel morir
te verna de mal Relanço.

[XXI] Si tu fuesses sabidor
y entiendiesses la uerdad
Verias que por tu rruindad
has auido mal pastor
saca saca de tu seno
la Ruindad de questas leno
y ueras como sera.

En esta copla rreprehende al pueblo que por no estar juntos a la *que* conuiene a la Republica no tienen Fuerça *par*[a] defenderse quando lo han menester.

En esta copla quiso dezir que d*e* la *par*[te] de Aquilon vernian trabajos a España porque andaua la Mar muy braua sin hazer viento *que* es señal de gra*n* tormenta.

En esta copla quiere dezir que por pecados del Pueblo vernian sobrel ha*n*bre guerra y pestilençia.

En esta copla dize los danos [*sic*] *que* la hanbre trae

[XXI] que este se castigara
o dara Dios otro bueno.

[XXII] Los tus hatos a una mano
son de mucho mal chotuno
lo merino y lo cabruno
y peor lo castellano
mueuesse muy de ligero
no guarda tino çertero
do se suele apaçentar
Rebellado al apriscar
y manso al trasquiladero.

[XXIII] Del collado Aquileño
viene mal çarçaganillo
muerto flaco y amarillo
para todo lo estremeño
mira ora que fortuna
que ondea la laguna
sin que corran vestiqueros [*sic*]
Rebosca [*sic*] por los oteros
no ua de buena chotuna.

[XXIV] Yo soñe esta trasmochada [*sic*]
de que estoi estremuloso
que ni rrasso ni belloso
quedara desta uegada
echate echate a dormir
que en lo que puedo sentir
segun andan estas cossas
asmo que las tres Rauiosas
lobas abran de benir.

[XXV] Tu conoçes la amarilla
que siempre anda carleando
muerta flaca sospirando

En esta copla quiere dezir que los pecados del pueblo son causa que Dios permita las guerras çiuiles.

Dize en esta copla que la pestilençia quando uiene braua ta*m* bien lleua a los Viejos como a los moços.

Aconseja en esta copla q*ue* para alcançar perdon de n*uest*ras culpas es menester que aya enmienda y oraçion entrãnable [*sic*]

[XXV] que a todos tiene mançilla
aunque traga no se harta
ni el pensamiento se aparta
de morder y mordiscar
no puede mucho tardar
quel ganado no desparta.

[XXVI] La otra mala traidora
cruel y muy enemiga
de todos males amiga
de si misma Robadora
que sabe los cortijos
no dexa madre ni hijos
yazer en sus albergadas
en los valles y majadas
bien sabe los escondrijos.

[XXVII] Esa tambien tredentuda
que come los rreçentales
y no dexa los añales
quando un poco esta sañuda
cuido que no tardara
de venir y aun tragora [*sic*]
y tambien su parteçilla
dime aquesta tal quadrilla
a quien no espantara

[XXVIII] Cata que se rrompe el çielo
desçerrumase la tierra
[Falta el verso núm. 3.]
el nublo todo se ençierra
Rebellado no as rreçelo
cata que vendra el pedrisco
que lleua todo abarrisco

Quiere dezir q*ue* si la confession no es como esta hordenado que aprouecha poco [y] si es uerdadera [?] con enmienda se alcanca[*sic*] perdon.

[XXVIII] quanto mires de los ojos
quanto yo todo me çisco.

Quiere dezir que quien llora sus pecados con per don Verdadero arrepentimien to y se enmendare [p]uede tener espe [r]ança de ser per donado.

[XXIX] Si no tomas mi consejo
Mingo de aquesta uegada
abras tal pestorejada
que te escueça el pastorejo
vete si quieres hermano
al pastor del çerro ufano
dile toda tu conseja
espulgartea la pelleja
podra ser que bueluas sano

Aconsejale que la mas se gura uida es la mediana porque las rri queças. Enso berueçen los Hombres y la proueça los abate.

[XXX] Mas rrebulgo para mientes
que no uayas por atajos
haras una salsa de ajos
por miedo de las serpientes
y sea morterada cruda
machacada y bien aguda
que te haga estortijar
que no puede peligrar
quien con esta salsa suda

Aconseja esta [c]opla que cada uno restituya [e]n sus Dias lo m*al* [g]anado porque [l]os herederos co*n* [l]a cobdiçia d*e* [l]a haçienda[5] no descargan las Animas de sus pa sados.

[XXXI] En el lugar de Pasqual
haras tu apaçentadero
porque en el sesteadero
puedan bien lamer la sal
con la qual si no an rrendido
la grama y lo mal paçido
luego lo querran gormar
y podran bien sosegar
del Reuello que an tenido.

[XXXII] Cuido que es menos dañosso
paçentar por lo costero
que lo alto y hondonero
juriami ques peligrosso
pero cata que te cale
poner firme no rresuale
la pata donde pisares
pues ay tantos de pessares
in hac lachrimarum valle.

**Notas**

[1]Verso omitido y luego entremetido en letra muy pequeña
[2]Página guillotinada
[3]Tachadas entre v.1 y v.2 las palabras *de la sangre que an*
[4]Las últimas palabras guillotinadas
[5]La palabra *de* tachada aquí

## Tabla de Abreviaturas

| | |
|---|---|
| *BAE* | *Biblioteca de Autores Españoles* |
| *BBMP* | *Boletín de la Biblioteca Menéndez Pelayo* |
| *BH* | *Bulletin Hispanique* |
| *BRAE* | *Boletín de la Real Academia Española* |
| *HR* | *Hispanic Review* |
| *HSCL* | *Harvard Studies in Comparative Literature* |
| *NBAE* | *Nueva Biblioteca de Autores Españoles* |
| *NRFH* | *Nueva Revista de Filología Hispánica* |
| *RFE* | *Revista de Filología Española* |
| *RFH* | *Revista de Filología Hispánica* |
| *RH* | *Revue Hispanique* |
| *RPh* | *Romance Philology* |
| *UCPMP* | *University of California Publications in Modern Philology* |

CXIV/2-2

145 Trouas De Mingo Revulgo.

Mingo revulgo mingo
a mingo revulgo hao
ques de tu sayo de blao
no lo vistes en domingo
ques de tu jubon bermejo
porque traes tal sobrecejo
andas esta madrugada
la cabeça desgreñada
no te llotras de buen rejo

La color tienes marrida
el cospanço resibado
andas de valle en collado
como res que vas perdida
y no oteas si te vas
adelante o a cara tras
çanqueando con los pies
dando trancos al traves
que no sabes donde estas

Ha la he gil arivato
se que en fuerte ora alla echamos
quando a Candaulo cobramos
por pastor de nuestro hato
andase tras los zagales
por estos andurriales
todo el dia embeueçido
holgazando sin sentido
que no mira nuestros males

Oja oja los ganados
y a la burra con los perros
quales andan por los cerros
perdidos descarriados
por los santos te prometo
que este dañado baltrueto
que nol medre Dios las mies
ha dexado las ovejas
por holgar tras cada seto

Sabes sabes el modorro
alla donde anda a grillos
burlanse los mozalvillos
que andan con el en el corro
armanle mil guadramañas
unos saca los pestañas
otro pela los cabellos
ahi se pierde tras ellos
metido por las cabañas

Uno le toma el cayado
otro le toma el zurron
otro quita el zamarron
y el tras ellos desbabado
y aun el torpe majadero
que se preçia de certero
hasta aquella zagaleja
la de naua lusitaja
la traido al retortero

*Evora*: Biblioteca Pública e Arquivo Distrital de Evora, Portugal. CXIV/2-2

# Bibliografía


Alcocer y Martínez, Mariano. *Catálogo razonado de obras impresas en Valladolid (1481-1800).* Madrid: Imprenta de la Casa Social Católica, 1926.

Alvar, Manuel. *Poesía española medieval.* Barcelona: Planeta, 1969.

Amador de los Ríos, José. *Historia crítica de la literatura española.* Madrid: Joaquín Muñoz, 1865. Vol. VII.

__________________. *Obras de don Iñigo López de Mendoza, Marqués de Santillana.* Madrid: José Rodríguez, 1852.

Andrews, J. Richard. *Juan de Encina, Prometheus in Search of Prestige. UCPMP*, 53. Berkeley: University of California Press, 1959.

Anselmo, António Joaquim. *Bibliografia das obras impressas em Portugal no século XVI.* Lisboa: Oficinas Gráficas da Biblioteca Nacional, 1926.

Antonio, Nicolás. *Biblioteca Hispana Nova sive Hispanorum Scriptorum.* Matriti: Viduam et Heredes D. Joachimi Ibarrae, 1788. Vol. I.

Aragone, Elisa. *Rodrigo Cota: Diálogo entre el amor y un viejo.* Firenze: Felice de Monnier, 1961.

Argote de Molina, Gonçalo. *Nobleza de Andaluzia.* Sevilla: Fernando Díaz, 1588.

Artigas, Miguel. *Catálogo de los manuscritos de la Biblioteca Menéndez y Pelayo.* Santander: J. Martínez, 1930.

__________________ y Miguel Sánchez Reyes. *Catálogos de la Biblioteca de Menéndez Pelayo.* Santander: Artes Gráficas de los Hermanos Bedia, 1957.

__________________. "Nueva radacción de las 'Coplas de la Panadera' según un manuscrito de la Biblioteca Menéndez Pelayo." *Estudios eruditos in memoriam de Adolfo Bonilla y San Martín.* Madrid: Viuda e hijos de Jaime Ratés, 1927, I, 77-89.

Asensio, Eugenio. *Eglogas drámaticas y poesías desconocidas de Pedro Manuel de Urrea.* Madrid: Cándido Bermejo, 1950.

__________________. "El erasmismo y las corrientes espirituales afines (conversos, franciscanos, italianizantes)." *RFE*, 26 (1952), 31-99.

_____________________. *La España imaginada de Américo Castro.* Barcelona: El Albir, 1976.

Askins, Arthur Lee-Francis. *Cancioneiro de Corte e de Magnates. UCPMP*, 84. Berkeley: University of California Press, 1968.

Aubrun, Charles V. "Inventaire des sources pour l'étude de la poésie castillane au xv[e] siècle." *Estudios dedicados a Menéndez Pidal.* Madrid: Consejo Superior de Investigaciones Científicas, 1953.

Azáceta, José María. "Coplas de Ay Panadera," ed. crit. *Cancionero de Gallardo.* Madrid: Consejo Superior de Investigaciones Científicas, 1962, págs. 83-96.

Blecua, Luis Alberto. "'¿A su albedrío y sin orden alguna?' Nota al Quijote." *BRAE*, 47 (1967), 511-520.

Bonilla y San Martín, Adolfo. *Las bacantes, o Del origen del teatro: Discurso leído ante la Real Academia Española el 12 de julio de 1921 en la recepción pública de D. Adolfo Bonilla y San Martín y contestación del Excmo. Sr. D. Gabriel Maura Gomazo, Conde de la Mortera.* Madrid: Real Academia Española, 1921.

Bourland, Caroline B. "La dotrina que dieron a Sarra: poema de Fernán Pérez de Guzmán." *RH*, 22 (1910), 648-686.

British Museum. Department of Manuscripts. *Catalogue of Additions to the Manuscripts in the British Museum in the years MDCCCXLI-MDCCCXLV.* London: Printed by Order of the Trustees, 1864.

Brunet, Jacques-Charles. *Manuel du libraire et de l'amateur de livres.* Vols. I, III y VI. Paris: Firmin Didot frères, fils et c[ie]., 1860, 1862, 1865.

*Cancionero castellano del siglo XV.* Ordenado por Raymond Foulché-Delbosc. *NBAE*, 19 y 22. Madrid: Bailly-Bailliére, 1912, 1915.

Castro, Adolfo de. *Poetas líricos de los siglos XVI y XVII.* BAE, 42. Madrid: M. Rivadeneyra, 1857.

Castro, Américo. *La realidad histórica de España.* 6ª ed. México: Porrúa, 1975.

Cervantes Saavedra, Miguel de. *Los baños de Argel.* Vol. I de *Obras completas de Miguel de Cervantes Saavedra.* Madrid: Bernardo Rodríguez, 1915.

_____________________. *El ingenioso hidalgo Don Quijote de la Mancha.* Ed. Francisco Rodríguez Marín. Vol. V. Madrid: Espasa-Calpe, 1964.

Ciceri, Marcella. "Le 'Coplas de Mingo Revulgo'." *Cultura neolatina,* 27 (1977), 75-149 y 189-266.

Colom y Colom, Juan. "Coplas de Mingo Revulgo." *Revista Andaluza,* 2 (1841), 153-158.

*Coplas de Mingo Revulgo. Véase* nuestro capítulo I: las notas y el apéndice para la bibliografía de los textos impresos; los capítulos V y VIII para la tradición manuscrita.

*Coplas de la Panadera. Véase* nuestro capítulo IV, nota núm. 2.

*Coplas del Provincial. Véase* nuestro capítulo IV, nota núm. 3.

Cuadra Escrivá de Romaní, Luis de la. *Las Coplas de Mingo Revulgo.* Ed. facsímil y paleográfica. Madrid: Artes Gráficas Clavileño, 1963.

*Diccionario Enciclopédico Quillet.* Argentina: Arístides Quillet, 1960. Vol. III.

Domínguez-Bordona, Jesús. *Fernando del Pulgar Letras.—Glosa a las Coplas de Mingo Revulgo.* Madrid: Espasa-Calpe, 1949. "Prólogo," págs. i-xv.

Dutton, Brian y Charles B. Faulhaber. "The 'Lost' Barrantes *Cancionero* of Fifteenth-Century Spanish Poetry." *Florilegium hispanicum: Medieval and Golden Age Studies Presented to Dorothy C. Clarke.* Madison: The Hispanic Seminary of Medieval Studies, Ltd., 1982, págs. 179-202.

*Editions originales de Romances Espagnoles.* [Catálogo de la Librería Jacques Rosenthal s. l. n. a.], núm. 54.

Entwistle, William J. *The Spanish Language together with Portuguese Catalan and Basque.* 2nd ed. London: Faber & Faber, 1962.

Escudero y Perosso, Francisco. *Tipografía hispalense.* Madrid: Sucs. de Rivadeneyra. 1894.

Ferguson, George. *Signs and Symbols in Christian Art.* A Hesperides Book. New York: Oxford University Press, 1961.

Fernández Villaverde, Raimundo. *Discursos leídos ante la Real Academia Española y contestación del Excmo. Sr. D. Francisco Silvela.* Madrid: Hijos de M. G. Hernández, 1902.

Ferrer-Chivite, Manuel. "Las *Coplas del Provincial*: sus conversos y algunos que no lo son." *La Corónica,* 10 (Spring 1982), 156-158.

Flórez, Henrique. *Clave historial, con que se abre la puerta a la historia eclesiástica y política: descubriendo las cifras de la chronología, y frases de la historia, para el fácil manejo de los historiadores. Con la chronología de los sumos pontífices, y los emperadores, y breve apuntamiento de sus vidas. Todos los reyes de España, Italia, y Francia, con los origenes de todas las Monarchias, desde Christo hasta hoy. Concilios, y sus motivos: hereges, y sus errores: santos, y escritores más clásicos. Con los sucessos memorables de cada siglo.* 8ª ed. Madrid: Antonio de Sancha, 1774.

__________________. *Memorias de las Reynas Cathólicas.* 3ª ed. Madrid: La Viuda de Marín, 1790. Vol. II.

Foulché-Delbosc, Raymond. "Notes sur les Coplas del Provincial." *RH*, 6 (1899), 417-426.

__________________. "Une poésie enédite de Rodrigo Cota." *RH*, 1 (1894), 69-72.

Gallardo, Bartolomé José. *El criticón, papel volante de literatura y bellas-artes, núm. 4º.* Vol. II de *Obras escogidas de Bartolomé José Gallardo.* Ed. Pedro Sáinz y Rodríguez. Madrid: Imprenta de Blass, 1928

__________________. *Ensayo de una biblioteca española de libros raros y curiosos.* Redactado por D. M. R. Zarco del Valle y D. J. Sancho Rayón. Vol. I. Madrid: M. Rivadeneyra, 1863. Vol. III. Madrid: Manuel Tello, 1880.

García López, Juan Catalina. *Ensayo de una tipografía complutense.* Madrid: Manuel Tello, 1889.

Gayangos y Arce, Pascual. *Catalogue of the Manuscripts in the Spanish Language in the British Museum.* London: Printed by Order of the Trustees, 1875. Vol. I; reimpresión *Catalogue of the Manuscripts in the Spanish Language in the British Library.* London: Published for The British Library by British Museum Publications, Ltd., 1976.

Gerhardt, Mia I. *Essai d'analyse littéraire de la pastorale dans les littératures italienne, espagnole et française.* Assen: Van Gorcum & Comp., 1950.

Gillet, Joseph E. "Notes on the Language of the Rustics in the Drama of the Sixteenth Century." *Homenaje a Menéndez Pidal.* Madrid: Hernando, 1925. Vol I, 443-453.

Gotor, José Luis. "A propósito de las *Coplas de Vita Christi* de Fray Iñigo de Mendoza." *Studi ispanici* (1979), 173-214.

Graña, Bernardino. "En torno a las coplas de *Mingo Revulgo* y su posible autor." *Insula*, Año 27, núm. 306 (Mayo 1972), 12-13.

Haebler, Konrad. *Bibliografía ibérica del siglo XV.* Leipzig: Karl W. Hiersemann, 1903. Vol. I.

Hawkins, Rush C. *Titles of the First Books from the Earliest Presses established in different Cities, Towns, and Monasteries in Europe, before the end of the Fifteenth Century*. New York: J. W. Bonton; London: B. Quaritch, 1884.

Heredia, Ricardo. *Catalogue de la Bibliothéque de M. Ricardo Heredia Compte de Benahavis*. Paris: Ém. Paul, L. Huard et Guíllemin, 1891. Vol. II.

Hidalgo, Juan. *Romances de varios autores con el vocabulario por la orden de a.b.c. para declaración de sus términos y lengua*. Madrid: Antonio de Sancha, 1779.

*The Histories of Herodotus of Halicarnassus*. Trans. Harry Carter. New York: The Heritage Press, 1958. Book I (Clio).

*The Holy Koran*. Text, translation and commentary by Abdullah Yusuf Ali. Washington D.C.: The American International Printing Co., 1946.

Kossoff, A. D. "Herrera, editor de un poema." *Homenaje a Rodríguez-Moñino: estudios de erudición que le ofrecen sus amigos o discípulos hispanistas norteamericanos*. Madrid: Castalia, 1966. Vol. I, 238-290.

Labrador, José J., Zorita, C. Angel y DiFranco, Ralph A. *Cancionero de poesías varias Biblioteca de Palacio, Ms. No. 617 (siglos XV y XVI)*. Ohio: Cleveland State University; Colorado: University of Denver, 1984.

Lafuente y Zamolloa, Modesto. *Historia general de España desde los tiempos primitivos hasta la muerte de Fernando VII*. Barcelona: Montaner y Simón, 1888. Vol. VI.

Lang, H. R. "Communications from Spanish Cancioneros." *Transactions of the Connecticut Academy of the Arts and Sciences*. New Haven, Conn.: Yale University, 1909. Vol. XV.

Lázaro Carreter, Fernando. *Teatro Medieval*. Valencia: Castalia, 1967.

Le Gentil, Pierre. *La Poésie lyrique espagnole et portugaise à la fin du Moyen Age*. Rennes: Plihon, 1949. Vol. I.

Lida de Malkiel, María Rosa. "Un nuevo estudio sobre el Marqués de Santillana." *RPh*, 3 (Feb. 1960), 290-297.

—————————. *Juan de Mena: poeta del prerrenacimiento español*. México: Colegio de México, 1950.

—————————. "Para la bibliografía de Juan de Mena." *RFH*, 3 (1941), 150-154.

—————————. "Túbal, primer poblador de España." *Abaco*, 3 (1970) 9-48.

Loise, Ferdinand. "Histoire de la poésie en rapport avec la civilisation: la poésie espagnole.'' *Academie royale des sciences, des lettres et des beaux arts de Belgique, Brussels. Mémoires couronnés et autres mémoires.* Bruxelles: Academie Royale de Belgique, 1868. Vol. XX, parte 2, págs. 1-296.

López Pinciano, Alonso. *Philosophía antigua poética.* Ed. Alfredo Carballo Picazo. Madrid: Biblioteca de Antiguos Libros Hispánicos. 1953. Vol. II.

Lucas-Dubreton, Jean. *Le Roi Sauvage: l'Espagne au quinziéme siécle.* Paris: Librairie Académique Perrin, 1922.

[Llaguno y Almírola, Eugenio]. ''Vida de Fernán Pérez de Guzmán.'' [Prefacio] *Generaciones, semblanzas e obras de los excelentes reyes de España ... ordenadas por el noble caballero Fernán Pérez de Guzmán: corregidas y emendadas y adicionadas por el doctor Lorenzo Galindez de Carbajal.* s. l. n. a. Encuadernado con el *Centón epistolario del Bachiller Fernán Gómez de Cibdareal* y los *Claros varones de Castilla,* y *letras de Fernando de Pulgar.* Madrid: Imprenta Real de la Gazeta, 1775.

Malkiel, Yakov and María Rosa Lida de Malkiel. ''The Jew and the Indian, Traces of a Confusion in the Hispanic Tradition.'' *For Max Weinreich on his Seventieth Birthday: Studies in Jewish Language, Literature and Society.* The Hague: Mouton & Co., 1964, págs. 203-208.

Marañon, Gregorio. *Ensayo biológico sobre Enrique IV de Castilla y su tiempo.* Madrid: Espasa-Calpe, 1934.

Mariana, Juan de. *Historia general de España compvesta primero en Latin, despves Buelta en Castellano por Juan de Mariana de la Compañia de Iesus.* Madrid: Carlos Sánchez, 1649. Vol. II.

Martínez de Barros, Juan. ''Coplas de Mingo Revulgo glosadas por Juan Martínez de Barros, natural de la villa de Manzanares del Real. Año de 1564.'' Diego Enríquez del Castillo. *Crónica del Rey D. Enrique el Quarto.* Madrid: Sancha, 1787. ''Apéndice,'' págs. 41-105.

Matulka, Barbara. *The Novels de Juan de Flores and their European Diffusion.* New York: Institue of French Studies, 1931; reimpresión Genève: Slatkine Reprints, 1974.

Mendoza, Iñigo de. *Las Coplas de Vita Christi* [Zamora, 1482]. Edición facsimilar. Madrid: Real Academia Española, 1953.

Menéndez y Pelayo, Marcelino. *Antología de poetas líricos castellanos.* Vol. III. Madrid: Viuda de Hernando y Cía., 1892. Vol. VI; Madrid: Viuda de Hernando y Cía., 1896.

________________. *Orígenes de la novela.* Madrid: Bailly-Balliére, 1925. Vol. I.

________________. "La sátira política en tiempo de Enrique IV." *La España moderna*, 80 (1895), 19-37.

Menéndez Pidal, Ramón. *El dialecto leonés.* Oviedo: Instituto de Estudios Asturianos, 1962.

________________. *Manual de la gramática histórica española.* 10ª ed. Madrid: Espasa-Calpe, 1958.

Millares Carlo, Agustín. *Literatura española hasta fines del siglo XV.* México: Antigua Librería Robredo, 1950.

________________. *Tratado de paleografía española.* Madrid: Librería General de Victoriano Suárez, 1932. Vol. I.

Neugebauer, Paul Viktor. *Astronomische Chronologie.* Berlin und Leipzig: W. de Gruyter & Co., 1929.

Noguera, Vicente Joaquín. "Apuntamientos borrageados por D. Vicente Joaquín Noguera, Marqués de Cáceres, Barón Viudo de Antella, é individuo de la Real Academia de la Historia para facilitarse a sí mismo la inteligencia de las *Coplas del Provincial.*" *RH*, 6 (1899) 424-426.

O'Kane, Eleanor S. *Refranes y frases proverbiales españoles de la Edad Media. BRAE*, Anejo II (1959), 1-266.

Oliver Asín, Jaime. *Origen árabe de rebato, arrobda, y sus homónimos: contribución al estudio medieval de la táctica militar y de su léxico peninsular.* Madrid: Tipografía de la Revista de Archivos, 1928.

Orté Belmonte, Miguel Angel. "Exhumación de la momia de Enrique IV." *Boletín de la Real Academia de Córdoba de Ciencias. Bellas Letras y Nobles Artes*, Año 33, núm. 84 (Julio-Diciembre 1962), 221-246.

Palanco Romero, José. "La monarquía castellana en tiempo de Enrique IV." *Revista del Centro de Estudios Históricos de Granada y su reino*, 2 (1912), 195-222, 295-306.

Palau y Dulcet, Antonio. *Manual del librero hispanoamericano.* Vols. VI, VII y IX. Barcelona: Librería A. Palau, 1953, 1954, 1956.

Paz y Meliá, Antonio. *El cronista Alonso de Palencia.* Madrid: The Hispanic Society of America, Tipografía de la Revista de Archivos, 1914.

Peeters-Fontainas, Jean. *Bibliographie des impressions espagnoles des Pays-Bas méridionaux.* Nieuwkoop/Pays-Bas: De Graaf, 1965.

Penney, Clara L. *Printed Books 1468-1700.* New York: The Hispanic Society of America, 1965.

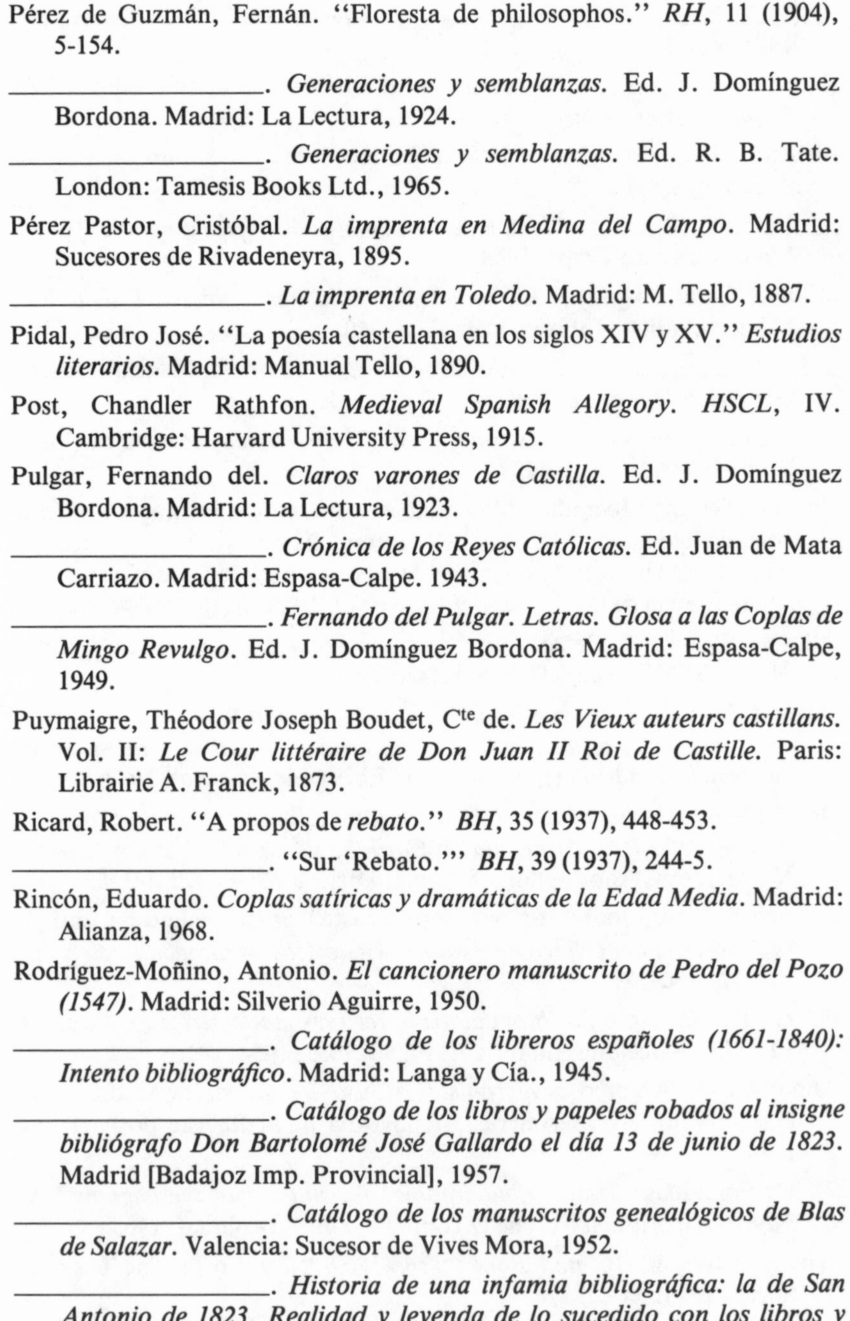


Pérez de Guzmán, Fernán. "Floresta de philosophos." *RH*, 11 (1904), 5-154.

__________________. *Generaciones y semblanzas.* Ed. J. Domínguez Bordona. Madrid: La Lectura, 1924.

__________________. *Generaciones y semblanzas.* Ed. R. B. Tate. London: Tamesis Books Ltd., 1965.

Pérez Pastor, Cristóbal. *La imprenta en Medina del Campo.* Madrid: Sucesores de Rivadeneyra, 1895.

__________________. *La imprenta en Toledo.* Madrid: M. Tello, 1887.

Pidal, Pedro José. "La poesía castellana en los siglos XIV y XV." *Estudios literarios.* Madrid: Manual Tello, 1890.

Post, Chandler Rathfon. *Medieval Spanish Allegory. HSCL*, IV. Cambridge: Harvard University Press, 1915.

Pulgar, Fernando del. *Claros varones de Castilla.* Ed. J. Domínguez Bordona. Madrid: La Lectura, 1923.

__________________. *Crónica de los Reyes Católicas.* Ed. Juan de Mata Carriazo. Madrid: Espasa-Calpe. 1943.

__________________. *Fernando del Pulgar. Letras. Glosa a las Coplas de Mingo Revulgo.* Ed. J. Domínguez Bordona. Madrid: Espasa-Calpe, 1949.

Puymaigre, Théodore Joseph Boudet, $\mathrm{C}^{\mathrm{te}}$ de. *Les Vieux auteurs castillans.* Vol. II: *Le Cour littéraire de Don Juan II Roi de Castille.* Paris: Librairie A. Franck, 1873.

Ricard, Robert. "A propos de *rebato.*" *BH*, 35 (1937), 448-453.

__________________. "Sur 'Rebato.'" *BH*, 39 (1937), 244-5.

Rincón, Eduardo. *Coplas satíricas y dramáticas de la Edad Media.* Madrid: Alianza, 1968.

Rodríguez-Moñino, Antonio. *El cancionero manuscrito de Pedro del Pozo (1547).* Madrid: Silverio Aguirre, 1950.

__________________. *Catálogo de los libreros españoles (1661-1840): Intento bibliográfico.* Madrid: Langa y Cía., 1945.

__________________. *Catálogo de los libros y papeles robados al insigne bibliógrafo Don Bartolomé José Gallardo el día 13 de junio de 1823.* Madrid [Badajoz Imp. Provincial], 1957.

__________________. *Catálogo de los manuscritos genealógicos de Blas de Salazar.* Valencia: Sucesor de Vives Mora, 1952.

__________________. *Historia de una infamia bibliográfica: la de San Antonio de 1823. Realidad y leyenda de lo sucedido con los libros y papeles de don Bartolomé José Gallardo*. Madrid: Editorial Castalia, 1965.

__________________. *Los pliegos poéticos de la colección del Marqués de Morbecq (siglo XVI): edición en facsímile, precedida de un estudio bibliográfico*. Madrid: Estudios Bibliográficos, 1962.

__________________. "Los pliegos poéticos de la colección Campo de Alanje en la Biblioteca Nacional de Madrid (siglo XVI)." *RPh*, XVII, 2 (Nov. 1963), 373-380.

Rodríguez-Puértolas, Julio. "Algo más sobre el autor de las *Coplas de Mingo Revulgo*." *Insula*, Año 28, núm. 310 (Sept. 1972), 14.

__________________. *Fray Iñigo de Mendoza: Cancionero*. Madrid: Espasa-Calpe, 1968.

__________________. *Poesía de protesta en la Edad Media castellana*. Madrid: Gredos. 1968.

__________________. "Sobre el autor de las Coplas de Mingo Revulgo." *Homenaje a Rodríguez-Moñino*. Madrid: Castalia, 1966. Vol. II, 130-142.

__________________. "Sobre Fray Íñigo de Mendoza: El Cancionero de Oñate-Castañeda." *BBMP*, 45 (1969), 331-347.

Rodríguez Villa, Antonio. *Bosquejo biográfico de Don Beltrán de la Cueva, Primer Duque de Alberquerque*. Madrid: Luis Navaro, 1881.

Romano García, Vicente. *Coplas de la Panadera*. Madrid: Aguilar 1963.

Sabuco de Nantes Barrera, Oliva. "Coloquio del conocimiento de sí mismo y de la natura del hombre." *Filósofos españoles. BAE*, 45 (1873), 322-376.

Sáez, Liciniano P. "Di Panadera: Coplas inéditas de Juan de Mena á la batalla de Olmedo." *Demostracíon histórica del verdadero valor de todas las monedas que corrían en Castilla durante el reynado del Señor Don Enrique IV, y de su correspondencia con las del Señor D. Carlos IV*. Madrid: M. Rivadeneyra, 1863. "Apéndice," págs. 547-552.

Salvá y Mallen, Pedro. *Catálogo de la Bibloteca de Salvá*. Valencia: Ferrer de Orga, 1872. Vol. I.

Sánchez, Tomás Antonio. *Colección de poesías castellanas anteriores al siglo XV*. Madrid: Antonio de Sancha, 1779. Vol. I.

Sánchez Alonso, Benito. *Historia de la historiografía española*. 2ª ed. Madrid: Suces. J. Sánchez de Ocaña, 1947. Vol. I.

*La Santa Biblia*. México: Sociedades Bíblicas en América Latina, 1960.

Sarmiento, Martín. *Obras pósthumas, memorias para la historia de la poesía y poetas españolas.* Madrid: D. Joachin Ibarra, 1775.

Schoch, Karl. *Planeten-tafeln für jedermann zur berechnung der geozentrischen örter der grossen planeten (und des mondes) für den zeitraum von 3400 v. Chr. bis 2600 n. Chr. ohne anwendung der logarithmen und triginometrischen funktionen bis auf ein zehntel grad unter besonderer berücksichtigung der babylonischen astronomie.* Berlin-Pankow: Linser verlag, 1927.

Silvela, Francisco. "Discurso-contestación." *Discursos leídos ante la Real Academia Española.* Madrid: Hijos de M. G. Hernández, 1902.

Simón Díaz, José. *Bibliografía de la literatura hispánica.* Madrid: Ediciones Jura, 1965, Vol. III.

Sitges y Grifoll, Juan Blas. *Enríque IV y la Excelente Señora llamada vulgarmente Doña Juana la Beltraneja.* Madrid: Sucs. de Rivadeneyra, 1912.

Southern, R. W. *Western views of Islam in the Middle Ages.* Cambridge: Harvard University Press, 1962.

Spence, Lewis. *An Encyclopedia of Occultism.* New York: Strathmore Press, 1959.

Stern, Charlotte. "The *Coplas de Mingo Revulgo* and the Early Spanish Drama." *HR*, 44 (1976), 31-332.

__________________. *Studies on the Sayagués in the Early Spanish Drama.* Tésis doctoral inédita. University of Pennsylvania, 1960.

[Tamayo de Vargas, Tomás]. *Historia general de España del P. Iuan Mariana, defendida por el Doctor D. Thomas Tamaio de Vargas contra las advertencias de Pedro Mantuano.* Toledo: Diego Rodríguez, 1616.

__________________. *Iunta de / libros / La maior que España ha visto en / su lengua / Hasta el año C.10C.XXIV.* Madrid?, 162-?.

Thomas, Henry. *Short-title Catalogue of Books printed in Spain and of Spanish Books printed elsewhere in Europe before 1601 now in the British Museum.* London: Printed by Order of the Trustees, 1921.

Ticknor, George. *History of Spanish Literature.* New York: Harper & Bros., 1854. Vol. I.

Torres Fontes, Juan. *Estudio sobre la "Crónica de Enrique IV" del Dr. Galíndez Carvajal.* Murcia: Sucs. de Nogués, 1946.

__________________. *Itinerario de Enrique IV de Castilla.* Murcia: Consejo Superior de Investigaciones Científicas, Biblioteca "Reyes Católicos," Sucs. de Nogués, 1953.

Valbuena Prat, Angel. *Historia de la literatura española.* 8ª ed. Barcelona: Gustavo Gili, 1974. Vol. 1.

Velásquez de Velasco, Luis Josef. *Orígenes de la poesía castellana.* Málaga: Francisco Martínez de Aguilar, 1754.

Vindel, Francisco. *El arte tipográfico en España durante el siglo XV.* Madrid: Dirección general de Relaciones Culturales, 1951. Vol. VII.

__________________. *Manual gráfico-descriptivo del bibliófilo hispanoamericano (1475-1850).* Prólogo de Pedro Sáinz Rodríguez. Madrid: 1934. Vol. XII.

Viñaza, Cipriano Muñoz y Manzano, Conde de la. *Discursos leídos ante la Real Academia Española. Discurso-contestación de Alejandro Pidal y Mon.* Madrid: Asilo de Huérfanos, 1895.

Weber de Kurlat, Frida. "El dialecto sayagués y los críticos." *Filología,* Año 1, núm. 1 (Mayo-Agosto 1949), 43-50.

__________________. *Lo cómico en el teatro de Fernán González.* Buenos Aires: Universidad de Buenos Aires, Facultad de Filosofía y Letras, 1963.

__________________. "Reseña del teatro medieval." *NRFH,* 13 (1959), 3-4.

Zacuto, Abraham ben Samuel. *Almanach perpetuum celestium motuum (radix 1473): tabulae astonomicae Raby Abraham Zacuti* [Leiria, 1496]. Edición facsimilar. Munich: J.B. Obernetter, 1915.

mano, y aiude: paraque viviendo en ella por
gracia, quando su Divina Magestad sea ser-
vido; alcanzemos, y gozemos la suma felici-
dad, y gloria sin fin paraque fuimos cri-
ados y redimidos. Amen.

Acabose esta Glosa por Juan
Martinez de Barros, Vecino
de la Illustre Villa de Ma-
drid, y natural de la Vi-
lla de Manzanares el
Real à 8. dias del mes
de febrero del año
del Nacimiento de
nuestro Redentor
Jesu Christo, y Se-
ñor nuestro
de 1564. as.

Deo Gracias.

*RAH*: Biblioteca de la Real Academia Española
D 150

# Indice Onomástico